S.F. V.

ANTOINE DE SAINT-EXUPÉRY

DIE INNERE SCHWERKRAFT

Écrits de guerre
Schriften aus dem Krieg 1939-1944

Herausgegeben und
aus dem Französischen übersetzt
von Reinhard Schmidt

S. FISCHER

Fotos von John Phillips

2. Auflage: 7.–8. Tausend

Die französische Originalausgabe erschien 1982
unter dem Titel »Écrits de guerre, 1939–1944«
bei Gallimard, Paris

Umschlaggestaltung: Peter W. Schmidt, Frankfurt
Satz: Clausen & Bosse, Leck
Druck: Wagner GmbH, Nördlingen
Bindung: G. Lachenmaier, Reutlingen
Printed in Germany 1991
ISBN 3-10-071003-7

INHALT

EDITORISCHE VORBEMERKUNG

Die hier vorgestellten Schriften Saint-Exupérys aus den Jahren des Zweiten Weltkriegs umfassen nicht alles, was er zwischen 1939 und seinem Tod 1944 verfaßt hat. Der Schwerpunkt liegt auf Texten, die bislang noch nicht oder nur verstreut veröffentlicht wurden. Es sind vor allem Briefe, mitunter auch ein Entwurf, eine Rede, ein Interview oder ein Artikel. Strikt persönliche Dokumente wurden dabei nicht aufgenommen. Briefe, deren Empfänger nicht öffentlich genannt zu werden wünschten, sind »Brief an X« überschrieben.

Neben diesen Schriften Saint-Exupérys enthält der Band Zeugnisse von Freunden und Bekannten, die über den Menschen Saint-Exupéry und über die letzten Lebensjahre des Autors und Piloten Aufschluß geben. Die Texte sind in zeitlicher Folge angeordnet. Sie werden von einigen knappen Hinweisen begleitet, die den für das Verständnis der Texte nötigen Rahmen bieten sollen; diese Angaben erheben keineswegs den Anspruch, eine ausführliche Biographie zu ersetzten, wie sie etwa Curtis Cate in seinem Buch *Antoine de Saint-Exupéry. Sein Leben und seine Zeit** erarbeitet hat.

* s. die »Bibliographischen Hinweise« am Ende des Buches.

Die vorliegende deutschsprachige Ausgabe basiert auf dem 1982 im Pariser Verlag Gallimard erschienenen Sammelband *Ecrits de guerre. 1939–1944*, den Louis Evrard zusammengestellt hat. Aus diesem umfangreichen Band wurde hier eine Auswahl getroffen, die verbindenden Herausgebertexte und die Anmerkungen wurden für die Bedürfnisse der deutschen Ausgabe bearbeitet, entsprechend gekürzt oder gegebenenfalls auch erweitert. Zusätzlich enthält die vorliegende Ausgabe den »Brief an André Breton«; er ist der 1989 erschienenen dritten Nummer der *Cahiers Saint-Exupéry* entnommen. Alle Fußnoten sind Anmerkungen des französischen bzw. des deutschen Herausgebers. Im Nachwort schließlich wird über den Rahmen dieser Textsammlung hinaus kurz ein Blick auf Leben und Werk Saint-Exupérys geworfen.

Besonders sei natürlich auf die literarischen Arbeiten des Autors hingewiesen, von denen auf den folgenden Seiten die Rede sein wird: auf *Flug nach Arras*, das sich mit der französischen Niederlage von 1940 befaßt, auf den *Brief an einen Ausgelieferten*, in dem Saint-Exupéry aus dem amerikanischen Exil zur Solidarität mit dem unter deutscher Besatzung stehenden französischen Volk aufruft, auf den allseits berühmten *Kleinen Prinzen* und die postum veröffentlichten Meditationen *Stadt in der Wüste*, die er als seinen geistigen »Nachlaß« betrachtet hat.

Reinhard Schmidt

1939

Im Juni 1937 hatte die Zeitung Paris-Soir *Saint-Exupérys Reportagen über den Bürgerkrieg in Spanien veröffentlicht. Als Frankreich und Großbritannien Ende September 1938 mit dem Münchener Abkommen die Annexion des Sudetenlandes durch das faschistische Deutschland hinnehmen, ist dies für Saint-Exupéry Anlaß, mit drei Artikeln in* Paris-Soir *erneut zur Kriegsfrage Stellung zu nehmen:**

Den Menschen von heute fehle ein Ideal, das ihre menschlichen Fähigkeiten freizusetzen vermöchte und ihrem Leben Sinn verliehe. Hitler biete den deutschen Massen solch ein höheres Ziel, allerdings handele es sich dabei um ein mörderisches Ideal, das zu Krieg und Zerstörung führt, da es auf der Ausgrenzung der Anderen beruht. Allein vermittelt über ein universelles Ideal, in dessen Dienst sich alle gemeinsam stellten, könnten die Energien, die in den Krieg münden, in fruchtbare Bahnen gelenkt und die Menschen zur Solidarität geführt werden.

Im Februar 1939 erscheint Saint-Exupérys Buch Wind, Sand und Sterne *(Originaltitel:* Terre des hommes*). Es ist dem Piloten*

* Sie sind unter dem Obertitel *Frieden oder Krieg?* in der Sammlung *Dem Leben einen Sinn geben* oder in Band 3 der *Gesammelten Schriften* nachzulesen; in beiden genannten Ausgaben finden sich auch seine Reportagen über den spanischen Bürgerkrieg (für nähere bibliographische Angaben s. die »Bibliographischen Hinweise« am Endes des vorliegenden Buches).

Guillaumet gewidmet, seinem Freund aus den Zeiten, da Saint-Exupéry Postflieger in Afrika und später dann Leiter der Fluggesellschaft Aéropostale Argentina in Buenos Aires war. Nach Erscheinen von Wind, Sand und Sterne *unternimmt er eine Reise durch das nazistische Deutschland, um sich einen unmittelbaren Eindruck von den Entwicklungen in diesem Land zu verschaffen. Angesichts der gewaltigen Rüstungsanstrengungen glaubt er, daß die Deutschen bald von ihren Waffen Gebrauch machen werden.*

Als die französische Ausgabe des Buches Listen, the Wind *(*Wind an vielen Küsten*) von Anne Morrow Lindbergh, der Frau des berühmten amerikanischen Flugpioniers, vorbereitet wird, tritt man an ihn mit der Bitte heran, dazu ein Vorwort zu schreiben.* Henri Delgove, der Anne Lindberghs Buch aus dem Amerikanischen ins Französische übersetzte, erzählt, wie dieses Vorwort zustande kam.*

ERINNERUNGEN VON HENRI DELGOVE

Gleich bei unserem ersten Gespräch hatte sich Saint-Exupéry bereit erklärt, ein Vorwort zu Anne Lindberghs Buch zu schreiben, obwohl er das Werk noch gar nicht kannte. Dieser Entscheidung lag zweifelsohne der Ruf zugrunde, den das Ehepaar Lindbergh zu Recht genoß. Als Saint-Exupéry im August darauf nach New York kam, galt sein erster Besuch ihnen. Ohne die beiden selbst jemals getroffen zu haben, hatte ich dabei gewissermaßen die Rolle des Mittlers gespielt. Überdies hatte ihm wohl der Stil von Anne Lindberghs vorhergehendem Buch gefallen, der seinem eigenen ein wenig ähnelte. »Mehr und mehr tendiert der immer perfekter werdende Mechanismus dazu, den Menschen aus seiner Lebenswelt herauszulösen«... »Am Steuer meines Flugzeugs, auf einen anderen Planeten verschlagen, lauschte ich dem unendlich fernen Geplapper der Welt« (*North to the Orient*). Aber er wollte doch auch erst ihr jüngstes Buch kennenlernen und sich dazu meiner Übersetzung bedienen. Er konnte kaum Englisch, und er weigerte sich,

* Es wurde ebenfalls in die Sammlung *Dem Leben einen Sinn geben* sowie in den 3. Band der *Gesammelten Schriften* aufgenommen.

seine Kenntnisse darin zu erweitern. »Ein französischer Schriftsteller«, wird er schreiben, »darf sich seine Sprache nicht verderben«. Wie oft hatte ich als Übersetzer gegen diese Gefahr anzukämpfen! Ich konnte ihm die Druckfahnen erst vorlegen, als er nach Biscarosse abreiste, wo ihn der »Clipper« * erwartete. Er machte sich auf der Stelle an die Lektüre, und das Buch gefiel ihm so gut, daß er mir am 10. Juli, unterwegs nach Parentis-en-Born, von Saint-Pierre-des-Corps aus telegraphierte: BEGEISTERT VON LINDBERGH-DRUCKFAHNEN MÖCHTE STATT KURZEM EINGEHENDES VORWORT SCHREIBEN WENN TEXTABGABE 15. JULI NACH RÜCKKEHR MIT FLUGZEUG AUS NEW YORK FÜR SIE NICHT ZU SPÄT IST.**

Ich sollte es schließlich erst eine gute Woche später bekommen.

Denn dieses Vorwort wollte nun geschrieben sein, und dazu galt es, die Flut von Gedanken zu kanalisieren, zu denen ihn das Buch von Anne Lindbergh angeregt hatte. Einen Text zu verfassen war für ihn nämlich, so seltsam es klingen mag, ein mühsames Unterfangen! Sein Geist sprühte vor Einfällen, doch oft fand er nicht die rechten Worte. Seine Manuskripte weisen zahlreiche Streichungen auf, zeugen von einem qualvollen Schreibprozeß und sind kaum leserlich. Er schwitzte Blut und Wasser, wenn er schreiben sollte. An dem Abend, als er sich an das Vorwort machte, das er schon etliche Tage im Geiste wälzte, ohne aber zu einer Formulierung zu gelangen, schrieb er es in einem Zug nieder, als hätte er sich einer Strafarbeit zu entledigen. Und dazu mußte ihn Jean Lucas, der damalige Leiter der »Air France«-Vertretung in Bordeaux, der mit uns zu Abend gegessen hatte, in seinem Zimmer einsperren, damit er nicht in Versuchung geraten könnte, sich aus dem Staub zu machen, während Lucas und ich uns in Montparnasse einen Abenteuerfilm ansahen; darin kam übrigens – und ist das nicht ein eigenartiger Zufall? – ein schreckenerregender Flug über steilabfallende Schluchten vor, der Film spielte in den Anden oder den Rocky

* Ein viermotoriges, in den Vereinigten Staaten hergestelltes Flugzeug.

** Saint-Exupérys Freund Guillaumet testete am See von Biscarosse, südlich von Bordeaux, Wasserflugzeuge. Am 7. Juli flog Saint-Exupéry zusammen mit Guillaumet von Biscarosse aus über den Atlantik, am 14. Juli traten sie in New York den Rückflug an (H. Delgove dürfte sich also im Datum irren, wenn er das Telegramm auf den 10. Juli datiert).

Mountains, ich erinnere mich nicht mehr genau. Gegen halb eins in der Nacht kehrten wir zurück, um unseren Gefangenen zu befreien. Wir fanden ihn naßgeschwitzt, mit zerzaustem Haar und wirrem Blick, die Krawatte beiseite geworfen, doch triumphierend steckte er uns fünf in mikroskopischer Handschrift beschriebene Blätter entgegen. Er war derart erschöpft, daß wir beide ihm auf dem Diwan sein Bett bereiten mußten, denn er wollte seinen guten Boris* nicht wecken.

Das Vorwort hatte ich nun endlich, aber er sollte daran noch so manche nachträgliche Korrektur anbringen.

*Zwei Wochen nach seinem Flug über den Atlantik mit Guillaumet begibt sich Saint-Exupéry erneut in die Vereinigten Staaten. Er schifft sich auf einem Dampfer nach New York ein. Anfang August stattete er Anne Lindbergh, zu deren Buch er soeben das Vorwort geschrieben hat, und ihrem Ehemann Charles einen Besuch ab.***

Von den bedrohlichen Nachrichten aus Europa beunruhigt, kehrt Saint-Exupéry nach Frankreich zurück; am 30. August trifft das Schiff in Le Havre ein. Wenige Tage zuvor wurde der Hitler-Stalin-Pakt geschlossen. Am 27. August ist Hitler in Polen eingefallen. Am 3. September erklären England und Frankreich Deutschland den Krieg. Saint-Exupéry wird in der ersten Septemberwoche zum Kriegsdienst einberufen und soll auf dem Militärflughafen im südwestfranzösischen Toulouse die Piloten in Flugnavigation unterrichten.

Den nachfolgenden Text hat Saint-Exupéry wahrscheinlich am 16. Oktober in einem Pariser Studio auf Band gesprochen. Am 18. Oktober 1939 wird diese Ansprache vom französischen Rundfunk ausgestrahlt.

* Antoine de Saint-Exupéry und seine Frau Consuelo leisteten sich den Luxus eines Dieners.

** Vgl. Anne Morrow Lindberghs Aufzeichnungen hierüber in ihrem Tagebuch *Welt ohne Frieden*, aus dem Amerikanischen übersetzt von Elisabeth Piper, München/Zürich, 1986, S. 43–56.

Die deutsche Propaganda hat beste Arbeit geleistet, ganz wie jene amerikanischen Studios, in denen Spezialistenteams Filmgags erfinden.

Ihre Publizistenteams nahmen sich jedesmal folgendes Problem vor: Um größer zu werden, muß sich Deutschland mal dieses, mal jenes Land einverleiben. Wie kann man den jeweils jüngsten deutschen Anspruch der Welt in solcher Weise nahebringen, daß ihre Logik durcheinandergerät und sie Probleme mit ihrem Gewissen bekommt? Und die Publizisten streuten Schlagworte aus – solche lassen sich immer finden –, die Schlagworte widersprachen sich, aber was soll's, Werbefachleute wissen sehr gut, daß das Gedächtnis der Masse von kurzer Dauer ist.

Lange sind wir darauf hereingefallen. Voller Ernst diskutierten wir darüber, ob ihre Beweggründe berechtigt sind, wir versuchten Argumente vorzubringen, dem Gegner im Glauben an seinen guten Willen ein Licht aufzustecken, ihm zu zeigen, daß er sich seiner Widersprüche schämen müsse. Wir bedienten uns der Sprache, wo die Sprache gar nichts mehr zu sagen hatte.

Denn all diese Schlagworte waren nichts als plakative Willenserklärungen, es ging einzig und allein darum, den deutschen Boden um neue Länder zu bereichern! Wie auch immer es um die Bevölkerungsdichte, die Rasse und die geistigen Bedürfnisse dieser Länder bestellt sein mochte.

Wir haben uns in den plumpen Spielregeln verfangen, die uns unsere Gegner vorschlugen – und manches läßt sich da zu unserer Entschuldigung ins Feld führen: Wir sind Menschen und dachten, die Menschen ließen sich in ihrem Tun von Philosophien, von Religionen oder Doktrinen leiten. Wir dachten, wenn Menschen für eine Sache zu kämpfen und zu sterben bereit sind, so läge das an der geistigen Verführungskraft dieser Sache. Wir hatten vergessen, daß es Gründe zu handeln gibt, die nichts mit dem Denken zu tun haben, und daß eine Nation nach Ausweitung streben kann, so wie ein blinder Organismus sich auszuweiten bestrebt ist.

Wir hatten es vergessen, weil Zivilisation für uns bedeutete, daß der Geist die elementaren Regungen kontrolliert. Aber dort war der

Geist nichts weiter als ein Knecht, der dazu herzuhalten hatte, die Regungen des Organismus zu rechtfertigen. Der pangermanistische Werbefeldzug stützt sich auf Goethe oder Bach. Und so dienen Goethe oder Bach, die das heutige Deutschland in einem Konzentrationslager dahinsiechen ließe oder wie Einstein des Landes verwiese, zur Rechtfertigung des Senfgases und der Bombardierung wehrloser Städte. Der Pangermanismus hat nichts mit Goethe oder Bach zu tun, die er so unter seine Knechtschaft zwingt. Hat nichts mit der Ideologie des Völkerrechts zu tun und nichts mit dem Lebensraum. Es geht hier schlicht um Raum. Der Pangermanismus ist bloßes Streben nach Ausweitung. Ein Streben, das allen Gattungen des Tierreichs eigen ist. Jede Rasse tendiert dazu, sich massenhaft zu vermehren und die anderen auszurotten.

Wenn es irgendeine Rechtfertigung für den Pangermanismus gibt, dann ist es die folgende (und es handelt sich hier keineswegs um einen Scherz); sie läßt sich letztlich, wenn auch nicht unbedingt klar ausgesprochen, im gesamten nazistischen Schrifttum wiederfinden: Uns Deutschen steht es zu, uns auszudehnen, unsere Nachbarn zu schlucken, ihren Besitz zur Beförderung unserer Größe zu benutzen, eben weil der Wunsch nach Ausweitung ein Zeichen von Lebenskraft ist und wir die einzigen sind, die dieses Gelüst verspüren. Unsere Überlegenheit dem Feind gegenüber beruht darauf, daß wir den Wunsch haben, ihn uns einzuverleiben, während der entartete Gegner zu einem derartigen Wunsch unfähig ist.

Heute wissen wir also genau, daß die Waffen zu strecken Deutschland in seinem Appetit nur bestärkt. Der ungeheuerliche deutsch-russische Pakt hat Hitler auf ewig den Weg nach Osten versperrt. Wer wird morgen diesem Appetit Nahrung geben? Deutschland läßt sich nicht durch die Argumente einer Ideologie erklären. Es steuert nicht auf umreißbare Ziele zu. Die Ziele Deutschlands sind jeweils nur vorläufige Vorgaben, sind nichts als für die Öffentlichkeit bestimmte Behelfskonstruktionen. Das wahre Ziel Deutschlands ist ganz einfach, sich auszuweiten.

Deshalb geht es für uns heute nicht nur darum, gegen den Nazismus oder für Polen, für die Tschechen oder für die Zivilisation zu kämpfen, es geht zu allererst darum, den Kampf aufzunehmen, um überhaupt weiterleben zu können. All jene, die ihren Hof, ihr Geschäft oder ihre Fabrik verlassen haben, kämpfen, um nicht als Dünger für das Wohlergehen des deutschen Volkes zu enden. Sie sind ausgezogen, um sich das Recht auf Leben zu erstreiten, auf ein Leben in Frieden.

Jean Giraudoux, der zum Hohen Kommissar für Informationsfragen berufen wurde, sähe Saint-Exupéry gern als Mitarbeiter der Propagandaabteilung. Er will jedoch unbedingt als Soldat an die Front. Sein Freund Léon Werth versucht ihn dazu zu bewegen, die Leitung eines technischen Dienstes zu übernehmen. Saint-Exupéry entgegnet ihm: »Das wäre meinen Kameraden gegenüber unhöflich.« Didier Daurat, einst Luftwaffenpilot im Ersten Weltkrieg und später, bei der Aéropostale, Saint-Exupérys Vorgesetzter und Förderer, möchte ihn zum Piloten für Minister und Generäle machen. Doch auch dies lehnt er ab.

BRIEF AN X...

[Toulouse, den 26. Oktober 1939]

Ich bitte dich inständig, auf Champsaur* zugunsten meiner Versetzung zu den Jagdfliegern einzuwirken. Ich ersticke allmählich. Die Atmosphäre in diesem Land läßt keine Luft zum Atmen. Mein Gott, worauf warten wir denn noch?

Wende dich nicht an Daurat, ehe nicht alle Möglichkeiten hinsichtlich der Jagdflieger ausgeschöpft sind. Wenn ich am Krieg nicht aktiv teilnehme, fühle ich mich moralisch ganz krank. Ich habe allerhand zu sagen zu dem, was sich so zuträgt. Als kämpfender Soldat darf ich das aussprechen, als Tourist nicht. Nur so wird es mir möglich, mich zu äußern. Ich fliege viermal am Tag, ich bin in bewundernswerter Form, aber es wird immer schlimmer: Man möchte aus mir hier einen Lehrer machen, nicht nur für Flugnavigation, sondern auch für die Führung großer Bomber. Das schnürt

* Es handelt sich wohl um einen Offizier der französischen Armee, um Oberst Champsaur.

mir die Luft ab, ich bin unglücklich und kann nichts weiter tun als schweigen (...) Sorge dafür, daß ich von hier weg und zu einer Jagdfliegerstaffel komme (...) Ich finde am Krieg keinen Gefallen, aber zurückzustehen und nicht auch ein Teil des Risikos auf mich zu nehmen, ist mir unmöglich, (...) wir müssen in den Krieg ziehen. Ich habe aber nicht das Recht, das zu sagen, solange ich in aller Sicherheit über Toulouse spazierenfliege. Das wäre ein widerlicher Part. Verschaffe mir das Recht, den Mund aufzumachen; es kommt mir erst zu, wenn man mich meinen Beitrag leisten läßt, auf den ich ein Recht habe. Die Ansicht, die »Männer von Wert« müßten geschützt werden, ist geistig ausgesprochen abstoßend.

Eine wirkungsvolle Rolle übernimmt man, indem man aktiv mitmacht. Wenn die Menschen von Wert das Salz der Erde sein sollen, dann müssen sie sich mit der Erde vermischen. Man darf nicht das Wort »wir« im Munde führen, wenn man sich absondert. Oder man ist eben ein Schuft, wenn man »wir« sagt.

BRIEF AN X...

[Toulouse, Grand Hôtel Tivollier,
Anfang November 1939]

Ich hatte soeben zwei Tage lang Wachdienst. Ich schlief an Ort und Stelle, zwischen Telephonen und kodierten Meldungen. Ich erwachte in einer weiß gekalkten Zelle, und zu Abend aß ich in einer eisigen Offiziersmesse, wie ein Kind in einem Internatsspeisesaal. Ich habe daran eine unsagbare Freude gefunden. Der Sinn der Geräusche im Haus, der täglichen Routine und der Dienststellen teilte sich mir mit. Ich wünschte, ich wäre bis auf die Knochen davon durchtränkt. Denn ich fühle mich sinnleer. Bei dem sonstigen bürgerlich-beschaulichen Lebenswandel, diesem schrecklichen Lafayette*, diesen Runden über dem Flugfeld, diesem Auf und Ab vor den Flugzeugschuppen. Zu nichts tauge ich. Ich wünschte, ich würde von einem Baum aufgefressen. Dann spürt man die Vögel, all die Vögel, die man verteidigt.

* Café-Restaurant in Toulouse.

Das Wunderbare an der Anonymität, in der man als Linienpilot oder als Pilot eines Jagdgeschwaders oder im Kloster lebt, besteht darin, daß man ganz allmählich und ganz einfach zu etwas wird. Durch eine Art natürlichen Verdauungsprozesses verwandelt man sich in etwas anderes.

Als Bittsteller aufzutreten ist für mich kein peinlicher Gang. Es geht weder um einen Posten noch um eine Beihilfe. Es geht um meine Entsendung an die Front, zu einer Fliegerstaffel. Diese Bitte ist für mich lebenswichtig. Und ich habe auch keine Skrupel, sie vorzutragen, selbst wenn es schwer ist, ja sehr schwer ist, da ich dich zum ersten Mal um bedingungslose Unterstützung angehe. Wende dich zunächst nicht an Daurat. Von Daurat wird meine Rettung nicht kommen. Ich muß in diesem Religionskrieg mein Teil leisten. Alles, was ich liebe, ist bedroht. Sobald ein Wald brennt, greift in der Provence jeder anständige Mensch zu Eimer und Hacke. Ich will aus Liebe in den Krieg ziehen, aus einer inneren religiösen Notwendigkeit heraus. Nicht aktiv teilzunehmen ist mir unmöglich. Schickt mich so schnell als möglich zu einer Jagdstaffel.

Hier versauere ich in ärgster Nutzlosigkeit. Ich mache mir auch keine Illusionen darüber, wie gut mir die Strapazen eines Jagdflugzeuges bekommen werden, aber zumindest wäre ich Humus, im gleichen Sinne, wie ich mit so tiefer Freude Linienpilot war. Im Kreis der Linienpiloten gehörte ich ein wenig zu dieser Erde, aus der der Baum sich nährt, und ich brauchte nichts mehr zu verstehen. Der Sinn der Erde ist dann der Baum. Das liegt auf der Hand.

Der für die Bomberflotte zuständige General Davet verwendet sich für ihn beim Luftfahrtminister Guy La Chambre. Die Ärzte indes raten in Anbetracht seines Alters und der bleibenden Schäden, die er von seinen Flugzeugunfällen davongetragen hat, vom Einsatz in einer Jägerstaffel ab. Schließlich einigt man sich auf einen Kompromiß: Auf die Fürsprache von Oberst de Vitrolles hin wird Saint-Exupéry am 3. Dezember offiziell der Fernaufklärergruppe 2/33 zugeteilt, die in Orconte im Departement Aisne, zwischen Saint-Dizier und Vitry-le-François, stationiert ist. Die Gruppe wird von Hauptmann Schunk befehligt und besteht aus zwei Staffeln, der dritten und der vierten; Saint-Exupéry gehört mit Oberleutnant François Laux, Jean Israel, René Gavoille, Jules Hochedé, Hauptmann Edgar Moreau und Oberleutnant Jean Dutertre der dritten Staffel an, die »La Hache«, »Die Axt«, genannt wird. Bereits ab dem 26. November bereitet er sich auf seinen Dienst als Kriegspilot vor; Bombereinsätze will er jedoch nicht fliegen. Der Gruppe 2/33 stehen Jagdflugzeuge des Typs Potez 63 zur Verfügung.

Am 14. Dezember spricht die Académie française ihren (mit fünftausend Francs dotierten) Großen Romanpreis dem Autor von Wind, Sand und Sterne *zu.*

Saint-Exupéry ist ein Zimmer im Schloß von Orconte angeboten worden. Er zieht es jedoch vor, auf einem Bauernhof dieses Ortes Quartier zu nehmen. In einem Brief an Maximilien Becker, seinen literarischen Agenten in New York, schreibt er: »Ich wohne auf einem kleinen Bauernhof, und die Luft hier braucht wirklich nicht abgekühlt zu werden; morgens breche ich das Eis in meiner Wasserschüssel auf, um mich waschen zu können! Wir tragen alle große Stiefel, und wenn es nicht gerade Frost hat, waten wir bis zu den Knien durch den Schlamm.« Auch in seinem Buch Flug nach Arras *(Kap. 11) wird er von der Atmosphäre seines eisigen Zimmers auf diesem Bauernhof sprechen.*

BRIEF AN X...

[Orconte, Mitte Dezember]

Schlamm. Regen. Rheumatische Beschwerden hier auf dem Bauernhof. Leere Abendstunden. Die Melancholie des Zweifels. Besorgnis angesichts der 10000 Höhenmeter. Auch Angst, freilich. Eben alles, was dem Menschen abverlangt wird. Und das, um als Mensch an der Seite der Menschen zu stehen. Um mit meinesgleichen verbunden zu sein, denn wenn ich mich von ihnen absondere... bin ich nichts mehr wert. Wie verachte ich doch die Zuschauer! Diese Menschen (...), die nichts aufs Spiel setzen in dem, was sie tun.

Ich fand, was ich finden mußte. Und ich bin wie die anderen. Ich friere wie die anderen. Ich habe Angst wie die anderen. Ich habe Rheuma wie die anderen. Genausowenig wie den anderen blieb mir eine Wahl. Hinter ihnen stand der Polizist. Hinter mir stand etwas Gebieterischeres als ein Polizist. Natürlich habe ich dann auch meinen Spaß an den Trinkliedern. Sie aber ebenso. Dennoch gehen sie ab und zu in Urlaub, um sich wärmen, trösten, aufpäppeln und ermutigend auf die Schulter klopfen zu lassen. Ich wäre gern schlicht ein ganz anonymer Soldat.

*Sein Freund Henri Jeanson wird angeklagt, in einem Zeitschriftenartikel zu militärischem Ungehorsam aufgefordert zu haben, und vor ein Kriegsgericht gestellt. Jeanson benennt Saint-Exupéry als einen seiner Zeugen, doch diesem wird in Orconte die Freistellung verweigert, die er für vierundzwanzig Stunden erbeten hatte. »Wen sah ich aber nun bei der Verhandlung auftauchen, ledergepanzert, in Gummi gehüllt, mit Handschuhen, die bis zu den Ellbogen reichten, schmutzbespritzt und behelmt, gewaltig, riesig und bewunderungswürdig?« erzählt Jeanson später. »Es war Saint-Ex (...) Ganz wie es in seiner Art lag, hatte er sich heimlich davongemacht, um im Gerichtssaal auf einen Sprung vorbeizuschauen...«**

Am 21. Dezember ereignet sich ein Unfall, auf den Saint-Exupéry in Flug nach Arras *(Kap. 9) zurückkommen wird: Britische Jagdflieger schießen irrtümlich den französischen Piloten Sagon ab. Tags darauf besucht ein Bekannter Saint-Exupérys, der Schriftsteller Joseph Kessel, der im Ersten Weltkrieg selbst Militärflieger war, als Kriegsberichterstatter die Gruppe. Auch ein weiterer Schriftsteller, Pierre Mac Orlan, stattet diesen Winter der Gruppe einen Besuch ab.*

* Henri Jeanson, *Soixante-dix ans d'adolescence*, Paris: Stock, 1971; S. 237–238.

[Orconte, den 22. oder 23. Dezember 1939]

Ein melancholischer Tag. Meine Gruppe und unsere »Schwestergruppe« in Saint-Dizier haben jeweils eine Besatzung verloren, am selben Tag abgeschossen. Einer meiner nettesten Kameraden, Kessel, ist für vierundzwanzig Stunden hier. Ich lud ihn zu einem Flug auf einem Kampfflugzeug ein. Er ist nach wie vor der alte (...).

Mir war meine Panne in Libyen* lieb, die Notwendigkeit, die mich zu laufen zwang, und die Wüste, die mich nach und nach verschlang. Ich verwandelte mich dabei in etwas anderes, und es war etwas gar nicht so Schlechtes (...) Die Nacht um mich, während ich im Sand vergraben war, und das weite Durchmessen des Sternenhimmels. Zeigt sich nicht da meine Pflicht? Ich möchte es wohl glauben, sofern man Pflicht nennt, was den größten Dienst erweist; aber im Bereich der kontemplativen Wahrheiten ist das nicht mehr wahr. Und Kontemplation steht über der Nächstenliebe. Sie steht eine Stufe höher (...)

Es ist aber auch wirklich zum Kotzen, dieser Geschmack im Mund, der einem dabei zurückbleibt. Man erweckt den Eindruck, als wollte man sich wichtig machen. Kein Mensch verlangt dort irgend etwas von mir, und betraute man mich mit einem Auftrag, dann geschähe es nicht, um mir abzugewinnen, was ich zu geben vermag, sondern um mich gegenüber hundert anderen Bewerbern bevorzugt zu behandeln.

Hast du die Herde von Botschaftern gesehen, die dort ihr Fortkommen suchen? Zu dieser Rasse gehöre ich nicht. Dort steht kein gebieterischer Baum, der dem Boden mit Gewalt all seine Schätze entreißt und dessen Kräfte wunderbar ausschöpft.

* Bei dem Versuch, einen Rekord für die Flugstrecke Paris–Saigon aufzustellen, war Saint-Exupéry zusammen mit seinem Mechaniker Jean Prévost in der Libyschen Wüste abgestürzt.

BRIEF AN SEINE MUTTER

[Orconte, im Dezember 1939]

Meine liebe Mutter,

(...) Ich wohne auf einem sehr sympathischen Bauernhof. Drei Kinder gibt es hier, zwei Großväter und Tanten und Onkel. Man unterhält ein großes Holzfeuer, an dem ich mich aufwärme, wenn ich von einem Flug zurückkomme. Denn wir fliegen hier in zehntausend Meter Höhe bei... fünfzig Grad Kälte! Aber wir haben so viele Kleider auf dem Leib (dreißig Kilo!), daß wir nicht allzu sehr frieren.

Merkwürdig, dieser Krieg im Zeitlupentempo. Wir haben ja noch ein bißchen zu tun, aber die Infanterie! Pierre* muß unbedingt bei seinen Weinstöcken bleiben und für seine Kühe sorgen. Das ist wesentlich wichtiger, als wenn er als Schrankenwärter oder als Gefreiter in einer Reservetruppe Dienst täte. Es sieht mir ganz danach aus, als würde man noch viele demobilisieren, damit die Industrie wieder in Schwung kommt. Wir dürfen nicht zulassen, daß uns die Luft ausgeht.

Richte Didi** aus, sie möchte mir doch ab und zu ein paar Zeilen schreiben. Ich hoffe, in weniger als vierzehn Tagen euch alle zu sehen. Darüber würde ich mich sehr freuen!

Dein Antoine.

BRIEF AN X...

[Orconte, im Dezember 1939]

(...) Man rät mir, auf der Stelle meinen Urlaub zu nehmen, da wir in den nächsten vierzehn Tagen kaum zu tun haben werden, danach hingegen viel.

Glaube mir nicht, was ich in meinem Brief letztens geschrieben habe. Das ist alles so schwer zu erklären und voller Widersprüche. Es stimmt mich kaum melancholisch, daß ich diese Wahl getroffen

* Pierre d'Agay, der Mann von Saint-Exupérys Schwester Gabrielle.
** Didi: seine Schwester Gabrielle.

habe, denn es fällt mir sehr schwer, das Leben zu begreifen, und ich bin zu kompliziert für mich. Ich weiß nichts mit mir anzufangen. Die Jagd nach unseren Gespenstern – und eines nach dem anderen kommt da an die Reihe –, das sind die schwierigen Augenblicke. Ich fand nicht von vornherein Gefallen daran, in eine Höhe von zehntausend Metern aufzusteigen. Oder zu kämpfen. Denn jeglicher Kriegsrausch liegt mir fern, und mir ist auch nicht recht klar, welchen Weg meine Generation einschlägt – wenn ich an das Radio, an *Paris-Soir*, an J.*, an gewisse Gespräche denke. Es geht weniger um all das als darum, die zehntausend Meter, den Schlamm und das Risiko zu sterben auf mich zu nehmen. Es bleibt nichts als reine Bitterkeit, denn die Freude, etwas aufzubauen, etwas zu erobern, einer Sache nachzujagen, kommt dabei kaum zu ihrem Recht. Ich kann es nicht ertragen, nicht aktiv teilzuhaben. Wenn man nun all die Rinden, die man um sich hat, eine nach der anderen abreißt, dann zieht das und tut weh. Doch gleichzeitig erkennt man, daß es nur Rinden waren, denn hat man das Gespenst einmal besiegt, schert man sich keinen Deut mehr um die zehntausend Meter. Es ist immer so: Gerade wenn man wirklich mitten im Dreck steckt, findet man zu Gelassenheit. Man muß sich seiner Rinden entledigen. (...)

Um etwas gegen die Langeweile der Soldaten während der sogenannten »drôle de guerre« (des »Sitzkrieges«) zu unternehmen, wurde im November 1939 ein Unterhaltungsprogramm für die Soldaten eingerichtet; dazu gehörte auch ein »Militärtheater«. In dem folgenden Brief geht Saint-Exupéry auf eine dieser Militärtheatervorstellungen ein. Er hatte sie am 14. Dezember besucht.

BRIEF AN X...

[Orconte, Ende Dezember 1939]

Mitternacht

In Vitry hat ein Fest stattgefunden. Ich mußte ins Militärtheater mitgehen. Und erneut, schärfer als je, die Frage, weshalb wir kämp-

* J.: Ein Freund Saint-Exupérys.

fen. Wo kommen denn da die Franzosen vor? Wo Herr Pascal? Dieses erbärmliche Gekasper! Diese schäbige Massenware von Liedern. Erträglich sind sie ja noch, wenn sie so idiotisch sind wie »Olga«:

*»Au lieu de suivre les offices, elle suivait les officiers«.**

Doch sie werden zu einer Pornographie des Herzens, wenn sie sich bis zu Gefühlen aufschwingen. Wenn sie rühren wollen. Dieses Hundefutter, das die einschlägige Industrie den Leuten anbietet und mit dem sich die Leute zufrieden geben. Milton** spendete man Beifall. Schauerlich ist die Fröhlichkeit dieses Hanswursten. Die Fröhlichkeit eines Unglücklichen, der, von seinen Hämorrhoiden gequält, an nichts anderes denken kann. Der aber mehr schlecht als recht sein Brot damit verdient, Wörter aneinanderzureihen – Sätze kann man das nämlich nicht nennen. Denn in Sätzen finden geistig-seelische Regungen zu einer Struktur.

Die Fortsetzung von »Olga« bringt wiederum frische, ehrliche und gesunde Kost:

*»Comme elle était une demi-vierge, elle prit une demi-pension.«****

Denn da paßt plötzlich der Stil genau zum Inhalt. Der Inhalt ist schlicht der Spaß an Blödelei und Wortspielereien. Etwas Natürliches, wie ein Rülpser etwa. Der Inhalt ist bescheidenster Qualität, aber er ist, was er ist, und der Stil überträgt das ohne Abstriche und unprätentiös. Wie hingegen läßt sich so etwas ertragen, ohne daß einem der Brechreiz kommt:

»Ich lie-ie-ie-be dich, bis zum Wahnsinn.«

Was für eine seelische Regung leitet hier den Stil? Ich habe den Autor gesehen. Ein geldgieriger Roßtäuscher. Mögen die Wörter auch logisch nebeneinandergestellt sein, es kommt dabei doch nichts anderes als das Aufstoßen eines Besoffenen, als Gedankengekoller heraus. Nichts verschweißt sich da innerlich. Was ist das

* Sinngemäß etwa: »Die einzige Messe, die sie besuchte, war die Offiziersmesse.«

** Einer der bei dieser Veranstaltung Auftretenden.

*** Schwer zu übersetzendes Wortspiel: »Da sie eine ›halbe Jungfrau‹ (im Französischen ein Ausdruck für ein Mädchen mit sehr lockeren Sitten) war, nahm sie Halbpension.«

nicht für ein müdes Zeug! Die Liebe ist hier zum abgewetzten Purpur eines trübseligen Schmierenkomödianten verkommen.

Eine Sekunde lang war ich ergriffen:

»Und wenn die Mädchen raus zum Wäldchen laufen,
Macht das den Pfarrer froh, denn bald gibt's Taufen...«

Mit einem Mal stand es mir vor Augen: Städte und Dörfer. Und bekam einen Sinn. Die Stadt, das ist Giraudoux* und die gegenwärtige Staatenwelt. Wo jedoch alles seine Bedeutung verloren hat. Weil der Geist sich in Spielereien ergeht. Auch mein Roßtäuscher gehört dazu, aber bei ihm ist es die Schäbigkeit, die allem die Bedeutung raubt. Das Dorf hingegen bedeutet Auf-den-Plan-Treten der Dauer, der Abstammung, der verrinnenden Zeit und der Wandlungen, die dieses Leben prägen. Das Getreide wird ausgesät, und es wächst. (Wenn die Mädchen zum Wald hinausgehen, freut sich der Pfarrer, weil es dann Taufen gibt.)

So entstehen langsam die Volkslieder, die Tänze und die schönen Möbel. Dörfer des Mittelalters, in denen das Verrinnen der Zeit einen Sinn hatte. Wo der Mensch in der Geschichte seiner Herkunft seinen Platz fand – und wo die Toten dank der Kirche gegenwärtig blieben. Die Toten, diese Elemente der Dauer. Unsere Toten indes sind Leerstellen. Und unser Sommer hat nichts mit dem Herbst zu tun, es sind zwei Jahreszeiten nebeneinander. Heute haben wir nur noch Trümmerreste von Menschen! Giraudoux glaubt, der Mensch wäre durch den Verstand zu retten. Aber dem Verstand, der alles auseinandernimmt und die Teile nebeneinanderreiht (wenn er sich nicht ein Spiel daraus macht, ihre Anordnung zu verändern, um ihnen ein pittoreskes Gepräge zu geben), geht der Sinn für das Wesentliche ab. Wenn man »Zustände« analysiert, begreift man nichts mehr vom Menschen.

Ich bin weder alt noch jung. Ich bin jemand, der aus der Jugend ins Alter übertritt. Ich bin etwas sich Formendes. Ich bin ein Altwerden. Eine Rose ist nicht etwas, das knospt, aufblüht und dahin-

* Jean Giraudoux ist seit Juli 1939 Hoher Kommissar für Informationsfragen; er ist für Zensur und Propaganda zuständig. Man hat ihm vorgeworfen, daß seine Formulierungen zu wohlabgewogen und gelehrt seien und er nicht die Sprache gefunden habe, die alle Bevölkerungsschichten des Landes angesprochen hätte.

welkt. Dergleichen ist eine didaktische Darstellung. Eine Analyse, die die Rose auslöscht. Eine Rose ist keine Abfolge von Zuständen. Eine Rose ist ein etwas schwermütiges Fest.

Ich weiß sehr gut, was ich sagen möchte, aber ich muß noch darüber nachdenken, um mich klarer ausdrücken zu können.

Dieses Militärtheater. Im Krieg... Ich bin gern bereit zu sterben, wenn ich damit nützlich sein kann, aber nicht, um Milton zu retten. Mit Milton habe ich nichts zu schaffen. Ich bin traurig wegen dieses seltsamen Planeten, auf dem ich lebe. Wegen all der Dinge, die ich nicht verstehen kann. (...) Ich fühle mich müde. Auf eine recht unerklärliche Weise müde. Zum Teil ist daran zweifelsohne J. schuld. Nichts ist schwerer zu verkraften, als wenn meine Freunde in meinen Augen an Wert verlieren. Gewiß, ich habe nichts über ihn erfahren, was ich nicht bereits gewußt hätte. Doch er hat mich gelangweilt. Ich habe mich mit ihm gelangweilt. Ich sagte mir: »Das ist mir egal, das interessiert mich nicht!« Es interessiert mich nicht, was er so über das Leben denkt. Auch das Trinken nicht. Am Trinken habe ich überhaupt kein Interesse. Freilich, ein Glas unter Freunden, um die herzliche Stimmung zu unterstreichen. Aber doch nicht so, als Selbstzweck. Und die Gestalt, die die Dinge unter seinen Fingern annehmen, die interessiert mich nicht. Er hat schöne Geschichten gehört – bei ihm sind sie häßlich geworden (...)

Nun ist es so weit. Ich habe die 10000 Meter hinter mir. Noch ein Gespenst, das sich in Luft auflöst. Diese Gefilde, die 10000 Meter, dieses unbewohnbare Land, das unbekanntes Getier bevölkert und von dem aus die Erde konkav und schwarz aussieht und wo die Bewegungen sich verdicken, als schwämme man in Sirup. Und wo man Gefahr läuft, daß sich einem im Unterdruck (nur ein Zehntel des Normaldrucks) das Leben verflüchtigt – und wo man Eis atmet, da sich der Atem bei minus 51° Grad zu feinen Nadeln auf den Innenwänden der Pilotenmaske verwandelt –, und wo einem 25 verschiedene Ausfälle drohen, ein Versagen des Atemgeräts zum Beispiel, das einem den Garaus machen kann, oder der Heizung, so daß man sich in einen Eisblock verwandelt... Natürlich, all das kann passieren. Und doch ist das etwas ganz anderes. Das sind nichts weiter als Gespenster.

Freilich gibt es da das Instrument auf dem Armaturenbrett, das die Sauerstoffzufuhr anzeigt, und diese verfluchte kleine Nadel, wichtiger als die eines Pulsmeßgeräts, aber dennoch ist es etwas anderes, diese Nadel bleibt abstrakt. Man sieht sie nicht.

Man kneift einfach ab und zu mit den Fingerspitzen einen kleinen Gummischlauch, der zur Maske führt, um zu fühlen, ob er noch prall ist, ob noch Milch im Schnuller ist, und man nuckelt hübsch daran. Von Pathetik kann hier nicht die Rede sein.

Was nun die Heizung anbetrifft... Ich fühlte mich recht wohl dort oben. Mir war schön warm. Vor allem überraschte mich angenehm, daß die Wärme so diffus, so wunderbar verteilt war. Ich hatte befürchtet, die Drähte könnten die Haut versengen. Aber überhaupt nicht. Keinerlei besondere Empfindung an den Stellen, wo die Drähte verliefen. Und ich sagte mir: »Ja, wenn die Eskimos das gehabt hätten!« Ein Meisterwerk der Technik ist dieses gleichmäßig laue Bad – abgesehen von den Fingern, an den Fingern fror es mich. Aber es war letzten Endes noch erträglich. Und lange flog ich am Himmel dahin, die Hand auf dem Auslöser der Bordgeschütze.

Und als ich dann wieder herunterkam:

»Wie war die Temperatur?«

»Minus 51° Grad.«

»Warm wird dir ja nicht gerade gewesen sein?«

»Doch, es war nicht weiter unangenehm. Du hast mir gesagt, der Sauerstoff würde in der Nase brennen, aber meiner Nase ging es bestens. Was die Flugstiefel angeht...«

»... so bestand da auch keine Gefahr, daß du dich an ihnen verbrennen könntest, an deinen Flugstiefeln... Du hast nämlich vergessen, sie anzustellen.«

Und ich hatte mir vor dieser Taufe einen langsamen Kampf gegen eine drohende Ohnmacht vorgestellt. Die gräßliche feuchte Haut, an Stirn und Händen, und dieses sanfte, süßliche Gefühl, diese Art Perversion der Sinne.

Nein. 10000 Höhenmeter sind weniger hart als 6000 Meter ohne Sauerstoff. Und mit einem Mal schwand all die Bewunderung dahin, wie ich sie in Toulouse etwa Major Michy entgegengebracht hatte, dem einzigen mir bekannten Militär, der sich in die großen Höhen hinaufgewagt hatte. Diesen Helden, die sich jeden Tag von neuem unter Beweis stellen. Sie kehren zurück und verlieren kaum ein Wort über das, was sie durchgemacht haben. Helden sind so. Mürrisch und wortkarg. Wenn man sie fragt, zucken sie mit den Achseln. »Mein Lieber, das kannst du nicht verstehen!« Einmal mehr eröffnet sich mir der Sinn ihres Schweigens. Sie haben nämlich nichts zu sagen. Nicht darin besteht der Mut, sondern in der Entscheidung. Und Michy ist mutig. Denn man weiß von vornherein, daß es in 10000 Meter Höhe einen bestimmten Prozentsatz von Fällen gibt, in denen die Sauerstoffzufuhr ausfällt, und das ist tödlich. Es kostet also Überwindung, sich auf Anhieb für diesen Beruf zu entscheiden. Und dann bleibt einem nichts weiter übrig, als sich selbst allen Ernstes auf die Jagd nach dem Gespenst zu begeben. Man muß nun zeigen, daß der Wechsel, mit dem man seinen Vorschuß an Mut leistet, auch wirklich gedeckt ist. Und eben darin liegt das Verdienst, nur darin. Aber hat man einmal das Gespenst aus dem Weg geräumt, wird dies ein Beruf wie jeder andere. In 10000 Meter Höhe fliegen oder Stühle flechten... da das Gespenst ja nun einmal tot ist... Ich habe das jedesmal wieder erlebt. Bei den Nachtkurierflügen. Und angesichts der Gefahr, bei einem Absturz im Meer zu ertrinken, oder der Gefahr zu verdursten. Und Daurat... Daurat brachte den Männern nicht Mut bei: Er zwang sie, die Gespenster zu töten. Ich sagte das bereits in *Nachtflug*.

Vorgestern war ich so froh, als mein erster Flug abgesagt wurde – was war ich doch für ein Idiot!

Dann allerdings wird Mut zu etwas wesentlich Edlerem als zum Gepolter eines betrunkenen Feldwebels: Er wird zur Voraussetzung für Selbsterkenntnis. Sicher, nur in den menschlichen Beziehungen kann es Dramen geben. Allein das kranke Kind ist dramatisch. Stets nur der Andere kann dramatisch sein. Man selbst ist nie, aber auch niemals dramatisch. Man begibt sich eben in eine Höhe von 10000 Metern. Man explodiert, und das war es. Den Anderen aber kann man niemals in Augenschein nehmen. Der Andere ist ein Land ohne Grenzen. Und ein frierendes kleines Mädchen schmerzt einen mehr, als wenn bei 50° Frost die Heizung ausfällt. Ich kenne die Kälte. Ich kenne den Durst. Ich kenne die Unsicherheit – doch immer nur die der anderen.

Und dann, ich weiß nicht warum, dieses Bedürfnis, alles zu meinem eigenen Anliegen zu machen. Ich habe ihre 10000 Meter zu meinem eigenen Anliegen gemacht. Darin besteht »mein Krieg«. Es handelt sich nicht um törichtes Torero-Gebaren, wie man mir einmal in verletzender Absicht vorwarf. Die Gruppen 1/33 und 2/33 haben, wenn ich mich nicht irre, 11 von 20 oder 25 Besatzungen verloren. Sie sind die einzigen, die Einsatz zeigten und etwas aufs Spiel setzten. Und das stimmt mich manchmal schwermütig, wenn ich auf meinem Zimmer bin. Dafür haben wir sehr teuer zu bezahlen. Ich weiß nicht so recht, wofür man eigentlich solch hohen Preis bezahlt. Zumindest könnte ich es nicht sagen. Doch es wird wohl eine Gegenleistung geben, schließlich glaube ich ja daran. Heute abend bin ich auf einem Ohr taub – es ist nicht mein übliches Ohrensausen (das hat sich gebessert), sondern es kommt von meiner ersten Rückkehr von so hoch oben, ein Ohr ist zu bis morgen.

Und einmal mehr muß ich an diesen unverständlichen Widerspruch denken. Mal ist man eins mit seinem Körper. Dem Körper, der liebt, der die Abendruhe am offenen Feuer genießt. Der sich zum Einschlafen unter der Decke einkringelt. Und der zu lächeln versteht. Und mal ist da dieser Körper, der sich von mir unterscheidet. Und der nur mehr Mittel ist. Den man wie einen Ochsen zur Arbeit einspannt. Dem man allerhand anzutun bereit ist, bis ihm die Ohren pfeifen oder sein Fleisch gebraten und geröstet wird. Wie es vorgestern seinen Kameraden widerfuhr. Wenn der Körper nur mehr ein »gutes Werkzeug« ist. Und es gibt auch zwei Empfindungen: Traurigkeit angesichts des möglichen Todes, wie heute abend. Schwermütige Träumerei über so viele Gärten, die sich schließen werden. Es genügt ein Blitzschlag aus einer Messerschmitt, und man steht mit einem Mal wie ein Baum in Flammen. Aus einem makellosen Himmel bricht das hervor. Danach der senkrechte, lautlose Sturz.

Der eine von den dreien, der sich als einziger mit dem Fallschirm retten konnte, hat nichts gesehen. Außer daß plötzlich seine Bordinstrumente explodiert sind. Dann das Feuer gleich einem Gekoller in den Eingeweiden. Die unterirdische Arbeit des Feuers. Diese Besitzergreifung durch das Feuer. Und er hat sein Haus verlassen. Und auch ich bin natürlich nicht feuerfest. Vielleicht habe ich noch ein letztes Gespenst aus dem Weg zu räumen. Und da überkommt mich eine Schwermut, die mir ein wenig das Herz beklemmt. Man denkt an Luxus, an hängende Gärten. Die sind für mich gewissermaßen der Inbegriff von Luxus. Und dann an das Fleisch, an den Geruch des Fleisches, der mit einem Schlag das Herz ergreift. Das Kleid öffnet sich, und ein lauer Duft steigt herauf, der taumeln macht. Aber zugleich auch jene andere Empfindung, die ich morgen wiedererleben werde, wenn ich mitten im Handeln stehe. Der Körper ist nur mehr eine Art Mittel, dem keine große Bedeutung zukommt. Für den Körper gibt es kein Drama. Ich weiß sehr gut, daß es für den Körper kein Drama gibt. Mitunter bin ich nackt und friere.

Ich habe also einiges zum Krieg zu sagen. Nicht daß ich hier besonders viel zu sehen bekäme. Aber hier bietet sich ein bestimmter Gesichtspunkt, und wie alle Gesichtspunkte ist er fruchtbar. Ein innerer Gesichtspunkt. Ich mußte da hindurch, aber das Licht, das von hier auf die Dinge fällt, ist melancholisch. Nicht alles ist so, aber manches schon.

Zunächst einmal bin ich glücklich über die ganze ein wenig rauhe Seite, über den Mangel an Komfort, die Kälte und die Feuchtigkeit, die die spärlichen Annehmlichkeiten zu einem spürbaren Luxus werden lassen: der kleine runde Ofen, der so anheimelnd bullert, oder mein bäuerliches Bett – ich wohne auf einem Bauernhof –, diese Federdecke, die mir geradezu als Inbegriff üppigen Wohllebens erscheint. Ich habe es gern, wenn ich mich abends ins eisige Bett lege und eingekringelt mir allmählich Wärme und Träume verschaffe – und dieser Kältestrom, sobald man einen Fuß bewegt. Man fühlt sich wohl so in der Mitte des Bettes, wenn man den Schnee zum Schmelzen gebracht hat – und natürlich hat sich meine Bronchitis hier gelegt.

Dann freilich die Flüge. Hinter die feindlichen Linien bin ich noch nicht geflogen. Aber ich habe schon Flüge unternommen. Und da immer Feindberührungen möglich sind, hat man mir vor dem Start eingehend den Gebrauch der Bordmaschinengewehre erklärt. Ich habe für Sport nichts übrig. Vielleicht liegt da ein Mißverständnis vor: Ich liebe, was mich dazu zwingt, aus mir herauszugehen. Nicht der Höhe gilt meine Liebe. 10000 Meter, das ist keine bewohnte Welt mehr, und die Vorstellung, wie ein Huhn erdrosselt zu werden, sobald das Atemgerät ausfällt, macht mir schon Eindruck.

Meine Momente innerer Zweiteilung und völliger Geistesabwesenheit. Ich darf nicht auf dieses ungute Gefühl im Bauch achten, das mich wie jeden anderen packen kann. Diese rein oberflächlichen Lebensregungen sind ohne jegliches Interesse. Nicht in ihnen bin ich. Mein Ort ist anderswo. Ich muß mit mir zufrieden sein können, wenn ich aufwache, das brauche ich. Die Kameraden werfen recht heikle Probleme auf. Zuerst einmal was ihre menschliche Qualität angeht. Es gibt so viele verschiedene Arten zu urteilen. Man weiß nicht recht, von welcher Seite man das Problem angehen soll. Da hat man nun sein ganzes Leben die Bach-Liebhaber entschieden den Tango-Liebhabern vorgezogen.

Und dann kämpft man Seite an Seite mit Leuten, die gute Musik gleich wieder zum Schweigen bringen, hat sie sich tatsächlich einmal in den Lautsprecher verirrt. Und findet gerade bei ihnen die großen, wesentlichen Qualitäten wieder. Und eben jene, die am besten kämpfen, die sich als einzige wahrhaft einsetzen, tun dies nicht aus denselben Gründen wie ich. Sie kämpfen nicht für die Rettung der Zivilisation. Es sei denn, man unterzieht die Idee der Zivilisation, mit allem, was sie einschließt, einer Revision.

Der ungeheure Widersinn der gegenwärtigen Zeitläufte lastet schwer auf meinem Herzen. Es ist doch immer dasselbe: Die Gegenwart ist geistig nicht erfaßt. Denn alles hat sich seit hundert Jahren viel zu schnell entwickelt, und Denken ist ein viel zu langsamer Verdauungsvorgang.

Man stelle sich einen Physiker vor, dem man auf einen Schlag und bunt durcheinander zwanzig neue Dezimalstellen zu bekannten Phänomenen und tausend neue Phänomene vorgäbe: er wäre dem Problem nicht gewachsen. Jahrhundertelang müßte man auf den Menschen warten, der alles langsam verdaut hat und nun eine neue Sprache schaffen und die Welt neu ordnen könnte. Es gäbe keine Ordnung mehr in der mathematischen Physik. Das ist alles äußerst bitter. Es gibt nicht mehr viele mögliche Standpunkte: Entweder heißt es hinzunehmen, Herrn Hitlers Sklave zu werden, oder aber es gilt, ihn rundweg abzulehnen und bereit zu sein, für diese Ablehnung auch einzustehen. Ohne Worte zu verlieren. Ich will nicht im

Rundfunk sprechen, das schickt sich nicht, wenn man den Menschen keine Bibel anzubieten hat. Und ich stehe für meine Ablehnung auch ein. Nur hatte ich es nötig, die Barriere zu überschreiten, um genau zu spüren, worauf man verzichten muß, wenn man den Frieden aufgibt. Und letztlich muß ich darauf verzichten. Auf die Freiheit. Die Wärme eines Körpers in der Liebe. Und vielleicht auch das Leben. Und ich frage mich, warum. Und das ist nicht weniger bitter als der religiöse Zweifel. Und zweifelsohne genauso fruchtbar. Der unerträgliche Widerspruch nötigt dazu, die Wahrheit zu erschaffen. Denn ich stecke tatsächlich bis zum Hals in einem Wechselbad von Widersprüchen. Entweder gehe ich dabei drauf, oder ich werde mir über mich selber klar. Auf den Seiten von *Paris-Soir* jedoch finde ich ganz bestimmt nicht meinen Seelenfrieden. Und auch nicht bei Monsieur Ramon Fernandez.* Oder diesem schändlichen Radio. Gestern habe ich mit fassungsloser Bestürzung Pierre Dac** gehört. Hörte ich als Ausländer, welchen Schmutz da Frankreich verbreitet, könnte ich mir nur sagen, daß die Welt schleunigst von solcher Niedertracht befreit werden muß. *Paris-Soir* wiederum hat eben erst gestern einen ungeheuren und staunenerregenden Artikel über Hitler als Kriegsherrn veröffentlicht. Eine bessere Reklame hätte sich Hitler niemals einfallen lassen können. Man gewinnt daraus den Eindruck unbestreitbarer Größe. Und die Zensur hat das durchgehen lassen! Sie benehmen sich doch allesamt wie Affen vor einer Riesenschlange. Dieses Land ist erledigt, wenn man ihm nicht bald klare Gründe dafür bietet, warum es kämpfen soll (...) Augenscheinlich erhellt ihm nichts die Lage. Kein Wunder, daß wir uns an die Engländer gehängt haben: wir verstehen es nicht, uns auszudrücken. Wir verstehen es nicht, ein klares Gesicht zu zeigen. Die Engländer kämpfen

* Der Schriftsteller Ramon Fernandez hatte im Mai 1939 einen Artikel über *Wind, Sand und Sterne* veröffentlicht; am 16. Dezember war er bei der Gruppe 2/33 in Orconte zu Besuch. Unter der Vichy-Regierung wird er sich einer Gruppe von Intellektuellen anschließen, die sich den programmatischen Namen »Collaboration« gibt.

** Pierre Dac: eigentlich André Pierre-Dac, französischer Humorist; später wird er als Anhänger von »France Libre« von London aus über BBC humoristisch gegen Hitler agitieren.

für ihre Sitten, für ihren Ceylon-Tee, für ihr freies Wochenende. Wir fühlen uns vage solidarisch, aber bei uns gibt es weder allgemein verbindliche noch so ausgeprägte Sitten.

So wird England zum Gewissen Daladiers.* England ist unser Gewissen. Und wir hätten uns schon aus dem Krieg zurückgezogen, wenn wir uns England gegenüber nicht schämen würden. Und man ist verstimmt über England, ganz wie gegenüber einem zu forderndem Gewissen. Eben hier zeigt sich eklatant die Dürftigkeit Giraudoux' und seiner »Dosierung«.** Intellektuellenkunststücke als Antwort auf Rasse und Einigkeit. Diese Wortspielereien! Für eine Dosierung stirbt man nicht, für so ein Cocktailrezept. Das ist schrecklich abstrakt, das unterhält und betört den Geist. Aber das hinterläßt keinerlei Spur im Herzen. Mir jedenfalls genügt das nicht, um bereit zu sein, in Flammen aufzugehen. (Ich habe festgestellt, daß meine gebrochene Schulter mir jeden Fallschirmabsprung unmöglich macht.)

Um so besser, denn damit gewinnt das Risiko, das ich eingehe, noch an Tiefe. Und das wird mir keine andere Wahl lassen, als zu begreifen. Wenn dann aber einer vor mir »Heil Hitler!« schreit, werde ich ihm sicher nicht entgegenrufen: »Hoch lebe die Dosierung!«

Eines wird mir einmal mehr deutlich. Und dies ist vielleicht, was am meisten wärmt, auf diesem seltsamen Berg, wo ich ganz alleine sitze. Zärtlich denkend an all die, die ich liebe, und allen Menschen gegenüber mit zärtlicheren Gefühlen. Es ist immer dieselbe Geschichte. Sobald man sich in Gefahr befindet, ist man für alle verantwortlich. Es ist einem danach, zu sagen: »Friede kehre in eure Herzen ein.«

* Daladier war damals französischer Ministerpräsident.

** Vgl. hierzu die Fußnote oben, S. 26 und die Ausführungen in *Eine Ethik der inneren Schwerkraft* (unten, insbesondere S. 56–60 und S. 71 f.).

Frankreich verstehe es nicht, der feindlichen Propaganda eine schlagkräftige Antwort entgegenzusetzen, klagte Saint-Exupéry in dem voranstehenden Brief. Von der Frage der Propaganda nehmen auch die folgenden Überlegungen ihren Ausgang. Anlaß dazu waren die französischsprachigen Sendungen von Radio Stuttgart, die die Moral der Soldaten und der Zivilbevölkerung Frankreichs untergraben sollten.

Nach Anspielungen auf zeitgenössische Ereignisse, etwa der Erwähnung des finnischen Widerstands gegen die sowjetischen Eindringlinge zu schließen, wurde dieser Text höchstwahrscheinlich Ende Dezember 1939 oder zu Beginn des Jahres 1940 niedergeschrieben. Es handelt sich dabei um einen ersten Entwurf, dessen Handschrift äußerst schwer zu entziffern ist. Vor einer Veröffentlichung hätte ihn der Autor auf alle Fälle noch überarbeitet (zu seiner Arbeitsweise vgl. unten, S. 138f., das Interview in der New York Times*). Saint-Exupéry hatte dem Text noch keinen Titel gegeben. Er wurde hier dem ersten Satz des Manuskripts entlehnt.*

EINE ETHIK DER INNEREN SCHWERKRAFT

Eine Ethik der Gelegenheit und der
inneren Schwerkraft.
Was sie auszeichnet, ist, daß nichts sie aufhält.

Stuttgart hatte ein Interview mit in Gefangenschaft geratenen Fliegern angekündigt. Es handelte sich um zwei Kameraden der uns benachbarten Fliegerstaffel, die kurz hinter der Front abgeschossen worden waren. Und wir haben ihnen zugehört, haben ihre Stimmen erkannt, aber dann spürten wir, wie schon des öfteren zuvor, etwas anderes darin. Von der menschlichen und der technischen Seite her war das für uns, wie auch die anderen Male zuvor, ganz offenkundig. Warum klärt man die französische Öffentlichkeit nicht jedesmal lauthals über das auf, was hier gespielt wird? Warum läßt man zu, daß mit so plumpen Tricks nach und nach die Luft vergiftet wird, die wir atmen, und bietet nichts weiter dagegen auf als harmlose Störgeräusche, die keinen Menschen daran hindern, dies zu hören?

Wir kannten sie gut, diese Kameraden – wenn man jemanden so kennt, weiß man, wie er jeweils reagieren wird, man täuscht sich darin nicht, und man errät im voraus das Verhalten dieses Menschen. Wir können uns dafür verbürgen, daß hier Komödie gespielt wird. Wie sie jedesmal in diesen Fällen gespielt wird. Und das sieht folgendermaßen aus.

In Gefangenschaft geraten, wird man, wenn man verletzt ist, ins Krankenhaus gebracht. Dort muß man ein Verhör über sich ergehen lassen: Ihr Alter, Ihr Name, leben Ihre Eltern noch undsoweiter. Es gehört zum Normalsten und Elementarsten, daß man diese üblichen Formalitäten mit Anstand beantwortet. Der Gefangene gibt also seine Antworten. Dann pflegt man ihn natürlich. Eine alte, womöglich mütterliche Krankenschwester widmet sich ihm ganz. Für diesen Propagandaschachzug wird man in der Tat keinen brutalen Sanitäter auswählen. Man kann sich diese weißhaarige Alte gut vorstellen. Mütterliche Frauen gibt es in allen Ländern der Erde. Und der Verwundete ist ihr dankbar, daß sie ihn so fürsorglich verbindet. Und er dankt ihr dafür.

»Ist es gar so schlimm, mein Junge, weit weg von Ihren Angehörigen zu sein und Schmerzen zu haben? Wie Sie sehen, gibt es überall Menschen, die den Kummer der anderen verstehen. Haben Sie sich hier etwa zu beklagen?«

»Oh nein!... Man pflegt mich sehr gut... man ist sehr gut zu mir, und ich möchte mich bei Ihnen bedanken....«

Mit vierzig Grad Fieber gab er das zur Antwort, als er gerade aus dem Operationssaal kam, noch unter dem Einfluß des Morphiums und weich gestimmt durch ein wenig Güte, die zu Herzen geht.

»Ich kann an Ihre Familie schreiben, mein Junge – Sie sind zu krank zum Schreiben. Was möchten Sie denn gerne geschickt bekommen?«

»Bücher...«

»Kommt bei Ihnen auch an, was man Ihnen schickt?«

»Ja, alle Pakete für mich kommen bei mir an. Darüber freue ich mich sehr.«

Und freilich hat er das Recht sich zu freuen, wenn er mit dem

Herzen eines ins Exil verschlagenen Kindes, das vor seinem Weihnachtsgeschenk sitzt, sein Paket öffnet.

Wenn es ihm dann besser geht, bringt man ihn, nach der harten Zeit der Einsamkeit, mit einem Kameraden zusammen. Zwei Betten nebeneinander. Und an diesem Tag, zum ersten Mal:

»Was hätten Sie gerne zum Mittagessen?«

Er wird nun als Rekonvaleszent geführt. An diesem Tag duftet der Milchkaffee in den Tassen. Und der Mensch ist nun einmal so geschaffen, daß er noch in den tiefsten Abgründen der schlimmsten Abenteuer an Kleinigkeiten seine Freude findet. Wie glücklich man über ein paar Blumen ist! Die Krankenschwester hat eben einige hingestellt.

»Ich dachte, das könnte Ihnen Ihr Exil ein wenig freundlicher gestalten.«

Im Innersten keimt nun Optimismus auf. Das Leben ist schön heute morgen. Man ist wieder mit einem Kameraden zusammen, und in einer Art spontaner überströmender Freude erzählt man sich vom letzten Kampf. Brennend ist man herabgestürzt, und doch ist man am Leben. Das ist schön. Man erzählt ohne Haß von dem Kampf, denn untereinander respektiert man den Feind.

Und schließlich der letzte Akt.

»Würden Sie im Rundfunk eine Erklärung abgeben?«

»Nein.«

»Man wäre Ihnen hier aber sehr dankbar dafür.«

»Mir egal. Meine Weigerung ist unumstößlich.«

»Gut, sehr gut. Wir haben Respekt vor tapferen Soldaten. Ihre Weigerung steht einem Soldaten gut an. Wir werden nichts von Ihnen verlangen. Und um Ihnen unsere Achtung zu bezeugen und da das Mikro schon einmal bereit steht, wollen wir Ihnen die Möglichkeit geben, Ihren Angehörigen mitzuteilen, daß Sie am Leben sind. Ganz einfach, ohne irgendeinen Zusatz, der unserer Propaganda dienen könnte. Wir bewundern Ihr Pflichtbewußtsein.«

Ein wenig bewegt sammelt sich der Gefangene. Er spricht ins Mikro:

»Ich freue mich, meiner Familie mitteilen zu können, daß ich am Leben bin und auch schon fast wieder gesund.«

Das ist alles. Die mütterliche Zuwendung der weißhaarigen

Krankenschwester – ob nun vorgetäuscht oder nicht –, der dampfende Milchkaffee auf dem Tisch, die Kameraden, zu deren Herz man spricht, um Erleichterung zu finden. Er weiß nicht, was aus ihnen geworden ist. Um sie geht es auch nicht. Wie wenig Bedeutung sie haben!

Jetzt hat die Technik das Wort. Man kennt ja die Arbeit eines Cutters. Er setzt die Teilstücke eines Films zusammen, nimmt das Ganze von neuem vor. Man hat hier einen schönen, auf Band aufgezeichneten Rohstoff zur Verfügung, nämlich das Verhör zur Feststellung der Personalien des Gefangenen, dann die vertraulichen Äußerungen gegenüber der Krankenschwester, als man litt und so viel Anteilnahme einem das Herz übergehen ließ, dann die große Freude, mit einem Kameraden über das Erlebte sprechen zu können. Den entscheidenden Augenblick noch einmal zu durchleben, als die Messerschmitt-Staffel wie ein Blitz auf einen herabstieß. Und das Wunder, mitten aus der Feuersbrunst an einem Fallschirm hinunterzusegeln...

Nichts einfacher, als ein Mikrophon zu verstecken, wo und wann man es wünscht, nichts einfacher, als sich ein paar Kilo Materialien zu besorgen, wenn man sie haben will. Danach heißt es, sich an die Arbeit machen. Der, der das Verhör zur Feststellung der Personalien geführt hat, schneidet nun geschickt gewendete Fragen dazwischen, die nach der Endmontage im Dialog an die Stelle der Krankenschwester und des Freundes treten. All das läßt sich machen, indem man mit Schere und Tonband spielt.

»Fühlen Sie sich wohl in Deutschland?«

»Aber ja, man pflegt mich sehr gut, man ist sehr gut zu mir, ich bin sehr zufrieden.«

»Tut man nicht alles, um Ihnen Ihr Exil ein wenig freundlicher zu gestalten?«

»Ja, alle Pakete für mich kommen bei mir an... Das freut mich sehr.«

»Wie denken Sie über Ihre schrecklichen Peiniger?«

»Wirklich in Ordnung. Ich möchte mich bei ihnen bedanken.«

Vielleicht hat man ihn eines Tages gefragt: »Wie finden Sie das Mittagessen?« oder etwas ähnlich Harmloses. »Ich möchte mich bei ihnen bedanken«, diese Äußerung kann zwei Wochen später gefallen sein, aus irgendeinem beliebigen Anlaß. »Die Krankenschwestern werden versetzt. Möchten Sie ihnen irgend etwas ausrichten lassen?« – »Ich möchte mich bei ihnen bedanken.«

»Wollen Sie unseren und Ihren Zuhörern von dem heroischen Kampf erzählen, der dann mit Ihrem Absturz endete?«

»Aber gerne!« (Wer hat nicht schon hundertmal bei irgendeiner Gelegenheit »Aber gerne« gesagt?)

Und schon hören wir ihn lebendig, natürlich und selbstredend ganz und gar spontan erzählen.

Schließlich zur Krönung der Montage noch ein Vorspann: »Die unglücklichen Verwundeten haben uns wissen lassen, wie sehr sie sich freuen würden, wenn sie über den Rundfunk mit ihrer Familie in Verbindung treten könnten. Um ihnen die Gefangenschaft leichter werden zu lassen, hat sich Radio Stuttgart bereit erklärt, mit den erforderlichen Geräten zu ihnen ins Krankenhaus zu kommen und ihre Erklärung aufzuzeichnen.«

Nichts als Fälschungen natürlich werden hier in Umlauf gebracht – eine Kriegslist eben. Bei solcher moralischen Kriegsführung vermag ich nicht zu entscheiden, ob es wirklich verabscheuungswürdiger ist, die Worte eines Gefangenen geschickt zusammenmontieren, oder eine polnische Stadt von Flugzeugstaffeln niederstampfen zu lassen. Ich vermag nicht mehr recht auszumachen, was gültig ist und was nicht. Sobald man sich außerhalb eines Wertesystems bewegt, verliert die Moral ihr Absolutes. Aber ich sehe da zwei Irrtümer. Der erste ist folgender: Wenn wir hören, wie Menschen, von deren Integrität wir überzeugter sind als von unserer eigenen, in aufgeräumtem Tonfall für die deutsche Propaganda arbeiten, dann wird uns damit sehr deutlich, mit überwältigender Klarheit vor Augen geführt, warum wir kämpfen, meine Kameraden und ich.

Wir kämpfen für die Achtung vor dem Menschen. Hier sind keine Unterscheidungen am Platze. Es gibt hier nicht Freund oder Feind. Entweder, man hat grundsätzlich Achtung vor dem Menschen, oder man hat keine Achtung vor ihm. Es geht nicht um Nächstenliebe. Sondern um etwas unendlich Höheres. Geiseln werden erschossen? Der Krieg verlangt es. Man kann ein größeres oder ein geringeres Maß an Roheit an den Tag legen. Man kann unnützes Blutvergießen vermeiden und sich die unfruchtbaren

Ruinen des Zornes ersparen. Doch es bleibt eine Frage des Grades. Ist der Mensch in Gefahr, so zeigt er sich immer grausam, mehr oder weniger roh, mehr oder weniger wohlerzogen. Einen wesenhaften Unterschied gibt es hier jedoch nicht. Gewiß, seinen Feinden gegenüber ist man grausamer als gegenüber seinen Freunden. Und die Erschießung einer Geisel mag sich letzten Endes mit der übergeordneten Achtung vor dem Menschen vereinbaren lassen. Manch ein Henker hat vor seinem Opfer den Hut gezogen. Einen mutigen Spion standrechtlich zu erschießen ist eine Sache. Ihn zu verachten eine andere. Und ich halte viel von solcher Wertschätzung, die das Leben übersteigt. Ganz wie von den militärischen Ehren, die man den Gefangenen bezeigt.

Hier indes geht es um etwas anderes. Man verachtet den Menschen, alle Menschen, Bruder wie Feind, wenn man sich nicht schämt, ihre innersten Regungen zu dergleichen zu nutzen, wenn man Mitleids- und Dankesbekundungen, Zeichen der Liebe und der Mattigkeit für solch schreckliche mechanische Manipulationen ausbeutet. Ich erinnere mich an jene Kinder-... [*unleserlich*]. An jenen schüchternen, linkischen Schulkameraden, der im Alter von zwölf Jahren naive Briefe mit seinen Schwestern wechselte – Briefe voll von häuslichem Klatsch, den kleinen lächerlichen Seiten einer armen Familie, voll von Hoffnungen und naiven Regungen des Stolzes. [*unleserlich*]. Sein Packen Briefe wurde von einem Schlingel gestohlen. Er stellte sich auf den Stuhl des Lehrers, während zwei oder drei andere Taugenichtse den Jungen festhielten und ihn zwangen, mit hochrotem Kopf von Anfang bis Ende die öffentliche Verlesung seiner Geheimnisse mitanzuhören, die von lauten Lachsalven begleitet wurde.

Nur ein Gefühl wächst dann im Herzen: Töten. Entweder man läßt es sich gefallen, oder man läßt es sich nicht gefallen, wenn ein bestimmtes Reich, das innere Reich verletzt wird. Es gibt Grenzen, die zu verletzen monströs ist. Sicher: die Tschechen, die Polen und Finnland. Aber das ist etwas anderes, das ist Ungerechtigkeit. Das ist eine Frage des Maßes, und man ist immer mehr oder weniger gerecht. Doch dort, wo man die innere Grenze überschreitet, dort zeigt sich unverkennbar der Unterschied der Naturen. Dann schmeckt man auf den Lippen den Wunsch zu töten. Wir Buben von zwölf Jahren, die wir nicht damit einverstanden waren, haben damals erfahren, was Scham zu empfinden heißt. Alles, aber nur nicht das. Wir hätten es hingenommen, wäre er verprügelt worden, selbst zu Unrecht. Aber solch ein Affront rührte an unseren edelsten Teil, nicht die Nächstenliebe, sondern die Ehre, rührte an den Menschen in uns. An den Menschen, den wir als geheimnisvolles Erbgut des familiären [*unleserlich*], der Religionen, von irgend etwas Subtilem und Unschätzbarem in uns tragen. Wir griffen zu den Waffen. Zu Linealen, Tintenfässern und unseren kleinen Fäusten elfjähriger Buben. Wir rächten den mißhandelten Kameraden, der nach solch einer Erniedrigung wohl vor Scham ins Wasser gegangen wäre. Im Triumph haben wir ihn davongetragen, über und über mit Tinte befleckt, wie er es nach der Explosion der Granaten war: »Heul nicht, Dummkopf, die waren [*unleserlich*], deine Briefe, und wir haben ja auch gar nichts gehört.«

Und er begann zu lachen, da ihm seine Würde wiedergegeben war. So würde ein Finne nach seinem endgültigen Sieg lachen, wenn er dann heimkehrt und ruft: »Das wäre geschafft. Jetzt kann ich glauben, wonach mir auch immer der Sinn steht.«

Und hier liegt das Wesentliche. Nicht Mitleid hatte uns überwältigt. So gerecht, so edel, so wünschbar es auch sein mag – es gibt Besseres als das Mitleid, das sich irgendwo schon mit Gefühlsduselei berührt. Wir verteidigten diesen Jungen, aber viel mehr als dieser Junge war es bereits der Mensch, dem wir, in ihm, unsere Achtung erwiesen.

Unsere Kriegsziele! Wir hatten damals schon unsere Kriegsziele, und es sind nach wie vor die gleichen. Die Äcker und die Wälder natürlich, die abendlichen Zusammenkünfte im Dorf, die wohlgefüllten Scheunen, alles, was vertrauensvoll auf die Zukunft baut. Es liegt etwas Schönes in der ausgreifenden Bewegung des Eroberns, desgleichen aber auch in der Unverrückbarkeit, der Stabilität eines angestammten Gutes, jener langsam sich formenden Sitte, die Religion heißt und nach und nach den Dingen ihre Farbe verleiht. Lange dauert es, bis die Farbe aufgetragen ist; Frankreich hat eine Geschichte von ein paar Jahrhunderten hinter sich, und von dieser Farbgebung rührt es her, daß wir mit unseren so weit zurückreichenden Wurzeln heute eine magische Welt haben. Es bedarf der

Ruhe, eine Seele herauszubilden, und die Bergpredigt verströmt über die Jahrhunderte hin ihren Geist. Die deutsche Mobilität indes ist nur Abwesenheit. Weil in ihnen nicht das innere Feuer glimmt. Doch vielleicht ginge es letztlich gar nicht darum, zu den Waffen zu greifen, um die Grenzen zu schützen, deren Nutzen darin besteht, daß sie den Menschenkindern stabile Verhältnisse sichern. Sondern um vielmehr ebenjene nicht nutzengebundene Grenze zu schützen, die nun erstmals bedroht ist.

Totalitärer Staat, das bedeutet bekanntlich, daß die Masse das Individuum, daß die Gattung den Menschen erdrückt. Eine schöne Entdeckung ist da Hitler gelungen, der so stolz auf sein Genie ist! Der Kern seiner Entdeckung ist nämlich, daß die Vielzahl stärker ist als der Einzelne und daß es folglich abartig sei, wenn der einzelne Mensch ihr nicht nachgebe. Daß die deutsche Masse stärker sei als das tschechische Volk. Daß es also eine unerträgliche Herausforderung darstellt, wenn das tschechische Volk mit seiner in die entgegengesetzte Richtung zielenden Vorstellung weiterhin Bestand hat, da es doch der Schwächere ist. Nicht anders steht es im Falle des Malers, dessen Kunst nicht dem Ideal der Masse entspricht.

Die Haltung Polen gegenüber? Keine andere als jene, der sich in Deutschland ein Mensch gegenübersieht, der sein inneres Reich nicht preisgibt: Mißachtung. Verachtung der Intellektuellen. Freilich haben sich diese auf der Welt bereits reichlich Fehltritte geleistet, soweit sie sich einbilden, die Welt finde in Differentialgleichungen und nicht in schöpferischen Handlungen zu ihrem Ausdruck. Doch was die Unterdrücker antreibt, ist nicht in erster Linie Verachtung der Intellektuellen, Verachtung jener Professorenrepubliken, sondern Verachtung des inneren Gehalts. Der privaten Güter, der Bilder, die Privateigentum sind. Des Privateigentums des Menschen. Alle Zivilisation beruhte darauf, jenem bewundernswürdigen Paradoxon Geltung zu verschaffen, daß der Mensch der Macht der Menge die Waage hält. Daß jemand, der allein inmitten einer fremden Menge sich bewegt, seine Kleider am Leib behält, obwohl es nicht in seiner Macht stünde, sie zu verteidigen. Hier zeigt sich die Macht des geistigen Reichs, die stärker ist als materieller Egoismus. Gibt man diesen Standpunkt auf, so mag man vielleicht auf eine tiefgründende Logik stoßen, auf eine höhere jedoch nicht. Und dann stößt man auch auf Schwachpunkte beim Gegner. Ach, und was für Schwachpunkte... Wer unbewaffnet auf die Straße geht, wie lächerlich ist er nicht, wie hoffnungslos überholt, und es gilt, ihn sich eilends im Namen der Logik einzuverleiben.

Ich habe nämlich aufmerksam das seltsame Buch von Rauschning* gelesen. »Seltsam« sage ich, weil ich, an Gamelins** Stelle, noch etwas dafür bezahlt hätte, damit es in Frankreich erscheint. Es stellt, absichtlich oder unabsichtlich, die Hitlersche Ideologie in ziemlich erhellender Form dar. Beim Lesen ist mir aufgefallen: jedesmal wenn Hitler »überholt« sagt, etwas als überholt bezeichnet, um zu zeigen, daß so etwas Überholtes den Angriffswellen nicht widerstehen kann, fühlt man sich oberflächlich versucht, ihm beizupflichten, da er Offenkundiges auszusprechen scheint. Um sich zu besinnen, genügt es jedoch, statt »überholt« jedesmal »zerbrechlich und wertvoll« einzusetzen.

Freilich ist die Spielregel, die einem schwachen Holland neben zahlreichen Nachbarnationen zu bestehen erlaubt, nur ein überholtes Paradox, mit dem man lebte, ohne seiner Gebrechlichkeit gewahr zu werden (»Es gibt zu viele Hauptstädte in Europa«), wenn seine Existenz nicht durch eine universelle Übereinkunft abgesichert ist, wenn sich die Existenz Hollands oder Schwedens nicht zuvorderst auf allgemeine Anerkennung stützen kann, wenn gewissermaßen die Masse der Nationen nicht im Dienste jeder einzelnen Nation steht, wie bei uns die Masse aller Einzelpersonen im Dienste des einzelnen Individuums. Sicher ist es paradox, daß, wer anders als die anderen denkt, nicht längst niedergemacht wurde, sind die anderen doch *per definitionem* stärker als er.

Aber Zivilisation bedeutet Geburt jenes inneren Reichs. Und da-

* Hermann Rauschning, ehemaliges Mitglied der NSDAP und einst Senatspräsident von Danzig, war 1936 aus Deutschland geflohen. Er verfaßte eine Studie über den Nationalsozialismus, *Die Revolution des Nihilismus*, sowie das Buch *Gespräche mit Hitler*, in dem er davon berichtet, was Hitler im persönlichen Gespräch geäußert hatte. Vermutlich bezieht sich Saint-Exupéry hier auf letzteres Buch.

** Oberbefehlshaber der französischen Streitkräfte 1938-1940; am 19. Mai 1940 wird er von Weygand abgelöst.

mit alle übrigen sich bereit finden, den Einzelnen zu verteidigen, muß dieser etwas von ihnen selbst repräsentieren. Und dieses Etwas ist der Mensch. Das genauer zu erklären, fällt schwer; nicht indessen, es zu fühlen. Es war der Mensch in uns selbst, den wir verteidigten, als wir uns mit zwölf Jahren für einen zwölfjährigen Kameraden in eine Rauferei stürzten.

Wir, die wir uns nicht von der Idee der Macht und deren Ausweitung beherrschen lassen, wir fühlen uns durch die Existenz Hollands, einer Schweiz oder eines Finnland keineswegs beschnitten, sondern bereichert. Ihre Schwäche ist für uns kein widernatürliches Paradox. Wir sehen keinerlei Grund, sie im Namen eines schwergewichtigeren Menschenmagmas zu unterjochen. Wir lieben die, die uns ein Licht aufstecken, sei dies ein holländischer Maler oder ein skandinavischer Musiker.

Wir verteidigen, was Licht spendet. Die Schweiz oder Peru sind für uns keine Beleidigung: Sie helfen uns, zu existieren und uns zu definieren, und sei es auch gegen sie. Sie bringen uns ihre Düfte, ihre Tulpen oder ihre wilde Musik.

Es ist ein und derselbe Standpunkt, nach dem sich die Haltung gegenüber den Nationen und die Haltung gegenüber den Individuen bestimmen. Unsere Kriegsziele? Sie bestehen darin, unsere ureigenste Substanz zu verteidigen – und das bedeutet mehr als unsere Gesetze, mehr als unsere Steine, mehr als die Fabeln von La Fontaine, die in der patriotischen Propaganda regelmäßig auftauchen.

Was verteidigen wir? Die Fabeln von La Fontaine! Sagen Sie das einmal einem Hilfsarbeiter in der Fabrik, der wird gleich Feuer und Flamme sein! Wir kämpfen dafür, daß niemand das Recht hat, unsere Briefe öffentlich zu verlesen, daß wir uns nicht der Masse zu unterwerfen haben. Wir kämpfen darum, beten zu können – soweit wir gläubig sind –, wann immer uns danach zumute ist. Und um als Dichter schreiben zu können, wie es uns beliebt. Wir kämpfen, um einen Krieg zu gewinnen, der genau auf der Grenze des inneren Reichs ausgetragen wird.

*

Aber man muß ihn auch gewinnen! Und um ihn zu gewinnen, ist eine richtungweisende Schwerkraft vonnöten. Und hier tritt mir noch deutlicher ein innerer Schwachpunkt vor Augen, den wir überwinden müssen, wenn wir etwas bewirken wollen. Ein Stein rollt dorthin, wohin es ihm eben möglich ist. Das Gewicht des Steins resultiert aus dem Gewicht der in eine Richtung zielenden Partikel. Dem Gewicht des Steins eignet eine ungeheure Beharrlichkeit. Wenn der Berg erbebt, wenn der Berg auseinanderbricht, läßt sich der Stein niemals die Gelegenheit entgehen. Man kann sicher sein, daß er hinabstürzt, sobald er nur hinabstürzen kann. Die Kraft, die ihn bewegt, ist unendlich wachsam. Vielleicht absurd, nicht auf Vernunft gegründet, aber wachsam und unerbittlich geht sie ihren Weg.

Uns aber hindert etwas, das rechte Gewicht aufzubringen, und davon will ich nun sprechen.

*

Als Beispiel zunächst jene Sendung, in der wir die Unseren sprechen hörten, dieser Fall, der auf meine Kameraden und mich so tiefen Eindruck machte. Selbstverständlich brachten wir einiges »Gewicht« auf. Wir waren empört, uns befiel nicht dieser schreckliche Skeptizismus, den die Intellektuellen an den Tag legen. Wir kamen hinter den Trick, ganz einfach weil wir ein Gegengewicht aufboten, so wie das Wasser einer übergehenden Badewanne auf die mehr oder weniger subtilen Tricks kommt, wie es ein Stockwerk tiefer gelangen und einem heillose Rechnungen bescheren kann.

»Es wäre doch ein Leichtes«, meinte einer von uns, »sobald Stuttgart mit seinem Sermon am Ende ist, ein paar Worte auf derselben Wellenlänge nachzuschicken, so könnte man dem Herrn aus Stuttgart entgegentreten und seinen Einfluß beschneiden...«

Doch eben hier kommt die innere Schwerkraft ins Spiel. Denn der ganze Wert einer solchen Entgegnung steht und fällt mit der Wahl des Sprechers und der Stimme. Der Wert wäre gleich null, setzte man uns eine belanglose, weitschweifig daherredende oder auch einfach nur ehrliche Stimme vor. Das Geheimnis des Erfolgs liegt in der Beschaffenheit der Stimme. Das ist dem Verwaltungsapparat zu hoch. So etwas ist ihm immer zu hoch.

Ich entsinne mich eines diskussionserprobten alten Kämpen. Ein junger Mann hatte ums Wort gebeten und mit logischer Findigkeit eine Gegenthese zu dessen Position entwickelt. Der alte Kämpe nickte mit dem Kopf, als habe er sich überzeugen lassen. Der andere schwitzte. Wir, die Zuschauer, waren aus Mitgefühl mit dem Vorredner etwas betreten. Als jedoch der andere strahlend ans Ende gelangt war, ergriff der alte Kämpe schlicht das Wort und sah dabei ein wenig traurig und ratlos drein: »Was mein Gegenredner gesagt hat, ist ausgezeichnet, wirklich ausgezeichnet, und ich fühle mich ein wenig betreten... Ich frage mich bloß, ob...« Er fragte sich nichts Besonderes, dieser Mann. Beinahe beschämt, beinahe um Entschuldigung bittend, ließ er mit ein paar Worten den jungen Mann, sein trockenes Referat und seine formale Logik, seine Brillanz und seine Eitelkeit zu einem kleinen Kügelchen zusammenschrumpfen. Einige Minuten lang rollte er das kleine Kügelchen zwischen seinen Fingern, ließ es dann nachlässig, wie zerstreut, fallen und ging zu etwas anderem über. Und das junge Männchen stand wie erstarrt auf dem Podium, mit stumpfem Blick, lächerlich und ohne zu begreifen, daß er bereits verschwunden war.

Sofern nun einem die innere Schwerkraft die Richtung weist, könnte er nicht anders als zu rufen: »Da haben wir die Hilfe, den Mann, den wir brauchen!« Man hat sehr wohl verstanden, daß die Wirkung auf dieser Stimme beruht, ausschließlich auf dieser Stimme, und nicht auf den drei Unterkommissionen, die Punkt für Punkt eine allen Regeln des Verwaltungsapparats konforme Antwort an den Herrn aus Stuttgart ausarbeiten und dann den Platz des Sprechers (als wäre dieser Punkt nur noch eine Detailfrage) irgendeinem wohleingeführten Schützling zuteilen.

Denn was uns zugrunde richtet, das ist nicht unser Glaube an die Verwaltung – eine schlechte Verwaltung ist eine Plage –, sondern unser Glaube, der Verwaltungsapparat sei imstande, mit auch nur irgend etwas, was sich in Bewegung befindet, umzugehen oder dergleichen zu schaffen oder zu lenken. Wir bauen einen Behälter, gießen die Flüssigkeit hinein, vergessen dabei aber den Gärstoff. Der Bottich ist bewundernswert, doch darin spielt sich nichts ab.

Im übrigen sehe ich auch noch eine andere Klippe. Nachdem der Herr aus Stuttgart einige Male eine Antwort erhalten hat, wird sich der Feind schon etwas einfallen lassen – was, weiß man nicht –, um den Entgegnungen die Wirkung zu rauben. Man wird sich dann Antworten auf diese Antworten ausdenken müssen. Das Leben ist eine Art Fechtkampf, und es gilt dabei, mit der Klinge auf Fühlung zu bleiben.

Sofern man in eine bestimmte Richtung tendiert, findet man, wenn man sich aufmacht, auf die Dauer seinen Weg. Eine Verwaltungsmaschinerie hingegen ist eine Ausgeburt des Verstandes. Sie tendiert nirgendwohin. Sie verwaltet das Bestehende. Ist die Stimme des Sprechers eine Stimme der Verwaltung, dann ist sie zu nichts mehr nütze, und das gleiche gilt, wenn man von der liebgewordenen Manie nicht lassen will, lächerliche Störgeräusche zu senden, die niemanden am Zuhören hindern.

*

Hier tritt in aller Deutlichkeit der Schwachpunkt dieses Landes zutage, und dieser Schwachpunkt hat einen philosophischen Sinn. Ich meine damit, daß die geistige Lage einer Nation, die Glaubensinhalte, die begrifflichen Vorstellungen in einem Lebensprozeß wurzeln. Das erscheint mir so wichtig, daß ich es ausführen möchte. All die Scherereien und Rückständigkeiten, mit denen wir uns herumschlagen müssen, sind davon geprägt.

Bekannt ist, was man in der Biologie als Finalismus bezeichnet: die Entwicklung eines Organismus wird durch ein zu verwirklichendes Ziel bestimmt. Die ursprüngliche Zelle wird zu einem Auge, weil ein transzendenter Wille verfügt hat, daß dem so sein soll. Es ist ebenfalls bekannt, daß sich die Wissenschaft diese Sehweise nicht zu eigen machen kann – nicht weil sie wahr oder falsch wäre, sondern weil sie unfruchtbar ist. Der Apfel fällt nicht vom Baum, weil er fallen will, und das Wimpertierchen führt nicht zum Elefanten, weil ihm »eine Entwicklungstendenz hin zum Elefanten innewohnte«, so wie der Keim im Ei die Anlage zum Huhn enthält. Um neue Erkenntnisse zu gewinnen, muß man so tun, als wäre im Wimpertierchen nicht bereits der Elefant als Entwicklungstendenz angelegt. Daß das Huhn das Entwicklungsziel des Eis ist, resultiert aus einem Prozeß, der Aber- und Abermilliarden vorausgegangener Erfahrungen umfaßt. Er ist aber bloß eine Wiederholung. In der

Wissenschaft gibt es nur Wiederholungen, die Zukunft vorauszusehen, heißt nur, eine Wiederholung vorherzusehen. So weiß ich, daß aus dem Ei ein Huhn hervorgehen wird. Sobald es sich jedoch nicht mehr um Wiederholung handelt, weiß ich nichts. Mir ist nicht bekannt, welche Tiergestalt das Huhn in hundert Millionen Jahren annehmen wird. Wenn graue Mäuse dazu tendieren, zu weißen Mäusen zu mutieren, kann ich vorhersagen, daß diese Art weiß werden wird. Auch hierbei handelt es sich um Wiederholung.

Je weiter man »links« steht, desto nachdrücklicher verweist man alle Metaphysik aus der Wissenschaft. Desto nachdrücklicher zieht man dagegen zu Felde, daß es die historische Mission der Zelle sei, ein Auge zu werden. Gleichzeitig legt man aber, was den menschlichen Bereich anbelangt, einen verstörenden Finalismus an den Tag. Im üblichen Sprachgebrauch hat »Fortschritt« die Bedeutung menschlicher Fortentwicklung. Und die moderne viermotorige Maschine ist im Flugzeug Blériots* geradeso enthalten, wie das Huhn im Ei angelegt ist. Und eben jene Leute, die sich über die Mission des Keims lustig machen, kommen einem mit der historischen Mission des Proletariats und laden diese vagen Wörter mit Bedeutung auf.

Das hat unerbittlich seine Folgen. Man versammelt sich um das Flugzeug Blériots und sucht auf logischem Wege zu klären, wie es anzustellen sei, um dem Flugzeug von morgen auf die Sprünge zu helfen. Drei Kommissionen, zweiundzwanzig Unterkommissionen bemühen sich, die Ereignisse zu »verstehen«, ehe sie handeln. Doch nur die Vergangenheit läßt sich verstehen. Die Zukunft »versteht« man nicht, sondern man selbst legt zu ihr den Grundstein. Genau in dem Maße, als Wiederholung im Spiel ist, läßt sich die Zukunft vorhersehen. Sie läßt sich gerade dort vorhersehen, wo es nichts vorherzusehen gibt. Aber wo es darum ginge, etwas vorherzusehen – nämlich dort, wo sie sich, wie auch immer, von der Vergangenheit unterscheiden wird –, dort läßt sich nichts mehr vorhersehen. Newton rechtfertigt die Entdeckung seines Lebens, als er die Mechanik

* Louis Blériot (1872–1936), französischer Flugzeugbauer und Flieger, baute einen der ersten brauchbaren Eindecker; 1909 gelang ihm der erste Flug über den Ärmelkanal. Eines seiner Flugzeuge wurde im Ersten Weltkrieg von der französischen Luftwaffe verwendet.

auf Axiome gründet. Er sieht eine Wiederholung vorher. Er erhebt jedoch nicht den Anspruch, die Entdeckung der fünften Dezimale vorauszusehen, wenn seine Axiome nur Berechnungen bis zur vierten Dezimale erlauben. Unvermeidlich wird die fünfte Newton entkräften. Und Newton hat diese Aufgabe der Zukunft nicht abgenommen. Mit anderen Worten: In den Ereignissen von heute sind nicht bereits die Ereignisse von morgen enthalten. Der Volksentscheid im Saarland, die Machtergreifung Hitlers, Krieg oder Frieden, nichts war jemals vorherbestimmt. Die Anhänger einer »exakten« Gesellschaftswissenschaft verstehen nichts von Wissenschaft. »Geradeso«, sagen sie, »wie wir wissen, daß die Mischung von Sauerstoff und Wasserstoff Wasser ergibt, so können wir auch vorhersagen, daß in einer Gesellschaft ...«

Doch die Gesellschaft ist gerade etwas, was erfunden wird und sich zum ersten Mal entwickelt. Es gab keine hundert Milliarden vorausgegangener Entwicklungsprozesse, von der Höhle bis zur Maschine, die uns erlauben würden, uns in einem Prozeß beständiger Wiederholung anzusiedeln, sozusagen im Ei das Huhn zu erkennen. Unsere Geschichte ist in eben jenem Bereich angesiedelt, von dem die Wissenschaft die Finger läßt. Die Wissenschaft sieht vorher, daß der Bohnenkeim uns die Bohne liefern wird oder daß ein neu entdeckter Himmelskörper eine bestimmte Ellipse beschreiben wird; sie sieht jedoch in keiner Weise voraus, zu welcher Art von Gemüse sich unsere Bohne fortentwickeln mag. Hierbei handelt es sich um einen genuin neuen Entstehungsprozeß. Die Wissenschaft greift nicht, wenn solche Entstehungsprozesse ins Spiel kommen. Zumindest nicht, was deren zukünftige Entwicklung angeht.

Denn geschichtliches Handeln ist nicht dasselbe, wie die Vergangenheit unter vereinfachende Begriffe und Leitregeln zu subsumieren. Mathematiker wissen, daß es stets eine Gleichung gibt, mit der sich mehr oder weniger einfach die Beziehungen erfassen lassen, in denen die willkürlich auf das Papier vor mir gezeichneten Kurven zueinander stehen. Diese Gleichung bestimmt die Abfolge der einzelnen Punkte. Sie ist das Gesetz, das in der Anordnung meiner Punkte herrscht. Wie der Mathematiker dieses Gesetz entdeckt, so entdeckt der Historiker das seine, indem er sich der bereits vergangenen Geschichte zuwendet. Er verfügt nun über ein Gesetz. Wendet er es aber auf die Zukunft an, steht er genauso dumm da wie ein Mathematiker, der behauptete, er sei imstande, die Stellung auch nur eines einzigen weiteren Punktes vorherzusehen, der entstanden wäre, wenn ich meine Kurve auf dem Papier noch ein wenig fortgesetzt hätte. Es liegt auf der Hand, daß dieser zusätzliche Punkt allein meiner Willkür geschuldet wäre.

Wenn ich nur einen Punkt zu meiner Kurve hinzusetze und sie damit geringfügigst abändere, so liegt auf der Hand, daß auch die Gleichung, mit der sich diese neue Kurve erfassen läßt, von ersterer nur geringfügigst abweichen wird. Und ich könnte daraus – irrtümlich – den Schluß ziehen, daß ich also doch ein Gesetz vor mir habe, das im großen und ganzen auch für die Verlängerungen meiner Kurve gilt. Man muß sich indes vor Augen führen, daß der Unterschied zwischen den beiden Gleichungen zugleich von der Möglichkeit zeugt, daß dieser neue Punkt auch irgendein beliebiger anderer sein könnte.

Die einzig sinnvolle Vorgehensweise besteht darin, die Gegenwart zum Gegenstand des Denkens zu machen. Newton »dachte« die ihm bekannten Vorkommnisse. Er machte sich nicht das Problem, noch unbekannte Ereignisse, unbekannte Dezimalen vorherzusehen und in sein System zu integrieren. Newton war das Radium herzlich gleichgültig. Aber es ist auch offenkundig, daß sich die Entwicklung des Radiums dem Umstand verdankt, daß ein jeder in der Abfolge der Zeit jeweils seine Gegenwart zu denken bemüht war. Sich Utopien hinzugeben führt zu nichts. Die Gegenwart zu denken ist schwierig und nützlich genug, so daß man es als folgenlose Spielerei abtun kann, die Zukunft denken zu wollen.

Festzuhalten bleibt: Die Vernunft macht sich die Gegenwart zum Gegenstand des Denkens und lehnt es entschieden ab, die Zukunft dazu zu machen (sie denkt ausgehend von *feststehenden Tatsachen*, nicht von vagen Hypothesen). Jene Pseudowissenschaftler, die den Anspruch erheben, »strenge naturwissenschaftliche Methoden« in einem Bereich einzuführen, der ihnen das nicht gestattet, haben eine falsche Vorstellung von Wissenschaft. Strenge Wissenschaftlichkeit kann hier nicht Voraussage bedeuten, sondern Klassifizierung, Ordnung und Klarheit. Für menschliche Belange gibt es ebensowenig eine Differentialgleichung wie für die zukünftige Entwicklung der Bohne. Es gibt keine deterministische Differentialgleichung für die Entwicklungsgeschichte.

Es gibt kein Differentialkalkül für die Weiterentwicklung des Flugzeugs von Blériot. Meine drei Kommissionen und zweiundzwanzig Unterkommissionen stehen da und versuchen etwas herauszubekommen, das keinerlei Sinn hat, und sie fügen, sehr zu Unrecht, der Glaubwürdigkeit der Intellektuellen schweren Schaden zu; denn jeder Hohlkopf, der zu handeln bereit ist und Entscheidungen trifft, brächte Fruchtbareres zustande als ihre Analysen.

In der Zeit vor dem September, als alles zum Erliegen kam, konnte man bei manchen, die an der Macht waren, folgende Haltung finden: »Wie denken Sie über die Ereignisse? – Da versteht man gar nichts mehr! – Wo wird das hinführen?«

Und ehe sie handelten, wollten sie warten, bis sie die tiefe Bedeutung jener Erschütterungen begriffen hätten, bis ihnen klar wäre, worauf die Polen-Affäre, die Finnland-Affäre, der deutsch-russische Pakt letztlich zusteuerten. Sie warteten darauf, daß sie das alles verstünden, wie Historiker, die schon dahinterkommen werden, warum das Jahrhundert Ludwigs XIV. notwendigerweise in die Revolution münden mußte (mit jener Notwendigkeit, die Revolutionen eigen ist); dazu schreiten sie den Weg in der Kausalitätenkette zurück, die sich stets mehr oder minder deutlich nachvollziehen läßt, die aber keinerlei Dienste leistet, will man in die Zukunft blicken. Sie begleitet, beherrscht jedoch nicht das Leben (die Ursache für einen chemischen Vorfall, der die Mutation ausgelöst hat, läßt sich immer finden, doch auf die Zukunft sich richtende Gleichungen sind unentschlüsselbar). In der Unzahl der Ereignisse läßt sich bei all deren Verschiedenheit die Indeterminiertheit des Anfangs wiederfinden. Gelähmt von ihren (*per definitionem*) unfruchtbaren Anstrengungen, die Lage zu analysieren, wagten es diese Leute nicht, sich in die Ereignisse einzumischen.

So fragt man sich, wohin es mit Finnland wohl gehen mag. Ja, eben dorthin, wohin wir wollen! Zum Sieg oder zu seiner Einverleibung! Und je nach unserer Entscheidung wird es dann morgen, für die Historiker, eine Abnahme oder ein Anwachsen der russischen

Macht gegeben haben. Aber ja doch – unter der Bedingung freilich, daß nicht räsoniert, nicht analysiert wird, sondern daß wir das nötige Gewicht aufbringen. Daß wir das Meer sind, das sich gegen den Deich wirft und die sich bietenden Gelegenheiten ausnützt. Gelegenheiten nützen zu können ist nicht so sehr ein Zeichen von Gerissenheit als von innerer Schwerkraft. Das Wasser macht sich die Gelegenheiten zunutze, macht sie sich alle zunutze. Der Verwaltungsapparat hingegen, der die Funktion übernehmen soll, die die Wucht des Meeres hat, ist blind dafür, daß der Deich hier Risse hat und dort schon geborsten ist. Er verfügt über kein experimentelles Wissen darüber. Und die Inkohärenz der Ereignisse, die ihn zu einem Umbau seines Systems, zu einer Änderung seiner Position nötigt, jagt ihm einen Schrecken ein. Er paßt sich nicht an. Die Komplexität der Probleme macht ihm angst. Doch die meisten Probleme sind einfach, wenn man sich nicht als erstes der kritischen Sichtweise des Verstandes überantwortet. Instinkt nennt man das. Man könnte es auch schlicht und einfach das Leben nennen. Als wenn ein Boxer erst seine Gleichungen zu lösen hätte, bevor er zuschlägt! Man muß Lust zum Handeln haben, dann wird man auch den schwachen Punkt des Gegners finden. Aber der Apparat handelt nicht: er verwaltet.

Es ist immer die gleiche Geschichte. Die Kontinentalblockade zum Beispiel, die England zur Neuerfindung des Kriegs zwingt. Oder die individuellen Geniestreiche, die, statistisch gesehen, vornehmlich dann zu verzeichnen sind, wenn alle in dieselbe Richtung ziehen. Man lasse doch irgendjemanden die Aufgabe in Angriff nehmen; der Versuch mag fehlschlagen. Fehlschläge sind nicht unfruchtbar. Im Pasteur-Institut versucht man es mit tausend Arsenderivaten, bis man schließlich das Stovarsol erfindet, bis man auf eine fruchtbare Kette stößt. Die Gesamtheit der mißglückten Versuche bildet das taube Gestein, unter dem man mit Meißelschlägen die erzführende Ader freigelegt hat. Diese Versuche gehören zur erzführenden Ader. Jene Leute indes möchten den Erzgang freilegen, ohne zum Meißel zu greifen! Man muß standhaft durchhalten. Dann wird man auf den richtigen Weg stoßen.

Es ist schon ein seltsames Land, das ihr verwaltet! In zehntausend Meter Höhe froren die Bordmaschinengewehre aus mysteriösen Gründen ein: Das Schmieröl, die Zusammenziehung der Metalle, Feuchtigkeitsrückstände bei der Verbrennung spielten dabei eine Rolle. Bei fünfzig Grad Kälte versagten die MGs den Dienst. Ein wissenschaftliches Institut nimmt das Problem in die Hand. Das Material wird zu Experimentierzwecken in einen Kühlraum gestellt. Aber da kommt der Vertreter eines konkurrierenden Ministeriums an:

»Was machen Sie da?«

»*Kälte*, wegen des Bordmaschinengewehrs.«

»So eine Dummheit! Wir untersuchen dasselbe Problem! Man macht sich auf unserem Feld zu schaffen, und unsere Schlußfolgerungen...«

»Ihre Schlußfolgerungen?«

Und er geht fort. Er hütet sich wohl, den »Konkurrenten« irgend etwas zu verraten.

Konkurrent? Wenn ich zum Fluß strebe, wenn ich ein Boot schiebe, um es ins Wasser zu setzen, und dabei im Sand steckenbleibe, so rufe ich Hilfe herbei. Jeden, der vorüberkommt, ziehe ich dazu heran, nötige ihn mitzuschieben, und bald wird das Boot auf dem Wasser schwimmen. Wer will mir helfen, die Bordwaffen instandzusetzen? Noch sind wir nicht zahlreich genug!

Und so steht es in allen Bereichen. Man sucht die Mängel des Systems in der Organisation der Verwaltung, aber, großer Gott, man wird nichts finden. Sie kann so perfekt sein, wie man will – das Korn wird in der Maschine nicht aufgehen, wenn man das Ferment vergessen hat: den Menschen.

Warum läßt man uns tatenlos dasitzen. Woher rührt dieser Glaube an die Maschine? Man hat ein mechanisches Getriebe zusammengebaut. Man hat es aufpoliert und verfeinert, man hat den Typus des Organisators in die Welt gesetzt. Und doch funktioniert das nicht, es läuft sich fest. Die Mechanik ist dafür verantwortlich. Nun wird an allen verantwortlichen Dienststellen der Organisation gerüttelt. Und wie es da vor dem Krieg im Luftfahrtministerium, seinen technischen Diensten und Büros zuging! Doch die Flugzeuge sind darum nicht schneller fertiggestellt worden.

Wo zeigt sich, wo liegt der verheerende Fehler im System? Man hat einen schönen Brutapparat gebaut, und es kommen keine Hühner heraus. Warum? Aber wie sollten sie auch herauskommen, großer Gott, wenn es zunächst am Wesentlichen mangelt, an der schöpferischen Kraft der Menschen? Sorgt dafür, daß sie schöpferisch handeln, und die Maschine wird sich als bewundernswert erweisen. Sie läßt sich unbegrenzt den jeweiligen Vorgaben anpassen. All die kleinen Widrigkeiten, sie werden geölt, geschmiert werden, sich einlaufen und sich legen. Natürlich ist der Mensch unproduktiv, solange er wie eine Larve im Getriebe der Maschine hängt.

Ich glaube, daß im wesentlichen zwei Fragen auseinanderzuhalten sind: einmal die des Verwaltens; zum anderen die der schöpferischen Tätigkeit. Die schöpferische Kraft läßt sich nicht in Normen fassen. Alle Vorhersagen über die künftige Entwicklung lebender Organismen sind bloß dummes Geschwätz von Wissenschaftsgläubigen – nicht von Wissenschaftlern. Es steht nicht in der Macht der Logik, das Leben im voraus zu erschaffen. Die Logik kann im Rückgriff die Geschichte erschaffen und eines nach dem anderen die Kettenglieder der Kausalzusammenhänge aufdecken, so wie man Fußspuren im Sand nachgeht: Es ist folgerichtig, daß der Mensch letztlich hier angelangt ist, da er ja diesem bestimmten Weg gefolgt ist.

Es gibt sogar eine Gleichung, die alle Richtungsänderungen erfassen und ihnen so den bequemen Anschein von Gesetzmäßigkeit verleihen könnte. Diese Gleichung scheitert jedoch, sobald sie für die Schritte, die der Mensch später noch getan haben mag, Gültigkeit beansprucht. Sie muß da *per definitionem* scheitern, ist sie doch nur aufgestellt worden, um über die bereits zurückgelegten Schritte Rechenschaft zu geben. Solch eine strikt auf ihren Gegenstand beschränkte Gleichung, das ist Wissenschaft. Jene auf die Zukunft angewandte Gleichung ist hingegen Blödsinn. Je perfekter nun eure Maschine ist, desto mehr wird durch sie das aktuelle Leben ins Dunkel getaucht. Zur Förderung des Fortschritts geschaffen, wird sie diesem Fortschritt im Wege stehen. Denn vor jedem Schritt, den man zu wagen hätte, wird man nach einer logischen Untermaurung suchen. Man wird also nie bis zu einem Beweis kommen. Damit diese Maschine funktioniert, muß der Mensch einen Platz in ihr finden, denn der Mensch ist das schöpferische Ferment. Und man muß dem Menschen das Recht zur Schöpfung geben. Und das bedeutet Recht auf freies Ermessen. Auf eine Entscheidung, die sich nicht vor vier Kommissionen zu rechtfertigen hat, ob sie irgendwelchen unmöglichen wohlausgewogenen Verteilungskoeffizienten Genüge tut.

Das hat einen Namen: Verantwortung, mit all ihren Vorteilen und Risiken. Der gesamte napoleonische Verwaltungsapparat ist darauf ausgerichtet, ihre unerwünschten Seiten einzugrenzen. In Friedenszeiten hat das seine Berechtigung. Zu Zeiten, da sich die Technik und die Berufe nicht zu rasch zu entwickeln brauchen. Dann liegt es im Interesse eines harmonischen Hauswesens, über die jeweiligen individuellen Vorgaben und Voraussetzungen all der verschiedenen einzelnen Handlungen im Bilde zu sein. Alles ist glatt hintereinandergeschaltet. Aber man muß stets wieder auf Menschen stoßen und nicht auf die ineinandergreifenden Räder einer Maschine. Man versuche sie also ausfindig zu machen, die Verantwortlichen!

Ich weiß, daß in einem Département die trächtigen Kühe beschlagnahmt und geschlachtet wurden. Dort werden keine Kälber zur Welt kommen. Man versuche also einmal herauszufinden, wer dafür die Verantwortung trägt! Die Verantwortung liegt bei der blinden Maschine, die schlecht funktioniert hat. In der Differentialgleichung war ein Parameter vergessen worden. Niemand ist versetzt, ins Gefängnis geschickt oder standrechtlich erschossen worden. Jede Bestrafung wäre übrigens auch ungerecht gewesen. Dieses Desaster hat Betroffenheit ausgelöst, und so befaßt man sich jetzt mit dem Problem. Mit der Struktur der Maschine, den Leitlinien des Reglements. Bald ist einem gar nichts mehr klar. Man findet nicht präzise heraus, wo der Fehler lag. Es gelingt nicht, die schuldige Bruchstelle zu entdecken. Was tut man nun, um einen Mangel zu beheben, dessen Ursache man nicht verstanden hat? Man sagt sich: »Mein Gott, was für ein grauenerregender Wirrwarr!« Es wird sich keine neue Richtlinie finden, die man noch einführen könnte, es sei denn, ein Genie wäre am Werke. Aber auf Genies stößt man nicht alle Tage. So wird man denn den drei Kommissionen noch eine vierte hinzufügen, und die Kühe werden weiterhin abgeschlachtet. Und es wird heißen: »Das Ganze ist zu komplex geworden.« Ich kann indes garantieren, daß die Kühe am Leben bleiben, wenn man einen Oberst herbeizitiert:

»Oberst, Sie tragen die Verantwortung für die Beschlagnahme. Sehen Sie zu, wie Sie zurechtkommen. Wird auch nur eine einzige trächtige Kuh geschlachtet, degradiere ich Sie zum Gefreiten.«

Es versteht sich von selbst, daß nie mehr auch nur eine trächtige Kuh geschlachtet wird.

Denn was bedeutet eigentlich »verantwortlich«? Es bedeutet genau, daß man – da die Logik nicht imstande ist, die zukünftigen Ereignisse in all ihrer Komplexität zu erfassen – die Menschen unmöglich auf bloße Rädchen im Getriebe einer Maschine reduzieren kann, die von selbst eine schöpferische Tätigkeit entfalten soll. Jedesmal wenn ein Apparat begründet wird, ist dies – *per definitionem* – der schöpferischen Tätigkeit abträglich. Jedesmal wenn im Menschen eine innere Schwerkraft erzeugt wird, fördert dies die schöpferische Tätigkeit. Um wieder das Bild mit dem Wasser heranzuziehen: Das Wasser der Badewanne, das mit all seiner Masse auf dem Fußboden lastet, wird immer einen Weg durch die Decke finden. Anstatt Apparate und Behörden in die Welt zu setzen, täte man besser daran, Chefs zu schaffen. Aber Chefs mit Verantwortung. Und es wird sich schon zeigen, ob ein Chef, der Verantwortung trägt, es hinnimmt, wenn es seinen Untergebenen an Verantwortungsgefühl mangelt. Das gibt eine schöne Kettenreaktion! Ein wahres Wunder! Und ganz Frankreich wird seine Kräfte in dieselbe Richtung wirken lassen. Und die Maschinengewehre werden nicht mehr in 10000 Meter Höhe einfrieren. Und die Kühe werden nicht mehr geschlachtet werden. Und wir werden uns in die Ereignisse einmischen, um ihnen die Richtung zu geben, die wir wünschen.

Solch eine Entfaltung der Kräfte, das wäre mein Traum! Doch lassen Sie mich ein paar Worte zur Propaganda sagen. Da haben wir wirklich ein bezeichnendes Beispiel.

Alle Vorwürfe, die diesem Apparat gemacht wurden, sind Vorwürfe, die zu Lasten Frankreichs gehen – nicht zu Lasten Giraudoux'. Woran die Propaganda krankt, daran krankt es auch, wenn die Bordgeschütze einfrieren, wenn die Kälber tot zur Welt kommen, und wohl auch, wenn die bestallten Leute so nachlässig handeln: nämlich an mangelnder innerer Schwerkraft. Die Menschen verwalten; sie bringen kein Gewicht auf. Sie verspüren kein Verlangen, hierhin oder dorthin zu gehen. Sie denken nach. Und hat man erst einmal das Continental* durch ein Ministerium ersetzt und drei neue Ämter geschaffen, wird es noch dreimal so schlimm werden.

»Wem wurde dieser Befehl erteilt?«

»Ich will, daß Stuttgarts Rechnung durchkreuzt wird!«

»Wenn es Ihnen nicht gelingt, Stuttgart das Handwerk zu legen, fliegen Sie raus!«

Dann würde man sich etwas anderes einfallen lassen als diese rührenden Störgeräusche, die zwei von drei Wellenlängen stören, so daß sich Stuttgart gegen die Störzone – wenn man dieses einfältige Begleitgeräusch überhaupt als Störung bezeichnen will – als Sieger behaupten kann. Dann wäre man unaufhörlich am Erfinden. Denn das Leben ist ständige Schöpfung. Der Apparat hingegen, der sich ein logisch streng durchdachtes Reglement gegeben hat und der außerstande ist, nicht auch noch dort zu analysieren, wo dies die menschlichen Kräfte übersteigt, macht solch ein beständiges Klingenkreuzen unmöglich, bei dem man sich von den lebendigen Reaktionen des Instinkts leiten lassen muß. Und dasselbe gilt auch für die Propaganda in Amerika.

Die deutsche Propaganda in Amerika wiederholt mit der Schlagkraft und der Effizienz eines Slogans, daß wir keinen Krieg führen wollen. Und daß wir, um dies zu verheimlichen, den amerikanischen Journalisten an unserer Front das Photographieren verbieten.

Das ist eine ernste Angelegenheit. Wir brauchen Amerika. Ob wir Nachschublieferungen erhalten, hängt von der öffentlichen Meinung in Amerika ab. Die öffentliche Meinung aber will stimuliert werden.

Da erscheint nun in der größten Wochenzeitschrift der Vereinigten Staaten eine außerordentliche Photographie mit dem Titel: »Der Krieg an der Westfront«, und der Untertitel bekräftigt noch den Eindruck von Ohnmacht: »Hier sehen Sie endlich das wahre Bild dieses Kriegs.«**

* Das Hotel Continental war der Sitz des Kommissariats für Informationsfragen, das Jean Giraudoux leitete. Als Paul Reynaud Ende März 1940 Ministerpräsident wird, gründet man ein entsprechendes Ministerium.

** In *Life* vom 11. Dezember 1939.

Ein friedliches Wäldchen. In diesem Wäldchen sitzt mutterseelenallein auf einem lächerlichen Klappstuhl der lächerlichste Soldat der Welt. Ein kümmerliches Häufchen, blöde stierend, beinahe bucklig. Ein Dorfdepp, ein degeneriertes Subjekt wie aus dem Bilderbuch. Zehn Meter von ihm entfernt ein Maschinengewehr, das aus der Requisitenkammer der Komischen Oper zu stammen scheint. Um das Bild noch abzurunden, blickt dieses degenerierte Subjekt, dieses Exemplar einer untergehenden Rasse, das hier unversehens als Musterbeispiel eines französischen Soldaten herhalten muß, forschend auf den Grund seines Glases, und die traurige Beliebtheit des Alkohols trägt denn auch sichtlich die Verantwortung für diese jämmerliche Idiotenmiene.*

Das ist nun wirklich ein Schlag ins Gesicht.

Hätten wir eine innere Schwerkraft, so wären wir empört, nicht über die Zeitung, sondern über uns selbst. Zuallererst ist Empörung vonnöten. Empörung ist ein Zeichen, daß etwas in Fluß kommt, sie ist eine Reaktion. Wirft man sich gegen etwas, spürt man Reaktionen. Reaktionen sind ein Zeichen dafür, daß eine Kraft wirkt. So kennt die Hand des Fechters Zärtlichkeiten, Empörungen, Schmeicheleien und Zornesausbrüche. Sie ist lebendig. Es ist also ein Zeichen für diese Kraft, die schließlich ihren Weg machen wird, wenn wir eine solche Provokation bis in unser Fleisch spüren. Um sie als erstes uns selbst zum Vorwurf zu machen. Denn nur auf uns selbst können wir einwirken. Wenn alles von mir abhängt, werde ich triumphieren. Hängt jedoch nichts von mir ab, dann habe ich keinerlei Hoffnung. Ich glaube, man muß immer zunächst davon ausgehen, daß alles von einem selbst abhängt. Alles. Dann entfaltet der Mensch ein Höchstmaß an Wirksamkeit.

Ein wichtiger führender Mann (dessen Name ich verschweige, da

* Mit den ersten Kälteeinbrüchen im Herbst 1939 ließ man es sich besonders angelegen sein, die Weinversorgung der Truppe sicherzustellen. Der Vorsitzende des Parlamentsausschusses für Getränke erinnerte daran, welch positive Wirkung die Weinzuteilung bei den Frontsoldaten des Ersten Weltkriegs gezeigt hatte. 39 Abgeordnete riefen eine Kampagne für den »Soldatenglühwein« ins Leben, der sich Ende November auch Minister und Befehlshaber der Streitkräfte anschlossen. Dieser ganze Wirbel mag die amerikanischen Journalisten dazu angeregt haben, die Lage einmal näher unter die Lupe zu nehmen.

diese Angelegenheit nichts mit seinem Beruf zu tun hat; er ist im übrigen ein Mann der Tat, und es wäre ungerecht, ihm ein Gefühl dieser Art unterzuschieben), ein wichtiger führender Mann also verliest eines Tages vor einer Gruppe von Amerikanern eine Rede. Und in der Presse finde ich dann so etwas.

Verstehen Sie, was daran so schwerwiegend ist? Es geht bei dieser Geschichte mit der Photographie nicht um konkretes Handeln, nicht um das Fleisch von Kälbern. Sondern hier geht es um Ideelles. Der Verstand läßt seine Intelligenz mit der Idee spielen. Und die Intelligenz gerät niemals in Empörung. Sie gefällt sich in ihrer Gedankengymnastik. Der Einfall mit dem Soldaten, dazu der Wald, dann noch das Maschinengewehr – das mag für Leute, die die Dinge verstehen, durchaus das ruhmreiche Frankreich vergangener Zeiten vorstellen. Das kann stehen, wofür immer man will. Und je intelligenter man ist, desto mehr wird einem dazu einfallen, die unterschiedlichsten, überraschendsten und verführerischsten Ideen.

Nur gibt es Zehntausende von Lesern, die weit weniger intelligent sind oder die nicht über die nötigen Voraussetzungen verfügen, um solcher Gedankenspielerei folgen zu können. Sie haben schlicht und einfach herausgelesen, daß der vom heimischen Alkohol verblödete französische Soldat keinen Finger krümmen will. Und das ist schlichtweg ungeheuerlich. In ihren Augen ist das ein Schlag ins Gesicht. Man mag ihnen danach erzählen, im Grunde seien wir über diese Ohrfeige begeistert, sie habe unserer Gesichtsfarbe erst zur rechten Wirkung verholfen. Aber damit kann man ihnen gestohlen bleiben. Im Propagandaduell geht dieser Punkt an die gegnerische Seite.

Empörung ist primitiv! Na was denn! Und die Salve aus den Bordwaffen einer Messerschmitt in den Rücken eines absteigenden Jagdfliegers, der sich allein fünf feindlichen Maschinen gegenübersieht, ist das etwa nicht primitiv? Das ist verdammt primitiv. Das ist verdammt plump. Aber das tut seine Wirkung.

Immer und immer wieder stürzt uns solche Verstandesbetontheit ins Verderben. Doch mir sind diese paradoxen und gefährlichen allgemeinen Formeln verhaßt. Sie müssen mit konkretem Gehalt gefüllt werden. Es ist wie in der Wissenschaft. Wird ein Begriff zu allgemein, läßt er sich auf nichts mehr anwenden. Im vorliegenden Fall wüßte ich nicht mehr recht, was ich eigentlich sagen will, wenn ich nicht wieder zum Besonderen zurückkehre. Denn es steht selbstredend nicht zur Debatte, den Verstand mit all dem, was ihn auszeichnet – nämlich das Wissen – zu kritisieren. Letzten Endes ist es nur von Vorteil, wenn man etwas begreift. Und dennoch hat die Reaktion gegen eine gewisse Sorte von Intellektuellen, diese Reaktion, die sich gleich einer Flutwelle über die halbe Welt ausbreitet, durchaus ebenfalls ihre Bedeutung. Jene Art von Intelligenz ist Kontaktverlust.

Da steht nicht mehr auf der einen Seite der alte amerikanische Pastor, der mit Bestürzung eine Photographie betrachtet, die ihn beeinflußt, und auf der anderen Seite ihr, die ihr mit aller Kraft auf ihn Einfluß zu nehmen versucht habt und nun mit diesem Photo hereingelegt wurdet. Dahinter steht vielmehr eine bestimmte photographische Idee sowie ein bestimmtes Bild von einem amerikanischen Pastor, »der die Dinge schon versteht«, die Erfindung eines Spiels, das niemand spielt. Man gerät wieder auf das Feld der Gleichungen. Doch für das Leben gibt es keine Gleichung. Ich kann das Leben nicht durch die Sprache der Geometrie ersetzen. Das Prinzip der Widerspruchsfreiheit, das mir analytisch zu argumentieren gestattet, kann auf das Leben nicht angewendet werden, aus dem schlichten Grunde, weil ich nicht anzugeben weiß, was hier jene einfachen Elemente sein sollen, die mit sich selbst identisch zu bleiben haben.

Lenken, das Steuer führen! Haben Sie zugesehen, wie ein Steuermann verfährt? Er stemmt sich gegen das Meer, fängt mit seinen Schultern die Welle ab. Zuerst hat er sie mit den Augen abgewogen, dann macht er sich bereit, sie zu empfangen. Wissen Sie, daß die automatische Steuerung eines Schiffs wie der *Normandie* teurer kommt als ein Steuermann? Das ist eine sehr lehrreiche Geschichte. Man möchte meinen, ein so perfektes Instrument wie das Gyroskop, ein Instrument, das sich niemals irrt, würde ein Schiff besser auf Kurs halten als der wackere bretonische Steuermann, dessen Bewußtsein vielleicht nur rudimentär ausgebildet ist. Nun, dem ist ganz und gar nicht so. Vom Gyroskop gelenkt, schwankt die *Normandie* mehr in der Fahrtrichtung hin und her als in den groben

Händen von Plouarec*. Denn Plouarec sieht die Welle kommen. Er sieht, wie sich aus dem Rührkessel die Masse erhebt, die wie ein Rammbock auf den vorderen linken Teil des Schiffs zustrebt. Er sieht, wie diese schwere Meeresschulter in die Höhe steigt. Die Millionen Tonnen Meerwasser und die Energie, die sie bergen, hat er abgeschätzt, abgewogen, ausgemessen. Und im voraus bringt er die erforderlichen Korrekturen an. Er korrigiert den Aufprallwinkel, um dem Rempler bestmöglich zu antworten. Das alles macht er gleichzeitig. Er war darauf vorbereitet. Und als sich diese Art Meeresschulter erhob, ist das Boot nicht von seinem Kurs abgewichen. Der Mann hatte die Lage analysiert, ohne sich dessen recht bewußt zu werden. Er dachte dabei an die Kneipe im Hafen von Brest: »Ich bin dem Wirt noch dreißig Francs schuldig...« Daran mag er vielleicht gedacht haben, als er im voraus die erforderliche Menge Muskelkraft in seinem Bizeps schwellen ließ, um dreißig Millionen Tonnen Meerwasser gegenzusteuern.

Man lasse nur die Techniker kommen: »Ich will ein Instrument, das Le Plouarec ersetzen kann. Schaut, wie ihr zurechtkommt!« Was für Berechnungen verlangt die Analyse der Bewegungen, die eine Welle vor ihrem Auftreffen ausführt! Was für Systeme von photoelektrischen Zellen, von Kraftfeldmessern und von weiß Gott was allem! – Der Ingenieur schlug sich mit Gleichungen herum, als hätte er es mit Hydraköpfen zu tun, und schließlich lautete seine Antwort:

»Eine Lösung ist unmöglich. Ich finde keinen Weg aus den tausenderlei widersprüchlichen Schwierigkeiten meiner Rechnung. Wohl habe ich alle meine Gleichungen fein säuberlich zu Papier gebracht, doch ich weiß nicht, wie ich sie richtig miteinander verbinden soll. Eine Welle in Bewegung läßt sich nicht ›begreifen‹. Diese Wirklichkeit entzieht sich dem Zugriff. Nichts zu machen. Tut mir leid. Sie müssen weiterhin mit Kursabweichungen rechnen...«

Sie aber nehmen ihren Ingenieur am Ärmel und führen ihn vor Plouarec. Und Sie sagen zu ihm:

»Schauen Sie sich das einmal an... wie das funktioniert.«

* Bretonischer Eigenname. Hier der Steuermann.

Der andere betrachtet Le Plouarec. Er sieht ein von der Anstrengung gespanntes Gesicht. Die Stirn in Falten gelegt, da der Verstand so übermäßig zu arbeiten hat. Wegen des Handgelenks, das sich bereithalten muß. Des Bizeps, der sich spannen muß. Hop! eine Vierteldrehung nach links. Das Ruder schmiegt sich der Wucht des Wassers an, das Schiff hat mit mathematischer Genauigkeit den Stoß ausgeglichen. Die Stirn immer noch in Falten, hat Le Plouarec das Steuerrad zurückgedreht. Und der Ingenieur sieht zu, wie er nachdenkt, dieser Mann, der präziser arbeitet als jede Maschine. Und dieser Mann denkt: »... Wenn ich ihm erst mal nur zehn Francs zurückzahle...« Weder die Welle noch die Gischt noch das Auf und Ab des Meeresspiegels sind ihm aufgefallen. Ganz wie man beim Gehen nicht die äußerst komplexen Mechanismen analysiert, die uns erlauben, das Gleichgewicht zu bewahren. Gehen ist einfach. Die Menschheit zu führen ist einfach. Propaganda ist einfach. Unter der Bedingung, daß man kräftig auftritt, nicht jeden einzelnen Schritt in eine Aufgabe verwandelt, deren Lösung dem Verstand obliegt. Unter der Bedingung ferner, daß man den Wellen nicht mit Wort- und Gedankenspielereien beizukommen versucht.

Propaganda! Propaganda! Wir sind zweifelsohne weit subtiler als die Deutschen. Warum schlagen dann unsere Operationen fehl? Immer und immer wieder dieses Zurschaustellen unserer Intelligenz. Als wären es Argumente, die uns antreiben. Im Zeitalter der Werbung besitzt man eigentlich denkbar reichhaltiges Anschauungsmaterial zu der Frage, was die Menschen zu ihren Entscheidungen bewegt.

Sie können sich gewiß an die Schokoladenmarke erinnern, deren Lagerbestände aufgrund irgendeines Fehlers leicht grau geworden waren. So konnte man sie nicht mehr zum Verkauf anbieten. Schokolade muß einheitlich braun sein. Aber eines Tages fand sich überall in der Presse und auf den Mauern ein genialer Werbeeinfall: »Die Soundso-Schokolade ist die einzige, die weiß wird, je älter sie wird.« Als dieser Satz nachdrücklich in den Geist der Franzosen eingedrungen war, ließen sich die Lagerbestände absetzen. Warum? Dank welcher geheimnisvollen Operation? Sicherlich gab es keine einzige französische Hausfrau, die die weiße Färbung als Qualitätsmerkmal angesehen hätte. Das nicht, aber man hatte sich nun wohl an den Gedanken einer grauen Schokolade »gewöhnt«. Sie erregte keinen Anstoß mehr, als sei sie etwas Abartiges. Sie war nicht mehr das Gegenteil von Schokolade. Nun weiß man sehr wohl, daß der Slogan falsch ist, den man alle Tage aus Stuttgart hört: »Die Engländer geben ihre Maschinen, die Franzosen geben ihr Leben.«* Sie haben bislang mehr Männer verloren als wir. Vernünftigem Argumentieren hält das nicht stand. Gewiß, doch dies ist nicht ausschlaggebend. Es geht nicht um solchen rechnerischen Kleinkram. Man bereitet den Boden. Man schafft natürliche Rahmenbedingungen für das Denken. Es braucht nur irgend etwas zu passieren, und unweigerlich wird sich in einem der Gedanke regen, den man nur allzu oft gehört hat. Man bringt niemanden dazu, in bestimmter Weise zu denken, oder nur in ganz geringem Maße. Doch man stimmt den Geist darauf ein, keinen Widerstand mehr zu leisten (man kennt ja den braven Oberschüler, der rot wird, sobald ein etwas freizügigeres Wort fällt). Das ist nicht skandalös, und ich halte die Hausfrauen nicht für dumm, die jene unschöne, aber genießbare Schokolade gekauft haben, nachdem ein Werbeslogan ihr unschönes Äußeres hatte verschwinden lassen. Auch ein Bergson oder Spinoza hätte die Schokolade gekauft. Sie zollen den gleichen Mechanismen Tribut; diese sind keine Frage der Intelligenz. Solch mimetisches Verhalten hat nichts mit dem Kampf zwischen Intelligenz und Dummheit zu tun, vielmehr beruht auf ihm der gesellschaftliche Gemeinschaftssinn. Wir werden von denselben ideellen Gehalten beherrscht. Dieselben Gebräuche bilden unsere Grundlage, und mit der Zeit dehnt sich ihr Wirkungskreis aus. Und auf diese Weise verstehen wir uns, wie durch ein Wunder aufeinander abgestimmt. Später nennt man das dann »Nationalkultur« oder »Zivilisationsform« oder »Sprache«.

Wo denn versuchen wir solch eine strategische Operation? Solch ständige indirekte Einwirkung, die darin besteht, ein Feld zu besetzen, und nicht, etwas zu beweisen. Hitler erklärt uns: »Meine Stärke ist es, daß ich den Gegner verstehe. Ich zersetze ihn von innen heraus. Warum sollte ich meine Männer in den Tod schicken?

* Radio Stuttgart wiederholte beständig diesen Spruch, um unter den Franzosen gegen die Engländer Stimmung zu machen.

Ich gewöhne den Feind daran, mich hinzunehmen, und so wird er mir wie eine reife Frucht in den Schoß fallen.«

Was hat er also entdeckt? Was alle Werbeagenturen der Welt bereits wissen. Nervenkrieg? Selbstverständlich. Aber der ist nur möglich, wenn man mit der Klinge auf Fühlung bleibt. Wenn ein Mensch über den Gegenstoß befindet und nicht ein Apparat. Immer wieder stoßen wir darauf, daß der Mensch gefordert ist, der Mensch, dessen schöpferische Fähigkeiten man unvermeidlich eines Tages wieder ins Recht setzen muß. Eines Tages wird man sich unweigerlich dazu entscheiden müssen, auf den Willen – auf die innere Schwerkraft – zu setzen statt auf die unmögliche Lösung unüberschaubarer Gleichungen. Ist es schwer, dem Menschen diese Kraft zurückzugeben? Werden bei diesem Systemwechsel Umwälzungen im Verwaltungsapparat nötig sein? Zum Teufel mit den Umwälzungen im Verwaltungsapparat, mit denen man dem Ungreifbaren hinterherjagt! Die Maschine, sei sie nun perfekt oder auch nicht, wird funktionieren, sobald man ihr Leben einflößt. Auf alle Bereiche wird sich der schöpferische Genius ausbreiten. Sobald schöpferisches Handeln gefordert ist, wird der Mensch zum Schöpfer. Wollt ihr Bildhauer haben, so gebt uns den Glauben und tragt uns auf, Kathedralen zu bauen. Ihr werdet sehen, wieviele Bildhauer im Herzen der Völker schlummerten. Statt dessen werden Stiftungen zur Förderung der Bildhauer gegründet. Man baut Brutapparate, aus denen Bildhauer herausschlüpfen sollen. Man glaubt, die Qualität der Nahrung sei es, was den Menschen gedeihen läßt. Doch sein Gedeihen fördert man, indem man schöpferisches Handeln von ihm verlangt. Dann blüht er auf. Er streift die alte Schale ab, die Schmetterlingspuppe bricht auf.

Das konnte man deutlich in den Anfängen der Aéropostale sehen. Sie setzen den kleinen Mechaniker, der ein armseliges Schicksal vor sich gehabt hätte, eines Tages mit seinem Werkzeugkasten irgendwo mitten im afrikanischen Hinterland ab.

»Sie halten die Flugzeuge in Schuß ...«

Ein Jahr später schauen Sie wieder auf diesem Landeplatz vorbei. Sie haben einen Menschen vor sich, der tiefer umgewandelt wurde, als zwei Jahre auf der Universität es vermocht hätten. Kein Zweifel. Er ist gereift. Er ist ein großer Herr geworden. Unter den aufständischen Stämmen, die im Umkreis der spanischen Festung leben, hat er sich eine Art Herrschaftsbereich geschaffen. Mangels Material ist er unentwegt am Erfinden. Er reibt sich das Kinn, während er um das Flugzeug herumgeht, das bei einem Landemanöver Schaden genommen hat. Der linke Flügel ist kaputt. Der dafür verantwortliche Pilot folgt mit seinem Blick dem Mechaniker, diesem Herrn und Meister, in dessen Händen seine Ehre liegt. Angespannt wartet er auf das Verdikt. Aber der Mechaniker schüttelt nur den Kopf, denn dieses Flugzeug... das ist wirklich... nun gut. Endlich dreht er sich um, zündet seine Pfeife an.

»Das wird klappen.«

Dank dieses Mannes ist das Flugzeug gerettet; er ist der Gott dieses abgelegenen Landeplatzes. Und er ist glücklich, dieser Gott des afrikanischen Hinterlandes. Weil seine menschlichen Fähigkeiten gefordert werden.

Von Kultur – einem Jahrhundert der Malerei zum Beispiel – ist nicht dort zu sprechen, wo jeden Tag ganze Heerscharen vor den Meisterwerken in den Museen vorüberziehen. Ihrer Geschmacksbildung mag dies durchaus förderlich sein. Doch nicht die Qualität der Nahrung läßt den Menschen entstehen und formt ihn. Kultur liegt dort vor, wo gemalt wird. Dort, wo zahlreiche Neuerungen in die Malerei Einzug halten. Man kann dann ruhig jeden Abend ihre Gemälde verbrennen. Was macht das schon! Es ist dennoch ein großes Jahrhundert, und seine Menschen sind tatsächlich Menschen zu nennen. Ihnen wurde ein wenig von der schöpferischen Flamme zuteil, der allein wir unsere Sonderstellung verdanken.

Wo ist fürderhin solch geballtes Zusammenwirken noch zu finden? Wer ist glücklich? Denn glücklich werden wir nur sein, wenn wir dazu gebracht werden, aus uns selbst herauszuschlüpfen und die uns jeweils gemäße Entwicklung durchzumachen. Eines nur bräuchte man uns zu geben, um uns zu retten: Führer nämlich, Chefs. Doch verstehen wir uns recht über den Begriff des Führers. Ein Führer ist eine Person, die die Leitung innehat, keine Frage. Aber auch ein Geschäftsführer leitet, fällt Entscheidungen und verwaltet, und ein Geschäftsführer ist kein Führer. Der Führer ist natürlich die Person, auf der alle Verantwortung lastet und die sie, wie in einer Kettenreaktion, bis zur letzten Stufenleiter hinab auch an die anderen weitervermittelt; aber das ist noch nicht das Entscheidende, was einen Führer ausmacht. Freilich sind dies alles notwendige Merkmale. Doch die Frage ist schlecht gestellt. Ich schlage eine andere, wesentlich klarere Formel vor, und sie wirft auch ein Licht auf die Menschen, in denen wir im Laufe unseres Lebens Führer erkannt haben: Ein Chef, ein Führer ist jemand, der uns braucht. Der uns dringend braucht. Jemand, der ohne unsere Mitarbeit nicht auskommt, der von uns nicht nur persönlichen Einsatz für die gemeinsame Aufgabe, sondern ständiges Erfinden fordert und der uns auf diese Weise zu Schöpfern werden läßt; er kann gar nicht anders, da er unsere Erfindungen braucht.

Ein Chef ist jemand, der das Personal seines Hauses um sich versammelt: »Schon wieder eines dieser gefälschten Interviews aus Stuttgart! Das hat verheerende Auswirkungen auf die Moral, und euch ist immer noch nichts eingefallen! Was seid ihr denn für trübe Tassen! Da euch die Tage offensichtlich nicht reichen, brauche ich eben auch eure Nächte. Ihr legt mir eine Lösung vor, oder ihr landet im Zuchthaus! Ihr seid intelligente Leute, und ihr nehmt es einfach so hin, immer hinterdrein zu hinken? Wenn eure Arbeit dazu nicht ausreicht, werde ich mich an das ganze Land wenden, werde es dazu aufrufen, sich etwas einfallen zu lassen. Es ist ein lebender Organismus und soll das durch seine Arbeit unter Beweis stellen. Es soll schöpferisch handeln.« Und aus jedem wird ein Fürst werden, da er etwas erschafft.

Ich brauche euch. Meine Bordwaffen frieren ein. Irgend jemand, sei es ein Wissenschaftler oder ein aufgeweckter Hilfsarbeiter – das spielt keine Rolle –, muß mein Retter werden. Kein Auge dürft ihr nachts zutun, bis meine Bordwaffen nicht mehr einfrieren – das ist unabdingbar für mich. Und Sie, guter Mann, der Sie dahergelaufen kommen, um sich zu beschweren, weil auch noch andere sich mit Ihrem Forschungsgegenstand beschäftigen, Sie können gleich heimgehen. Sie brauche ich nicht. Meinetwegen verstehen Sie das nicht. Was ich brauche, ist, daß das Genie in allen keimt.

Ein Führer ist jemand, der unentwegt das Manöver vor dem Fehlschlag bewahrt. Er ist jemand, den wir uns von einer Rettungsaktion zur anderen aufbauen. Unser Genius ist der Führer. Ja, ein

Führer ist nicht jemand, der die Menschen rettet. Er ist jemand, den die Menschen retten. Kein Genie könnte die vorwärtsdrängende Schubkraft einer ganzen Bevölkerung aufwiegen. Die Strategie hat zunächst darin zu bestehen, für solch eine Schubkraft zu sorgen. Das Wasser erfindet sich dank des Drucks seiner Masse einen Weg durch das Gestein hindurch. Einen subtilen Weg. Aber ob es jetzt gerade dieser Weg oder ein anderer ist... Den Weg gibt es, weil das Wasser den nötigen Druck entwickelt. Nachträglich erscheint eine Strategie immer genial. Aber sie war nur eine auf elementare Schwerkräfte gegründete Bahn. Wollt ihr jetzt also den Krieg gewinnen? Wenn ihr den Krieg gewinnen wollt, so laßt euch von den Ingenieuren, den Monteuren, den Hilfsarbeitern von Billancourt und Toulouse retten. Sie werden hingehen, wo man sie braucht. Ein Führer ist jemand, der uns gegenüber genug Achtung zeigt, um uns zu brauchen. Denn beinahe jeder ist imstande, Befehle zu erteilen, von einem Thron herab etwas anzuordnen. Aber seht ihr irgendwo, daß solch ein Feldwebelgebaren etwas mit Autorität zu tun hätte? Autorität ist, wenn man etwas entstehen läßt. Wenn ihr in den Arbeitermassen der Industrie die nötige Leidenschaft entfacht, habt ihr euern »Krieg an der Arbeitsfront« schon im voraus gewonnen. Ihr werdet sehen, was für Ergebnisse das zeitigt! Doch wem man heute auch begegnet, man braucht sie alle nicht.

Und man begreift, worauf die Tyrannei sich gründet. Einer verwandelt sein Volk in ein Volk von Sklaven und zwingt es zum Bau eines Turmes. Und man fragt sich: »Wie ist das möglich, sie könnten doch ihren Tyrannen umbringen und sich ausruhen?« Auf welcher außerordentlichen Übereinkunft mag seine Autorität beruhen? Er steht allein allen anderen gegenüber. Wenn man die Leute befragt, werden sie keine klare Antwort zu geben haben. Letztlich jedoch bleiben sie an ihrem Platz, weil der andere sie braucht. Würden sie ihn umbringen, wer bräuchte sie dann noch?

Ich glaube, daß man ein Land mit einem Schlag hochreißen muß. Schwermut, Selbstzweifel, Furcht und Abscheu vor den Zeitgeschehnissen. Der Stillstand und all die kleinen Kniffe und Mauscheleien, mit denen sich die Leute bei Beschäftigung halten (denn jeder dreht sich in seinem kleinen Kreise, wenn es keine allgemeine Strömung gibt). Sich von all dem in diesem Krieg – diesem Nervenkrieg, wenn man so will – niederdrücken zu lassen, sich im Innersten den Mut rauben zu lassen, ist verrückt. Wer sich sagt: »Das ewige Gemauschel und Getrickse hat das Land heruntergebracht…«, hat nichts begriffen. Der Mensch strebt dorthin, wo er fühlt, daß man von ihm etwas will. Für die Lust an schöpferischem Handeln und das magere Vergnügen, ein paar Pfennige zu verdienen, gibt es kein gemeinsames Maß.

Es gab da einen gewissen Clemenceau, dem als Erbe ein erloschenes Frankreich zufiel, das sich selbst vollständig aufgegeben hatte. Dieser Mann nun brauchte die Franzosen, alle Franzosen. Da ist der Mensch in den Menschen erwacht. Sie haben sich ans Bauen gemacht. Leider war der Frieden dabei nicht vorgesehen. Der Frieden mußte sich selbst genug sein. Man hat den Frieden mit der Freude über die Heimkehr, dem Jubel und den Küssen, der endlich erreichten Sicherheit verwechselt. Dieser Frieden – die bloße Abwesenheit von Krieg – war sich selbst genug. Und als man wieder in die Zivilkleidung schlüpfte, nahm man zugleich wieder ein ganzes Bündel veralteter Vorstellungen auf, die zur Erfassung der Welt nicht mehr tauglich waren. Die Welt war nicht neu gedacht worden. Und alles in ihr wurde widersprüchlich, die Menschen sahen sich in alten Ausdrucksformen befangen, da niemand sie führte. Mit dem Frieden muß man sich auseinandersetzen, noch ehe er kommt, und darüber möchte ich nun sprechen.

Aber den Krieg, den hat Clemenceau zu führen verstanden. Er hat den formlosen Teig der Ereignisse geknetet, bis er aufgegangen ist. Bis er einen Sinn angenommen hat. Absurd seien die Ereignisse? Natürlich. Das sind sie immer. Doch plötzlich geschieht es, daß sich etwas anbahnt. Allein auf die innere Schwerkraft kommt es dabei an, stets auf die innere Schwerkraft. Aber man weiß ja, wie wir sind. Dieser und jener werden mit einer Mission beauftragt; als Gepäck führen sie triftige Gründe, kartesianisch-rationelle Argumente mit sich. Von der Grundlage her hat man damit ja auch recht. Aber wieviele Stunden der Verzweiflung handeln wir uns auf diese Weise ein! Und all die, die sich eigentlich auf unsere Seite stellen müßten und es doch nicht tun, werden uns notgedrungen als schreckliche Bösewichte erscheinen. Ihre Schuld! Doch wir weigern uns, so einfach abzutreten. Es ist unsere eigene Schuld. Es ist stets unsere eigene Schuld. Nur von diesem Standpunkt aus sind Niederlagen heilsam, da sie lehrreich werden. Wo liegt der Fehler? Daß es an lebendigen Kontakten fehlt. Unsere Abgesandten sind Funktionäre des Geistes. Wenn die strukturelle Grundlage gut ist, fallen die Qualitäten des jeweiligen Menschen nicht so ins Gewicht. Er funktioniert wie ein Rädchen in einer perfekten Maschine. Schreiben werden ausgetauscht. Berichte werden übermittelt. Die Plädoyers treffen genau den Punkt. Schon, aber eins fehlt dabei: eine Stimme, die Qualität direkten menschlichen Kontakts. Und die ganze schöne Maschine wird zu nichts nütze sein.

Wenn eine Zahnbürstenfabrik ihre Zahnbürsten absetzen will und dazu Zahnbürstenvertreter einstellt, kümmert sie sich wenig um die Qualität der Argumente. Mit noch so gediegenen Argumenten wird keine einzige Zahnbürste verkauft, wenn der Vertreter nicht die geeignete Stimme hat. Die Maschine ist nur ein Witz, wenn man in sie nicht zuerst einen Menschen stellt, dessen Einsatz die Richtung vorgibt. All die kritische Intelligenz, die aus den Berichten, Reden, Forderungen und Antworten zutage tritt, all diese kritische, analytische Historikerintelligenz wird nicht mehr sein als die grandiose Karikatur einer Tat, einer Handlung. Handeln, das ist beständiger persönlicher Druck. Ununterbrochene Schöpfung. Wer auch nur einen Tag abwartet, hat nichts begriffen. Er spielt mit Ideen. Das Leben indes ist ein Teig, der gärt und sich verklumpt. Und plötzlich wird, was dehnbar war, hart; was durchsichtig war, undurchsichtig; was durchlässig war, fortan verschlossen. Ein Fechter kann nicht über seine Stöße nachdenken. Er kann nie abwarten. Denn das Leben ist unumkehrbar. Ihr werdet erstaunt sein über all diese Kontraktionen, all diese Kristallisierungen. Über all diese blockierten Weichen. Die Diplomatie ist nur ein veralteter Tanz, wenn sie nicht unentwegtes Handeln ist.

Was für eine großartige Sache ist doch das finnische Wunder! Da haben wir einen empfindlichen Punkt, an dem sich die Welt zurechtkneten läßt. Da haben wir eine Gelegenheit, die Ereignisse zu lenken, ihnen unseren Stempel aufzuprägen. Tausend Flugzeuge für Finnland sind nötig. Mag das Material auch mehr oder weniger veraltet sein, das ist nicht so entscheidend. Man muß diese Klumpen [*unleserlich*], die sich in der russischen Teigmasse anbieten.

Zentren des Widerstands gegen Stalin werden entstehen. Siege werden aufkeimen, die neue Siege nach sich ziehen.

Es ist bekannt, wie die chinesischen Diebe einen in seinen Dekken schlafenden Mann bestehlen. Da und dort wird er mit einer Feder gekitzelt. So bringt man ihn dazu, den Kopf zu drehen, die Schulter zu bewegen, einen Arm zu heben, sich mit der Hand ins Gesicht zu langen. Man bringt ihn dazu, sich im Schlaf zu enthüllen, sperrangelweit seine Fenster zu öffnen. Kriegslist? Nicht einmal – schlicht das Leben. Wer liebt, wie gut versteht der nicht [zu beeinflussen?], vorzutäuschen, zurückzuweichen, vorzustoßen, Boden zu erobern. Und der andere verfängt sich in dem Spiel, das ihm Fesseln anlegt. Das versuche man mir einmal streng logisch durchzukalkulieren! Täuschung, Berührung, Sinn für das Tänzerische. Leben. Zuoberst gilt es, lebendig zu sein. Zu jeder Gelegenheit, jeder. Das durchsickernde Wasser läßt keine einzige aus.

Machen wir uns ans Erfinden! Irgend etwas, Herrgott! Indem wir erfinden, fordern wir die Gegenwehr heraus. Indem wir die Gegenwehr herausfordern, entwickeln wir unseren eigenen Gegenstoß. Tanz ist das! Die Berührung hat stattgefunden, der Kontakt ist hergestellt, und wir sind es, die das Spiel lenken. Ich habe mir den Tanz ausgesucht, den ich tanzen werde. Die Initiative zu ergreifen ist so wichtig, weil man damit dem Gegner bereits bestimmte Bahnen vorschreibt. Euer Hitler hat das sehr gut begriffen. Darauf gründet er sein Spiel. Und nur darauf. Er bestimmt das Spiel. Er lenkt unsere Lastwagentransporte auf unseren Straßen. Das reicht. Er ist Herr über das Verkehrswesen, die Beleuchtung und die Manöver bei uns. In unseren Städten schalten wir das Licht aus und an, je nachdem, welchen Schalter er zu bedienen geruht. Das reicht. Und wenn wir mal den Dirigenten wechseln würden? Wir wollen nicht länger gehorchen und unsere Decken abstreifen.

Führt selbst den Tanz an, und bald werdet ihr auf eine Gelegenheit stoßen! Auf alle Gelegenheiten, die ihr braucht. Von selbst wird sich jedoch keine anbieten. Eine Gelegenheit bekommt erst Sinn, wenn es eine innere Schwerkraft gibt. Wir haben Verwalter, wo wir Führer brauchen.

*

Vaterland: was für ein leicht pompöses Wort! Uns reicht die Rhetorik über die träg dahinströmende Loire, über den fleißigen französischen Bauern und das Wunder La Fontaine. Wir kämpfen für die Loire und für La Fontaine! Zumindest sollte man die Wörter mit Sinn füllen. Immer noch müssen leere alte Urnen herhalten. Man verlangt von uns, in den Tod zu ziehen. Wir sind dazu bereit. Aber dann muß man uns auch etwas zeigen, das wichtiger ist als unser Leben. Ich bin dazu bereit, wie eine reife Pflaume herabzufallen, wenn der Himmel unter dem Flakfeuer wie ein Baum erzittert und der Abfangjäger seinen Blitz ausstößt. Jedoch weder für La Fontaine [*zwischen den Zeilen:* La Fontaine hat mich immer gelangweilt] noch für die träg dahinströmende Loire, weder für die Schiebereien bei den Wahlen noch für das göttliche Recht des normannischen Winzers [*sic*], der Milch für die Neugeborenen Alkohol beizumischen, damit sie, volltrunken, schließlich stillhalten. Ich kann Giraudoux mit seinen Variationen über eine wohlabgewogene Dosierung nur zutiefst bewundern. Frankreich, dieses wunderbare Gemisch. Wie geschickt, solchen Mischcharakter gegen den Abgesang eines Irren auf die Rasse ins Feld zu führen! Nichtsdestotrotz werde ich, wenn meine Maschine ins Trudeln gerät, keinen Trost darin finden, »Es lebe die Dosierung!« zu schreien, wie ein anderer »Heil Hitler!« schreit. Auch ich brauche unmittelbarer zugängliche Götter. Gewiefte Subtilitäten nähren mich nicht. Zu sterben bereit ist, wer in etwas anderem den Ausdruck seiner selbst gefunden hat. Und wer sein Hab und Gut seiner Nachkommenschaft hinterläßt. Und wer in [einem Werk?] aufgeht. Ich indes brauche dazu den Turm einer Kathedrale.

Ich will für das Leben kämpfen. Man kämpft für die Wahrheit. Man kämpft stets für die Wahrheit – und darin liegt durchaus nichts Vages, Verschwommenes. Allzu leicht sagt sich, man kämpfe für das, woran man glaubt. Man kämpft vielmehr für seine Sprache. Für sein Vorstellungssystem. Daran hält man mit eiserner Härte fest. Man kämpft gegen die Finsternis, für die Evidenz, die die Welt vereinfacht. Und man kann sehr wohl für gegensätzliche Wahrheiten kämpfen, denn letztlich können auch zwei gegensätzliche Wahrheiten die Welt vereinfachen und Widersprüche auflösen. So ist Frankreich ein System. Man macht es sich zu leicht, sagt man:

eine Sprache, Gebräuche und die träg dahinströmende Loire. Frankreich ist eine bestimmte Art zu denken. Wenigstens sollte es das sein oder wieder werden. Frankreich ist keine Dosierung, oder genauer gesagt: dieser Blut- oder Dialektcocktail, von dem man da spricht, ist mir herzlich gleichgültig. Dergleichen mag vielleicht erklären, wie Frankreich eine einheitliche Gestalt gewonnen hat, kann jedoch nicht als Definition Frankreichs gelten. Was ist dieser Knoten, der Frankreich ausmacht, diese französische Wahrheit, die uns vor uns selbst und vor den Augen der Welt so wertvoll macht? Eben das brauche ich, um mich zu begeistern und um bereit zu sein, in den Tod zu gehen. Eben das brauche ich, um meine Identität zu retten. Den Kodex, der mir einen Sinn gibt. Wie wollte man mir anders erklären, daß man sich bereitfinden kann, sich selbst zu opfern? Was bringt dem Leben Rettung, wenn nicht der Sinn? Und warum treibt der Verlust der Ehre (dort, wo der Verlust der Ehre noch etwas bedeutet) einen Menschen dazu, sich umzubringen, wenn nicht aus dem Grund, daß in solch einer Gesellschaft dieser Mensch keinen Sinn mehr hat?

Ich gehe in den Tod, um meinen Kodex zu retten. Doch wie sieht der aus? Unser Nationalgefühl hat nämlich merkwürdig darunter gelitten, daß die Synthese ausblieb. Rechts und links. Der Mensch Descartes'. Der Mensch Pascals. Wir begannen uns gegen den Gegner zu wenden, jeder mit seinen eigenen Gründen und Argumenten – die allesamt triftig sind. Wir konnten nicht anders handeln, da wir nicht über den Schlüssel zu einer Sprache verfügten, die uns gerettet hätte. Die uns wieder geeint hätte. Uns wieder unseren Kodex gegeben hätte. Und so ist es heute dahin gekommen: Im Namen eines Stalin, der für nichts steht, was wir uns in unseren Träumen ersehnen könnten, sondern nur für Gefühle des Hasses und der Rache gegenüber unserem Gegner, der doch in gewisser Weise einen Teil unserer selbst verkörpert, – im Namen eines Stalin, eines schlimmeren Unterdrückers, als es der Zar war, einer Art mongolischen Herrschers, der vielleicht genial sein mag, aber nur für die Begriffe seiner Mongolei, und der mit allen Fasern seines Fleisches zu uns in Gegensatz steht – im Namen einer absurden Idee also sackt heute bei uns die Leistung in den Fabriken ab.

Was gibt es bei uns nicht alles zu versöhnen! Fragen, die derzeit für Gegensätze sorgen und die französische Nation daran hindern, sich wieder als solche zu fühlen, zu sich zu finden. Die sie auch daran hindern, sich an die Spitze der kleinen Nationen zu stellen und unübersehbar deutlich werden zu lassen, daß wir mit Amerika auf einer Linie liegen. Befruchtend zu wirken, der Welt zu einer Sprache zu verhelfen und so allen zusammen Rettung zu bringen. Denn diese Welt geht an ihren inneren Rissen zugrunde, an ihrer unzureichenden und widersprüchlichen Sprache.

Habt ihr endlich aufgehört, euren Gegner für einen Drachen anzusehen?

Ungeschicklichkeit. Es fällt uns schwer, die rechten Worte zu finden. Es gibt sie freilich, diese Wirklichkeit, die unbedingt deutlich gemacht werden muß. Und wir spüren sehr wohl, daß diese Wirklichkeit universell ist. Daß sie das gemeinsame Maß der einen Hälfte der Welt bildet, während auf der anderen Seite eine Realität herrscht, die die Welt in Auserwählte germanischer Rasse und Verdammte unterschiedlicher barbarischer Sprachen und Rassen aufteilt. Verdammte, für die es kein Heil gibt. Aussätzige Vasallen Deutschlands, Sklaven. Und Deutschlands Vorherrschaft wird dann auf der Ausbeutung dieser Kolonisierten beruhen. Unnütz, im Namen der Wahrheit und der Gerechtigkeit Klage zu führen. Gerechtigkeit und Wahrheit, das ist das jeweils Bestehende. Das, was lange genug besteht, um zu einem tief verankerten Bild zu gerinnen. Es gibt keine wurzellosen Mißstände und keine Gerechtigkeit ohne Dauer. Nach fünfzig Jahren germanischer Herrschaft wird die Sklaverei ebenso gerecht erscheinen wie unter den römischen Kaisern.

Was ist das für eine Wirklichkeit, was ist das für eine glänzende Wahrheit, die unter ein und derselben Idee den Hilfsarbeiter aus Billancourt* und den Philosophielehrer vereinen kann? Wie sehr hat doch eine bestimmte Wahlkampfstimmungsmache die Unterschiede überbetont und Gräben aufgerissen!

* Vorort im Südwesten von Paris mit großem Industriegebiet.

Da kommt mir wieder ein Bild in den Sinn. Ja, natürlich! Wenn ich euren verschiedenen Stimmen so zuhöre! Das Bild des alten Kaiden*, das Bild des Arztes, das Bild all derer, die den Worten der Menschen Gehör schenken, um ihr Los zu beklagen – eine Klage freilich, die über die Menschen da vor ihnen hinauszielt.

Worauf wartet ihr, um euch endlich über eure Irrtümer klar zu werden? Weit mehr als ihr glaubt, ist bedroht. Das Meer, das wir gebändigt hatten und in dem wir einen Verbündeten sahen, ist in Wahrheit Menschenillusion. Und von der glatten Unbewegtheit des Meeres haben wir uns täuschen lassen. Wir liebten die Freiheit, und einen nach dem anderen haben wir die Spanten des Schiffes herausgerissen. Nun ereilt uns die Strafe, das Wasser dringt ein. Wir müssen uns also ein zweites Mal bekehren. Wieder in Leidenschaft verwandeln, was bloße Sitte, in Opfer, was ein selbstverständliches Gut geworden ist. Nicht mehr auf der Höhe, altes Eisen ist nicht [*mehrere Worte unleserlich*] sondern der schlechte Rumpf unseres Schiffes.

Seht ihr, wir haben uns über die Leute getäuscht, die wir für Hüter hielten. Diese ganze erbärmliche parasitäre Vegetation, wie sie die Stücke von Courteline** zeigen. Diese ganze bürgerliche Vegetation, die vor Wind, Sonne und Sternen geschützt herangewachsen ist. Diese Leute waren bloß Passagiere, die nicht mithalfen, das Schiff zu steuern. Sie wissen gar nicht, daß es da ein Schiff gibt. Sie wissen nicht, daß es da ein Wunder gibt. Sie spielen Bridge und glauben, das Bridge sei der Endpunkt, um den sich das ganze Weltall dreht. Sie geraten nicht einmal über die Basilika in Erstaunen, auf der sie dahinfahren. Man muß sich auf der Seite des Ozeans befinden, um das Schiff zu bewundern.

Ihr nun in Amerika schaut zu, wie Finnland stirbt, und seht dabei nicht die immer weiter voranschreitende Plage. Keine Leidenschaft rührt sich in euch für dieses Schiff, das sich Menschen erbaut haben. Ihr glaubt an einen bedauerlichen Unglücksfall, ein Erdbeben

* Weiter unten im Text führt Saint-Exupéry das Bild aus. Übrigens hatte er einer ersten Fassung seines unvollendeten Buchs *Stadt in der Wüste* (*Citadelle*) den Titel »Le Caïd« bzw. »Seigneur berbère« gegeben.

** Georges Courteline (1860–1929), französischer Erzähler und Autor zahlreicher satirischer Komödien, mit denen er großen Erfolg hatte.

oder einen Brand, einen Unglücksfall, der einen jungfräulichen Boden erschüttert, und sobald das vorüber ist, mag man auf ihm zu bauen beginnen. Seht ihr nicht, daß der Mensch auf dem Spiel steht? Ihr selbst? Wißt ihr denn nicht, daß ihr eines der Spanten des Schiffes seid? Eine europäische Angelegenheit! Nein! Eine Angelegenheit, bei der es schlechterdings um den Menschen geht.

Und ihr wollt nicht um eines Paradoxes willen kämpfen, unserer Existenz nämlich. Aber paradox ist gerade das Engagement, das Recht und der Gemeinschaftssinn. Und die Fairness. Paradox ist es, beim Spiel nicht zu mogeln, obwohl man die Gelegenheit dazu hätte, nicht zu töten, obwohl man haßt. Paradox ist die Loyalität, die Freundschaft, das Schweigen unter der Folter, das Ehrgefühl. Das oberste Paradox des Menschen ist Gott. Und ihr wollt nicht für Gott kämpfen. Es gibt noch ganz andere Paradoxa als die Koexistenz freier Bauern und des unmittelbar benachbarten Reichs der Holzfäller.

Ein Schiff ohne Steuermann. Zumindest ohne einen Steuermann, der die Gefahren des Meeres kennt. Unsere Werke sind allesamt zerbrechlich. Wenn ihr aufhört zu jäten, wird die Natur eure Städte sprengen, werden die Bäume durch eure Mauern brechen. Wißt ihr, was der brüllt, der andere? Er brüllt: »Das Bewußtsein ist überholt, da die Natur stärker ist.« Gewiß ist die Natur stärker, und ein im Urwald ausgesetzter Wissenschaftler wird der Verwesung anheimfallen. Und sollte sich Bach in einer Winternacht verlaufen, so wird ihn der Schnee zu Stein erstarren lassen. Berthelot* wird irgendein Rohling enthaupten. Ein polnischer Physiker, ein österreichischer Musiker kommen gegen eine Bombe aus einem Flugzeug nicht an.

Dennoch ist das Bewußtsein stärker als die Natur. Der andere da will über die Elemente gebieten. Die Natur nun arbeitet gegen die Nächstenliebe, gegen die Entropie, gegen den Raum. Die Lenkung obliegt jedoch dem Bewußtsein.

Wenn man die Welt lenken will, muß man sie aber auch begreifen. Vergißt man, »worum es geht«, so ist man verloren. Wir haben ein wenig vergessen, worum es geht. Wir haben die Menschen un-

* Marcellin Berthelot (1827-1907), bedeutender französischer Chemiker.

terrichtet, aber nicht erzogen. Mensch zu sein erschien uns ja das Natürlichste!

Diese Leute nun aber führen Lügen im Munde und berufen sich dabei auf die Gattung. Berufen sich auf die Nation. Denn nicht die deutschen Werte sind es, worauf sie sich berufen. Halten sie etwa Goethe, Bach, Beethoven oder Einstein hoch? Wo sähe man denn, daß sie der Erkenntnis solche Achtung entgegenbringen, daß sie dafür zu sterben bereit wären? Wie verteidigen sie sich? Wie einfache und starke Wesen. Gleich dem Baum im Wald mit seinen mächtigen Wurzelknoten. Den Wald nämlich drängt es danach, die Städte einzunehmen. Und sie geschieht uns ganz recht, diese nationale Explosion. Wir mit unseren verkümmerten Feinschmeckern, ihrem Kaffeehausklatsch, ihren Seitensprüngen, ihren unverwüstlichen Spielchen, dergleichen war bei uns an die Stelle des Lebens getreten. Wohnt denn in der von Pascal errichteten Stadt irgendwo ein Pascal? Ihre Bewohner sind keine Pascals. Das sind Vautels.* Wir haben eine Kathedrale erbaut, und dann haben wir sie den Betstuhlvermieterinnen und den Kirchendienern überlassen, nicht dem gewaltigen Architekten. Pascals Welt ist errichtet worden, damit darin Bridge gespielt und über allerlei Mauscheleien gestritten wird. Ich für meinen Teil weigere mich, die Tätigkeit der Betstuhlvermieterin mit dem Sinn der Kathedrale, die Freiheit des Menschen mit der Faulheit des Bridgespielers und eine liberale Wirtschaftsordnung mit Mauscheleien zu verwechseln. Aufs neue gilt es, den Gott zu erfinden, der die nach seinem Maß errichtete Kathedrale auszufüllen vermöchte.

Ich erinnere mich an Diskussionen über Courteline. Die einen halten ihn für plump, die anderen für kraftvoll. Und freilich mache ich ihm nicht den Gegenstand, den er aufgegriffen hat, zum Vorwurf. Immer wieder der Mythos des Kaiden, der nach Sonnenuntergang mit langsamen Schritten in der Stille seines Stammes umhergeht. Geruch nach Leder, Schweiß und ranziger Butter. Nächtliche Jagden, Sterne, Planeten, Geflüster um Kochkessel und, schön wie Sterne, die Tränen eines einsamen Kindes. Er blieb vor dem Kind

* Anspielung auf Clément Vautel, Journalist und Schriftsteller, der in seinen Kommentaren den Standpunkt des »typischen Durchschnittsfranzosen«, des »gesunden Menschenverstands« pflegte.

stehen, streichelte ihm mit nachlässiger Geste über die Stirn, dann beugte er dessen Kopf nach hinten, und mit dem ganzen Ernst und der Barmherzigkeit der Stille ließ er den Blick dieser tränenerfüllten Augen auf sich fallen. Er hörte dem Kind zu. Man hatte es bestraft. Wegen eines Verses, den es nicht gelernt hatte, oder wegen eines gestohlenen Huhns. Die Augen, die zu ihm hochblickten, waren so unermeßlich wie die Milchstraße. Vielleicht war es ein Kind, worüber er sich beugte, vielleicht war es aber auch die Ewigkeit. Oder irgend etwas anderes. Sanftheit. Er hörte dem Kind zu. Doch lauschte er eher der Stimme. Und ich sehe ihn noch vor mir, wie er unter seinem Schäferumhang lächelte. Oh, mein Gott, da war nichts oberflächlich, belanglos. Es genügt, den Sinn der Wörter zu vergessen, und nie mehr wird irgend etwas belanglos und nichtssagend sein. Allein durch die Art und Weise, wie er das Kind ansah, gab er ihm wieder seinen Platz in der ewigen Ordnung.

So mag ein Assistenzarzt hinter all dem Krankenhauselend, so mag Courteline hinter all dem Kaffeehausgestammel durchaus den Menschen sehen. Den Menschen im Menschen sehen. Doch irgend etwas ging ihm ab, man könnte es vielleicht Sanftmut nennen. Glückseligkeit. Es ging ihm jene Unschuld ab, die einfach daher rührt, daß man den Wörtern keinen Sinn beilegt. Sein Mangel war es, nicht der Bindestrich zwischen dem Gestammel des Menschen und dem Sinn des Menschen zu sein. Nicht zu zeigen, was für Unermeßlichkeiten hinter dem Elend liegen. Daß man im Menschen dem Menschen lauscht.

Der Mensch im Menschen (...) das Geheimnis – Nächstenliebe vielleicht (...) Christentum.* Es geht nicht darum, eine vulgäre Nächstenliebe an den Tag zu legen und solchen Verhältnissen, denen es an Größe fehlt, mit Achtung zu begegnen. Doch man übersehe nicht, daß der Kaiser von Byzanz den zwanzigtausend Gefangenen, die er gemacht hatte, die Augen ausstechen ließ. Wenn ich mich heute über das Gesicht meines Feindes beuge, erkenne ich darin das Gesicht meines Gottes – und ich lasse den Arm wieder sinken. Wen habe ich da respektiert, wenn nicht den eingeschlafenen und gefesselten Menschen hinter dieser Fassade?

* Mehrere unleserliche Wörter in diesem Satz.

Aber wir haben nach und nach solche transzendente Gleichheit mit Gleichheit überhaupt verwechselt. Wir vergaßen, daß die Philosophie der Betstuhlvermieterin die Kathedrale nicht retten kann. Wir haben nicht länger den Menschen hochgehalten, haben ihn nicht aus seinem tauben Gestein herausgelöst. Er ist, wie die Amerikaner sagen, »unartikuliert« geworden.* Ich kann das genauer erklären. Es gab einmal einen großen Abwanderungsschub von Arbeitslosen nach Kalifornien. Man nahm sie nicht auf. Da gründeten sie an der Grenze des Landes ein Lager. Es gab keine Arbeit dort. Aber nicht nur hatten sie keine Arbeit, sondern sie waren überdies in ihren Traditionen, in ihren Gebräuchen, ihren Freundschaften erschüttert worden und fanden sich hier in einem unbeschreiblichen Durcheinander vereint. Diese Menge begann nun schlicht und einfach dahinzufaulen. Auch wenn du beim Kartenspiel nicht dein Vermögen riskierst, ist es gut, wenn deine Karten in deiner Vorstellung für Schlösser, Diamanten und Goldbarren stehen, die als dein Einsatz auf dem Spieltisch landen. In jenem Augenblick jedoch konnten sie für nichts mehr stehen. Das Spiel wird dann zu einer Sprache, für die nichts mehr bürgt. Damit wird jedes Spiel unmöglich. Eine ganze riesige Menschenmenge hatte sich nun nichts mehr zu sagen. Und auch wir, die wir es hingenommen haben, daß der Mensch auf sein verschlossenstes Gesicht reduziert wurde, haben uns nichts mehr zu sagen.

In einem alten Möbel fand ich einmal Briefpapier von meinem Urgroßvater. Ein alter Koch, ein alter Gärtner hatten ihm anläßlich verschiedener Trauerfälle geschrieben. Mein Gott, was für eine schöne Sprache! Wie schön ihre Anteilnahme zum Ausdruck gelangte. Daraus entstünde kaum ein Stil, der mich berühren könnte, wenn er nicht mit einer Regung des Herzens zusammenfiele. Wenn ich nicht mit Nachdruck glaubte, daß der Mensch schwerlich mehr zu empfinden imstande ist, als er zu formulieren vermag. Darüber läßt sich im einzelnen sicher diskutieren. Fest steht, daß ein Bauer aus der Auvergne die Liebe nicht auf die gleiche Weise empfinden kann wie ein Hofkaplan des 18. Jahrhunderts. Es sind zwei verschiedene Dinge, darin liegt nichts Paradoxes. Ich sage nicht, daß

* *Inarticulate*: sprechunfähig; unfähig, sich deutlich auszudrücken.

das eine schlechter als das andere ist. Es sind eben unterschiedliche Dinge. Wenn ich nicht J. S. Bach zu lieben gelernt habe, kann mir keine andere Musik die entsprechenden Emotionen vermitteln. Bei Tosellis Serenade und bei *Manon* werde ich nicht das empfinden, was ich mit entwickelterem Musikgeschmack bei Bach empfunden hätte. Die Sprache hat einen universellen Klang. Und ich kann einem Dorfpolitiker nicht die Glückseligkeit des Klosterlebens verständlich machen. Ich kann sie ihm nicht erklären. Um sie ihm zu erklären, müßte es mir möglich sein, ihn auf ein analoges Gefühl zu verweisen, auf eine Parallele in seinem Gefühlsleben. Eine solche Parallele gibt es aber nicht. Mir steht keine taugliche Demonstration zu Gebote, die ihm auf die Sprünge hälfe. Nicht ihn zu überreden, auch nicht ihn zu überzeugen, gilt es, sondern ihn zu bekehren. Bekehren, das hat einen Sinn. Das heißt, jemandem in kleinen Schritten eine Sprache schenken, deren Gebrauch ihn bereichern wird. Und wer einmal bekehrt wurde, der wird sich für seine Religion umbringen lassen, ohne daß die Logik bei ihm etwas ausrichten könnte. Gegen die Evidenz, gegen das Gefühl, geboren zu sein, kommt die Logik nicht an.

Wind, Sand und Sterne hat da übrigens zu einigen Mißverständnissen Anlaß gegeben, die mich verwirrt haben. Brasillach zum Beispiel warf mir vor, der Heroismus meiner Helden sei willkürlich.* Für Saint-Exupéry, sagte er, hat die Sache, um die es geht, wenig Bedeutung. Hauptsache, der Mensch fühlt sich durch irgendeine Sache angetrieben. Er vergißt dabei, daß es die Sache ist, die einen Menschen zum Märtyrer macht. Zunächst einmal weiß ich gar nicht, was eine Sache ist. Ich weiß, was eine Sprache ist. Die Sache, in Brasillachs Sinne, ist nicht der Posttransport, sondern eine bestimmte, die Frage des Posttransports überschreitende Sprache und der Umstand, daß ich zwischen den Menschen – sowie zwischen den Menschen und ihren Handlungen – eine bestimmte Ordnung von Beziehungen herstelle. Hier schon sehe ich nicht recht, was Brasillach eigentlich stört. Im Christentum gibt es beispielsweise die sogenannten Standespflichten. Ja, die alte Bäuerin, die ihr

* Der Artikel von Robert Brasillach zu *Wind, Sand und Sterne* ist am 13. März 1939 in der rechtsradikalen Zeitschrift *L'Action française* erschienen.

Zimmer kehrt und die Hühner füttert, bietet Gott ihre bescheidenen Dienste an. Das Christentum, scheint mir, zielt darauf, die Tat in Gebet zu verwandeln. Das Christentum bereichert die Seele, und so bereichert die Tat nun wiederum die alte Bäuerin. Der Schlag, den der zu Zwangsarbeit verurteilte Zuchthäusler mit der Spitzhacke tut, unterscheidet sich nicht von dem, den der Geologe mit seiner Hacke tut. Doch während der eine Schlag den Menschen abstumpfen läßt, erweckt der andere seine Kräfte zu regerem Leben. Sie haben nicht den gleichen Sinn in den Sprachen dieser beiden Menschen. Somit ist die Sache keine Sache, sondern eine Sprache. Eine Art zu denken. Ein System von Beziehungen. Eine Struktur. Eben hier liegt das Wunder.

Brasillach nun greift mich bezüglich der Werte an, die den Heroismus leiten. Und ich fühle mich in dieser Frage einer Meinung mit ihm. Aber ich war bereits seiner Meinung, als ich das Buch schrieb. Wenn er mir Gefühle unterstellt, die den meinen so radikal entgegengesetzt sind, muß ich mich wohl unklar ausgedrückt haben. Gewiß, die Sache ist es, die einen Menschen zum Märtyrer macht. Der Tat kommt nur Wert zu, sofern sie einer starken religiösen Bindung entsprungen ist. Nur unter dieser Bedingung bedeutet sie eine Bereicherung. Doch was ist eine hochstehende Religion anderes als eine, die den Menschen hochhält? Den Nazismus kann ich nicht als hochstehende Religion bezeichnen. Ich sehe wohl, wie der Nazismus zur Stärke eines Attila, vielleicht auch zur Reinheit eines Attila führen mag – ich sehe aber nicht, wie er zu Pascal führen könnte. Attila oder Pascal? Ich habe meine Wahl getroffen. Zwischen dem Urwald und der Basilika habe ich meine Wahl getroffen. Zwischen der Weisheit des gewaltigen Baumes, der seine Wurzeln ausbreitet, und dem Bewußtsein habe ich gewählt. Ich habe gewählt, wie sich Brasillach seine Religion gewählt hat. Ich habe jene gewählt, die mir den Menschen so bildet, wie er mir am besten gefällt, und dieser unhintergehbaren Wahl muß ich mich vor allem anderen stellen. Wenn ich einen Tag in einem Kloster und danach einen Tag bei einer Komiteesitzung der Radikalrepublikaner zubringe, komme ich erleuchtet zurück: Ich habe meine Wahl getroffen. Ich bin bekehrt [*zwischen den Zeilen*: Aber nicht zum Radikalrepublikanismus]. Nicht im Namen der

Logik fälle ich meine Entscheidung, sondern im Namen des Menschen, der in mir geboren ist. Wenn die Tat Lebenskräfte weckt, ist dies ein Zeichen dafür, daß sie einer guten Religion entsprungen ist. Es gibt keine ziellosen, zweckfreien Handlungen, da es keine bloßen Handlungen gibt. Der Sträfling und der Geologe führen die gleichen Handlungen aus. Meine Handlungen lassen sich nicht losgelöst von der Kultur denken, die mich bestimmt. Ich kann als Kaiser von Byzanz den Gefangenen die Augen ausstechen. Ich kann es mir, als heutiger Mensch, nicht vorstellen, daß ich Gefangenen die Augen aussteche. Die Gesichter, die Augen, über die ich mich beuge, sind nicht mehr die gleichen Augen, die gleichen Gesichter. So ist die Spitzhacke, sobald sie dazu dient, Neuland zu erobern, nicht mehr die gleiche, die sie in den Händen des Sträflings war. Anders steht es nur, wenn man ganz simple Beziehungen zum Ausdruck bringen will: »Leih mir deinen Kocher... schließ die Tür...«.

Nicht einmal ein Anzeichen von [Überlegungen?]. Die Menschheit liegt da wie das Vieh auf seinem Lager. In wessen Namen sollten sie kämpfen? Fürs Brot? Daran fehlt es ihnen nicht. Die Freiheit? Sie sind über alle Maßen frei. Sie gehen unter in dieser Freiheit, die gewissen Milliardären so auf den Magen schlägt. Schutz vor ihren Feinden? Sie haben keine mehr. Ohne Feinde, ohne Haß, ohne Einheit sind sie. Auflösung, Krankheit des Menschen. Was bräuchten sie, um wiederaufzuerstehen? Ihr wißt es sehr gut! Wenn sie eine Stadt im Urwald gründeten. Wenn sie eine Brücke bauten. Wenn sie sich auf den Krieg vorbereiteten. Wenn sich in ihrer magmatischen Masse ein elastisches Nervengewebe herausbildete. Und Führer. Oder wenn sie ganz einfach den Geist des Festes wiederfänden. Heute wird damit begonnen, den Boden zu bestellen. Heute steht die Weinlese an, heute ist Erntetag. Heute feiert man das Fest des jungen Weins. Oder gedenkt der Toten, auf daß sie unter uns fortleben. Heute feiert man den Jahrestag zu Ehren des Gründervaters unserer Freiheiten... des Begründers unserer Moral... desjenigen, der... doch welche Kontinuität könnte bei dem Vieh hier gewahrt werden? Für wen sollte es etwas anderes als ein Grunzen hervorbringen, mit dem es nach seinem Futter verlangt?

Wir werden gemästet, sind untergebracht und versorgt, seßhafter als je zuvor. Und in unserer Kathedrale vernimmt man ringsum das Getuschel kleiner mieser Mauscheleien. Die Umtriebe der Betstuhlvermieterinnen sind es, die in unserer Kathedrale für Leben sorgen. Und die klingende Münze ihrer Einnahmen. Ihr bildet euch gerne etwas auf eure alte Kultur ein. Was tut ihr aber für ihre Rettung?

Über jemanden, der sich hoch oben auf dem Turm einrichtet und von dort aufs weite Meer hinausblickt, über so jemanden könnt ihr nur lächeln: Was ist das für ein Verrückter, der glaubt, er könne dem Konkreten, dem Wirklichen entfliehen! Das Konkrete, das Wirkliche, das eben ist die Ebene der Betstuhlvermieterinnen. Wir sind doch im Innern der Kathedrale, die Nacht draußen ist uns da herzlich gleichgültig.

Und wozu sollten wir uns um die Mauern der Kathedrale kümmern? Sie bilden eben den Rahmen. Genauso wie Raum und Zeit. Ewig und unvergänglich. Mit Hilfe von Richtern und Gendarmen die Guten von den Schlechten zu scheiden, das hat einen Sinn. Aber über das Gute und das Schlechte zu diskutieren, was sind das für Träumereien!

Darum ist es wohlverdient, wenn ihr heute um euch das Grollen des Meeres vernehmt.

Denn achtzig Millionen Menschen folgen ihm und stellen für ihn Waffen her. Und lesen seine Presse. Und verzichten auf ihre Götter zugunsten dieses Gottes. Was die Würde der Welt ausmacht, wird nur unter der Bedingung zu retten sein, daß man die Welt zu begreifen versucht. Und was die Würde der Welt ausmacht, ist das Mitleid, der Drang nach Erkenntnis und die Achtung vor dem inneren Menschen. Ich glaube, daß dies in einem Teil der Welt Widerhall findet. »Tu dem andern nicht, was.... denn der andere bist du selbst.« Man ist davon so sehr durchdrungen, daß einen Abscheu erfaßt angesichts eines Verbrechens auf der Straße. Angesichts jener Bilder leerer Augen. Man täuscht sich indes sehr, will man darin etwas anderes als ein geistiges Erbe sehen. Denn wenn eine deutsche Hausfrau, die vom Fenster aus sieht, wie die jüdischen Wiegen auf die Straße geleert werden, wenn diese Frau einen Stich im Herzen verspürt und ihr gegen ihren Willen ein Schrei entfährt, der sie ins Konzentrationslager bringt, leitet sie ein Rest an Christentum, der mehr als eine Generation nicht überdauern wird. Und was den Drang nach Erkenntnis anbelangt, so täuscht man sich schwer, glaubte man, er sei dem Menschen wesentlich. Er ist ein auf wunderbare Weise fortwirkendes Erbe, und er beruht zudem auf der Freiheit. Den Drang nach Erkenntnis darf man auch nicht mit dem Sinn für Technik verwechseln. Die Barbarengötter werden sich im Tempel einrichten. Sie werden sich all seiner Ressourcen bedienen. Und möglicherweise besser als wir. Mit gründlicherer Ordnung. So ließ ein Caesar Kanäle ausheben und Verkehrswege anlegen. Aber wo wäre im Korsett solch eines strengen Kanons Widerspruch möglich, und allein Widerspruch erlaubt Fortschritt? Er selbst hat es doch ausgesprochen: »Zu viele Menschen haben eine Ausbildung erhalten... Segen des Analphabetentums... das Wissen bleibt einigen wenigen vorbehalten...« Was das bedeutet, ist klar... Geheimnisse hermetischer Religionen und Hohepriester der Wissenschaft, die strikt von oben nach unten den Kanon der geoffenbarten Wahrheiten fortschreiben. Wer wird da aufstehen und sich gegen das Dogma erheben? Ganz zu schweigen von der Achtung gegenüber dem inneren Menschen! Glaubt ihr denn etwa, daß die natürlich sei?

1940

Jean Israel, der gemeinsam mit Saint-Exupéry in der Gruppe 2/33 diente, erinnert sich an einen gefährlichen Zwischenfall:

ERINNERUNGEN VON JEAN ISRAEL

Die schöne, mondlose Nacht des 12. Januar 1940 beschloß der Kommandant der Gruppe 2/33 für Nachtlandeübungen zu nützen. Die Piloten sollten ohne Leuchtfeuer landen, nur durch eine spärliche Bodenbeleuchtung, ein paar aufgereihte Lampen unterstützt, die eine Landebahn kennzeichneten.

Saint-Ex zählte zu den Piloten, die an der Übung teilnahmen. Weil er die Lampenreihen mißdeutete, schlug er beim Landeanflug eine Bahn ein, die ihn geradewegs auf einen Lastwagen mit nicht eingeschalteten Hilfsscheinwerfern zuführte. Als er wenige Meter vor dem Boden plötzlich die Landelichter verschwinden sah, begriff er, daß sich ein dunkles Hindernis vor ihm befinden mußte.

Will man aus dem Sinkflug wieder zum Steigflug übergehen, muß man am Steuerknüppel ziehen; die Abwärtsbewegung rundet sich und geht in eine aufsteigende Kurve über. Saint-Ex jedoch riß den Steuerknüppel nach vorn. Das Flugzeug kippte vornüber, die Räder schlugen hart auf den Boden, und das Flugzeug machte einen

Satz über das Hindernis hinweg, während er auf volle Motorkraft ging, um wieder an Höhe zu gewinnen und einen neuen Anflug zu versuchen.

Jedes andere Manöver wäre zum Scheitern verurteilt gewesen; das Flugzeug war schon zu nahe am Boden und wäre unweigerlich gegen den Lastwagen geprallt.

Saint-Ex mußte sich dieses Manöver nicht erst »erfinden«. Er hatte nur mit unglaublicher Geistesgegenwart angewendet, was er zu Zeiten der Aéropostale gelernt hatte. Damals flog er einmotorige Maschinen mit empfindlicher Mechanik, und Notlandungen auf dem freien Feld waren keine Seltenheit. Wenn sich im letzten Augenblick herausstellte, daß das zur Landung ausgesuchte Feld ein Graben durchzog, konnte man ein Sich-Überschlagen des Flugzeugs nur verhindern, indem man vor dem Graben die Räder kurz aufstoßen ließ, um so einen Satz über ihn hinweg zu machen.

Diese Technik, die tief in seinem Gedächtnis schlummerte, hatte Saint-Ex in diesem kritischen Augenblick plötzlich wieder herbeizitiert.

Da sage mir einer, Saint-Ex sei kein guter Pilot gewesen! Ich saß an jenem Abend auf dem Vordersitz des Flugzeugs!

BRIEF AN X...

[im Januar 1940]

Ich bin für ein paar Stunden mit dem Flugzeug in Nancy. (...) Bei dieser Geschichte mit dem Wagen* hatte ich mich äußerst dumm verhalten, aber ich war sehr nervös. Der tiefere Grund dafür ist sehr schwer zu erklären. Nach gewissen nicht wiedergutzumachenden Fehlschlägen würde man gerne auf der Zeitlinie zurückschreiten bis zu dem fatalen Scheideweg, wo man die falsche Fährte eingeschlagen hat. Man wünschte so sehr, dieses nicht gesagt, jenes nicht getan zu haben. Zum Unglück als solchem tritt noch das

* Am Ende dieses Briefs, nach den Reflexionen über den Unfall, den er mit knapper Not vermeiden konnte, macht Saint-Exupéry einige vage Andeutungen zu dieser »Geschichte«.

scheußliche Gefühl des »Unwiderruflichen« hinzu. Was nur ein unstetes, sich veränderndes Bild war, gerinnt plötzlich zu etwas Festem. Ist das Ereignis einmal eingetreten, dann ist es so etwas wie ein vom Himmel gestürzter erratischer Block. Er läßt sich weder von der Stelle rühren noch in irgendeiner Weise ankratzen. Wo gestern noch freie Fläche war, liegt er nun hinderlich herum, und man muß sich wohl oder übel auf seine materielle Präsenz einstellen. Man hat getan, was man nicht hätte tun dürfen – und die ganze Zukunft verfestigt sich. Alles, was Ton für den Bildhauer, was formbar war, ist mit einem Mal geronnen. Und man spürt die Last der eigentlichen Ungerechtigkeit. Die Ungerechtigkeit liegt im Unwiderruflichen. Die Ungerechtigkeit liegt in der Unmöglichkeit, von seiner Vergangenheit erlöst zu werden (und dies ist wohl auch die einzige Ungerechtigkeit). Die Ungerechtigkeit zeigt sich zunächst als jener riesige unantastbare Block, der sich zu Lasten von Lebendigem herausbildet, auf das man noch einwirken konnte. Und das eine Revision unserer Entscheidungen noch erlaubte. Die geblendeten Augen, das ist die Ungerechtigkeit.

Ich habe noch diesen schwarzen Lastwagen vor Augen, zehn Meter vor mir, bei hundertachtzig Stundenkilometern. Und ich »mußte« am Knüppel ziehen, um über ihn hinwegzusetzen. Keine Hundertstelsekunde blieb mir zum Nachdenken. Ein absolut verläßlicher Reflex mußte seinen Dienst tun. Und da war es mit einem Mal geschehen, der riesige erratische Block war in mein Universum gestürzt. Und ich konnte nichts mehr ändern an dem Massaker, das ich angerichtet hatte – und mochte ich meine Tat auch noch so sehr bereuen, die entscheidende Sekunde, als ich mich entschloß, den Knüppel an mich zu ziehen statt ihn nach vorn zu drücken, war nicht rückgängig zu machen. (...) Ich konnte den Lauf der Ereignisse nicht mehr zurückgehen und am Scheideweg noch einmal von neuem beginnen. Gewiß, in Wirklichkeit habe ich den richtigen Weg gewählt, aber ich habe auch den anderen gesehen, und so nahe habe ich ihn schon gesehen. Und er war so viel wahrscheinlicher als der richtige. Es stand hundert zu eins, und diese eine Chance war mir dann zugefallen.

(...) Ich habe keine Angst vor dem Tod. Ich habe Angst vor dem, was dann vorüber sein wird. Nicht vor dem schwarzen Lastwagen, der gleich einem gefräßigen Ungeheuer aus dem Dunkel auftauchte, hatte ich Angst, sondern vor jener breiigen Masse. Und als ich dann, wieder in der Finsternis, erneut zum Landeanflug ansetzte, habe ich kaum einen Gedanken darüber verloren (nur ganz leichthin), daß mein Fahrgestell möglicherweise fehlte, daß das Flugzeug in Brand geraten könnte, über all diese Lappalien. Ein anderes, wesentlich bedrückenderes Bild füllte mich ganz aus. Ihr konntet das Flugzeug sehen, da es schwach beleuchtet war. Ich jedoch war vom Leuchtfeuer geblendet, und alles übrige war für mich in schwarze Tinte getaucht. Als ich beschloß, das Flugzeug hüpfen zu lassen, hatte ich den Eindruck, als würde ich mich bis zum Bauch in die Erde bohren, als würde ich das ganze Gewicht meiner Brust gegen die Erde schleudern, um mich abzustoßen. Hinter mir ließ ich ein Loch zurück, gleich der Hohlform eines Brutnestes, eine Höhlung, die meine Form bewahrte. Aber ich wußte nicht, was ich in diesem Nest da ausgebrütet hatte. Ich wußte nicht, was ich im runden Abdruck meiner Brust wiederfinden würde. Und da diese Dummköpfe sich Zeit ließen, bis sie mir die Scheinwerfer anschalteten, dachte ich: Das darf nicht wahr sein... ich habe sie alle umgebracht!

Nach der Landung dann, als ich auch noch erfuhr, daß Sie da waren, gerade in diesem Augenblick,... war ich ziemlich übler Laune im Wagen. Ich hatte wirklich keine große Lust, mich wieder ans Steuer zu setzen – und das ist wohl verständlich.

Am nächsten Tag auf der Straße nach La Ferté kam es mir vor, als wäre ich auf einem der beiden Wege unterwegs, die eben in der Sekunde sich geteilt hatten, als ich ohne jeden Grund, ohne Eingriff des Verstandes und letztlich gegen meine Reflexe, den Aufprall gewählt hatte, und der eine Weg war kaum weniger wirklich als der andere. Wohl befand ich mich auf der Straße nach La Ferté, aber mein anderes Ich, das die andere, die wahrscheinlichere Handlungsweise gewählt hatte, war gleichzeitig auf dem anderen Weg unterwegs. Und bitter seine Entscheidung bereuend, sagte es sich: Wenn ich doch nur diesen armseligen Handgriff von einer Zehntelsekunde noch einmal machen könnte! Wenn ich die Zeit zurückdrehen und mich für den Aufprall entscheiden könnte... Wie glücklich säße ich dann, statt diesen schrecklichen Alptraum durchmachen zu müssen, in meinem Wagen auf der sonnenbeschienenen Straße nach La Ferté…

Ich war gereizt und verärgert wegen des Geräuschs des heißlaufenden Motors, wegen der schlecht eingestellten Scheinwerfer, wegen der ganzen Trägheit der Materie. Der andere, der sich so nachlässig um die Einstellung meiner Scheinwerfer gekümmert hatte: »Ich bin spät dran… Ich habe eben Ihre Scheinwerfer einstellen lassen.« Er schien mir von der gleichen Sorte wie die Leute, die die Bodenlichter, die beiden Lampen am Landebahnbeginn genau auf ein Hindernis zu orientieren. Eine dumpfe Empörung hatte mich erfaßt. Und diese Nachlässigkeit bei den Reparaturen und Inspektionen. All diese Geräusche, über die man leichten Sinnes hinwegsieht: »Sie können ohne weiteres so losfahren…«, das war vom selben Kaliber wie die anderen Späße: »Fliegen Sie nur los, oben funktioniert das dann vielleicht ja…« Aber das Kehlkopfmikrophon, die Bordmaschinengewehre, der Sprechfunk fallen aus. Es ist schon ein bißchen spät, um sich darüber Sorgen zu machen, und wir tauchen in eine Finsternis ohne jeden Lichtblick ein… Und auch das hat mich empört!

Anfang 1939 war Saint-Exupéry zu einem kurzen Besuch nach New York gekommen. Auf dem Schiff, mit dem er im Februar '39 nach Frankreich zurückkehrte, hatte er den Physiker Fernand Holweck kennengelernt. Holweck arbeitete am Zentrum für Wissenschaftliche Forschungen in Paris. Saint-Exupéry ist über die Defekte besorgt, die wegen der niedrigen Temperaturen in großen Höhen an den Flugzeugen auftreten. Er spricht nun darüber mit Holweck im Wissenschaftlichen Zentrum in Paris und unterbreitet ihm einen Vorschlag, wie sich durch eine andere Schmierölzusammensetzung die gefrierenden Wasserdämpfe vermeiden ließen. Die deutsche Offensive im Mai 1940 wird dem Projekt jedoch ein Ende setzen.

Am 14. Januar stattet Holweck Saint-Exupéry einen Besuch ab. Auch Léon Werth, ein enger Freund des Autors, ist zugegen.

Im Winter 1939/40 lud mich Saint-Exupéry zusammen mit dem Physiker Holweck (er wurde dann unter der Besatzung von den Deutschen umgebracht) ins Offizierskasino der Gruppe 2/33 ein. Sollte es nun dazu kommen, daß ich Saint-Exupéry im Grunde meines Herzens verraten würde? Würde ich an seiner physikalischen Bildung Zweifel bekommen? Würde ich möglicherweise auf den Lippen des Physikers ein kaum wahrnehmbares Lächeln spielen sehen, das Lächeln eines Wissenschaftlers, der es mit einem Dilettanten, einem Dichter zu tun hat? Nun, man hätte schon ein miserabler Beobachter sein müssen, um nicht zu bemerken, daß Professor Holweck diesen Physiker, der eigentlich nicht vom Fach war, ganz und gar ernst nahm. Dabei sind doch die Zeiten längst fern, da Voltaire mit Madame du Deffand über Physik plaudern konnte. In jenen unkomplizierten Zeiten war die Schwerkraft noch ein fallender Apfel. Heutzutage ist aus dem Apfel eine Gleichung geworden. Und Holweck akzeptierte Saint-Exupéry ohne weiteres in diesen Sphären (...) So habe ich an diesem Tag eine gelehrte Diskussion über die Ölkühlung in extremen Höhen zu hören bekommen....

Am 16. Januar wird die Gruppe 2/33 nach Athiès, in der Umgebung von Laon, verlegt. Am 19. Januar richtet man in dem nahegelegenen Dorf Monceau-le-Waast das Offizierskasino ein. Saint-Exupéry ist bislang noch kein einziger Einsatz zugeteilt worden. Einige seiner Freunde, darunter auch Daurat, versuchen hinter seinem Rücken, ihn gegen seinen Willen aus dem gefährlichen Dienst an der Front zu entfernen. Er muß schließlich beim Luftfahrtministerium in Paris vorstellig werden, um eine Versetzung abzuwenden.

BRIEF AN X...

[Orconte, Mitte Januar 1940]

Wir werden heute abend oder morgen verlegt. Wegen der deutsch-belgischen Bedrohung. Es stimmt mich traurig, nun die Etappe wechseln zu sollen. Ich hatte mich an meinen Bauernhof gewöhnt, an die Straßen des Dorfes und unsere kleine Baracke auf dem Flugplatz.

Sobald es der Schnee zuläßt, werden wir abfliegen. Es schneit nämlich. Ich war bei General Têtu. Er hat mich zum Abendessen dabehalten. Ich habe alles gesagt, und er hat alles verstanden. Aber das hängt nicht von Vuillemin ab. Es hängt von Gamelin ab. (...)

Es genügt nicht, recht zu haben. Mit Vernunftgründen erreicht man niemals etwas. Aber wenn es sich um Gamelin, um Vuillemin, um Guy la Chambre, um Daladier* handelt, denkt man, sie begreifen und treffen ihre Entscheidung, »weil man recht hat« und ganze philosophische Traktate dazu im Kopf hat. Das kümmert die keinen Deut. Es gibt nur ein Mittel, wenn man etwas ausrichten will: den menschlichen Kontakt, das Wort, den Zorn, die Herzlichkeit. (...)

Wir ziehen also fort von hier, die Anschrift bleibt aber dieselbe. (...)

BRIEF AN X...

Laon [den 27. Januar 1940]

Meine neue Existenz ist mir derart zuwider! Die Zentralheizung, der Spiegelschrank, dieser halbe Luxus, dieses gutbürgerliche Leben. – Jetzt erst entdecke ich langsam, wie sehr es mir in Orconte gefiel. Wie sehr ich dank des Lebens auf dem Bauernhof, meines

* General Têtu war für die Zusammenarbeit von Heer und Luftwaffe zuständig. General Vuillemin war Oberbefehlshaber der Luftstreitkräfte. General Gamelin führte 1939/40 das Oberkommando über die gesamten französischen Streitkräfte. Guy la Chambre stand 1938-1940 dem Luftfahrtministerium vor. Daladier war damals Ministerpräsident und hatte auch das Verteidigungsressort inne.

eisigen Zimmers, des Schlamms und des Schnees kurz davor war, zu mir selbst zu finden. Und dank der zehntausend Meter, die einen ernst werden lassen.

Erneut bin ich ganz aufgelöst, es gelingt mir nicht mehr, mich zu sammeln. Dort versprach ich mir etwas. Ganz allmählich, ganz allmählich begann ich aufzutauen. Was soll ich mit dieser Maschine anfangen, die zu nichts taugt?

Denn ich wollte dieses Gemeinschaftsleben nicht. Ich wollte ihnen vielmehr in ihrem Schweigen nahesein. Ich wollte von außerhalb kommen, von meinem Bauernhof oder aus zehntausend Metern herab. Holweck war im Irrtum, wenn er glaubte, ich sei einer sangesfreudigen Soldatenkameradschaft verfallen. Von gleich zu gleich, das ja, ohne jede Spur von Herablassung, singe ich mit ihnen und empfinde dabei ebenso große Freude wie sie. Mit diesem guten Boden für meine Wurzeln. Aber für meine Zweige ein ganzer Himmel, Winde, die von anderswoher kommen, das Schweigen und die Freiheit der Einsamkeit.

Ich kann sehr gut allein sein inmitten einer Menge. Ich lasse mich von ihr stützen, aber meinen Kopf behalte ich für mich selbst, und auch meinen Schlupfwinkel. Doch nun habe ich keinen Schlupfwinkel mehr, und ich habe keinen Himmel mehr, in dem sich meine Zweige ausbreiten könnten. So bin ich ganz zusammengeschrumpft und ohne Selbstvertrauen. Wenn sie mir allzu nahe rücken, ersticken sie mich.

Und doch: ich mochte sie gern, habe sie nach wie vor gern, ohne Hintergedanken. Aber was ich brauche, ist wohl, ihnen Ausdruck zu verleihen. Ich bin über sie besser im Bilde als sie selbst, ich spüre die Solidität ihrer Wurzeln und ihre gute Substanz. Was sie im einzelnen so sagen, ist für mich hingegen ohne Interesse, bis auf den Sinn, den ihre Worte ohne ihr bewußtes Zutun annehmen.

Wie es in meinem Buch heißt: »Sie weinte voller Einfalt über den Verlust eines Schmuckstücks... Sie weinte da bereits, ohne es zu wissen, über den Tod, der von allem Schmuck scheidet.«* (...)

* Zitat aus der ersten Fassung von Saint-Exupérys *Stadt in der Wüste* (*Citadelle*).

Hier ist es genau das gleiche. Alles, was sie tun, geht mir zu Herzen, und ich bin ihnen näher als sie sich selbst. Aber ich habe nicht genug Raum um mich.

Und nun gehen sie mir auf die Nerven mit solchen Geschichten. Es dreht sich jetzt nicht mehr um Schmuck.

Ich begreife nur, wenn ich meine Zweige selbständig entwickeln kann. Sobald die Gegenwart meiner Gruppenkameraden mich erdrückt, bin ich nicht mehr in der Lage, ihnen Ausdruck zu verleihen. Und was sie selbst von sich zum Ausdruck bringen, interessiert mich nicht.

Ich werde zu Vitrolles* gehen, fort von hier. Der Gefahr des Vertrocknens, die mir hier droht, ziehe ich entschieden die Lebensgefahr vor. Ich fühle mich nach Toulouse zurückversetzt. Nur ist es nicht so einsam. Ich vergehe schier vor Sehnsucht nach Einsamkeit. Ich bin eine schmutzige Maschine, ich brauche die Zufuhr unbekannter Antriebsstoffe. Ich rufe ein wenig um Hilfe. Ich habe es so nötig, klar zu sehen. Man helfe mir doch, klar zu sehen! Was muß ich tun, um nicht zu sterben und um Früchte zu tragen? Wo bin ich?

Ich bin trunken vor gutem Willen. Und wie ein Orangenbaum werde ich mir mein Fleckchen Erde suchen. Aber ein Orangenbaum ist nicht sehr beweglich. Es fällt schwer, den Boden zu wechseln. Mir steht nur der Instinkt eines Wünschelrutengängers zu Gebote. Ich merke es eben noch, wenn ich am richtigen Fleck angelangt bin. Doch ich weiß niemals, wohin ich mich wenden soll. Ich bin ein denkbar ungeschickter Baum.

* Oberst de Vitrolles, der Saint-Exupéry im Dezember des Vorjahres dazu verholfen hatte, daß er der Aufklärerstaffel zugeteilt wurde.

[Ende Januar 1940]

(...) Wenn wir völlig fertig waren, sagte Daurat zu uns: Fliegt wieder los!

Kannst du dir vorstellen, daß mir Morize* dringlichst aufträgt, auf Giraudoux einzuwirken und bei der Gunstzuteilung den Schiedsrichter zu spielen? Mag man nun damit irgend von Nutzen sein oder nicht – wo sollte ich in diesem Klima meinen Frieden finden? Niemand verlangt übrigens irgend etwas von mir, ich habe keinerlei Veranlagung für die Verwaltung.

Aus Paris bin ich demoralisiert zurückgekehrt, sie brauchen niemanden. Man kommt dort hereingeschneit wie ein fünfter Mann bei einer Bridgepartie. Da habe ich mich bei meiner Nachtwache auf dem Flugplatz erheblich nützlicher gefühlt. Ich ganz allein war für die Telephone, die verschlüsselten Meldungen, die Aufsicht zuständig, etwas ruhte auf mir und hinderte mich am Schlafen. Und deutlich vernahm ich das Schlagen meines Herzens. (...)

Am 6. Februar löst Hauptmann Henri Alias Hauptmann Schunck als Kommandeur der Gruppe 2/33 ab.

Ein Publizist namens Pollès griff in einem seiner Artikel Saint-Exupéry an: Er warf ihm die Art und Weise vor, wie er seinen Ruf als Flieger und insbesondere seine Unfälle literarisch verwertete. Saint-Exupéry war darüber erzürnt. Sein Freund, der Schriftsteller und Kunstkritiker Léon Werth, übernahm es in einem Ende Januar veröffentlichten Artikel, diese Angriffe entschieden zurückzuweisen. Auf diese »Geschichte« nimmt der Beginn des folgenden Briefs Bezug.

* André Morize war Jean Giraudoux' Kabinettschef im Amt für Informationsfragen.

Lieber Léon Werth, Laon [im Februar 1940]

Ihre Briefe sind mir so nahegegangen, ja zu nahegegangen, denn ich schäme mich maßlos. Sehen Sie, diese Geschichte hatte mir sehr zu schaffen gemacht. Vor allem, weil ich denke, daß Consuelo* in die Sache verwickelt war, und dann verletzt mich eine gewisse Sorte von Beschuldigungen in meinem Innersten; aber ich hatte nicht das Recht, Sie mit dergleichen zu belästigen, das ähnelte ein wenig rasenden Zahnschmerzen, mir blieb nur zu warten, daß es vorüberging, ohne gleich das ganze Haus aufzuwecken. Mir schien schließlich, daß ich allzu viel Aufhebens von Pollès' Erguß machte, und ich weiß wohl, daß Sie mir deswegen nicht böse sind, aber Sie können mich ruhig anpfeifen, wenn ich es verdiene.

Léon Werth, es herrscht ein eisiges Wetter, und ich begreife das Leben nicht recht, ich weiß nicht recht, welche Haltung ich einnehmen soll, um den Frieden mit mir selbst zu finden. Denn bei uns steht es nun so, daß wir nicht einmal mehr Krieg führen. Wir sind hier, weil man mit Operationen rechnete, die dann aber nicht erfolgten, und so geht es ziemlich geruhsam zu. Die anderen haben das auch wohl verdient, nachdem sie siebzehn Besatzungen verloren haben, ich jedoch habe noch gar nichts geleistet, und wenn Ihnen mein Kriegseinsatz unvernünftig erscheint, dann wird Ihnen meine Ruhepause hier noch erheblich absurder vorkommen, weil ich darin keinerlei Wärme und Stärkung finden kann. Wir wohnen in einem richtigen »Haus« mit einem richtigen Speisesaal und einer richtigen Zentralheizung; die Soldatenlieder bekommen hier bereits einen falschen Ton. Ich brauche mir nachts nicht mehr mein Holzfeuer zu richten. Ich tat das gern. Ich fror, aber ich fühlte mich als großer Glutenbauer. Ich mochte auch mein eisiges Zimmer (morgens, wenn ich aufwachte). Ein eisiges Bett ist etwas Wunderbares, denn wenn man sich nicht rührt, ist das wie ein Bad in einem warmen Fluß, bewegt man indes einen Fuß, so stürzt man in einen

* Antoine de Saint-Exupérys Ehefrau.

Polarstrom, und das Bett wird ein geheimnisvoller Ort, mit seinem Golfstrom und seinen Eisbergen. Im Grunde mag ich den Komfort, der alles verwischt, nicht. In den »gemäßigten Klimazonen« langweile ich mich entsetzlich. Die Nächte hier, zwischen meinem Heizkörper und meinem Spiegelschrank, haben nichts mehr von Bärenjägeratmosphäre, und morgens beim Aufstehen muß ich nicht mehr jene rote Fliesensteppe zwischen meinem Bett und meinem Kamin überwinden, in die ich mich erst nach einigem Zögern wagte, da mich dort immer das Zähneklappern überkam. Und dann die Einsätze, die unmittelbar bevorstanden und mir schließlich vorenthalten blieben – Sie wissen genau, daß es nicht Kriegslust war, was mich daran lockte. Doch zwischen den Starts und den Landungen, dem Abstreifen alles Äußerlichen und der Perspektive des um sich blickenden Hirten brauche ich jene Erfahrung, die mich zwingt, meine Schale zu sprengen. Hier hingegen fühle ich mich in einem künstlichen Brutapparat. Ich begreife dieses halbluxuriöse Dasein nicht. Und ich bemühe mich darum, von der Gruppe 2/33 wegzukommen, zu der Gruppe 1/52 versetzt zu werden, die weiterhin ihre Arbeit verrichtet. Übrigens verfällt hier alles zusehends. Hauptmann Guillaume ist versetzt worden, und der Kommandant der Gruppe wurde ausgewechselt. Weder die Lieder noch die kleinen Spielchen haben noch einen Sinn. Es täte Ihnen im Herzen weh, Léon Werth, wenn Sie uns so wiedersähen.

Von Consuelo habe ich zu der Sache mit Pollès einen äußerst netten Brief erhalten. Sie sagt mir darin, »sie würde ihn nicht mehr kennen«. (...)

Ich möchte, daß Sie wissen, was Sie ohnehin sehr gut wissen: Ich brauche Sie so dringend, zunächst weil Sie, würde ich sagen, mir von meinen Freunden der liebste sind, und schließlich weil Sie meine Moral sind. Ich glaube, ich sehe die Dinge ein wenig wie Sie und Sie sind mir ein guter Lehrer. Oft diskutieren wir lange miteinander, und ich bin nicht parteilich, ich gebe Ihnen fast immer recht. Ich trinke mit Ihnen, Léon Werth, aber auch gern ein Glas Pernod am Ufer der Saône, zu einem Stück Wurst und zu Landbrot. Ich kann Ihnen nicht sagen, warum ich mit diesem Augenblick solch ein Gefühl vollendeter Lebensfreude verbinde, aber ich brauche es Ihnen auch gar nicht erst zu sagen, da Sie es noch besser wissen als ich, ich fühlte mich rundum zufrieden, und gern würde ich von neuem damit beginnen. Frieden ist nicht etwas Abstraktes. Er besteht nicht darin, daß Gefahr und Kälte ein Ende haben. Das wäre mir nicht wichtig, ich scheue weder Gefahr noch Kälte, und ich war immer ganz stolz auf mich, wenn ich es morgens in Orconte heroisch bis zu meinem Kamin geschafft hatte. Frieden bedeutet vielmehr, daß es einen Sinn hat, wenn ich am Ufer der Saône in Gesellschaft von Léon Werth in Wurst und Landbrot beiße. Es stimmt mich traurig, daß die Wurst keinen Geschmack mehr hat. Besuchen Sie mich doch, aber wir werden uns nicht bei der Gruppe aufhalten; die ist nicht einfach trostlos, sondern sie stimmt einen trostlos. Wir werden den Tag in Reims verbringen und uns nach einem guten Wirtshaus umsehen. Und dann könnten wir uns mit Delange* verabreden, der Cam und Suzanne mitbringen würde. Ich lade euch alle zu einem großen Festmahl ein. Kommen Sie rasch, um mich aufzuheitern; Sie müssen sich beeilen, denn falls ich zur Gruppe 1/52 überwechsle, werde ich sehr weit von Paris entfernt sein.

Auf Wiedersehen, Werth, ich umarme Sie von ganzem Herzen.

Tonio.

Treffen wir uns in Laon im Hotel d'Angleterre beim Bahnhof, der Zug braucht 2 Stunden 20 Minuten, es ist also ganz nah. Und es gibt einen Zug, mit dem Sie um neun Uhr sechs hier ankommen. Sie schlafen dann bei mir. Am nächsten Tag schaue ich mir mit Ihnen Reims an (ich kenne die Kathedrale noch nicht). Delange stieße zum Mittagessen oder Abendessen zu uns und könnte Sie dann nach Paris zurückbringen. Haben Sie Lust?

* Saint-Exupéry hatte René Delange in den dreißiger Jahren kennengelernt, als dieser Chefredakteur des *Intransigeant* war. (Delange hat 1948 eine Biographie über Saint-Exupéry veröffentlicht, der als Anhang auch ein Text Léon Werths über seinen Freund beigegeben ist. Deutsche Übersetzung: Delange/Werth, *Unser Freund Antoine de Saint-Exupéry*, aus dem Französischen übersetzt von Johannes Pech, Düsseldorf, 1952.)

Max Gelée, der die Polytechnische Hochschule absolviert hatte und nun ebenfalls der Gruppe 2/33 angehörte, hebt Saint-Exupérys naturwissenschaftliche Interessen hervor.

ERINNERUNGEN VON MAX GELÉE

Unser Gefreiter der Luftwaffe war auch ein überaus beachtlicher Mann der Wissenschaft. Wir pflegten abends zu fortgerückter Stunde miteinander zu diskutieren. Ich erinnere mich, wie er eines Nachts zu mir sagte:

»Mir scheint, ich habe ein Navigationssystem gefunden.«

Einige Tage später hatte er alles auskomponiert, und mit den ersten Noten in der Tasche begab er sich mit mir nach Paris, um Professor Holweck zu treffen, der damals bei der »Compagnie des Compteurs« in Montrouge arbeitete. Wir verabredeten uns in einem kleinen Bistro an der Porte d'Orléans.

Nach der Lektüre der paar Zeilen von Saint-Ex sagte Holweck schlicht:

»Ausgezeichnet. Ich nehme das in die Hand, und ich garantiere Ihnen, daß das klappen wird.«

Einige Zeit später, nach drei Wochen etwa, war man soweit, daß man einen Korridor von 10 Metern auf weniger als einen Zentimeter genau ausmessen konnte, womit die Präzision des von Saint-Ex entwickelten Geräts bewiesen war. Unglücklicherweise wurde Holweck, der Jude war, unter der deutschen Besatzung festgenommen und endete in der Gaskammer. Die Erfindung kam dann später unter der Bezeichnung D. M. E. (Distance Measuring Equipment) aus den Vereinigten Staaten zu uns zurück.

Während unseres Treffens mit Holweck hat ein außergewöhnliches Gespräch zwischen den beiden Männern meine Aufmerksamkeit erregt, und darauf möchte ich besonders hinweisen. Es ging schlichtweg um die Vorarbeiten zu einer französischen Nuklearexplosion. Meine naturwissenschaftliche Ausbildung gestattete es mir, den beiden Freunden zu folgen, und so entnahm ich den Erklärungen Holwecks, daß die Lösung möglicherweise nicht mehr allzu fern lag. Ich werde den Gedanken nicht los, daß Frankreich die erste Atomexplosion gelungen wäre, wenn der Krieg unsere Forschungen nicht verlangsamt hätte und wenn Professor Holweck nicht von den Nazis ermordet worden wäre!

Saint-Exupéry hatte also ein Gerät entwickelt, mit dem sich die Entfernung eines Flugzeugs vom Boden messen ließ; im Februar 1940 erhält er das Patent für seine Erfindung. Er wird nun nach Paris gerufen, wo er der Leitung des Nationalen Zentrums für Wissenschaftliche Forschung als Berater zur Verfügung stehen soll. Doch er setzt alle Hebel in Bewegung, um wieder zu seiner Staffel zurückkehren zu dürfen. Jean Giraudoux wiederum will ihn mit einer Propagandamission beauftragen, die ihn nach Amerika führen würde. Die amerikanischen Kritiker haben nämlich Wind, Sand und Sterne *soeben mit dem Nationalen Sachbuchpreis für das Jahr 1939 ausgezeichnet. Saint-Exupéry lehnt Giraudoux' Ansinnen aber ebenfalls ab: Solange er selbst noch keinen Kriegseinsatz geflogen habe, verbiete sich für ihn solch ein Auftrag.*

Am 27. Februar bricht er nach Marignane bei Marseille auf. Er wird dort auf Flugzeugen des Typs Bloch 174 ausgebildet, die fortan anstelle der Potez 63-Maschinen zum Einsatz kommen sollen.

Am Steuer einer Bloch 174 trifft Saint-Exupéry am 19. März, aus Marignane kommend, in Monceau-le-Waast ein. Vier Tage später wird die Gruppe von Athiès-sous-Laon nach Orconte verlegt. Am 29. März wird Saint-Exupéry die Ehre zuteil, daß er den ersten Aufklärungsflug auf einer Maschine des Typs Bloch 174 übernehmen darf. So führt er am 31. März und am 1. April zwei Aufklärungsflüge in sehr großer Höhe erfolgreich aus.

Didier Daurat, der die Fluggesellschaft Air Bleu leitet, will ihn zur zivilen Luftfahrt versetzen lassen und ihn in seine Dienste nehmen. Doch Saint-Exupéry ist dazu nicht bereit.

Am 11. April kehrt die Gruppe von Orconte wieder nach Athièssous-Laon zurück.

BRIEF AN LÉON WERTH

[im April 1940]

Lieber Léon Werth,
ich wäre ja gern vorbeigekommen,
um Sie zu umarmen; aber Consuelo
holt mich ab,
und ich habe ihr versprochen,
mit ihr zu Mittag zu essen.
Ich werde mich bemühen, Sie vor
meiner Abreise noch zu treffen.
N. B.: Die Front von Soissons usw....
hält sich bestens. An der Seine
sieht es chaotischer aus,
aber nicht hoffnungslos.

Tonio.

[Orconte, 1940]

Meine liebe Mutter,

ich schreibe dir auf dem Schoß, während wir auf einen angekündigten Bombenangriff warten, der nicht kommt. Ich denke an dich (...) Und wenn mir bang ist, dann wohl immer deinetwegen.

Bei mir kommt kein einziger Brief an. Wo mögen sie wohl landen? Das bedrückt mich schon ein wenig. Diese ständige italienische Bedrohung macht mir zu schaffen, da sie dich in Gefahr bringt. Ich habe so viel Kummer. Wie sehr brauche ich doch deine Zärtlichkeit, liebe Mutter! Warum muß es denn sein, daß alles, was mir auf Erden teuer ist, bedroht ist? Weit mehr als der Krieg schreckt mich, wie die Welt von morgen aussehen wird. Die zerstörten Dörfer, die auseinandergerissenen Familien. Der Tod ist mir gleichgültig, aber ich will nicht, daß an das geistige Band der Gemeinschaft gerührt wird. Ich sähe uns gern alle um einen weißen Tisch vereint.

Von meinem Leben hier habe ich dir nicht viel zu berichten: gefährliche Einsätze, Essen und Schlafen. Das »befriedigt« mich schrecklich wenig. Das Herz braucht andere Exerzitien. Wenn ich sehe, was meine Epoche beschäftigt, stimmt mich das ganz und gar nicht froh. Sich bereitwillig Gefahren zu stellen reicht nicht hin, um etwas zu verscheuchen, das wie eine Last auf meiner Seele liegt. Einen Quell der Erfrischung finde ich einzig in bestimmten Kindheitserinnerungen: dem Kerzengeruch an den Weihnachtsabenden. Heutigentags hat sich solche Ödnis in den Seelen ausgebreitet! Man kommt schier um vor Durst.

Ich könnte schreiben, die Zeit dazu habe ich, aber ich bin noch nicht so weit, mein Buch ist noch nicht reif in mir. Ein Buch, das »den Durst zu löschen« hälfe.

Auf Wiedersehen, meine liebe Mutter, ich schließe dich mit aller Kraft in meine Arme.

Dein
Antoine.

Wegen eines Arztbesuchs kommt Saint-Exupéry nach Paris, und hier wird er in der Nacht des 10. Mai durch einen Telephonanruf von der deutschen Offensive unterrichtet.

Am 16. Mai empfängt ihn der neue Regierungschef Paul Reynaud, der Daladier abgelöst hat. Saint-Exupéry möchte von Reynaud unverzüglich mit einer Mission in den Vereinigten Staaten betraut werden: Er würde den amerikanischen Präsidenten Roosevelt davon zu überzeugen versuchen, daß Amerika unbedingt in den Konflikt eingreifen müsse. Denn nur der Aufbau einer starken Luftverteidigung kann seines Erachtens dem Vormarsch der Deutschen Einhalt gebieten; da Frankreich nicht über genügend Flugzeuge verfüge, sei die Hilfe der Vereinigten Staaten erforderlich. Zu Saint-Exupérys großer Enttäuschung schlägt Paul Reynaud sein Angebot aus, weil bereits offizielle Kontakte in die Wege geleitet seien.

Die Gruppe 2/33 zieht sich in die Gegend von Paris zurück, zuerst nach Nangis, dann nach Le Bourget und Fontainebleau, schließlich nach Orly.

Der Arzt Michel Albeaux-Fernet hat Saint-Exupéry im Mai 1940 getroffen und schildert rückblickend seine Eindrücke:

ERINNERUNGEN VON MICHEL ALBEAUX-FERNET

Saint-Ex hatte den schwerfälligen Gang eines gutmütigen Bären, die langsame Sprache eines Weisen und die erstaunten Augen eines erwachenden Kindes. Das runde Gesicht mit der breiten Stirn, dem wenig vorspringenden Kinn, der Himmelfahrtsnase und den fleischigen Lippen brachte ein starkes und stabiles Gefühlsleben zum Ausdruck, kräftige Instinkte, eine meditative Geisteshaltung sowie die Weigerung, dem Druck der Außenwelt zu erliegen, das Bedürfnis zu handeln und das Bedürfnis nach unmittelbarem, physischem Kontakt mit den Dingen.

Begegnete man ihm zum ersten Mal, wirkte er barsch und sogar verdrossen. Nur sehr langsam, in kleinen Schritten öffnete er sich, trat seine außergewöhnliche Persönlichkeit hervor, und unter der ein wenig rauhen Schale schien das Bedürfnis auf, verstanden und geliebt zu werden. Dann begann er, vertrauensvoll, entspannt und im sicheren Bewußtsein, nicht unterbrochen zu werden, zu erzählen und zu erzählen. Es war dies eine Art Singsang in gleichförmigem Tonfall, der durch zahlreiche genaue Einzelheiten bestach und von Außerordentlichem berichtete. Sein Flugzeugabsturz in die Hafengewässer von Saint-Raphaël, die hellsichtige Überlegung, dank deren es ihm gelang, sich aus dem Cockpit zu befreien. Seine Flugreise in Gesellschaft eines Löwen, der aus seinem Käfig ausgebrochen war, in das Cockpit eindrang und ihm seine feuchte Schnauze in den Nacken legte, das achterbahngleiche Auf und Ab, zu dem er sich wiederholt gezwungen sah, um das Raubtier bis zur Landung außer Gefecht zu setzen. Seine dramatische Einsamkeit in der Unendlichkeit einer schönen sternenklaren Nacht am Steuerknüppel eines einsitzigen Flugzeugs, als es ihm unmöglich war, in dieser Lichterfülle die Landelichter des Flugplatzes auszumachen, seine wirkungsvolle Entscheidung, um das Löschen der Flugplatzlichter zu bitten, damit er in der dann dunkel werdenden Zone landen könne.

All diese Monologe haben sich fest in die Erinnerung eingeschrieben, der gedämpfte Ton der Stimme und das stets etwas traurige Lächeln des Erzählers.

Es machte ihm Spaß, Neugierde und Verblüffung zu erregen, und dies nicht allein durch seine großartigen Kartentricks, sondern auch durch seine seltsamen Fragen: »Wenn man Zellen des Muskelgewebes in eine Nährlösung gibt und sie den Gesetzen der Schwerkraft entzieht, werden sie sich dann kugelförmig entwickeln?« .... »Sollte man Impfstoffe herstellen, um Insekten und Pflanzen zu schützen?« ... »Könnte man nicht in den Blutkreislauf eines Hundes oder eines Menschen Stahlkügelchen einführen, die sich dann mit einem Magneten lenken ließen?«

Er ereiferte sich gerne, etwa über die Verkehrsstaus in Paris, durch die er sich in seinem Bugatti schlängelte. Er wetterte gerne gegen die Dummheit der Regierenden und der Beamten, gegen die schlechte Aufführung von Mozartsymphonien; er prangerte gerne

Feigheit und, mehr vielleicht noch, Unfähigkeit, Nachlässigkeit, mangelnde Vorbereitung und Schlamperei an.

Mir ist, als hörte ich ihn noch erzählen, wie bei der Rückkehr von einem nächtlichen Einsatz sein Flugzeug von der französischen Luftabwehr getroffen worden war: »Wir haben nur so wenige Maschinen. Das Gesetz der Wahrscheinlichkeit führt die Flakschützen zu der Annahme, wenn sich im Luftraum etwas tut, könne es sich nur um Deutsche handeln. Das ist logisch, aber komisch ist es überhaupt nicht.«

Im Mai trafen Léon-Paul Fargue, eine Freundin und ich ihn in einem Restaurant an der Porte Maillot, wo er sich mit uns verabredet hatte. Sein Gesicht war finster, und seine Stimme klang müde. Wir hatten Mühe, seine Worte zu verstehen, die Bilder von Unordnung, Auflösung und Trostlosigkeit heraufbeschworen: Eindrücke von den Fluchtkarawanen, die er bei der Rückkehr von einem Aufklärungsflug über Arras von seinem Flugzeug aus gesehen hatte. Dann wurde sein Ton bestimmter: Saint-Ex hatte mit einem klemmenden Fußhebel zu kämpfen gehabt und mit seiner Sauerstoffmaske, die in großen Höhen schlecht funktionierte. Schließlich wurde er wieder ganz er selbst, ruhig, gefestigt, präzise und sogar enthusiastisch. Von deutschen Abfangjägern verfolgt, hatte er sich inmitten der Leuchtspurgeschosse, der gleißenden Garben des Flakfeuers gesehen. Léon-Paul Fargue, der ihm zugehört hatte, meinte darauf mit ernster Stimme: »Saint-Ex, Sie lassen Sterne in unsere Suppe stürzen.«

Aus dieser Geschichte wurde einige Monate später die lange Meditation in *Flug nach Arras*. Der Erzähler hatte ein noch schöneres Bild gefunden: In einer Kathedrale aus Licht hatte er seinen Einsatz ausgeführt, ohne auch nur einen Augenblick an den Tod zu denken. Zu dem Erzähler war der Moralist hinzugetreten; er wollte nun eine geistige Kathedrale errichten, deren Mauern die Solidarität der Menschen wäre, und jeder hätte seinen Stein dazu beizutragen.

Am 21. Mai kehrt Saint-Exupéry zu seiner in Orly stationierten Staffel zurück. Am Tag darauf wird sein Staffelkamerad Jean Israel von den Deutschen abgeschossen und gerät in Kriegsgefangenschaft; Saint-Exupéry hingegen glaubt, Israel wäre ums Leben gekommen.

Am 23. Mai startet Saint-Exupéry in Orly am Steuer einer Bloch 174. Er hat den Auftrag, im Tiefflug (bei einer Flughöhe von rund 300 Metern) die Gegend um die nordfranzösische Stadt Arras zu erkunden. Er sieht, daß die deutschen Panzer fünf Kilometer vor der Stadt stehen. Dieser Aufklärungsflug sowie ein weiterer, den er am 6. Juni – diesmal in einer Flughöhe von 10000 Metern – unternimmt, werden ihm als Grundlage zu seinem Buch Flug nach Arras *dienen. Zu Beginn dieses Buches stellt er fest: »In drei Wochen haben wir siebzehn von unseren dreiundzwanzig Besatzungen verloren. Wie Wachs in der Sonne sind wir zusammengeschmolzen.«*

Die Ereignisse überstürzen sich nun. Dunkerque wird belagert. Am 28. Mai erklärt Belgien seine Kapitulation.

Am 24. Mai richtet das Informationsministerium einen Brief an den Kommandeur der Gruppe 2/33: Er soll Saint-Exupéry dazu bewegen, eine Botschaft an die Amerikaner zu verfassen, damit die amerikanische Öffentlichkeit aufgerüttelt wird. »Allein er«, heißt es in diesem Schreiben, »verfügt über genügend Autorität, um der unserer Sache so abträglichen Stellungnahme von Oberst Lindbergh entgegentreten zu können.« Der einstige Flugpionier Charles Lindbergh trat nämlich lautstark gegen ein Eingreifen der Vereinigten Staaten in Europa auf (vgl. hierzu die Tagebucheintragung von Roussy de Sales, unten S. 136f.). Der Brief des Ministeriums hat seinen Adressaten jedoch nie erreicht.

In dem folgenden, bislang unveröffentlichten Text aus dem Jahr 1940 oder 1941 wendet sich Saint-Exupéry an ein amerikanisches Publikum und versucht es davon zu überzeugen, daß die Vereinigten Staaten in den Krieg eingreifen müssen. Es finden sich darin verschiedene Argumente wieder, die er auch in dem hier unter dem Titel »Eine Ethik der inneren Schwerkraft« abgedruckten Entwurf entwickelt hat.

Was die Größe des menschlichen Geistes ausmacht, ist ja das Bestreben, die Welt durch ein effizientes, begriffliches System zu erfassen. Doch es ist gerade auch seine Schwäche, daß er diesem System zuviel Glauben schenkt. Wenn ein Wissenschaftler eine Theorie aufstellt, ist er nicht gleich von vornherein von deren Wert überzeugt. Er weiß sehr gut, daß es sich dabei nur um eine Sprache handelt, die der Welt eine Ordnung geben soll, und daß allein diese Ordnung zählt. Der Wert einer Theorie besteht darin, Klarheit zu schaffen. Und man gibt die Theorie wieder auf, sofern sie mehr Dunkelheit als Klarheit verbreitet. Sofern sie mehr schadet als nützt. Und wenn wir in das Treiben der Menschen auf dem Planeten Ordnung bringen wollen, müssen wir dafür sorgen, daß unser Zugriff nicht von vornherein das zu kurz kommen läßt, was uns womöglich am meisten am Herzen liegt. Der Geist muß nach einer Synthese streben, die nicht nur eines unserer Bedürfnisse – etwa das nach Ordnung und technischer Beherrschung –, sondern alle unsere Bedürfnisse befriedigt.

*

Wie kommt es, daß damals, als die Deutschen ein Stück Brot verlangten, Holland, Schweden und Belgien in voller Autonomie leben konnten? Was hat sich denn derart verändert auf der Welt? Nun, ich sage Ihnen, nichts hat sich verändert, außer die Überraschungseffekte. Die neuen Begriffe haben die Welt nämlich so tief verstört – wie es bei fast jedem Übergang zu einem neuen Sprachgebrauch geschieht –, daß wir zu spät und zu langsam reagiert haben. Denn hätten wir uns beim Einmarsch der Deutschen ins Rheinland* zusammengetan wie heute, so hätten wir ohne jeden Zweifel den Frieden der Welt, ihr Gleichgewicht und ihre Ehre gerettet. Wir hätten sie ohne jeden Zweifel retten können, als die Stunde des »Anschlusses« schlug – und vielleicht auch noch in Prag. Obgleich dies wahrscheinlich bereits Krieg bedeutet hätte.

Es liegt ganz unbestreitbar auf der Hand, daß wir sie heute immer noch retten könnten, wenn sich hundert Millionen Deutsche

* Als Hitler im März 1936 das Rheinland militärisch besetzte, nahmen die europäischen Staaten das hin.

fünfhundert Millionen Europäern gegenübersähen, die sich solidarisch alle gemeinsam der Drohung stellten, vernichtet zu werden, weil ihre bloße Existenz als unerträgliche Provokation gilt. Ich will hier nicht darüber diskutieren, ob dieser Eindruck einer unerträglichen Provokation wirklich begründet ist, ob wir es mit Arglist oder Aufrichtigkeit zu tun haben. Ich denke, daß Hitler aufrichtig von seiner Sache überzeugt ist. Eben weil er so davon überzeugt ist, als wäre er der Prophet eines neuen Zeitalters, muß man ihn aus dem Weg räumen. Ja, die Existenz eines freien Holland ist für den rassistischen Geist eine unerträgliche Provokation. Und wir unsererseits sind bereit, für eine Form von Zivilisation unser Leben zu geben, in der Glück keine unerträgliche Provokation darstellt.

Hundert Millionen Deutsche haben ihre Nachbarn nur in dem Maße respektiert, wie der Rest der Welt für deren Freiheit einstand. Mal besser, mal schlechter, hat solche mit Ungerechtigkeiten und finsteren Phasen untermischte Solidarität jahrhundertelang ihre Dienste getan, seit das Christentum die Welt durchtränkte. Freiheit, innerer Friede, Achtung vor dem Menschen sind wertvolle Güter, ein Schatz freilich, der nur in universellem Maßstab Bestand haben kann. Wenn Feigheit, Angst und Geiz es verhindern, daß die Welt sich zu seiner Verteidigung zusammenschließt, dann ist dieser gemeinsame Schatz verloren.

Wir vermögen das Besitztum all der anderen als unseren eigenen Reichtum und unsere eigene Fülle zu begreifen, wir sind stolz auf unsere individuellen Gesichtszüge, wir haben es nicht nötig, den fünfhundert Millionen Frauengesichtern des Planeten denselben Stempel aufzuprägen, wir begreifen die Mannigfaltigkeit der Welt und die jeweils besonderen Formen, in denen die einzelnen ihr Glück finden, als Bereicherung, wir verteidigen, wenn wir unser Glück verteidigen, in erster Linie das der anderen, denn das Glück der anderen ist auch unser eigenes – wenn sich nun all diese Menschen nicht zu einer geschlossenen Front zusammenfinden, dann liegt das daran, daß sie nicht Bescheid wissen, daß sie nicht begreifen können. So selbstverständlich ist ihnen, daß es eine russische Seele gibt, eine holländische, eine skandinavische und eine norwegische Seele. Warum sollte nicht von ewiger Dauer sein, was es doch so lange schon gab… Einmal mehr begehen sie allesamt den altbekannten

Fehler, für ewig und unveränderlich an den Menschen selbst, an sein biologisches Erbgut gebunden zu halten, was nur auf sich selbst gegründete Wesenhaftigkeit, geistiger Gewinn, innere Gewohnheit ist. Sie können sich nicht vorstellen, daß das, dessentwegen man gelebt hat, verschwinden könnte. In dem schmalen Gesichtsfeld glücklicher Menschen befangen, glauben sie nicht, daß etwas so Ewiges verschwinden könnte, daß das Reich des Geistes bedroht ist. Sie glauben nicht an die großen geschichtlichen Risse, welche die Spuren der Generationen auslöschen und die Kontinente zu einem Block verschweißen. Was ihnen zu ungerecht erscheint, halten sie, wie alle Menschen, schon nicht mehr für möglich. Ihren Protest werden sie durch Bestürzung zum Ausdruck bringen, durch Gottesdienste in Kellerverstecken, durch die Anrufung der Gerechtigkeit Gottes, als könnten solche Schätze ohne Verlust überdauern, als erforderte die Rettung des überkommenen Erbes nicht, daß die dem Raubtier abgerungene Beute, daß Kultur und Geist von Generation zu Generation frei weitergegeben werden.

Wir können sehr wohl – und dessen sind wir uns bewußt – in erster Linie für Frankreich kämpfen, da wir Franzosen sind; aber indem wir für Frankreich kämpfen, kämpfen wir auch für die französische Art, das Leben zu begreifen. Kämpfen wir auch für die Schweizer Kantone, die Tulpen aus Amsterdam und für Norwegens Traum. Wir können sehr gut für alle kämpfen, ohne daß sie es wissen, es fühlen, sie, deren Schicksal, ob sie es wollen oder nicht, in unseren Händen liegt. Sie, die sich dazu nicht einmal äußern können, weil sie fürchten müssen, als erste von dem Ungeheuer verschlungen zu werden. Sie, die keine Sicherheit und keinen Schutz kennen, die die Aufmerksamkeit nicht auf sich lenken wollen, um nicht als erste hochzugehen, die sich wünschen, wir möchten Erfolg haben, aber diesen Wunsch nur in der Verschwiegenheit ihres Herzens hegen wie die Österreicher, Tschechen und Polen, die sich die Nazis einverleibt haben und denen nur übrigbleibt, »Heil Hitler« zu rufen und ihre eigenen Wünsche zu verbergen. Diese Völker sind schwach und entschuldbar, man kann es ihnen gewiß nicht übelnehmen, wenn sie so lange als irgend möglich ihre Heimat zu retten versuchen, die der Nachbar unter dem Stiefel seiner Schwadrone zertreten würde, da er nicht einmal gewillt ist, sie als gleichgültige Zeugen hinzunehmen. Wir werden durchaus für die Schwachen kämpfen, und wir erwarten von ihnen nicht, daß sie sich zur Zielscheibe der ersten Schläge des Feindes machen.

Aber ihr, die Sprecher einer starken Großmacht im Schutz der Ozeane, die sich auf die Schlagkraft ihrer Flotte, ihrer Armee und auf ihre rauhen Männer stützen kann, ihr, die ihr nichts fürchtet, kommt es euch wirklich zu, euren Landsleuten zu raten, sich angesichts eines Konflikts, der euch nichts anginge, wie Pontius Pilatus die Hände zu waschen? Es gäbe dazu allerhand zu sagen, denn dieser Konflikt bedroht zwar nicht unmittelbar eure materielle Existenz, nichtsdestotrotz ist er auch eure Angelegenheit – und mehr vielleicht noch die der Nazis bei euch. Was wir hier verteidigen, ist nämlich eine Religion, die Religion der Freiheit, die ihr gleichfalls teilt. Denn wenn ihr auch auf einem anderen Kontinent lebt, so lebt ihr doch auf demselben Planeten und seid wie wir Erben einer Zivilisation, in der sich die Menschen solidarisch verhalten: Wird Messina, Tokio oder San Francisco durch ein Erdbeben zerstört, macht ihr da doch keinen Unterschied, ihr leidet gleichermaßen mit den Bewohnern von Messina, von Tokio oder von San Francisco, ihr seid vom Schlage derer, die Messina helfen, wieder auf die Beine zu kommen, obwohl Messina zu Italien gehört, und seid nicht vom Schlage derer, die Messina steinigen würden, wenn es nicht nazistisch wäre. Ihr gleicht uns und all denen, deren zerbrechliches Schicksal wir in unseren Händen halten und die allein in stummem Gebet sich auszudrücken vermögen, die indes kein Auge auf ihre Nachbarn geworfen haben und seit Generationen das Kostüm der römischen Kaiser in die Requisitenkammer hinter die Kulissen des Theaters verbannt haben. England ist wesentlich mächtiger als Holland, und doch will es ihm nicht seine Kolonien streitig machen. Frankreich ist wesentlich mächtiger als die Schweiz, und doch will es nicht deren französischsprachige Bevölkerung an sich reißen. Ihr seid unvergleichlich mächtiger als Mexiko, und doch wollt ihr euch Mexiko nicht einverleiben. Ihr gehört zu den Nationen, die sich nach und nach herausgebildet haben, seit die Technik den Zeiten ein Ende gesetzt hat, da der Krieg noch ein ruhmreicher Ausritt war, bei dem die Intensität der Gefühle vielleicht bereits die wenigen Leben aufwog, die er kostete, und seit der Krieg zu einer riesigen

Beinstätte wurde, auf der das Fleisch der Menschen vom Räderwerk der Maschinen zermalmt wird – seit die Technik den Krieg zu einer neuen Idee werden ließ, die als Träger einer wunderbaren Hoffnung über der Welt aufleuchtet, der Hoffnung nämlich auf Stabilität der Reiche. Aus ist es mit jenen Spielen, die zu gefährlich geworden sind und mehr zerstören als retten. Schluß mit den territorialen Ansprüchen. Will man nicht im Dreck verrecken, bleibt eines Tages nichts anderes übrig, als Frieden zu schließen... Den Menschen stehen noch so viel schöne Eroberungen offen!

Ideen erklären die Welt nicht, sondern trennen sie, und euer Begriffssystem, so unbestritten es sein mag, stiftet jedenfalls Verwirrung in der Welt, die uns teuer ist. Wenn euer Denken die Geschicke der Welt lenkt, dann sind wir freilich unter den Trümmern unserer jeweiligen Sonderreligionen begraben. Doch Gedanken beweisen sich dadurch, daß sie Erfolg zeitigen, und dieser Erfolg hängt nicht von irgend etwas Transzendentem ab, sondern von der Strenge der Gedankenführung. Eurer ein wenig simplen Denkweise läßt sich eine andere gegenüberstellen. Die ebenso fruchtbar ist und erfreulichere Ergebnisse verheißt. Eurer Zurichtung der Welt läßt sich eine andere gegenüberstellen. Und wenn diese in höherem Maße überzeugte Gefolgschaft und dynamische Kräfte auf sich zu ziehen vermag, wenn sie eine stärkere Ausstrahlung besitzt, dann werden wir siegen.

Ich war in Deutschland und habe dort mit Physikern gesprochen. Die heutige Physik läßt sich ohne Einsteins Gleichungen gar nicht mehr denken. Darf man Einstein lesen? Aber nein! Wer, um die Welt zu verstehen, Einsteins Gleichungen kennen muß, hat Einstein alle Verachtung zu bezeugen, wenn er ihn schon nicht ignorieren will.

Ja, Deutschland war eine große Nation von Wissenschaftlern, aber nun ist es nur mehr eine Nation von Technikern. Ihr wißt sehr gut, wie das Denken der Menschen zu Fortschritten gelangt: Aus der Freisetzung von Widersprüchen erwächst das Bündel von Gegenbeweisen, deren Bewegung der Bewegung der herrschenden Theorie zuwiderläuft. Und nimmt das Unbehagen überhand, dann brechen die zu eng gewordenen Formen auf. Nun tritt jemand auf den Plan, der die Synthese schafft und die Widersprüche zu bändigen vermag. Allein die Freiheit des Geistes ermöglicht geistigen Fortschritt. Und seit zweihundert Jahren haben wir das Wunder vor Augen, das der Mensch mit der Eroberung der Natur vollbringt. Aber da erschien ein Mann, der plötzlich das Denken verhärtete, es verfestigte, es zu einem Glaubenskanon aufbereitete, und unter seinem Gesetz ist die Menschheit plötzlich auf den Status eines Ameisenhaufens herabgesunken. Das Denken vermag keine Fortschritte mehr zu machen, weil es sich nicht mehr widersprechen darf. Wenn es plötzlich von dem Gespenst der Wahrheit beherrscht wird. Diesem unantastbaren Granit, der auch in der Vergangenheit bereits riesige Termitenhügel geschaffen hat.

*

Mag sein, daß Hitler besser als andere aus unserem Wissensstand und der hochentwickelten Wissenschaft seines Landes Nutzen zu ziehen verstand. Er hat es verstanden, diese Waffen, die ihr bewundert, in Serie herzustellen, er hat es verstanden, seine Klauen in sein Volk zu schlagen. Aber wo wollt ihr denn da Größe entdecken? Ich sehe nur einen Plünderer, der die Früchte des Geistes stiehlt. Eines der Verachtung preisgegebenen Geistes. »Intellektueller« ist heutzutage in Deutschland gleichbedeutend mit »verträumter Spinner«, »gefährlicher Theoretiker«. Man hat sich im Tempel des Wissens breitgemacht, man plündert alle Werke, die er zu bieten hat, man verschlingt, was man niemals hätte hervorbringen können. Wir, die wir zunächst um unserer selbst willen kämpfen, dafür, daß unsere Religion nicht untergeht; wir, die wir für alle Völker der Erde kämpfen, die wie wir denken; wir, die wir euretwegen kämpfen, da wir mit unserem geistigen Erbe zugleich auch das eure verteidigen – wir kämpfen auch um Deutschlands willen, für jenes Deutschland, das ihr bewundert, und gegen die Plünderer, die es in eine Lagerfestung verwandeln. Ihr wißt sehr gut, daß wir nichts weiter einfordern als das Recht, in Frieden zu leben. Wir kämpfen für einen grundlegenden Luxus, den wir, ganz zu Unrecht, als naturgegeben ansahen, so selbstverständlich erschien er uns – und daß es diesen Luxus zu verteidigen gilt, war uns noch nicht bewußt geworden. Wie hätten wir auch ahnen können, daß dem fanatischen Propheten von nebenan die ungeheuerliche Evidenz ins Auge stechen würde, daß, wer nur auf sich gestellt ist, kein Recht auf seine Kleider hat, weil er ja nicht imstande ist, sie gegen alle anderen zu verteidigen? Wir kämpfen um des Menschen willen, dafür, daß der Mensch nicht von der blinden Masse erdrückt wird, daß der Maler malen kann, auch wenn er auf Unverständnis stößt. Dafür, daß der Wissenschaftler seine Berechnungen anstellen kann, auch wenn er zunächst unorthodox zu verfahren scheint. Wir kämpfen für alle Väter der Welt und für alle ihre Söhne. Damit am Familientisch ein Gefühl von Sicherheit und Zuneigung herrscht. Damit die Söhne ihren Vater nicht bei ihrem Parteihauptmann denunzieren. Damit Freunde nicht zu Verrätern werden. Und damit der Schwache, von Recht und Gesetz, von universeller Übereinkunft geschützt, seine Kleider behält, obgleich er nicht imstande ist, sie zu verteidigen.

Doch hierfür ist eine universelle Übereinkunft erforderlich. Alle Menschen müssen gemeinsam dieses Gut verteidigen. Jeder Mensch muß sich zu seinem Reich, seiner Nation, seiner geistigen Heimat und zugleich zur Gemeinschaft aller Menschen gehörig fühlen und muß jeden einzelnen gegen die Masse in Schutz nehmen.

Am 2. Juni 1940 wird Saint-Exupéry im Tagesbefehl der Luftwaffe erwähnt; das bedeutet zugleich die Verleihung des Kriegsverdienstkreuzes mit Palme. Damit werden seine gefährlichen Einsätze und zwei mustergültig durchgeführte Aufklärungsflüge gewürdigt. Besonders hervorgehoben wird sein Flug nach Arras vom 23. Mai: »Unter heftigem und andauerndem Flakbeschuß machte er erst kehrt, als sein Flugzeug schweren Schaden genommen hatte.«

Zwischen dem 4. und dem 8. Juni gelingt den deutschen Truppen der Durchbruch an der Somme- und der Aisne-Front. Am 10. Juni setzt die massenhafte Flucht der nordfranzösischen Bevölkerung in den Süden des Landes ein. In Flug nach Arras *wird Saint-Exupéry diese Karawanen hilfloser, verzweifelter Menschen schildern. Am 14. Juni verlegt die Regierung unter Ministerpräsident Reynaud ihren Sitz in den Süden, nach Bordeaux. Am selben Tag wird Paris von den deutschen Truppen eingenommen. Saint-Exupéry begibt sich am 16. Juni nach Bordeaux. Zwei Tage lang versucht er in zahlreichen Gesprächen darauf hinzuwirken, daß den Deutschen weiterhin Widerstand geleistet wird. Doch er bleibt erfolglos. Am 17. Juni tritt Marschall Pétain an die Spitze einer neuen Regierung. Sein Waffenstillstandsbegehren wird am 22. Juni von den deutschen Invasoren angenommen.*

Die sechs Flugzeugbesatzungen, die der Gruppe 2/33 noch erhalten geblieben waren, haben sich am 3. Juni nach Nangis südöstlich von Paris zurückgezogen. Die Gruppe wird dann immer weiter nach Süden verlegt: am 10. Juni nach La Chapelle-Vendômoise, darauf nach Châteauroux, Jonzac, Bordeaux, und am 20. Juni erhält sie schließlich den Befehl, sich auf den Flughafen Maison Blanche in Algier zurückzuziehen.

In einem alten viermotorigen, mit Ersatzteilen vollgepfropften Flugzeug setzt Saint-Exupéry von Bordeaux nach Algier über; an Bord befinden sich außer ihm zahlreiche weitere Piloten und einige andere Fluggäste. (In einem Interview schildert er 1942 die Umstände dieses Fluges; s. unten, S. 212.)

In Algier wird er von dem Oberbefehlshaber der französischen Streitkräfte in Nordafrika, General Noguès, mit einer Informationsreise nach Marokko betraut. Er soll sich über den Zustand des verfügbaren Kriegsgeräts und über die Stimmung unter den Luftwaffenoffizieren ein Bild machen, soll erkunden, ob sie zu einer Fortführung des Kampfes gegen Deutschland von den französischen Gebieten Nordafrikas aus bereit sind. Der Bericht, den er liefern wird, gibt zu keinerlei Optimismus Anlaß.

Nach dem Waffenstillstand bewahrt Frankreich auf dem Papier seine Souveränität, gebietet weiterhin über seine Kolonien und seine Flotte. England, das eben eine schwere Luftschlacht durchzustehen hat, fürchtet, die französischen Kriegsschiffe in dem algerischen Hafen Mers el-Kebir könnten nach Frankreich zurückbeordert werden und damit direkt oder indirekt in die Hände der Deutschen geraten. Nachdem ein Ultimatum ohne Antwort verstrichen ist, eröffnen die Briten das Feuer auf die französischen Schiffe. Dies läßt die Moral unter den französischen Soldaten in Nordafrika weiter sinken.

[Algier, Anfang Juli 1940]

Ich erfahre soeben, daß ein Flugzeug nach Frankreich abfliegt – das erste – und das einzige. Nichts gelangt von hier dorthin, weder Briefe noch Telegramme.

Ich bin traurig, über alles vorstellbare Maß hinaus traurig.

So vieles, zu vieles widert mich an.

Ich bin in schlechter Verfassung, und in dem Sumpf hier zehrt man sich auf.

Ich habe getan, was ich konnte, so gut es mir möglich war. Und ich bin völlig verzweifelt.

Eines Tages werden wir gewiß zurückkehren (...).

Anfang August wird Saint-Exupéry aus dem Kriegsdienst entlassen und kehrt nach Frankreich zurück. Er zieht nach Agay, einem kleinen Ort bei Saint-Raphaël an der Côte d'Azur, wo seine Schwester und seine Mutter wohnen; dort nimmt er die Arbeit an dem Manuskript auf, dem er später den Titel Citadelle *(deutscher Titel:* Stadt in der Wüste*) geben wird.*

Im Laufe des Sommers wird die Lage in Frankreich immer bedrohlicher. Das neue Regime unter Marschall Pétain macht gemeinsame Sache mit den deutschen Besatzern und geht gegen die Juden vor; so wird am 3. Oktober eigens ein »Judengesetz« erlassen. In dieser bedrückenden Atmosphäre besucht Saint-Exupéry seinen jüdischen Freund Léon Werth. 1943 wird er sich in seinem Brief an einen Ausgelieferten *(*Lettre à un otage*) an ihn wenden und ihm den* Kleinen Prinzen *widmen.*

Saint-Exupéry ist der Überzeugung, daß die Vereinigten Staaten früher oder später in den Krieg eingreifen werden, und er kommt zu dem Schluß, daß er im Augenblick Frankreich am besten dienen kann, indem er seinen Ruf als Flieger und Schriftsteller dazu nutzt, auf die Amerikaner Einfluß zu nehmen. Er beabsichtigt, über Lissabon in die Vereinigten Staaten zu reisen. Um das erforderliche Visum zu erhalten, begibt er sich nach Vichy. Die Vichy-Regierung sucht sich mit den Namen berühmter Sportler und Abenteurer zu schmücken, um die Jugend für sich zu gewinnen. Auch Saint-Exupéry möchte sie mit einem hohen Posten im Erziehungsministerium an sich binden; für ihn ist das Ressort »Jugend und Sport« vorgesehen. Doch Saint-Exupéry läßt sich darauf nicht ein.

Bei seinem Aufenthalt in Vichy trifft er mit einem alten Kameraden aus der Zeit der Aéropostale, dem Ingenieur Roger Beaucaire zusammen:

ERINNERUNGEN VON ROGER BEAUCAIRE

Gegen Mitte Oktober 1940 begegnete ich in Vichy X. auf der Straße; er teilte mir mit, Saint-Ex käme diesen Abend an und wir würden gemeinsam zu Abend essen. Wir waren also zum Abendessen im Hôtel du Parc. In der Mitte des Raums hatte man – es war nicht zu übersehen – einen Tisch für Laval* reserviert. In dem Augenblick, als Laval eintrat, sagte Saint-Ex sehr laut, ohne die Stimme zu senken: »Das ist der Mann, der gerade Frankreich verschachert.« Beim Verlassen des Restaurants erfuhren wir, daß wir neben de Brinon gesessen hatten, der alles gehört hatte! Saint-Ex sagte daraufhin zu mir: »Was wir gesagt haben, wird wohl ausreichen, um uns morgen früh an die Wand zu stellen. Dann gehen wir jetzt mal spazieren.«

Lewis Galantière, der unter anderem Wind, Sand und Sterne *ins Amerikanische übersetzt hatte und Saint-Exupéry von seinen Besuchen in New York her kannte, schrieb über dessen Einstellung zu Vichy:*

* Pierre Laval war 1940 stellvertretender Ministerpräsient der Pétain-Regierung. Fernand de Brinon war ein enger Mitarbeiter Lavals sowie von Otto Abetz, dem deutschen Botschafter im besetzten Paris.

Nach Frankreich zurückgekehrt, nahm Saint-Exupéry die Lage in Vichy in Augenschein. Es gab da, in jenen Tagen kurz nach dem Waffenstillstand, achtenswerte Männer, die er für echte Patrioten hielt. Diese Männer schlugen ihm vor, mit ihnen gemeinsame Sache zu machen und sich für die Strategie des »doppelten Spiels« zu entscheiden; das heißt, so gut es eben ging, darauf zu sehen, daß Frankreich nicht die Achtung vor sich selbst verlor, und zugleich auch Frankreichs Ressourcen zu retten, indem man die Deutschen an der Nase herumführte. Saint-Exupéry versuchte sich zu der Überzeugung durchzuringen, daß er so handeln müsse. Doch ein doppeltes Spiel war nichts für ihn. Er hatte keinerlei Veranlagung zu Intrigantentum und Verstellung.

Von Vichy aus fährt er nach Paris, in den besetzten Teil Frankreichs also, da er verschiedene Papiere, die er in seiner Wohnung dort gelassen hatte, mit sich nehmen möchte. Er sieht nun mit eigenen Augen die Härten der Besatzung, und er gewinnt den Eindruck, daß es in Frankreich kaum mehr Spielraum für freie Meinungsäußerung gibt. Das Klima der aufkommenden Kollaboration mit den Deutschen ist ihm zuwider.

Bei seiner Rückkehr in den unbesetzten Teil Frankreichs erfährt er, daß Spanien ihm wegen seiner früheren Artikel über den Bürgerkrieg die Einreise verweigert. Er schifft sich nun in Marseille nach Algier ein, wo er Anfang November an Land geht. Er besucht seine Kameraden der Gruppe 2/33, die jetzt in El-Aouina bei Tunis stationiert ist. Der Gruppe fehlt es weitgehend an Ausrüstung und Ersatzteilen. An eine Fortführung des Kampfes ist unter diesen Umständen nicht zu denken. In Algier begegnet er zufällig seinem Freund General Chambe, der den Auftrag hat, die Stimmung in den Streitkräften und unter der Zivilbevölkerung im französischen Nordafrika zu erkunden. Saint-Exupéry begleitet ihn auf seiner Inspektionsreise durch Marokko.

Ende November trifft er, mit dem Schiff von Tanger kommend, in Lissabon ein. Er hat die Absicht, auf einem der wenigen Schiffe, die noch zwischen Amerika und Europa verkehren, den Atlantik zu überqueren. Im ersten Kapitel seines Briefs an einen Ausgelieferten *wird er das eigentümliche Flüchtlingsmilieu beschreiben, in das er sich in Lissabon versetzt sieht; darunter befinden sich auch reiche Industrielle und Bankiers mit luxuriösen Limousinen und pelzbeladenen Gattinnen, im Ungewissen über die Zukunft ihres Besitzes in der Heimat, voller Ungeduld auf einen Platz auf einem Schiff hoffend, das sie nach Amerika bringen soll.*

Am 27. November wird er von dem Tod seines Freundes Guillaumet unterrichtet. Guillaumets Flugzeug ist – mit einem hohen Beamten der Vichy-Regierung an Bord – über dem Mittelmeer abgeschossen worden.

BRIEF AN X...

Le Palace, Estoril, Portugal
[den 1. Dezember 1940]

(...) Guillaumet ist tot; heute abend ist mir, als hätte ich keine Freunde mehr.

Ich bedauere ihn nicht. Ich habe es niemals verstanden, die Toten zu bedauern. Doch wie lange wird es dauern, bis ich begreife, daß er nicht mehr da ist – schon spüre ich die Last dieser entsetzlichen Arbeit. Das wird sich Monate über Monate hinziehen: Ich werde ihn so oft brauchen!

So schnell wird man also alt! Ich allein bin von dem Casa-Dakar-Team der alten Tage übriggeblieben, jener großen Zeiten der Bréguet 14*, eines Collet, eines Reine, Lassalle, Beauregard, Mermoz, Étienne, Simon, Lécrivain, Wille, Verneilh, Riguelle, Pichodou und Guillaumet; alle, die das mitgemacht haben, sind tot, und ich habe niemanden mehr auf der Welt, der meine Erinnerungen teilen könnte. So bin ich wie ein zahnloser und einsamer alter Mann, der das alles für sich selber wiederkäut. Und aus der Zeit in Südamerika kein einziger mehr, kein einziger...

* Berühmter Flugzeugtyp, der Ende des Ersten Weltkrieges erstmals zum Einsatz kam.

Ich habe keinen einzigen Kameraden mehr auf der Welt, zu dem ich sagen könnte: »Erinnerst du dich noch?« Wie vollkommen war das in der Wüste! Aus den acht heißesten Jahren meines Lebens ist allein Lucas übriggeblieben, der lediglich in der Verwaltung arbeitete und außerdem erst spät dazugekommen war, und dann ist da noch Dubourdieu, mit dem ich nichts gemeinsam erlebt habe, er hat Toulouse nämlich nie verlassen. Ich glaube, das passiert nur sehr alten Menschen, daß hinter ihnen alle, aber auch alle ihre Freunde auf der Strecke bleiben.

Das ganze Leben gilt es von neuem zu beginnen. Ich flehe Sie an, helfen Sie mir, wieder einen Ausblick zu finden. Nachdem ich den Kamm überschritten habe, fühle ich mich völlig hilflos.

Sagen Sie mir, was ich tun soll. Wenn ich zurückkommen soll, dann komme ich. (...)

Jacques de Dampierre, der damals eine große internationale Versicherungsgesellschaft in Lissabon leitete, erinnert sich an Saint-Exupérys Aufenthalt in dieser Stadt:

ERINNERUNGEN VON JACQUES DE DAMPIERRE

Bekanntlich hielt sich Saint-Exupéry nach dem Waffenstillstand von 1940 am Jahresende in Lissabon auf, ehe er in die Vereinigten Staaten weiterreiste. Ich erinnere mich nicht genau an das Datum seiner Ankunft und seiner Abreise. Das liegt nun vierzig Jahre zurück! Gegenwärtig geblieben sind mir jedoch einige Begebnisse und einige Unterhaltungen, die ich mit ihm hatte, sowie die Atmosphäre, die uns umgab. Vielleicht ist es die Mühe wert, kurz darauf einzugehen.

Portugal feierte in jenem Jahr den dreihundertsten Jahrestag seiner Unabhängigkeit. Solch ein nationales Jubelfest hätte normalerweise viele Touristen anlocken müssen. Doch der Krieg, der Sieg der Deutschen und die Furcht vor einem Panzervorstoß, mit dem eine neue Kontinentalblockade versucht werden könnte, ließ es den Behörden geraten erscheinen, im Umgang mit einer neuen Art von Tourismus, den Flüchtlingsströmen nämlich, höchste Vorsicht walten zu lassen. Eine große Zahl von aus dem Dienst entlassenen oder desertierten Militärs, von Juden, Finanziers, Künstlern und Schriftstellern beantragte ein Visum, das prinzipiell nur als Transitvisum ausgestellt wurde. Wer also neu in Lissabon ankam, hatte umgehend auf Konsulate und zu Reiseagenturen zu laufen und mit der Ausländerpolizei, die sie am liebsten schnellstmöglich wieder abreisen gesehen hätte, Verbindung zu halten; die bestürmten Konsulate legten zudem mindestens ebensoviel Vorsicht an den Tag wie die für die Einreiseerlaubnis zuständigen portugiesischen Behörden. Überdies gab es wenig Schiffe, und Flüge waren für jenes unbedeutende »Treibgut des Krieges« selten erhältlich. Wer keinerlei Weg fand weiterzukommen, lebte mit der Drohung, ausgewiesen zu werden.

In dieser nervenaufreibenden Atmosphäre, in der sich Angst und Hoffnung und die Erleichterung der Neuankömmlinge vermischten, wo unter der guten Laune, zu der das strahlende Wetter und die künstlich geschürte Festtagsstimmung ermunterten, jeden Augenblick Unruhe und Bitterkeit durchschimmerten, in diesem Lissabon tauchte eines Tages Saint-Exupéry auf, um sich in die verschiedenen Wartelisten einzutragen, auf Konsulate, Botschaften und zur Ausländerpolizei zu laufen und um sich um die Wiederaufnahme seiner Verbindungen nach Übersee zu bemühen.

Diese vielfältigen lästigen Verpflichtungen füllten die Tage nicht aus. Man mußte auch wieder Atem schöpfen. Die Franzosen in Lissabon – waren sie nun kraft ihres Amtes hier oder als Privatpersonen – sammelten sich, so oft es nur irgend ging, um die kleine Gruppe, die sich um Saint-Exupéry gebildet hatte; alle waren begierig, Neues von Zuhause zu hören, und wollten jene bewunderten, nun in die Fremde verschlagenen legendären Persönlichkeiten verstehen lernen und auch unterstützen. Da fand man namentlich René Clair, Jean Renoir, Kiesling und, mehr auf Distanz, Jules Romains, Lacretelle undsoweiter. Alle mochten sich, damals. Noch zerriß man sich nicht gegenseitig.

Ich kannte Saint-Exupéry nicht persönlich, obwohl er ein Freund meines Bruders war, der wie er als Soldat gedient hatte. Die unmittelbare Herzlichkeit, mit der er mir sein Interesse bekundete, als wir uns bekannt machten, seine Bewegung, als er von ihrer letzten Begegnung erzählte, berührten mich tief. Nachdem wir so unsere Erkennungszeichen ausgetauscht hatten, beließen wir es dabei, was diese gefühlsmäßige Ebene anging. Umstandslos hatten wir Freundschaft geschlossen, und davon war kein Aufhebens zu machen. Wir sahen uns indes häufig, zu Hause oder anderswo, und es gab kein Thema, das wir gezögert hätten anzuschneiden.

Seine zahlreichen gesellschaftlichen Talente, dank deren er gute Laune um sich verbreiten und Gewitterwolken zerstreuen konnte, sind wohlbekannt. Ich brauche hier also nicht davon zu sprechen und beschränke mich auf bestimmte Einzelheiten, die erkennen lassen, welche Fragen ihn damals beschäftigten. So setzte er uns eines Abends bei mir zu dem Problem von Maß und Unmaß einige Überlegungen auseinander, die wir nicht vergessen haben.

Es ging darum, in einfachen Worten auszudrücken, *spüren zu lassen*, was man angesichts von etwas Erschreckendem und Gewaltigem empfindet. Der Anlaß dazu war *Nachtflug*. Doch aus dem, was folgte, begriff ich, daß er sich damals bei der Niederschrift von *Flug nach Arras* mit demselben Dämon herumschlug. »Sie wissen ja nicht«, sagte er, »wie schwer es mir fiel, als ich den Sturm zu beschreiben hatte. *Ich trug immer zu dick auf.* Immer wieder mußte ich neu anfangen und eine Stufe kleiner ansetzen, um trotz der Ungeheuerlichkeit der Begebnisse plastische Worte zu finden. Stellen Sie sich zum Beispiel einen Mann in einem Boot vor. Eine riesige Welle droht ihn zu verschlingen. Wird ihn ein Brecher von dreißig oder von hundert Meter Höhe mehr erschrecken als einer von zehn Metern? Selbst wenn sich die Welle tatsächlich dreißig Meter auftürmt – wenn ich das getreu so hinschreibe, wird mir der Leser nicht glauben, oder zumindest wird er es nicht *fühlen*. Wir werden den Kontakt zueinander verlieren. Man muß mit menschlichem Maß messen. Geht es über einen gewissen Punkt hinaus, hört der Mensch auf mitzuschwingen.« Das sind leider nicht seine eigenen Worte, gleichwohl ist dies der Sinn seiner Ausführungen von jenem Abend und auch das Bild, das er gebrauchte.

Ich habe *Flug nach Arras* erwähnt. Als ich es das erste Mal las, begriff ich, daß Saint-Exupéry in Lissabon daran gearbeitet hatte. Wohin er auch kam, schleppte er stets ein unordentlich geschnürtes

Paket in grauem Packpapier mit sich. Oft sagte jemand zu ihm: »Aber tun Sie doch dieses Paket aus der Hand, legen Sie es mit Ihrem Mantel ab!« Lachend lehnte er ab. »Mein Manuskript!« flüsterte er. Und fragte man ihn: »Was für ein Manuskript? Arbeiten Sie an etwas?«, so antwortete er mit einem Scherz, legte das Ding auf einen Stuhl, setzte sich darauf und meinte abschließend: »So werde ich es nicht vergessen.«

Die Höhere Technische Anstalt in Lissabon, der bei uns die École Centrale oder die Polytechnische Hochschule entspräche, hatte Saint-Exupéry darum gebeten, vor ihren Schülern einen Vortrag zu halten, und auch eine große Zahl von Persönlichkeiten mit Rang und Namen sowie einige Mitglieder der französischen »Kolonie« waren geladen.* Als Thema hatte man die Aéropostale angekündigt, wie zu erwarten war. Nun erhielt also Saint-Exupéry das Wort.

Bewegt und befangen begann er seine Rede, er sprach überstürzt und mit tonloser Stimme: »Ihnen wurde«, so sagte er im wesentlichen, »ein Vortrag über die Aéropostale angekündigt... doch nach neuerlicher Überlegung möchte ich lieber von etwas anderem zu Ihnen sprechen, von etwas, das mich in diesem Augenblick sehr beschäftigt. Ich möchte von der Angst sprechen...«

Ein Schauer der Überraschung und von erregter Spannung ging durch den Saal, und wir bekamen eine großartige Analyse der verschiedenen Aspekte der Angst, ihrer Wirkungen wie ihrer Gründe zu hören. Wäre der Text schriftlich oder auf Tonband aufgezeichnet worden, könnte man eine Fülle von Bezügen zu mehreren seiner zuvor und danach veröffentlichten Bücher feststellen. Doch im Mittelpunkt seines Denkens stand gewiß *Flug nach Arras*, und bei dessen Lektüre habe ich verschiedene Aspekte beziehungsweise Episoden wiedererkannt, von denen er auch in Lissabon gesprochen hatte. Ich möchte nur ein Beispiel anführen; es handelte sich übrigens um die Geschichte, die in seinem Buch nur verkürzt erscheint, nämlich um die Indiskretionen des Kehlkopfmikrophons, als Gavoilles Bordschütze, von achtzig Scheinwerfern umstrahlt, ruft: »Da kann man lang suchen, wenn man im Zivilleben so etwas

* Am 4. Dezember 1940.

sehen möchte!« Die Passage, die er nicht aufnahm, handelt davon, wie derselbe Schütze (oder ein anderer?) einem feindlichen Flieger, der ihn verfolgt, den er aber nicht in sein Fadenkreuz bekommt, mit unbewußter Freundlichkeit zuredet: »Hierüber! Hierüber! So ist es gut! Ja! Sehr gut! Komm schon. Ein bißchen weiter nach rechts« undsoweiter.

Der Vortrag endete mit einer unerwarteten burlesken Note, die gut zu dem für unseren Freund so charakteristischen »Sinn für Pirouetten« paßte. Nach dem tosenden Beifall, der den Vortrag beschloß, erhob sich der Präsident der Schule, zog einen weiteren Zettel aus seiner Tasche und verlas mit hingebungsvoller Mühe in seinem holprigen Französisch eine zündende Lobrede auf den Vorredner... und die Großtaten der Aéropostale.

Und ich konnte die Höflichkeit der Zuhörer und vor allem die der jungen Studenten nur bewundern. Ohne zu lächeln, erhoben sich alle aus gemeinsamem Antrieb, um dem alten Lehrer eine rührende und sichtlich aufrichtige und herzliche Ovation zu bereiten.

Getreu dem Bild, das er gerne von sich geben wollte, stellte Saint-Exupéry, in Lissabon wie auch sonstwo, seine gesellschaftlichen Gaben und Talente zur Schau, während man doch mühelos erahnte, daß ihn etwas Ernstes und Tiefgreifendes umtrieb. Es handelte sich dabei nicht nur um sein Buch *Flug nach Arras*: der Vortrag über die Angst war ein Zeichen. Er kannte den Tod aus zu großer Nähe, als daß dieser ihn in Ruhe gelassen hätte. Wenn er zu uns von der Angst sprach, ging es um die ANGST in Großbuchstaben, und nicht um schlichte Wechselfälle menschlichen Elends.

Diese Gedanken, die ihn verfolgten, ihre starke Anziehungskraft sollten ihn dann dazu führen – ich habe es später von gemeinsamen Freunden, Fliegern gleich ihm, erfahren – in Algier all seinen Einfluß in die Waagschale zu werfen, um den Vorschriften der amerikanischen Luftwaffe zum Trotz die Erlaubnis zur Führung ultramoderner Flugzeuge zu erhalten, die er aufgrund seines Alters nicht mehr hätte fliegen dürfen. Es war ihm dennoch gelungen, und so erfüllte sich dieses Mal das Schicksal, von dem er besessen war.

5. Dezember 1940

(...)

Den ganzen Krieg hindurch übernahm Antoine de Saint-Exupéry Fernaufklärungsflüge. Einen Tag nach dem anderen. Ich sah ihn bisweilen zwischen zwei Flügen. Er nahm dann wieder seinen Platz unter uns ein, als wäre er nicht am Tag zuvor oder an diesem selben Tag mit dem Tod in Berührung gekommen, als würde er sich nicht am folgenden Tag erneut in diese Gefahr begeben. Mitunter konnte ich nicht anders und mußte mir das abgeschossene Flugzeug vorstellen, den zersplitterten Rumpf, und ihn darin, für immer regungslos. Und sogleich sagte ich zu mir: Er ist unverletzbar. Nicht an seine Unverletzlichkeit zu glauben wäre mir als Verrat erschienen.

Er wollte dieses Risiko. Wie oft haben wir ihm nicht vorgehalten, er könne sich anders weit nützlicher erweisen als durch das Beispiel seines Todes.

Er hatte es hier mit einem anderen Risiko zu tun als in den Anden, in der Wüste oder in Guatemala. Wie bei den übrigen riskanten Unternehmungen, wollte er sich der Gefahr nicht bloß stellen – das war zu einfach –, er wollte sie vielmehr in sich aufnehmen, sie mit seinem eigenen Wesen bereichern, sie filtern. Was das Wagnis ihm dabei gibt, ist wenig, verglichen mit dem, was er ihm gibt. Er hat so viel zu bieten, und nicht nur sein Leben.

Im Winter 1939 habe ich zwei Tage bei seiner Fliegerstaffel zugebracht. Ich bin über die gefrorenen Äcker gelaufen, habe in der Kneipe von Klondyke etwas getrunken, habe ein Flugzeug in die Nacht aufsteigen sehen. Bei Tisch wurden in der Offiziersmesse Wachstubenlieder gesungen, Lieder, in denen die auf die Spitze getriebene Obszönität nur noch Konvention und Ritual ist. Alte Bohemiens- und Regimentslieder, in denen die von aller schäbigen Schlüpfrigkeit befreite obszöne Geometrie die Reinheit eines Chorals erlangt. Ein Reporter würde diesen Abend wohl so schildern: Jugendliche Helden bei der Rast, die dem Tod mit einer Fröhlichkeit trotzen, die stärker ist als dieser. In Wahrheit war das ernst und traurig, es war die einzig anständige Art und Weise, wie man hier ernst und traurig sein konnte. Und schon stellte ich mir vor, wie dann nach dem Krieg diejenigen, die überlebt haben, jeder in eine andere Richtung verschlagen, womöglich auf eine Buchhalterexistenz beschränkt, vergeblich dem Frieden einen Sinn abzugewinnen versuchen (...).

Anfang Dezember läuft die Siboney *aus dem Hafen von Lissabon aus. Am 31. Dezember geht Saint-Exupéry in New York von Bord.*

1941

AUS *THE NEW YORK TIMES* VOM 1. JANUAR 1941

FRANKREICHS ZUSAMMENBRUCH DEN MILITÄRISCHEN FÜHRERN ANGELASTET

Der Schriftsteller und Flieger de Saint-Exupéry erklärt, sie hätten nichts von moderner Kriegsführung verstanden.

A. de Saint-Exupéry (...) hat gestern bei seiner Ankunft aus Frankreich erklärt, sein Land habe den Krieg verloren, weil die Männer in der militärischen Führung völlig unfähig gewesen seien, das Wesen der modernen Kriegsführung zu begreifen, und weil das Land einen erbärmlichen Mangel an Organisationsvermögen gezeigt habe.

Deutschland, so sagte er, habe dank seiner industriellen Stärke Frankreich besiegt (...). Die *Siboney* und ihre 343 Passagiere sind mit mehr als einem Tag Verspätung eingetroffen; schuld daran waren ein Gewitter, zwei Stops, zu denen sie die britische Kriegsmarine gezwungen hatte, sowie die Kontrolle durch die britischen Behörden auf den Bermudas. Kapitän Wenzel ist äußerst erleichtert, daß sie noch vor dem Neujahrsabend New York erreichen konnten, denn die Soda-, Bier- und Coca-Cola-Vorräte an Bord waren bereits erschöpft (...). Saint-Exupéry beabsichtigt, drei oder vier Wochen in den Vereinigten Staaten zu verbringen, ehe er wieder nach Frankreich zurückkehrt.

Er arbeitete gerade an einem neuen Buch, als er im Herbst 1939 alles liegen und stehen ließ und überstürzt nach Frankreich zurückkehrte. Das war acht Tage vor Kriegsbeginn, doch die Schlagzeilen der amerikanischen Presse trieben ihn heim. Er hat nun vor, dieses Buch fertigzustellen, »mich wieder ans Schreiben zu machen, so wie man in ein Kloster eintritt«. Und danach? Er zuckt mit den Achseln: »Im Augenblick ist es mir unmöglich, länger als drei Wochen vorauszuplanen.«

Bereitwillig stellte er sich einer ganzen Reihe von Fragen; mit Freimut antwortete er auf jene, die den Zusammenbruch Frankreichs betrafen, den anderen wich er aus, vor allem wenn man ihn um seine Meinung über Marschall Pétain, den französischen Staatschef, anging. Da er vertreten hatte, Frankreich würde sich wieder erholen und erneut zu den großen Nationen zählen, fragte man ihn, wie Frankreich das schaffen solle. Die Antwort kam wie aus der Pistole geschossen: »Das möchte ich auch gern wissen.« Er betrachtete die Stadt, die ganz im Licht der Nachmittagssonne lag, die von der anderen Seite des Flusses herüberschien, und fügte hinzu: »Ich bin kein Hellseher.«

Auf seinem Weg hierher kam er über Marokko, aber er habe sich zu kurz dort aufgehalten, um die Leute, ihre Lebensverhältnisse und ihre Einstellung unter die Lupe nehmen zu können; seines Erachtens deutet jedoch nichts darauf hin, daß die Kolonien schwankten, ob sie Frankreich und der Regierung in Vichy die Treue halten sollten. Und weder in Afrika noch im unbesetzten Teil Frankreichs habe er Anzeichen dafür gefunden, daß sein Land aktiv an die Seite Englands treten werde. Er hat indes kategorisch erklärt, Frankreich werde niemals gegen England in den Krieg ziehen.

Antoine de Saint-Exupéry glaubt nach wie vor an die Demokratie, wie er sagte, jedoch nicht an jene Sorte von Demokratie, die in Frankreich herrschte, als der Krieg ausbrach. Saint-Exupéry, der sich eines Dolmetschers bediente, versuchte darzulegen, daß die Regierung seines Landes völlig desorganisiert gewesen sei, und dies nicht nur bei Kriegsbeginn, sondern auch den ganzen Krieg über.

Die verschiedenen Behörden und Ministerien hätten nichts zuwege gebracht. Er wies zum Beispiel darauf hin, daß er schon zu Beginn des Krieges bemerkt habe, daß die Bordmaschinengewehre der Jagdflugzeuge in 10000 Meter Höhe einfroren. »Man hätte das binnen einer Woche abstellen können, aber sie haben vier Monate dazu gebraucht. Wir hatten wesentlich weniger Flugzeuge als der Feind, und wir sind im Luftkrieg vernichtend geschlagen worden.«

Auf die Frage nach der Qualifikation der deutschen Piloten entgegnete er, es sei äußerst schwierig, »zwischen der Überlegenheit des Piloten und der des Materials zu unterscheiden«. Deutschland habe jedoch den Luftkrieg »aufgrund seiner industriellen Stärke, nicht aufgrund der Qualifikation seiner Soldaten oder der Qualität seiner Maschinen« gewonnen, fügte er hinzu. A. de Saint-Exupéry glaubt nicht, daß Deutschland allein mit seiner Luftwaffe England besiegen könne. »Die nächtlichen Bombardierungen sind nicht wirkungsvoll genug, sie werden nicht den Ausschlag geben«, führte er aus. »Die Luftangriffe bei Tag fordern zu viele Opfer, selbst für die Deutschen, als daß man sie lange genug fortführen könnte. Wenn den Deutschen eine Landung in England mit motorisierten Truppen und Ausrüstung gelänge, hätten sie einen großen Erfolg errungen; ich sehe jedoch nicht, wie sie das schaffen könnten.«

An Bord befand sich ein weiterer französischer Passagier: Jean Renoir (...). Er sagte, er sei in die Vereinigten Staaten gekommen, um einen Film zu drehen (...).

ERINNERUNGEN VON LEWIS GALANTIÈRE

Ich habe ihn nie direkt gefragt, was ihn dazu bewegt hat, Frankreich zu verlassen und zu uns zu kommen. Gewiß, er hatte viele Freunde in den Vereinigten Staaten, und überdies war sein Name hier weithin berühmt. Der Publikumserfolg seiner Schriften enthob ihn aller materiellen Sorgen in den USA. Doch wir waren eine neutrale Macht, Frankreich dagegen war eine besiegte und gedemütigte Nation, und man konnte beim besten Willen von den Amerikanern nicht erwarten, daß sie die unablässig nagende Sorge teilten, die Saint-Exupéry, den Franzosen, quälte.

Ich bin niemals einem Menschen begegnet, der so wenig für Neutralität, Emigration und Exil geschaffen war. Saint-Exupéry war besessen von dem Gedanken, daß Frankreich den Kampf fortführen müsse. Er brannte darauf, seinem Land zu dienen, doch er wollte dies als Soldat tun, mit der Waffe in der Hand.

*Saint-Exupéry bezieht eine Wohnung am Central Park. Sogleich sieht er sich herausgefordert, in der politischen Auseinandersetzung Partei zu ergreifen. Jean Renoir, der damals in New York oftmals mit ihm zusammentrifft, erklärt: »Der Gaullismus schien ihn in keiner Weise anzuziehen, weit mehr beschäftigte ihn die Lage im besetzten Frankreich.«**

Raoul de Roussy de Sales, zeichnet in seinem Tagebuch die politische Diskussion nach und schildert die Haltung seines Freundes Saint-Exupéry. Roussy de Sales lebte seit 1929 in den Vereinigten Staaten und arbeitete als Korrespondent für die Zeitung Paris-Soir, *bis ihm aufgrund der politischen Veränderungen nach Pétains Regierungsantritt gekündigt wurde.*

AUS DEM TAGEBUCH VON RAOUL DE ROUSSY DE SALES

4. Januar 1941

Das Jahr fängt an, wie es aufgehört hat, in einer Atmosphäre des Zweifels und der Unsicherheit. Jeder Versuch, den Propheten zu spielen, wäre absurd. Alles mögliche kann geschehen. Nichts läßt sich ausschließen.

Habe Saint-Exupéry getroffen, der vor drei Tagen aus Frankreich angekommen ist. Körperlich ist er in guter Verfassung, mehr denn je gleicht er einem Vogel, einem gesetzten Vogel allerdings, der dazu neigt, den Kopf unter den Flügel zu stecken. Er ist gegerbt vom Krieg. Es fiele mir schwer, sollte ich zusammenfassen, was er mir erzählt hat. Ich notiere ein wenig aufs Geratewohl:

»Den Deutschen ist ihr Sieg hinderlich. Sie gleichen einem

* Jean Renoir, *Il parlait toute la nuit*, in der Zeitschrift *Icare*, Nr. 84, S. 27.

Mann, in dessen Garten eine Lokomotive steht.« »Es gibt in Paris eine unüberschreitbare Schranke zwischen Deutschen und Franzosen. Niemand schaut sie an. Solche Mißachtung irritiert und verstört sie...« »Gäbe es die Regierung in Vichy nicht, so müßte man sie erfinden. Sie ist eine zweideutige Angelegenheit, in deren Schutz sich überaus Bedeutendes entwickeln kann...« »Das Nationalgefühl erlebt eine Wiedergeburt. Seit 1914 war es dahin. Jetzt spürt man es überall wieder aufkeimen.«

Saint-Ex selbst ist indes ratlos. Er weiß nicht, was er tun soll. Er ist sich nicht sicher, ob Frankreich aus den Schwierigkeiten herausfindet. Er meint jedoch, weil die Niederlage so absolut war, sei gewährleistet, daß daraus wieder etwas entstehen kann. Eine halbe Niederlage, sagte er, hätte den Verfall noch einige Jahre fortdauern lassen. In zehn Jahren wäre die Lage dann irreparabel geworden. Heute hingegen sei es, da wir mit einem Mal und sehr schnell auf Null zurückgefallen sind, noch im Bereich des Vorstellbaren, daß Frankreich sich erneuert. In welche Richtung? In welcher Form? Er weiß es nicht. »Die zukünftige Synthese läßt sich nicht im voraus denken«, sagt er. In meinen Augen tendiert Saint-Exupéry dazu, den Krieg als einen lokal begrenzten Konflikt anzusehen, als einen verlorenen deutsch-französischen Krieg, der jetzt nur mehr ein deutsch-englischer Krieg sei; mehr oder minder bewußt gibt er damit den französischen Standpunkt wieder. So betrachtet ist für Frankreich freilich nirgends eine befriedigende Lösung in Sicht. »Wozu soll es denn nütze sein«, sagt er, »wenn wir den Engländern helfen, einen Scheinfrieden zu schließen?« Er räumt ein, daß der Schlüssel zu unserem Problem in den USA liegt, aber es ist offenkundig, daß Vichy Amerikas Möglichkeiten stark herunterspielt. Man hat die Produktionszahlen vor Augen: im Januar eine Monatsproduktion von 700 US-Flugzeugen gegenüber 2000 oder 3000 deutschen Flugzeugen. Lächerlich. Einverstanden, aber wenn Vichy bei seinen Kalkulationen von der Ohnmacht Amerikas ausgeht, ist das eine gefährliche Sache.

Zum Krieg sagt Saint-Ex: »Es wurde nicht gekämpft, weil die gesamte Armee instinktiv begriffen hatte, daß es nutzlos gewesen wäre.« Er meint, die Kampfmoral hätte wieder aufgerichtet werden können, aber das hätte nur zur Folge gehabt, daß zwei Millionen

Männer in den Tod gingen, mit anderen Worten, daß die Franzosen als Volk vom Erdboden verschwinden. Wie alle Franzosen stimmt er ganz offensichtlich der These von der unüberwindbaren Überlegenheit der deutschen Kriegsmaschinerie zu.

Diesem Gespräch ist der Standpunkt Légers* gegenüberzustellen, der gestern zum Abendessen hier war und folgende These entwickelt hat: »Die französische Schule hat immer gelehrt, der moralische Faktor habe ein stärkeres Gewicht als die materiellen Kräfte. Zum ersten Mal ist man der deutschen Schule gefolgt, die präzise die gegebenen materiellen Kräfteverhältnisse abwägt und den moralischen Faktor für unwirklich erachtet. Heute zeigen uns die Engländer«, so Léger, »daß die französische Doktrin gültig ist. Gleichzeitig mit uns hätten sie eigentlich den Kampf aufgeben müssen. Wegen Churchill haben sie wider allen gesunden Menschenverstand weitergekämpft. Ergebnis: Sie halten sich immer noch.«

Ich persönlich bin mir da nicht sicher. Es läßt sich in beide Richtungen argumentieren. Der vernunftbestimmte Defätismus, der zum Waffenstillstand führte, ist eine schwer zu verdauende Schmach. Es wird schwerfallen, sich jemals wieder von diesem Fleck reinzuwaschen. Die ganze Pétain-These, Pétain-Mystik undsoweiter ist von Grund auf faul, und zwar wegen dieser unbestreitbaren Tatsache: Frankreich hat England mitten im Kampf im Stich gelassen. Sich davon wieder freizumachen ist schwer, und Pétain, der ständig die Ehre im Munde führt, wirkt kaum überzeugend. Wohl sind die Franzosen noch am Leben, aber die Karte des Waffenstillstands wurde völlig aufs Geratewohl ausgespielt. Unterdessen bleibt ziemlich dunkel, was in Vichy geschieht. Pétain widersetzt sich vage man weiß nicht welchen deutschen Pressionen, gibt aber gleichzeitig auch nach. Er spielt mit Kompromissen, ein wenig ins Blaue hinein, scheint es. Es läßt sich wohl praktisch nichts Besseres machen. Wenn er sich dabei geschickt zeigt, liegt das aber nicht an seinen Einsichten.

* Alexis Léger (der Dichter Saint-John Perse).

ERINNERUNGEN VON HENRI CLAUDEL*

Er versuchte uns – und damit wohl auch sich selbst – zu überzeugen, daß Frankreich eine Regierung brauche. »Sonst«, so sagte er, »würde sich die französische Bevölkerung aufgegeben fühlen«, und er fügte hinzu: »Es war nun einmal eine leitende Verwaltung vonnöten, die sich um die Versorgung der Nation kümmert, die Züge fahren läßt, wenigstens einen Anschein wirtschaftlichen Lebens aufrechterhält und schließlich die Verbindung zu den Hunderttausenden Soldaten und Offizieren nicht abreißen läßt, die in den deutschen Kriegsgefangenenlagern interniert sind.« Unsere Diskussionen nahmen oftmals einen leidenschaftlichen Ton an. In einem Punkt zumindest waren wir uns einig: Die Vereinigten Staaten sollten sich umgehend in dem Konflikt engagieren, und dann würde das Schicksal der Welt sogleich eine andere Wendung nehmen.

AUS DEM TAGEBUCH VON RAOUL DE ROUSSY DE SALES

14. Januar 1941

Gestern Saint-Exupéry gesehen; er ist unzufrieden, erbittert. »Mir reicht es«, sagt er, »in den Straßen von Marseille oder New York herumzulaufen. Bomben abwerfen möchte ich. Wie schön ist doch so ein Flugzeug mit acht Maschinengewehren. Aber was haben wir davon, wenn wir für einen deutsch-englischen Scheinfrieden kämpfen? Inwiefern könnte das Frankreich nützen?« Er verlangt nach Daten, die ihm mit Gewißheit zu berechnen erlaubten, wie er setzen soll. Er will kämpfen, sein Leben riskieren, aber er will halbwegs sichergehen können, daß dies nicht umsonst sein wird.

Bereits im Gespräch über die Schlacht um Frankreich hatte er

* Henri Claudel ist der jüngere Sohn des bekannten katholischen Schriftstellers Paul Claudel, der eine Zeitlang französischer Botschafter in den USA war. Henri Claudel hatte sich 1940 in den Vereinigten Staaten der »France libre« (Freies Frankreich) um General de Gaulle angeschlossen, die ungeachtet des Waffenstillstands den Kampf gegen die Deutschen fortsetzen wollte.

diese Stellung eingenommen. »Man hatte begriffen, daß eine Fortsetzung des Kampfes nutzlos war; das hätte zwei Millionen Tote mehr gegeben und weiter nichts.« Solche verheerenden Resultate zeitigt der »Realismus« selbst bei einem so generösen und abenteuerlustigen Kopf wie Saint-Exupéry. Mir steht es gewiß nicht zu, anderen Leuten Opfergeist zu predigen, bringe ich doch selber keines; ich nehme nur schlicht diese neue französische Unart zur Kenntnis, mit Risiken und Opfern zu kalkulieren, wie man sein Bares zählt. Pétain, Weygand* und die anderen haben mathematisch berechnet, daß der Krieg hoffnungslos verloren sei und England nach der Kapitulation Frankreichs keine zehn Tage mehr durchhalten könne. Sie haben sich geirrt, und ganz Frankreich, Saint-Exupéry mit eingeschlossen, läßt das keine Ruhe, ist es sich doch bewußt – auch wenn es sich das nicht eingestehen will –, daß Krieg keine Frage der Arithmetik ist und daß die Schuld an unserer Niederlage und unserem heutigen Gefangenendasein bei einer Geisteshaltung liegt, die auf die Mathematik fixiert ist; denn wahrer »Realismus« begreift alles in sich, selbst Unvorsichtigkeiten, und das ist bei uns in Vergessenheit geraten.

24. Januar 1941

Bei seiner Aussage gestern vor dem Kongreßausschuß hat Lindbergh erneut seine Haltung vollständiger Neutralität bekräftigt. Er erklärte, es sei für ihn kaum von Bedeutung, wer den Krieg gewinne; er glaube nicht, daß die Engländer den Sieg erringen könnten, nicht einmal mit amerikanischer Hilfe, da es ihnen niemals gelingen werde, auf dem Kontinent Fuß zu fassen. Er glaube auch nicht (aber darin sei er sich nicht so sicher), daß die Deutschen in England einfallen könnten. Die Rolle Amerikas sei es, so schnell wie möglich auf einen »Verhandlungsfrieden« hinzuwirken. Auf alle Fälle sähen sich die Vereinigten Staaten durch einen deutschen Sieg in keiner Hinsicht bedroht, da ihnen immer hinreichend Zeit zu ihrer Verteidigung bleibe; der Atlantik schütze sie, und nichts

* General Weygand war der Oberbefehlshaber der französischen Streitkräfte unter der Vichy-Regierung.

hindere sie daran, weiterhin ihren eigenen Lebensstil zu pflegen, wie auch immer es um den Rest der Welt bestellt sei.

Lindbergh schob alle moralischen Erwägungen beiseite. Er sagte, die Gegner trügen zu gleichen Teilen die Verantwortung für den Krieg. Er lehnt es ab, den Hitlerismus zu verurteilen, und meint, die Geschichte werde erweisen, wie oberflächlich die heutigen Urteile seien.

Lindberghs Stellungnahme ist von Gewicht. Die Leute in meiner Umgebung neigen dazu, sie herunterzuspielen. Sie haben unrecht. Sein Standpunkt vereint in sich alle Elemente des Geschichtsdefätismus, der Appeasement-Politik, des radikalen Pazifismus, der hartnäckig jede Parteinahme unter dem Vorwand ablehnt, der Krieg wische alle Unterschiede zwischen den Angreifern und deren Opfern aus. Sie spiegelt den mechanistischen »Realismus« wider, der uns die Niederlage Frankreichs eingebracht hat (und den Saint-Exupéry noch für gültig erachtet). Lindbergh gibt vor, sich über den Konflikt, über den Streit zu stellen; in Wahrheit unterschreibt er damit die Doktrin des Geschichtsfatalismus. Ohne es ganz offen auszusprechen, läßt er durchblicken, daß der Sieg Deutschlands für ihn feststeht, und er widersetzt sich einem Konflikt zwischen dem demokratischen System der Vereinigten Staaten und dem Nazismus. Er will auf der Grundlage der derzeitigen Verhältnisse den Frieden aushandeln; das bedeutet die Anerkennung der Eroberungen und der Hitlerschen Ordnung.

Am 15. Januar wird Saint-Exupéry vor fünfzehnhundert geladenen Gästen der »National Book Award« für das Jahr 1939 überreicht, der ihm im Vorjahr zuerkannt worden ist, als er noch bei der Fliegerstaffel in Orconte seinen Dienst tat. Die Auszeichnung gilt seinem Buch Wind, Sand und Sterne, *von dem im Lauf des Sommers 1939 bereits mehr als 50000 Exemplare allein in Amerika verkauft wurden. »Damals«, erinnert sich Jean Renoir, »widmeten ihm die Buchhandlungen ganze Schaufenster.« (*Icare, *Nr. 84, S. 27.)*

THE NEW YORK TIMES VOM 19. JANUAR 1941
GESPRÄCH MIT ANTOINE DE SAINT-EXUPÉRY

Saint-Exupéry ist ein hochgewachsener und kräftiger Mann. Seine Schuhe sind riesig, ebenso breit wie die des Boxers Carnera; seine Füße, wurde uns gesagt, sind aber von normaler Größe. »Er betritt einen Schuhladen«, erzählt sein Agent Maximilien Becker, »und der Verkäufer stellt die erforderliche Schuhgröße fest. Er braucht Größe 12. Saint-Exupéry probiert den Schuh an und sagt: Zu klein. Der Verkäufer ist überrascht und schlägt Schuhgröße 13 vor: zu klein. Der Verkäufer begreift nicht mehr recht, bringt Größe 14, und auch das ist noch zu klein. Die Qual des Unglücklichen nimmt schließlich ein Ende, als er eines der größten Paare im Laden anbringt. »Ah! Das ist es, was ich brauche! Ich habe es gern bequem an den Füßen.«

Obwohl seine Frisur ganz nach Konzentrationslager aussieht, war er nicht in Gefangenschaft geraten (...) Reynal und Hitchcock, seine Verleger, und Maximilien Becker (...) werden versuchen, ihn hier zurückzuhalten, hat doch die Erfahrung gezeigt, daß man Saint-Exupéry am besten in sein Zimmer einsperrt, wenn man ihn zum Schreiben bewegen will (...). Er sprach von der Arbeit des Schriftstellers. Er vergleicht seine Arbeitsweise der eines Bildhauers, eines Bäckers, eines Diamantschleifers. Es prägt sich ihm ein Eindruck ein, so erklärt er, der wohl mitteilenswert sein mag, »obgleich ich mir nicht sofort seines Wertes sicher bin«. Er schreibt dann einen »globalen« Entwurf, der irgendwie »den Kern des Eindrucks« festhält. Diesen Kern, dieses Herz umhüllt in solch einem ersten Entwurf noch »jene Materie – wie man sie auch immer nennen mag –, aus der man den reinen Diamant herausschneidet«.

Der Entwurf ist »ein Steinblock oder ein Teigballen«.

Das Bild des Bäckers schien ihm passend. Er fuhr fort: »Ich bearbeite den Teig, ich knete und knete ihn.« Nach und nach bietet die Materie schließlich da und dort Widerstand, »und nun weiß ich, daß ich hier etwas habe, mit dem ich arbeiten kann«.

Seine Bücher haben ihren Ursprung im Abenteuer; das Bedürfnis nach Mitteilung wird nämlich durch eben das erregt, was für den Menschen die eindringlichste Bedeutung hat.

Seine Manuskripte zeugen von der Sorgfalt, die er beim Schreiben aufwendet: Blätter in schöner Handschrift, mit zahlreichen wieder durchgestrichenen Zeilen; manchmal fehlt ein Wort, weil sich ihm hundert verschiedene anboten; oder zuweilen wird eine ganze Seite durch einen Satz ersetzt. Und dabei handelt es sich nicht um schlichte Korrekturen an einem ersten Entwurf, denn er ist schon bei der dritten oder vierten Neufassung.

Hat er einmal begonnen, dann arbeitet er »stundenlang und sehr konzentriert«. Doch »einmal einen Anfang zu machen, das fällt besonders schwer« (...).

Er hat in einer Fliegerstaffel gedient, in der er Aufklärungsflüge übernahm, und sein nächstes Buch wird auf dieser Erfahrung aufbauen. Er hatte viele Monate bereits einem anderen Werk gewidmet, dessen Manuskript er jetzt jedoch beiseite legen wird.

Die Erinnerung an die Atlantiküberquerung an Bord der *Siboney*, diesem »Rettungsboot«, stimmt ihn fröhlich. »Wir können von Glück reden, daß wir keinem hungrigen Wal begegnet sind, der hätte uns sonst alle verschluckt, mitsamt des Bootes.« Das Schlimmste jedoch war, daß man in getrennten Schlafräumen untergebracht war, die Männer und die Frauen jeweils für sich, »ohne die geringste Chance für ein flüchtiges Abenteuer«.

Robert Van Gelder.

Saint-Exupéry erfährt, daß er, ohne jemals gefragt worden zu sein, zum Mitglied des Französischen Nationalrats ernannt worden ist. Es handelt sich dabei um ein von der Vichy-Regierung gegründetes Gremium, in das verschiedene Persönlichkeiten des öffentlichen Lebens berufen wurden. Um seine Ablehnung dieser ungewollten Ernennung zu bekunden, wendet er sich sofort mit einer Erklärung an die Presse.

AUS *THE NEW YORK TIMES* VOM 31. JANUAR 1941

SAINT-EXUPÉRY MISSFÄLLT SEINE ERNENNUNG DURCH DIE VICHY-REGIERUNG. DER SCHRIFTSTELLER UND FLIEGER ERKLÄRT, DASS ER ABGELEHNT HÄTTE, WENN MAN IHN ZUVOR GEFRAGT HÄTTE.

Der Flieger und Schriftsteller Antoine de Saint-Exupéry hat gestern in einem Interview bestritten, daß er auch nur im geringsten die Absicht habe, in dem Nationalrat mitzuarbeiten, den die Vichy-Regierung ernannt hat und der an die Stelle der einstigen politischen Parteien Frankreichs treten soll. Die gestern veröffentlichten Depeschen aus Vichy enthielten die Ankündigung seiner Ernennung zum Mitglied dieses Rates.

Saint-Exupéry, der vor etwa einem Monat aus Frankreich eingetroffen ist, führte aus, er sei »kein Mann der Politik« und ziehe es vor, wenn er überhaupt Einfluß ausüben könne, dies über seine Schriften zu tun. Außerdem sei er nicht offiziell von der Ernennung unterrichtet worden, und er erklärt: »Wenn man mich zuvor gefragt hätte, so hätte ich diese Ernennung abgelehnt.«

Der Flieger, der mit seinen Schriften in Frankreich, vor allem unter den jungen Leuten, ein breites Publikum gewinnen konnte, unterstrich, daß er sich auf Bitten seiner Verleger zu einem Besuch in unserem Land aufhalte; er schreibe an einem Buch über den Krieg, den er miterlebt hat, und er nehme hier weder eine »Mission« wahr noch verfolge er wie immer geartete politische Vorhaben. Mit Empörung wies er die »Gerüchte« zurück, die, wie er sagte, über die Zwecke seines Aufenthalts in den Vereinigten Staaten in Umlauf gebracht worden seien. Bis zum Waffenstillstand war er Kommandant [*sic*] einer Fliegerstaffel.

Seine Gegner behaupten nun, diese Erklärung stamme nicht von ihm selbst, und 1943 in Algier werden ihm die Gaullisten diese unfreiwillige Ernennung immer wieder vorhalten.

In folgendem Brief an André Breton, den Wortführer der Surrealisten, tritt Saint-Exupéry diesen Vorwürfen entschieden entgegen. Bei einer Begegnung der beiden Männer in New York scheint es zu einer Auseinandersetzung gekommen zu sein. Saint-Exupéry hat den Brief wohl Anfang Februar 1941 verfaßt, ihn dann aber nicht abgeschickt.

BRIEF AN ANDRÉ BRETON

Mein lieber Freund,

mein Brief wird etwas schroff ausfallen. Mir liegt nun einmal an klaren Verhältnissen. Es scheint mir der Mühe nicht wert, Phrasen zu drechseln, die um so blumiger klingen, je mehr sie als Angriff gedacht sind. Das Spiel mit versteckten Anspielungen ödet mich an, ganz wie mich das andere Extrem, das aufgeblasene Getöse der Beleidigungen anödet. Mir steht der Sinn weder danach zu verletzen, noch zu beleidigen, noch mit Andeutungen zu operieren.

Da Sie aber unerwarteterweise die Haltung eines Richters einnehmen, sehe ich mich sehr zu meinem Leidwesen gezwungen, Ihnen auf dem Feld, das Sie gewählt haben, zu antworten. Und in dem Ton, den Sie gewählt haben. Im übrigen wäre es meines Erachtens ohne jeden Belang, aber völlig problemlos, meine Texte den Ihren, meine Wünsche den Ihren und mein Handeln in der Vergangenheit dem Ihren vergleichend gegenüberzustellen.

Bevor ich in diesen lächerlichen Wettstreit eintrete, möchte ich Ihnen indessen sagen, daß es mir einigermaßen hanebüchen erscheint, ein mißglücktes Abendessen zum Anlaß zu nehmen, jene großen Fragen aufzuwerfen. »Die Grundsätze, von denen Sie sich leiten lassen«, haben sich doch reichlich spät bemerkbar gemacht. Sie haben ein angenehmes Beisammensein und eine Diskussion häuslicher Natur unterbrochen, um mir unvermittelt mit einer Frage des Typs: »Was haben Sie am 17. Juni 1907 gemacht...?« zu kommen. Höchste Zeit, daß Sie dem mal nachgingen!

Aber da Sie nun einmal protokollarische Fragen dazu bewegen, sich plötzlich meine religiöse, soziale, politische und philosophische Einstellung angelegen sein zu lassen, will ich Ihnen Auskunft erteilen.

Meine Haltung gegenüber dem Nazismus sah so aus, daß ich während des Krieges drei Versetzungen nacheinander habe rückgängig machen lassen, mit denen man meine werte Person in Sicherheit bringen wollte; eine dieser Versetzungen sollte inmitten der deutschen Offensive erfolgen, als von drei Fliegern nur einer von seinem Einsatz zurückkehrte und ich mir keine Hoffnungen machte, länger als zwei Tage überleben zu können. An mir liegt es nicht, daß ich Glück hatte und somit das Privileg genieße, kritisiert zu werden.

Ich kann mir lebhaft vorstellen, daß Ihnen jemand, der Manifeste unterzeichnet, wesentlich wagemutiger erscheint. Doch ich persönlich sehe nicht, inwiefern es das Schicksal der Welt ändern könnte, wenn man notleidende Menschen, die unter der fürchterlichsten Erpressung Hungers sterben, mit einem Schwall von Beschimpfungen bedenkt. Ich sehe nicht, inwiefern jemand Mut beweist, der dem orthodoxesten ortsüblichen Konformismus nachgibt. Der Mut findet sich auf meiner Seite. Jene rednerischen Exerzitien, die einem eine geneigte Zuhörerschaft sichern, können mir ganz und gar gestohlen bleiben. Der Gewinn liegt auf Ihrer Seite.

Ich habe also gekämpft. Meiner Ansicht nach beruhte der antinazistische Widerstand im wesentlichen nicht auf den Manifesten und Flugschriften (jene, die wir auf unseren Kriegseinsätzen über Deutschland abwarfen, erschienen uns lächerlich und kindisch), sondern auf

der Rüstung der Franzosen
der Einheit der Franzosen
dem Opfergeist der Franzosen.

Ich habe mich stets in Einklang mit meinen Grundsätzen befunden, ganz wie diese Grundsätze in Einklang mit den allgemeinen Interessen standen, denen sie dienen wollten. So habe ich selbst am Krieg teilgenommen. So habe ich mich, soweit es in meiner Macht lag, stets persönlich darum bemüht, jene Einheit unter den Franzosen herzustellen. Als Beweis hierfür seien die Journalisten genannt, die Sie anführen und die, wenngleich sie unterschiedlichen Parteien angehörten, an meinem Tisch willkommen waren. Desgleichen waren in meiner Fliegergruppe um denselben Tisch links- wie rechtsgerichtete, gläubige und nichtgläubige Kameraden vereint. Der eine wie der andere sind sie mit allem Anstand gestorben, weil sie dem Nazismus Widerstand leisten wollten. Sie hätten drei

Viertel von ihnen hängen lassen. Genau so ist es. Das hätte ihnen jedenfalls erspart, bei lebendigem Leibe gebraten zu werden. Mein Leben lang werde ich, das dürfen Sie mir glauben, jeden Überlebenden der Gruppe 2/33 an meinem Tisch willkommen heißen, welcher Partei er auch immer anhängen mag.

Wenn Sie mir von den Allgemeininteressen sprechen, die Ihnen Ihre famosen Grundsätze diktiert hätten, so meine ich, gebrauchen Sie reichlich große Worte für einen unentschlüsselbaren Inhalt. Weder von den Allgemeininteressen noch von den Grundsätzen, die sich daraus ergeben sollen, kann ich mir eine klare Vorstellung machen. Haben Sie doch die einen wie die anderen zu einem unermüdlichen Kampf gegen

die Rüstung der Franzosen
die Einheit der Franzosen
den Opfergeist der Franzosen

geführt. Ich behaupte, daß Sie zunächst nicht im Sinne hatten, gegen die nazistische Bedrohung zu kämpfen. Denn ansonsten hätten Sie Verrat begangen. Nichts ist offenkundiger, als daß Ihre Handlungsweise den Wünschen Goebbels völlig entgegenkam. Er würde eine vollständige Übertragung der politischen und sozialen Texte Ihrer surrealistischen Zeitschriften in den Vereinigten Staaten ohne jeden Zweifel subventionieren, wenn dies noch in seiner Macht stünde. Ein Freund von mir hat hier die komplette Sammlung. Passen Sie die Texte dem amerikanischen Geschmack an, lassen Sie sie übersetzen und suchen Sie einen Verleger dafür!

Wenn ich diese Texte (insbesondere die so instruktiven rosa Blätter) unvoreingenommen prüfe, um mir über Ihre mysteriösen Standpunkte Aufschluß zu verschaffen, so gelange ich zu der Feststellung, daß es nur eine einzige klar darlegbare Doktrin gibt, mit der sie allenthalben Übereinstimmung aufweisen, nämlich die des Anarchismus katalanischen Typs. Wenn sich die vagen Formeln wie durch ein Wunder einmal zu Grundsätzen des Handelns verdichten, dann haben diese allein die Anarchie als gemeinsamen Nenner. Ich treffe kein Urteil über Ihre libertäre Ideologie, sondern ich stelle fest, daß Sie sich ausschließlich in diesem Punkt jemals eindeutig engagiert haben. Ich kann Ihnen diese Archivarbeit binnen vierundzwanzig Stunden vorlegen.

Ich habe das Recht, das, was Sie für das Frankreich von gestern für gut befunden haben, in Hinblick auf die Vereinigten Staaten von heute abzuwägen. Mir scheint nicht, daß ein solches Denksystem den gegenwärtigen allgemeinen Interessen der amerikanischen Nation dienen würde, und folglich auch nicht denen des antinazistischen Teils der Welt. Das zeigt sich nicht zuletzt auch darin, daß Sie Ihre Situation hier in Erwartung besserer Tage zu beständiger Selbstverleugnung zwingt.

Ihnen bleibt nur, Ihre Tätigkeit auf – im übrigen rein rednerische – Anstrengungen zu beschränken, die entweder dem Dienst für eine Sache gelten oder aber nichts als überflüssiges Geschwätz sind. Ihre Worte könnten freilich nur einer einzigen Sache dienen, Ihre Bemühungen könnten einzig zu dem Erfolg führen, daß Marschall Pétain durch die Herren Doriot und Déat* ersetzt wird. Da hätten wir etwas davon!

Der Kreuzzug, den Sie predigen, kann letztlich nur André Breton selbst dienen und ihn wohlfeil in die Uniform eines Konformisten kleiden. So könnten der Nazist und der Demokrat von übereinstimmenden Ansichten sprechen, wenn sie ihren Meinungsaustausch auf den Kampf gegen den Alkoholismus beschränken. Bei der Lektüre der Texte, die Sie schrieben, als Sie freie Hand hatten, zeigt sich allerdings, daß Sie nicht weniger unbekümmert England angreifen würden, und zwar gerade hinsichtlich der Grundsätze, auf die sich sein Widerstand stützt. Gäbe es Vichy nicht, wie könnten Sie dann, ohne sich zu widersprechen, »Stellung beziehen«?

Bedauerlicherweise waren Sie niemals mit dem Problem konfrontiert, daß man bereit sein kann zu sterben. Sie hätten festgestellt, daß der Mensch dazu nicht Haß, sondern leidenschaftliche Hingabe nötig hat. Man stirbt nicht »gegen«, sondern »für« etwas. Sie aber haben Ihr Leben darauf verwendet, alles zu zerschlagen, worauf der Mensch sich berufen konnte, um zu sterben bereit zu sein. Nicht nur gegen die Rüstung, die Einheit und den Opfergeist haben Sie gekämpft, sondern Sie haben auch gegen die Freiheit

* Die Politiker Marcel Déat und Jacques Doriot traten für eine enge Zusammenarbeit der Vichy-Regierung mit dem nazistischen Deutschland ein.

gekämpft, anders zu denken als Sie, gegen die Brüderlichkeit, die den einzelnen Meinungen übergeordnet ist, gegen die geltende Moral, gegen den religiösen Gedanken, gegen den Gedanken des Vaterlandes, der Familie und des häuslichen Herds und generell gegen jeden Gedanken eines wie auch immer beschaffenen wesenhaften Seins, auf das sich der Mensch berufen könnte. Sie sind ein fanatischer Parteigänger der rückhaltlosen Zerstörung all dieser Strukturen. Sie sind zweifelsohne ein Gegner des Nazismus, doch in gleichem Maße sind Sie auch ein Gegner des Christentums. Und Sie bekämpfen den Nazismus nicht mit derselben Vehemenz, mit der Sie sich der Zerstörung der schwachen Schutzwälle widmeten, die dem Nazismus noch Widerstand boten.

Ich bedauere diesen Tonfall, den ich hier gegen meine Gewohnheit anschlage. Ich achte stets das Denken anderer. Ich versuche stets, es nicht von meinem Standpunkt aus zu betrachten, sondern es von dem Standpunkt aus zu verstehen, auf den es sich beruft. Und darum habe ich mich Ihnen gegenüber stets bemüht; wenngleich ich selten wie Sie denke, habe ich immer versucht, nicht ein Urteil über Sie zu fällen, sondern Sie zu verstehen. Die entgegengesetzte Einstellung scheint mir in etwa die Haltung zu sein, die der Nazismus dem Denken gegenüber einnimmt. Gedankenfreiheit ist in meinen Augen eine sinnentleerte Formel, wenn sie intellektuellen und geistigen Konformismus auferlegt. Die Freiheit, wie André Breton zu denken, genügt mir nicht.

Sie behaupten freilich, für die Freiheit zu kämpfen. Doch ich spreche Ihnen ganz und gar das Recht dazu ab. Sie sind der intoleranteste Mensch, den ich kenne. Das stört mich nicht, denn ich habe über Sie kein Urteil zu fällen. Ihre Intoleranz mag ihre Größe haben. Es ist jedenfalls paradox, wenn André Breton als Verteidiger der Freiheit auftritt. Sie sind ausschließlich ein Verteidiger der Freiheit André Bretons. Sie sind ein Mann der Exkommunizierungen, der Ausschlüsse, der absoluten Orthodoxien, der Unterstellungen und der endgültigen Urteile über einen Menschen aufgrund eines zufällig hingeworfenen Satzes, eines Schritts oder einer Geste. Wenn Sie kein Kerkermeister sind, so liegt das daran, daß es Ihnen an der Macht dazu fehlt. Doch so weit Ihr bißchen Macht reicht, sind Sie ein Mann geistiger Konzentrationslager. Zur Bestrafung verfügen Sie nur über die Waffe des Manifests, aber Sie gebrauchen sie gegen jeden, der nicht genau wie Sie denkt. Es stimmt, daß Sie Stellung bezogen haben. Sie haben ganz entschieden für André Breton Stellung bezogen. Auch in dieser Hinsicht sind Ihre rosa Blätter staunenswert. Man könnte glauben, die Verhöre der Allerheiligsten Inquisition lebten wieder auf. Die fürchterliche Taktik der Verhöre behagt Ihnen erstaunlich. Mit untergründiger Freude bedienen Sie sich des merkwürdigen Sprachguts der Kriegsgerichte. Erinnern Sie sich an den unglücklichen Kerl, einen Ihrer Freunde, der einmal ein paar völlig nichtssagende Worte über Chiappe fallen ließ?* Wie feierlich sind Sie über ihn zu Gericht gesessen! Wie gründlich haben sich Ihre Polizisten den Ärmsten vorgeknüpft! Ihre Versammlung von Folterknechten – ohne reale Macht zu seinem Glück – hat ihn bis aufs Innerste auseinandergenommen. Die Allerheiligste Inquisition kannte die Psychoanalyse nicht. Aufgrund dieser Unkenntnis war sie zurückhaltender als Sie, brachte den Aussagen eines Menschen größere Achtung entgegen. In Ihren Händen bleibt diese Waffe nicht ungenutzt. Sie erlaubt Ihnen, einem Menschen, der mit »Ja« antwortet, zu beweisen, daß er »Nein« gesagt hat. Noch schöner ist, daß Sie den Tatbestand des Sakrilegs wieder in die Welt gesetzt haben! Der Mann hat »jene Worte« in den Mund genommen! Jene Worte sind »an sich« bereits ein Verbrechen. Im 13. Jahrhundert, kann ich mir vorstellen, dürfte es die Unglückliche, der im Zustand der Trunkenheit »Es lebe der Teufel!« über die Lippen gekommen war, recht schwer gehabt haben, sich vor ihren Richtern zu verteidigen. Im Kreis um André Breton indessen hat alle Hoffnung fahren zu lassen, wer einen schüchternen Vorbehalt gegen den Teufel äußert. Das paßt ganz und gar zur Anarchie. Jeder einzelne ist ein Gott und ein Richter. Ich habe zwei Monate unter ihnen gelebt, als ich in Barcelona eine

* Es handelt sich um den Schriftsteller Roger Vailland. Jean Chiappe, ein Mann der Rechten, hatte, als er 1927 bis 1934 Polizeipräfekt von Paris war, den Gewalttätigkeiten rechter Gruppen freien Lauf gelassen. 1940 ernannte ihn die Vichy-Regierung zum Hochkommissar von Syrien; das Flugzeug, das ihn dorthin bringen sollte, wurde von der britischen Luftwaffe über dem Mittelmeer abgeschossen. Am Steuerknüppel saß übrigens Saint-Exupérys Freund Guillaumet (vgl. oben, S. 119).

Reportage machte. Im Namen einer Freiheit, die für jeden nur seine eigene Freiheit bedeutete, stellten sie sich täglich wechselseitig an die Wand. Da die Freiheit des Nachbarn der eigenen entgegenstand, hatte jeder das heilige Recht, eben im Namen der Freiheit seinen Nachbarn zu ermorden.

Ihre unglücklichen Kameraden sind nicht durch die Hände Ihres Henkers am Galgen geendet. Denn Henker hatten Sie keinen. Auch die Allerheiligste Inquisition ist nicht selbst zu Verbrennungen geschritten. Sie übergab ihre Opfer dem weltlichen Arm. Ach, mein Guter! Lieber werde ich Trappist, als daß ich dreißig Stunden in der dogmatisch reglementierten Gesellschaft leben wollte, die Sie für uns errichten wollen – einer Gesellschaft, in der der Mensch nicht mehr nach seinem Wesen beurteilt wird, sondern nach den Formeln, die er von sich zu geben hat, in der Manifeste das Herz ersetzen und die Blocknachbarn sich zu Denunzianten und Richtern aufwerfen, in der die innere Heimat des Menschen in keiner Weise respektiert wird und in der Sie das Individuum aufklären und bessern wollen, indem Sie ihm nach allen Ihnen bekannten Regeln der Kunst ununterbrochen Gewalt antun, weil Sie es darauf abgesehen haben, auf einer Art universellem Flohmarkt seine Eingeweide im hellen Licht der Sonne auszustellen. Das Spiel um die Wahrheit, Psychoanalyse, automatisches Schreiben, ständige Glaubensbekenntnisse (wie schändlich doch die *Manifeste* sind!), polizeiliche Aufforderungen, unablässig sein Innerstes zur Schau zu stellen – alle Ihre Bemühungen, alle Ihre Spielchen, Ihre ganze Philosophie gehorchen derselben Zerstörungswut. Leute aus Ihrem Kreise würde ich mir nicht aussuchen, wenn es gilt, gemeinsam einen Schiffbruch oder einen Trauerfall durchzustehen oder eine Erkundung zu unternehmen oder wenn ich ein Essen unter Freunden veranstalten möchte. Welche Bedeutung kann wohl ein Ausdruck wie »empfangen«, »bei sich aufnehmen« für Sie haben? Die Freiheit? Armer Breton, bei den anderen ist sie Ihnen verhaßt.

Die Freiheit, die mir teuer ist, hat nichts mit Ihrer Freiheit zu tun, das steht fest. Im Bereich der Gefühle ist sie Schamgefühl und das Recht, Schweigen zu bewahren über das, was mich berührt. Im Bereich des Denkens ist sie das jedem zustehende Recht, sich seine eigene Synthese des allgemein vorgegebenen Rohmaterials als

Wahrheit zu erwählen, sich seine Leitvorstellungen selbst auszusuchen, kurzum: das Recht, frei dem Universum Ausdruck zu verleihen. So nimmt sich Einstein die Dezimalen vor, die Newton bekannt waren, und führt eine Umwälzung des Newtonschen Systems herbei, um das ebenso kohärente, aber umfassendere Gebäude der Relativitätstheorie zu errichten. Meine Freiheit nötigt mich, André Breton zu respektieren, wenn dieser die Auseinandersetzung zwischen der Linken und der Rechten zur Kernfrage der Weltprobleme erklärt. Ich »verurteile« André Breton nicht. Doch ebendiese Freiheit gestattet mir auch zu denken, daß ein rechtsgerichteter Kamerad, der nicht nur ein Manifest gegen den Nazismus unterschrieben hat, sondern auch das Recht beansprucht hat, im Kampf gegen den Nazismus zu sterben – und außerdem in der Tat dabei umgekommen ist –, mir nähersteht als ein Mann der Linken, der sich sorgsam in Sicherheit gebracht hat. Meine Gedankenfreiheit gibt mir das Recht, eine andersgelagerte Fragestellung zu wählen, die mir die Realität, um deren Verständnis es mir geht, besser erhellt.

Ihre Gedankenfreiheit, André Breton, verträgt sich bestens mit jener Photographie, die Sie veröffentlicht haben: »Benjamin Péret beschimpft einen Priester.«* Ganz wie man in den nazistischen Zeitschriften Photographien von SA-Leuten sah, die Juden beschimpften. Diese Photographie von Péret ist nicht der einzige Beweis für eine tiefgehende und vollkommene Mißachtung des Menschen, sofern er nicht zu Ihren Parteigängern zählt. Nur in dem antijüdischen Schmutz Deutschlands finde ich etwas dem Artikel Vergleichbares, in dem Sie nach einem harmlosen Streit mit M. A., diesem armen Kümmerling, alle Welt, und gegebenenfalls auch seine Verlobte, wissen lassen, daß er sich, wie einer Ihrer Freunde zufällig festgestellt hatte, wegen einer Geschlechtskrankheit behandeln ließ. Wenn Sie zu der Frage der Achtung vor dem Menschen Stellung nehmen, habe ich das Recht, von Ihnen eine Erklärung für ein Verhalten zu verlangen, das auf den ersten Blick den Grundsätzen der Nazis entspricht.

* Die Photographie war vor dem 2. Weltkrieg in der Zeitschrift *La Révolution surréaliste* veröffentlicht worden. Der Dichter Benjamin Péret zählte zu der Gruppe der Surrealisten.

Mit Ihrer Gedankenfreiheit, André Breton, war die Anzettelung eines Theaterskandals und die Unterbrechung einer Aufführung, wenn Ihnen der Autor nicht gefiel, bestens vereinbar. Auch die Verwüstung von Buchhandlungen wäre mit ihr vereinbar gewesen. Doch nicht jedermann steht eine Heerschar zu Gebote, die ihm die Bibliothek von Alexandria in Brand zu stecken erlaubte.

Solange Sie sich mit Ihrer Gedankenfreiheit nur für die Gedankenfreiheit André Bretons stark machen, wird sie mir als leere Formel erscheinen.

Keines Ihrer »Allgemeininteressen« läßt sich heute zum Ausdruck bringen, und auch keiner der davon abgeleiteten Grundsätze. Sie können sich nur in ein Gewand kleiden, indem sie »gegen« etwas schreiben. »Für« wen oder »wofür« sind Sie eigentlich? Sie »sind« entschieden und ausschließlich für André Breton.

Und ich bin bereit, André Breton als eine Ausdrucksform des Lebens anzusehen, aber nicht als einen Papst. Sie können sich irren, wie jeder andere auch. Wie jedermann wissen Sie über vieles nicht Bescheid. Sie sind ein Dichter, aber kein Gesellschaftswissenschaftler. Sie führen bei jeder Gelegenheit die Arbeiter im Munde, aber Sie wissen nichts von ihnen. Ich habe acht Jahre meines Lebens Tag und Nacht mit Arbeitern zusammengelebt. Ich habe zuweilen jahrelang am selben Tisch mit ihnen gegessen, in Juby etwa, wo ich zwei Jahre als einziger Pilot unter lauter Mechanikern verbrachte. Ich weiß sehr gut, wovon ich spreche, wenn ich von den Arbeitern spreche und wenn ich ihnen zugetan bin. Die einzigen Arbeiter, die Sie kennengelernt haben, waren die Kellner der Cafés an der Place Pigalle.* Das reicht nicht aus.

Meine Position läßt sich, ganz im Gegensatz zu der Ihren, restlos darlegen. Sie steht in Einklang mit meinen Taten und Wünschen. Ich habe mein Lebtag keine Zeile geschrieben, die ich rechtfertigen, verschweigen oder widerrufen müßte. Die Mittel, die ich wünsche, haben stets den Zielen entsprochen, die ich mir setzte. Niemals bin ich in irgendeiner Hinsicht von meiner Linie abgewichen. Sollte irgendwo Unklarheit bestehen, dann betrifft das sicher nicht mich.

* André Breton hatte in der Rue Fontaine nahe der Place Pigalle gewohnt.

Denn während es von Ihnen keinen Text zu politischen oder sozialen Fragen gibt, der ohne einen langwierigen Kommentar auskäme, hat es keine Zeile von mir nötig, erklärt zu werden.

Deshalb müssen Sie auch, um mir am Zeug zu flicken, aus weiß Gott welchem Papierkorb diese »Nationalrat«-Geschichte hervorkramen, auf die Sie durch die Blume anspielen! Ich kenne Ihre These: Das in meinem Namen erschienene Dementi hätte ich nicht selbst verfaßt, sondern ich hätte davon erst nachträglich und zu meiner größten Verlegenheit erfahren. Ich habe von Ihnen niemals eine Erklärung für Ihre Handlungen gefordert, da mir Aufseherallüren fernliegen, und so bin ich Ihnen meines Erachtens keinerlei Erklärung für meine Handlungen schuldig. Ich möchte Ihnen jedoch, nachdem Sie Ihre Privatpolizei in die Irre geführt hat, einen Schnitzer ersparen. Ich werde gegen jede weitere Verbreitung Ihrer hanebüchenen Unterstellung auf der Stelle eine Verleumdungsklage erheben. Es macht mir nichts aus, kritisiert zu werden, aber Sie werden mir einräumen, daß ich nicht verleumdet werden will.

Ich teile Ihnen also mit aller Deutlichkeit folgendes mit:

Den in der Presse veröffentlichten und über Rundfunk verbreiteten Text habe ich eigenhändig verfaßt.

Er wurde freundlicherweise von Herrn Raoul de Roussy de Sales, wohnhaft Park Avenue 755, in meinem Beisein ins Englische übersetzt.

Herr Lewis Galantière, wohnhaft East 73rd Street 11, hat die Übersetzung überarbeitet, da ich einige Zeilen hinzugefügt hatte. Diesen Text hat die Schreibkraft von Herrn Maximilien Becker,* wohnhaft 5th Avenue 545, in zahlreicher Ausfertigung mit der Maschine getippt.

Am selben Tag habe ich den Text während eines Mittagessens meinen Verlegern, Herrn Reynal und Herrn Hitchcock, übergeben.

Am Abend desselben Tages habe ich ihn in Beisein von Herrn Maximilien Becker in meiner Wohnung im Hotel Ritz-Carlton wiederum eigenhändig der Presse übergeben.

Er wurde auf meinen Wunsch hin durch Presse und Rundfunk verbreitet.

* Der literarische Agent Saint-Exupérys.

Da meine Ernennung also schlicht und einfach annulliert worden ist, hat man sie mir auch niemals zugestellt. Anhand obenstehender Adressen können Ihre Büttel ein paar lehrreiche Spaziergänge unternehmen.

All dies, mein lieber Freund, ist zum Kotzen. Sie setzen reichlich mächtige Berge in Bewegung, um den Floh zu zerquetschen, der Sie bei einem Abendessen gebissen hat.

Doch ich nütze die Gelegenheit, um meine Haltung eingehender zu bestimmen, da ich eben Gefallen daran finde. Sie werfen mir vor, André Breton, daß ich keinen Skandal verursacht habe. Der Skandal ist mir immer als Ausfluß lärmender Eitelkeit erschienen. Mir ist Eitelkeit fremd. Ich habe mich im Krieg für die Fernaufklärung entschieden, weil diese Abteilung gefahrvoller und weniger spektakulär ist als die der Jagdflieger. Aber das ist nicht der einzige Grund, warum ich den Skandal ablehne. Ihre Frau und Ihre Tochter leben in Sicherheit, und Sie fühlen sich, wie Sie mir sagten, mit der Bevölkerung Frankreichs weder in praktischer Hinsicht solidarisch noch geistig verbunden. Selbst die Idee eines »Frankreich« bringt Sie schon auf. Ich reagiere hier in der Tat anders als Sie. Rigide wie ein Polizist, nötigt Sie Ihr Standpunkt, jedermann zu schmähen, dem die Brotversorgung der Kinder in Frankreich ein Anliegen ist und der, um hier praktisch etwas zu erreichen, Beziehungen zu der Vichy-Regierung unterhalten muß. Mit einer Strenge, die Sie sich leisten, weil Ihr Magen nicht darunter zu leiden hat, vertreten Sie die Auffassung, daß solche Sorge um die Kinder ein Zeichen der Schande sei. Sollen die Kinder doch alleine zusehen, ob sie irgendwo eßbare Wurzeln finden.

Im Gegensatz zu Ihnen bin ich der Ansicht, daß man, da es uns nicht gegeben ist, durch Zauberei einen Weltstaat nach unseren Wünschen zu errichten, versuchen sollte zu retten, was von einer wünschenswerten Welt noch übrig ist. Wenn ein paar anständige Kerle dachten, mein Einfluß auf die Jugend (und darum ging es) wäre weniger verheerend als der von Doriots Parteigängern, wenn sie meinten, daß mein Name – wegen meines Lebens als Linienpilot und nicht wegen meines Schriftstellertums – bei der Jugend Anklang finden würde und daß diese von Taten und nicht von Politik geprägte Vergangenheit zu keinem Veto Anlaß gäbe, so kann ich darin keinen Grund entdecken, diese Männer zu beschimpfen.* Da ich genauestens weiß, wie ich über den Menschen denke, und in etwa weiß, wie Doriot über ihn denkt, hat mir diese Initiative den Beweis erbracht, daß es zumindest einige Männer dort gibt, die nicht die Wünsche des Nazismus noch überbieten wollen, sondern sich darum bemühen, auf einzelnen Gebieten etwas zu retten.

Lassen Sie mich ganz schlicht zusammenfassen. Ich kann mir nicht vorstellen, aus welchem Grund der Mann, der die Photographie veröffentlicht, auf der Benjamin Péret einen Priester beschimpft, für die Freiheit zu sterben bereit wäre. Ich kann mir nicht vorstellen, aus welchem Grund der Mann, der versucht hat, M. A. durch öffentliches Ausposaunen von dessen Geschlechtskrankheiten schwer zu demütigen, für die Achtung vor der Würde des Menschen zu sterben bereit wäre.

Sie selbst liefern mir den Beweis dafür. Sie haben keine Franzosen kennengelernt, die bereit gewesen wären zu sterben. Ich habe hingegen viele Franzosen gekannt, die darauf bestanden, das Risiko des Todes auf sich zu nehmen, und die umgekommen sind. Ich glaube an Taten, nicht an große Worte. Meine Taten beweisen mir ganz einfach, daß meine Freunde mehr taugten als Ihre.

Antoine de Saint-Exupéry

ERINNERUNGEN VON LÉON WENCÉLIUS**

(...)

Das war die Zeit, als auf der einen Seite de Gaulle und die Gaullisten die Franzosen um sich zu sammeln suchten und auf der anderen Seite die Vertreter der Vichy-Regierung die Haltung von Marschall Pétain begreiflich machen wollten. Zwischen diesen beiden

* Vgl. auch oben, S. 117.

** Der französische Philosophieprofessor Léon Wencélius war im Frühjahr 1940 von Regierungschef Reynaud in die Vereinigten Staaten entsandt worden, um auf den Kriegseintritt dieses Landes hinzuwirken. Wenig später besetzten die deutschen Truppen Frankreich. Wencélius entschloß sich daraufhin, seine Universitätslaufbahn in den USA fortzusetzen.

Polen hatte ein ganzes Spektrum von Positionen Platz: Männer und Frauen, die glühend und aufrichtigen Herzens ihre Sache verfochten, Opportunisten, Abwartende, Profiteure und vor allem intolerante falsche Propheten, deren Bannstrahl jeden traf, der nicht wie sie dachte. Die Franzosen im amerikanischen Exil waren in die Zeit der Religionskriege zurückgefallen. Leidenschaftlich wurde über Fragen diskutiert, auf die die Geschichte wohl erst hundert Jahre später eine unparteiische Antwort wird geben können, zum Beispiel, ob der Waffenstillstand vom Juni 1940 zu rechtfertigen war, ob die britische Blockade zu etwas nütze war, ob es angebracht war, daß sich Admiral Leahy in Vichy aufhielt undsoweiter.

Jede Gruppe drohte der anderen: »Euch wird die französische Staatsbürgerschaft aberkannt werden«, sagten die einen. »Wenn Amerika in den Krieg eintritt, lassen wir euch in ein Konzentrationslager einweisen«, entgegneten die anderen. Der Haß der Parteien führte sogar so weit, daß Franzosen andere Franzosen bei der amerikanischen Polizei anschwärzten. Später* sollte es zu einer vehementen Kampagne kommen, mit der die Matrosen des französischen Panzerkreuzers *Richelieu* gezwungen werden sollten, das angeblich »Vichy-hörige« Schiff zu verlassen und sich den kleinen Einheiten von »Freies Frankreich« anzuschließen.

Wie verhielt sich Saint-Ex? Bei seiner Ankunft in New York träumte er davon, sich London anzuschließen. Die Zerwürfnisse unter den Franzosen hielten ihn davon ab, für Gruppierungen Partei zu ergreifen, die in Amerika zu sich bekämpfenden Sektierern geworden waren. Wie hätte er sich mit Leuten solidarisch erklären können, die systematisch alles anprangerten, was in Frankreich geschah, und leichten Herzens lieber den Tod der Kinder in Frankreich in Kauf nahmen als den Abbruch der britischen Blockade und die, als der Sieg näherrückte, nur von Säuberungen und Exekutionen träumten? Wie hätte er mit diesen Pharisäern gemeinsame Sache machen können, die ohne Unterlaß ihre reine Gesinnung herausstrichen und die anderen aller nur erdenklichen Sünden beschuldigten?

»Ich gehöre zu Frankreich«, rief da Saint-Ex in *Flug nach Arras*,

* Am 15. Februar 1943.

»niemals werde ich den Meinen die Solidarität aufkündigen.« Statt zu den Zerwürfnissen beizutragen, bemühte sich der Flieger um die Einheit der Franzosen. (...)

Als Nordafrika ins Kriegsgeschehen eintrat, konnten wir einen freudestrahlenden Saint-Ex bewundern, der sich, wie er mir am Telephon sagte, »zehn Jahre jünger« fühlte und seine Landsleute dazu aufrief, die Vergangenheit zu begraben, ihr Urteil übereinander vorerst auszusetzen und sich nur mehr um einen einzigen Platz zu streiten: den eines Soldaten, beziehungsweise den auf einem kleinen Friedhof in Afrika.

Es ist nicht leicht, einen übergeordneten Standpunkt einzunehmen. Noch schwieriger ist es, ihm gegen alle Widrigkeiten treu zu bleiben. Saint-Ex war in den Jahren 1941/42 leidend, sowohl körperlich als auch in seinem moralisch-seelischen Empfinden. Gallenblase und Leber ließen ihn nicht zur Ruhe kommen, und wie viele Male haben wir nicht gemeinsam unserem Schmerz Ausdruck verliehen, wenn Saint-Ex und alle, die wie er dachten, mit den verabscheuungswürdigsten Namen belegt, als Faschisten und Nazis beschimpft wurden!

ERINNERUNGEN VON LEWIS GALANTIÈRE

Saint-Exupéry war nicht glücklich in den Vereinigten Staaten. Doch im Jahr 1941 wäre er auch überall sonst unglücklich gewesen, außer an der Front, und zu jenem Zeitpunkt fand er an keiner Front seinen Platz. Wenngleich es ihm sehr zu schaffen machte, daß er nicht kämpfen konnte, war es doch auch nicht seine Art, sich in einen Elfenbeinturm zurückzuziehen und zu schreiben. Nervös, in qualvoller Verfassung und unter starker Anspannung stehend, brachte er seine Tage und Nächte damit zu, über politische und militärische Kommuniqués zu diskutieren und die Strategie des Feindes zu analysieren; er heckte Pläne aus für Flugzeuglieferungen an England und für Lebensmittelsendungen nach Frankreich, und mit Physikern und Ingenieuren (er war selbst ein erstklassiger Mathematiker und besaß fundierte physikalische Kenntnisse) erörterte er die heikelsten Probleme, die verschiedene Waffen und Erfindungen aufwarfen. Welches Thema in der Diskussion auch angeschnitten wurde, stets kam das Gespräch wieder auf Frankreich, denn er konnte an nichts anderes denken.

Während eines Abendessens in New York im Frühjahr 1941 hatte Lewis Galantière eine Äußerung des Autors über die Zeit bei der Aéropostale nach dessen Ansicht falsch aufgefaßt. Saint-Exupéry haßte jede Art von Mißverständnissen. Kaum zuhause angekommen, schreibt er noch am selben Abend einen Brief an seinen amerikanischen Freund.

BRIEF AN LEWIS GALANTIÈRE

[im Frühjahr 1941]

Lieber Lewis,

verzeihen Sie mir diesen Brief, doch Mißverständnisse bringen mich immer zur Verzweiflung. Ich möchte zu einem Gespräch, das auf ein falsches Gleis geraten ist, ein paar Korrekturen nachtragen.

Ich sagte zu Ihnen, in der großartigen Aéropostale habe ein demokratischer Wind geweht, der alles verdorben habe. Hätte ich mich schriftlich ausgedrückt, dann hätte ich natürlich dieses gefährliche Wort vermieden. Es diente mir als Kürzel für bestimmte Faktoren, und ich hielt das für klar, da ich, wenn ich das Wort in seinem negativen Sinn gebrauche, selbstverständlich nicht an seinen wertvollen Teil denke. Ich sprach also nicht über die Problematik der Demokratien, ich sagte nicht: »Daurat, der ein Gegner der Demokratie ist, beweist, daß die Demokratie abzulehnen ist.« Ich sagte: »Mir geht es hier um das, was man gemeinhin – zu Recht oder zu Unrecht – den Demokratien vorwirft, und eben das hat meines Erachtens auch zum Niedergang der Aéropostale geführt.« Wenn ich sage: »Dieses Devotionalienzeug widert mich an«, weil ich bigotten Kunstkitsch unerträglich finde, wenn ich die despotische Herrschaft des Klerus in einer bestimmten Gesellschaft kritisiere, wenn ich einen Wissenschaftler angreife, der einem religiösen Finalismus huldigt, dann führe ich doch etwas derart Einleuchtendes ins Feld, daß selbst der überzeugteste Gläubige nicht im Traum daran denken würde, sich darüber aufzuregen. Ich spreche mich ja ganz offenkundig weder für noch gegen die Existenz Gottes aus.

So könnte ich der feurigste Demokrat sein und würde doch nichts Zweideutiges darin sehen, wenn ich zu Ihnen sage, demokratische Strömungen hätten die Aéropostale verdorben.

Als Sie dem Wort, das ich da gebraucht hatte, ein Gewicht beilegten, das es unweigerlich zu einem neuen Diskussionsgegenstand werden ließ, hat mich das doppelt geschmerzt.

Zunächst, weil ich damit nicht mehr auf das zurückkommen konnte, was ich eigentlich sagen wollte: nämlich wie Daurats* Werk zerstört worden ist. Ich fühle mich unglücklich, wenn ich mich verrenne. Aber mein Erklärungsversuch war jetzt den Bach hinunter, und ich war schuld daran. Ich hatte es hingenommen, daß die Keime dieser Zerstörung mit jenem »etwas« identifiziert werden, um dessentwillen aufrechte Menschen in den Tod gehen, und ehe ich diese willkürliche und zufällige Verbindung nicht wieder durchtrennt hatte, konnte ich mich unmöglich verständlich machen. Kritisiere ich beispielsweise den religiösen Finalismus Fabres** und wirft man mir dann vor, ich leugne die Existenz Gottes, bleibt mir nichts anderes übrig, als von der Problematik des Instinkts abzulassen und mich dem Problem des Wissens zuzuwenden, das wieder anders geartet ist. Wenn sich aber ein Gespräch so verzettelt, zieht mir das stets den Boden unter den Füßen weg.

Des weiteren eröffnete mir dieser neu eingeschlagene Weg düstere Aussichten: nämlich die auf eine Polemik. Polemik bringt mich noch mehr zur Verzweiflung, als wenn sich ein Gespräch verzettelt und auf ein falsches Gleis gerät. Nun gibt es nur ein einziges Feld, auf dem Sie zur Polemik übergehen – Sie, der Sie sonst so offen sind, worüber wir auch sprechen, und seien es die brennendsten Fragen. Aber ich möchte zunächst dieses Wort »Polemik« definieren.

Sie haben in einer Diskussion jederzeit das Recht, von mir zu verlangen, daß ich mich klar ausdrücke; Sie haben jederzeit das

* Daurat: Ehemaliger Leiter der Aéropostale.

** Jean Henri Fabre (1823–1915): französischer Entomologe.

Recht, mir meine Widersprüche vor Augen zu führen und mich aufzufordern, sie auszuräumen. So habe ich das Recht, von Ihnen zu fordern, daß Sie mir »Demokratie« definieren. So streng diese Ansprüche immer sein mögen, so hart auch etwaige Zurückweisungen ausfallen mögen, es handelt sich hierbei nicht um Polemik. Polemik beginnt da, wo Sie nicht mehr von mir verlangen, daß ich mich klar ausdrücke. Wo Sie ganz im Gegenteil meine Unklarheiten ausnützen, um über mich zu triumphieren. Wo Sie keinen Wert mehr darauf legen, daß ich mich genauer ausdrücke, weil Ihnen ja meine Fehler im Ausdruck gerade recht sind, um mich des Irrtums zu überführen. Wo Sie nicht mehr zu wissen wünschen, was ich sagen wollte, sondern sich zunutze machen, was ich sagte. Ich verzweifle jedesmal, sobald ich die Polemik hervorspitzen sehe, denn ich weiß nur zu gut, daß der mündliche Ausdruck, der nicht durch tausend Korrekturen hindurchgegangen ist, seine Botschaft nur zu übermitteln vermag, sofern man auch bereit ist, sie zu empfangen. Jeder mündlich formulierten Aussage läßt sich Herr werden. Wie ich Ihnen neulich sagte: Wenn ich Beaucaire* mündlich auseinandersetze, daß eine grün angestrichene Pendeluhr in einem Takt schlägt, der von der Quadratwurzel der Länge des Pendels abhängt, kann Beaucaire jederzeit von mir den Beweis dafür verlangen, daß die grüne Farbe keinen Einfluß auf die Pendelgleichung hat. Solche Einwürfe dienen in Wahlkampfkontroversen zur Verunsicherung, in Kontroversen, bei denen es nicht um größere Klarheit geht, sondern darum, Punkte zu machen. Denn wenn Beaucaire damit scheinbar nur von seinem Recht Gebrauch macht, von mir eine Begründung für meine Aussage einzufordern, ändert das nichts daran, daß er Unverständnis für etwas vortäuscht, was er sehr wohl verstanden hat. Nun braucht es aber immer Zeit, bis man sich wieder gefaßt hat, den neuen und unvorhergesehenen Gesichtspunkt überdenkt, weitere mögliche Gesichtspunkte berücksichtigt und seine Aussage absichert. Im Gespräch fehlt einem die Zeit dafür. Denn wollte ich Beaucaire antworten, müßte ich erst überlegen, um dann die Antwort niederzuschreiben. Und ich schriebe: »Dieses grüne Pendel ist

* Ein mit Saint-Exupéry befreundeter Ingenieur, der sich damals in New York befand.

für mich durch den Takt seiner Stellungswechsel und einen Gewichtswert vollständig definiert, da ich aus den Bewegungsgleichungen, die ich vornehmen will, nichts anderes ableite als Stellungen im Schwerefeld in Abhängigkeit vom Zeitwert. Für das Gewicht eines Objekts hat das Gewicht seines Besitzers keine Bedeutung, da meine Gewichtsberechnung nichts über das Gewicht des Besitzers auszusagen beansprucht. Wenn ich den Faktor ›grün‹ bei meinem Pendel außer acht lasse, so geschieht dies allein aus dem Grund, weil ich nichts herausbekommen will, was mit diesem Faktor ›grün‹ zu tun hätte.« Hat man diese Argumentation einmal ordentlich dargelegt (was mir hier trotz der Streichungen noch nicht vollständig gelungen ist), wird sich Beaucaire mit seinen polemischen Absichten schwertun. Sobald ich aber diese Zeit nicht zur Verfügung habe, wird mich der Einwand verwirren, ich werde bei meiner Entgegnung ins Stottern geraten, und vor Zeugen hätte ich so verloren.

Die Kunst des Beinstellens hat jedoch nichts mit Wahrheitssuche zu tun.

Sie verweigern es mir selten, mir gewissermaßen die Hand entgegenzustrecken und unter den notgedrungen mehrwertigen Sätzen (eine »Ethik« oder eine »Monadologie« zu schreiben braucht nicht umsonst seine Zeit) selber eben die eine von mehreren möglichen Bedeutungen auszuwählen, auf die es ankam. *Ich kann mich nämlich in einem Gespräch nur unter der Bedingung klar ausdrücken, daß mein Gegenüber auch wünscht, daß ich mich klar ausdrücke.* Es gibt indes ein Feld, auf dem Sie, kaum hat man es berührt, zum Polemiker werden, und zwar handelt es sich dabei um die Demokratie. Jedesmal wenn dieses Wort in unseren Gesprächen auftauchte, haben Sie nicht mich zu verstehen, sondern mich niederzumachen versucht. Sie haben es hier jedesmal vorgezogen, daß ich unklar bleibe. Und die Schwierigkeiten, mit Worten etwas zu erfassen, sind dergestalt, daß ich, falls ich es unbedingt darauf anlegte, womöglich auch Mittel und Wege fände, die *Monadologie* gegen den Strich zu lesen und auf diese Weise Leibniz als unklar hinzustellen.

In diesem Punkt, und nur in diesem Punkt, haben Sie stets »religiös« gehandelt. Ich befand mich von vornherein im Unrecht. Es ging nur noch darum, mich zu verurteilen. Da Al Capone ganz offenkundig im Unrecht ist, spielt es kaum eine Rolle, wenn es ihm wegen einer zweifelhaften Steueraffäre an den Kragen geht. Es ist so oder so nur gerecht, daß man ihn einsperrt. Im Namen einer transzendenten Wahrheit, die Ihnen als zwingend erscheint, suchen Sie nur mehr den erstbesten Vorwand, um über mich den Stab zu brechen (was Sie sonst nie tun). Ob sich die jeweilige Situation dazu überhaupt eignet, ist nicht mehr von Belang, denn sollte ich auch zufällig einmal recht haben, so befinde ich mich sonst jedenfalls eindeutig im Unrecht. Über so ein Detail zu diskutieren ist also nur verlorene Zeit. Ganz wie wir erbittert sind, wenn ein Verbrecher, dessen Verbrechen außer Zweifel steht, dennoch seiner Strafe entrinnt, weil es seinem Verteidiger gelungen ist, wegen einer banalen Verfahrensfrage eine Entscheidung zu seinen Gunsten zu erringen. Mag er auch in diesem Punkt recht haben – er befindet sich nichtsdestotrotz im Unrecht.

Nun weiß ich sehr gut, was ich sagen will, wenn ich im Gespräch mit Ihnen auf die Demokratie komme. Doch Ihre Reaktion war jedesmal, mich gleich bei meinen ersten Worten in die Enge zu treiben und mich auf sie festzunageln, und das hinderte mich stets daran, vollständig auszuführen, was ich begonnen hatte.

Jedesmal haben Sie mir den Kampf angesagt, und dies nicht im Namen einer klaren Aussage – die bieten Sie nicht –, sondern im Namen von etwas, zu dem Sie Ihr Gefühl treibt. Ich habe an der Güte dieser Triebkraft nie Kritik geäußert. Oder genauer gesagt: an dem Universum, das aus ihr hervorgehen könnte, wenn sie zu einem Ausdruck fände. Ein gefühlsbetonter Antrieb kann weder wahr noch falsch, weder logisch noch unlogisch sein. Er ist ganz einfach da, wie der innere Antrieb eines Bildhauers. Und er wird letzten Endes so viel taugen wie die Skulptur beziehungsweise wie die Aussage, in der er Gestalt annimmt. Nun muß sich solch ein innerer Antrieb, der jeweils ein bestimmter ist, notwendigerweise in einer ebenfalls jeweils bestimmten Ausdrucksform äußern können. Dies ist jedoch eine schöpferische Tätigkeit, da mein Antrieb ja noch keine Skulptur beziehungsweise noch keine gesellschaftstheoretische Aussage ist. Von ersterem zu letzterem gibt es keinen logischen Übergang. Es gibt keine Regel, die es jemandem, der unter dem Eindruck einer starken – ganz unverkennbaren, da schlicht vorhandenen – Gefühlsbewegung steht, gestatten würde, ein poetisches Bild zu schaffen, das in uns die gleiche Gefühlsbewegung auslösen könnte. Das poetische Bild ist zwingend, aber es läßt sich nicht eindeutig eine Brücke zwischen dem inneren Antrieb und der Herstellung solch eines zwingenden Eindrucks ausfindig machen.

Ich stelle also in keiner Weise die Antriebskraft in Abrede, die Ihnen so offenkundig erscheint, daß Sie mich [*unleserlich*]. Wenn mich der Nazismus in Harnisch bringt, weiß ich gleichfalls, daß mein Antrieb wirklich ist und also ausdrückbar. Und daß er zu einem gültigen Kredo werden kann, wenn ich imstande bin, den Samen zum Baum heranwachsen zu lassen. Das heißt, wenn ich imstande bin, einen gestaltlosen Antrieb in eine ausgebildete und wohldifferenzierte Skulptur zu verwandeln. Ist diese Operation einmal abgeschlossen, dann wird mein innerer Antrieb auch andere Menschen in seinen Bann schlagen. Er wird bekehrend wirken, ganz wie das poetische Bild den Leser zum Gefühl des Dichters bekehrt. Doch ich weiß auch, daß solch ein Gestaltgeben weder der Tätigkeit des Lesens noch der des Übersetzens entspricht, sondern daß dies eine schwierige Operation ist. Ich weiß aber auch, daß Sie im Irrtum sind, wenn Sie meinen, Sie hätten mit dem Wort Demokratie – oder mit einem Verweis auf die derzeit gängigen Formeln, die für uns Demokratie definieren – schon Ihrer inneren Triebkraft Ausdruck verliehen. Sie sind im Irrtum, wie einer, der glaubt, wenn er Auslassungspunkte setzt, um sein Gefühl »auszudrücken«, teile sich dieses auch mit, und der empört reagiert, wenn ich mich weigere, seine Gedächtnisstütze mit einer gelungenen Gefühlsübertragung zu verwechseln. Ich kenne eine bewundernswerte Frau namens Hortense. »Hortense« ist für mich ein festes Zeichen geworden. Ich habe das Wort mit meinen Gefühlen aufgeladen; doch ich erwarte nicht, daß es auf Sie eine umwerfende Wirkung hat, wenn ich »Hortense« sage.

Für alle hingegen, die Hortense kennen, sind diese beiden Silben mit demselben Gewicht befrachtet. Für all jene, die die gleiche Gefühlskraft antreibt, wird das Wort »Demokratie« mit demselben Gewicht befrachtet sein. So unbefriedigend die Beschreibungen von Hortense sein mögen, sie werden sie trotzdem zutiefst beeindrucken. So wenig zwingend eure Ausführungen über die Demokratie auch sein mögen, sie werden euch erlauben, euch euresgleichen gegenüber verständlich zu machen. Aber eben weil ihr euch bereits ähnlich wart. Wegen eurer ursprünglichen Identität. Das Wort ist höchstens noch ein Erkennungszeichen. Und den Aussagen kommt im einzelnen keine Bedeutung zu. Als 1917 in Pommern rechtsgerichtete Offiziere in der Kriegsgefangenschaft die Marseillaise sangen, fanden sie jenseits des Wortlauts, der ihnen kaum zugesagt hätte, ein gemeinsames Band.

Doch wenn man auch nur einen Fremden damit beeindrucken will, indem man das Wort »Hortense« ausspricht, wird man scheitern. Wenn Sie auch nur einen Ungläubigen mit Ihren Aussagen zur Demokratie bekehren wollen, werden Sie nicht minder scheitern. Bekehren werden Sie nur die ohnehin bereits Bekehrten. Nicht einmal zur Stärkung ihres Glaubens werden Sie damit beitragen, und Ihre Adressaten werden gut daran tun – so sie sich ihren Glauben bewahren wollen –, den Sinn Ihrer Worte nicht zu genau unter die Lupe zu nehmen und nicht mehr von Ihren Ausführungen zu verlangen, als sich die rechten Offiziere von der Marseillaise versprachen.

Dank einer entsprechend vorbereiteten Zuhörerschaft können Sie sich der Illusion hingeben, Sie hätten die richtige Ausdrucksweise gefunden. Sie reden über Hortense zu Leuten, die in diese Frau verliebt sind. Aber schließen Sie nicht einfach von Ihrem eigenen Inneren auf die anderen Menschen. Die kümmert zunächst einmal herzlich wenig, was in Ihrem Innern vorgeht. Gestaltet sich eine Idee nicht zu einem Bild, das die Bereitschaft oder sogar den Wunsch wecken kann, für diese Idee zu sterben, so zählt sie kaum. Verwechseln Sie nicht den Identitätsinstinkt, der in der Tat allen Menschen gemeinsam ist, mit einer »leidenschaftlichen Parteinahme für die Demokratie«: »Man lasse uns so, wie wir sind...« Niemand wird gern annektiert, oder nazifiziert, oder vertrieben, oder amputiert, oder zwangsumgesiedelt, oder nachts aus dem Schlaf gerissen, oder ins Zuchthaus gesteckt, oder läßt sich gern einen anderen Haarschnitt verpassen oder zum Verzicht auf Coca-Cola zwingen. Demokratie bedeutet für Sie eine starke und lebendige innere Antriebskraft (bedeutet, wohlgemerkt, aber erfaßt sie nicht). Diese Triebkraft verschönt Ihnen irgendwelche beliebigen

Wörter, die bloß ein Provisorium sind oder keine Gültigkeit mehr haben. Sie können an Ihrer inneren Wahrheit keine Zweifel hegen. Sie fühlen, und das ist auch richtig, daß Sie »aussprechen könnten«, worum es sich dabei handelt. Ebenso wissen Sie, daß es Gläubige gibt, die wie Sie »fühlen«. Aber Sie begehen einen Betrug, wenn Sie diesen Gläubigen auch all jene zuschlagen, die schlicht an ihren Gewohnheiten nichts verändert sehen möchten. Das ist gemogelt, denn diese Leute bilden eine Masse, die sich von jeder beliebigen Religion eine Form aufprägen ließe, sofern sie ihr nur eine Sprache bietet, die ihr zwingende Bahnen vorschreibt. Zwingend sein, das meint hier entweder Widersprüche auflösen oder Bestrebungen erwecken und ihnen Erfüllung gewähren. Solch eine Macht fehlt Ihrer Sprache hingegen. Sie ist ein Erkennungszeichen und kein Übertragungsmedium.

Vom Blickpunkt einer echten, einer »zwingenden« Sprache aus ist Ihre Sprache tot. Nicht daß das, was sie ausdrücken will, tot wäre, jener Sinn, den Sie in sich tragen. Er ist nicht nur nicht tot, da er ja »vorhanden ist« – vielmehr mag es sein, daß er noch gar nicht richtig geboren wurde. Er deckt sich nämlich weder genau mit dem Christentum noch genau mit dem Geist der Enzyklopädie. Das Tote ist die alte Sprache, die wurmstichige Synthese, um die sich jene alte Sprache bemüht.

Es fällt schwer, dies ohne langes Nachdenken zu analysieren. Ich kann nicht mehr als eine oberflächliche und anfechtbare Kritik skizzieren, ich erkenne im voraus alle Einwände an, die Sie gegen meine Ausführungen vorbringen mögen. Ich möchte hier schlicht feststellen, daß die Wörter, denen Sie einen emotionalen Wert beilegen, wie ich ihn dem Namen Hortense beilege, nicht so einfach und klar sind, wie sie Ihnen erscheinen. Nehmen wir beispielsweise die französische Parole »Freiheit-Gleichheit-Brüderlichkeit«. Ich wähle sie, weil Sie Ihnen neulich Anlaß zu einer heftigen Attacke gegen meine schüchternen Vorbehalte war.

Mir ist völlig unbekannt, wie Sie Freiheit definieren. Es gibt eine Unzahl von möglichen Definitionen. Und unter den stärksten finden sich welche, in deren Licht die heutige Zeit als eine der besonders »einschränkenden« geschichtlichen Epochen erscheint. Meine Freiheit beruht heutzutage nur auf jener Serienanfertigung, die unsere abweichenden Wünsche kastriert; es handelt sich um eine Freiheit, wie sie ein Pferd besitzt, dessen Geschirr nur den Blick auf diese eine Straße vor ihm freiläßt. Wovon, Gott im Himmel, bin ich denn frei in der Routine meines Beamtenlebens! Es ist nicht sehr originell, wenn man sich einem amerikanischen Durchschnittsspießer von heute an die Fersen heftet, beobachtet, wie er seine Morgenzeitung kauft, wie er diese gedankliche Fertigkost verdaut (während ein Fischer oder ein Bergbauer sich ihre Gedanken selber machen) und unter drei Meinungen eine Wahl trifft, weil ihm eben drei vorgeschlagen werden, wie er dann mit einer Siebteldrehung elfmal pro Minute die Schraube anzieht, die ihm bei seiner Arbeit am Band zugeteilt ist, wie er danach in seinem Drugstore etwas ißt, wo eine eiserne Knechtschaft die Verwirklichung des geringsten individuellen Wunsches verbietet, und wenn man ihm dann ins Kino folgt, wo ihn Mr. Zanuck* mit seiner diktatorischen Dummheit niederwalzt, und man schließlich dem traurigen Schauspiel beiwohnt, wie er mit seiner Ehefrau schläft, oder wenn man ihn an seinen freien Tagen zum Baseball gehen sieht. Aber kein Mensch ist über diese schauerliche Freiheit entsetzt, die nur die Freiheit ist, nicht zu sein. Die wahre Freiheit ist nur im schöpferischen Handeln zu finden. Der Fischer ist frei, wenn ihn sein Instinkt beim Fischfang leitet. Der Bildhauer ist frei, der ein Gesicht meißelt. Eine Karikatur der Freiheit ist es hingegen, wenn ich mich frei fühle, weil ich zwischen den vier verschiedenen Autotypen von General Motors wählen kann, oder zwischen den drei Filmen von Zanuck oder den zwölf Gerichten im Drugstore. Freiheit ist nur mehr die Wahl eines Artikels aus einem sich überall und in allem ähnelndem Standardangebot. Ich lasse dem Verurteilten die Wahl, ob er lieber gepfählt oder gehängt werden möchte, und bewundere seine Freiheit! (...)

Suche ich nach einem Beispiel für wahre Freiheit, werde ich es kaum anderswo als in den Klöstern finden, wo Menschen unter unterschiedlichen, einem reichen Innenleben entspringenden Triebkräften zu wählen haben.

Gleichheit? Klar gefaßt erscheint sie mir nur in der Lehre der katalanischen Anarchisten. Letztlich kann sie nichts anderes hei-

* Amerikanischer Filmproduzent (20th Century Fox).

ßen, und heißt sie nichts anderes, als daß der Mensch durch die Masse erdrückt wird: Einstein muß am Postschalter hinter schwarzen Hilfsarbeitern warten. Ich will dieses Ideal gern anerkennen, doch Sie selbst werden es nicht billigen. Und letzten Endes werden Sie entdecken, wenn Sie über diese Wörter nachdenken, daß Ihre Gleichheit in grundsätzlichem Widerstreit mit Ihrer Freiheit steht. Entweder besteht meine Freiheit darin, allen anderen zu gleichen, und beruht somit auf der Amputation aller unterscheidenden Merkmale: ich schneide dem Menschen die Beine ab, und dann lasse ich ihm die Freiheit, dorthin zu gehen, wohin er will. Oder aber meine Freiheit besteht darin, daß ich mich von den anderen unterscheide, und in diesem Fall wüßte ich für die Gleichheit keine Definition mehr zu geben. Ich weiß, was die Gleichheit zweier Dreiecke bedeutet. Was Gleichheit eines Dreiecks und eines Apfels bedeuten soll, weiß ich nicht. Gleichheit hat nur Sinn, sofern man von vergleichbaren Gegenständen spricht. Gleichheit und Freiheit finden allein im Ameisenhaufen zu wahrer Einheit. Ist der Standardroboter einmal geschaffen, dann ist er frei und gleich in einem. Man kann ohne weiteres eine Ameise in die Freiheit entlassen, sie wird gewiß keine Unruhe stiften. Sie wird sich schnurstracks in ein Sklavendasein stürzen. Die schwarzen Sklaven, die wir in Afrika freigekauft haben – Bark zum Beispiel* –, sind wieder zu ihren Besitzern zurückgekehrt.

Die unentwirrbarsten Probleme wirft jedoch fraglos die Brüderlichkeit auf. Bei euch heißt Brüderlichkeit jene wohlwollende Gleichgültigkeit, die daher rührt, daß sich niemand wirklich für irgendjemanden interessiert. Nun habe ich wahrhafte Brüder nur dort kennengelernt, wo in der Familie eine Hierarchie herrschte. Dort hörte ich, wie man zärtlich von »meinem kleinen Bruder« oder von »meinem großen Bruder« sprach. Haben Sie in den Vereinigten Staaten jemals gehört, daß jemand »mein Bruder« sagt? Solche Liebesgefühle können hier im allgemeinen gar nicht empfunden werden. Sie haben zu lange in europäischen Familien gelebt, um über diesen Punkt mit mir zu polemisieren. Die Bindungen, die in Amerika zwischen zwei Brüdern bestehen, sind un-

* Vgl. *Wind, Sand und Sterne*, Kapitel 7 (*Die Wüste*), Abschnitt VI.

gefähr so eng, wie es in Europa die Beziehung zu irgendeinem Enkel eines Cousin wäre.

Echter kameradschaftlicher Brüderlichkeit wiederum bin ich allein unter Daurat oder im Krieg begegnet. Nur dort, wo die Menschen etwas anderem als sich selbst unterstellt waren, wo jeder vom anderen abhängig war und sie eine hierarchische Ordnung bildeten wie die Zellen eines Baums. Menschen können Brüder nur in Bezug auf etwas sie Überschreitendes sein, wie den Glauben an die Familie, die Abstammung oder die Heimat. Aber solch ein Übergeordnetes führt zu Organisation und zerstört die Gleichheit. Die Gleichheit kann nur im Bezug auf ein übergeordnetes gemeinsames Maß wiedergefunden werden, und nur so läßt sie sich wohl definieren. Soldat und Hauptmann sind gleich im Bezug auf das Vaterland. Man könnte sagen, daß solche Ungleichheit die Voraussetzung für Brüderlichkeit ist. Weder die Zeit unter Daurat noch der Krieg können als Beispiele für Freiheit gelten. (Oder vielmehr sind dies die einzigen Beispiele wahrer Freiheit, die ich erleben durfte – denn Freiheit ist erst noch zu definieren.) Sie waren indes eine bewundernswerte Voraussetzung, um Brüderlichkeit zu üben.

Ihre Brüderlichkeit gerät also in Widerstreit mit Ihrer Freiheit und Ihrer Gleichheit. Ihre Gleichheit wiederum steht in Widerstreit zu Ihrer Freiheit. Diese Wörter hatten ehedem als Haltung, als Gegensatz zu etwas anderem, als Instrument der Veränderung einen Sinn. Ihre Bedeutung bezog sich auf einen bestimmten Lebensmoment, und das Leben läßt sich niemals zustandshaft ausdrücken. Heute sind sie hohl wie Trommeln, leer tönende Begriffe. Übersetzt man sie, ergibt das in etwa: »Es wäre wünschenswert, daß alle Welt glücklich ist!« Da hat man nun etwas davon, wenn man das ausgesprochen hat.

Noch einmal: Nichts an Ihrer inneren Triebkraft, die ich ebenso wie Sie selbst spüre, ist anfechtbar. Doch nichts davon wird durch diese Wörter erfaßt. Es läßt sich ihnen immer, so man denn will, ein Inhalt zurechtflicken. Unter den tausend möglichen Sinngebungen, den tausend möglichen Wechselwirkungen werden Sie schon eine annehmbare finden. Dieser Auswahlprozeß ist jedoch bereits Bildhauerwerk, und Ihre Präsenz ist dabei unerläßlich. Ich kann mir jederzeit vornehmen, Sie durch eine Unzahl von Beschreibungen zu Hortense zu bekehren. Aber dazu wird es nötig sein, daß ich selbst auf den Plan trete, um klarzumachen, was ich meine. Um Ihnen zu helfen, sich unter hunderttausend möglichen Gesichtern ein bestimmtes Gesicht vorzustellen. Meine Worte bilden also kein Gedicht mehr, das eine Idee vermittelt, zu ihr bekehrt und dem Geist den entsprechenden Weg weist. Dieses Gedicht bleibt noch zu schreiben.

Jene Wörter waren einstmals ein fruchtbares Samenkorn. Der Baum ist gewachsen, aber er ist dann gestorben. Das ist das Los jeder Synthese. Es braucht nun ein anderes Samenkorn.

So darf zum Beispiel Ihre Definition von Demokratie nicht auch die Flut von Ministerien abdecken, wie wir sie in Frankreich hatten, das Abwürgen allen schöpferischen Wirkens, die Standardisierung des Menschen, die Ablehnung alles Höheren, das die Menschen unter Zwang setzt, aber sie zugleich im Bezug auf ein verbindliches gemeinsames Maß vereint und damit den Grundstock für ihre Brüderlichkeit legt (eure Demokratie geht davon aus, daß die Arbeit ein bloßer Gegenstand des Tauschs ist, was idiotisch ist). Und schließlich darf Ihre Definition auch nicht jene Sinnentleertheit unseres Lebenswandels abdecken, die unsere inneren Regungen auf ein erbärmliches Spektrum reduziert hat. Wenn eure Jugend eines Tages, des Baseballs überdrüssig, das Erstgeburtsrecht entdeckt, das Brüder schafft, die unbeugsamen Orthodoxien, die den Rausch missionarischen Sendungsbewußtseins gewähren, wenn sie danach verlangen, sich den Zwängen von Spielregeln zu unterwerfen, um die Freuden des Spiels kennenzulernen – was werdet ihr ihnen dann statt dessen anbieten?

Ihres Erachtens geht dieser Jugend, wenn man sie sich so ansieht, eigentlich nichts ab. Den Verweis darauf, daß der Mensch doch zufrieden sei, kann ich aber nicht als Beweis dafür gelten lassen, daß ihm nichts mangelt. Es gibt keinen teleologischen Instinkt, der die Menschen dazu bewegte, nach etwas zu verlangen, was noch nicht erdacht wurde. Wenn man aber dem Menschen gewisse innere Regungen erschließt, die ihn in seinen eigenen Augen über sich hinauswachsen lassen, dann wird er auch nach den entsprechenden dafür erforderlichen Bedingungen verlangen. Man kann sich nicht wünschen, seinen Bruder mehr zu lieben, als man es tut. Solch ein

Wunsch hat keinen Sinn. Solch eine Haltung ist unmöglich. Doch hat man einmal einen Vorgeschmack von dem inneren Leben, von der Herzensfülle erhalten, die die Bruderliebe mit sich bringt, so wird man hartnäckig nach den Bedingungen verlangen, durch die solche Fülle und Innerlichkeit entstehen. Die Masse bei euch weiß nicht, daß sie sich langweilt; sie kann es weder erkennen noch zugeben. Die Langeweile ist nur eine Form der Sehnsucht. Der Höhlenmensch, der biologisch bereits dem heutigen Menschen gleich war, vermißte nicht Johann Sebastian Bach und verging nicht vor Langeweile, weil ihm Baseball fehlte. Aber nehmt euch in acht, daß man ihnen diese Langeweile nicht beibringt! Der Nazismus würde sich unter eurer Jugend ausbreiten wie das Feuer in einem Heustober. Sie ist bereit, sich beeinflussen zu lassen. Dann werden wir sehen, wie Sie dagegen anzukämpfen versuchen. Um der Gefahr entgegenzutreten, stehen Ihnen Leerformeln zur Verfügung oder eine innere Triebkraft, die unvergleichlich wünschenswerter und erregender ist als der nazistische Unrat, die Sie jedoch mangels einer zuvor erforderlichen schöpferischen Anstrengung den anderen nicht vermitteln können. Eure Jugend wird nehmen, was man ihr anbietet. Das erste Gedicht, das sie mitreißt, wird sie zu ihrer Bibel erklären.

Sie werden, kann ich mir vorstellen, einiges auszusetzen haben an dem, was ich über die amerikanische Jugend sage. Und doch habe ich recht. Weder Söhne noch Brüder noch Liebhaber zu sein ist ihnen vergönnt, kein mystischer Lebensweg und keine Vaterlandsliebe (Amerika ist eher ein Kontinent als ein Vaterland); es bleibt ihnen nur, Demokraten zu sein – das heißt, Ihnen selbst zufolge, eben zu lieben, was sie sind. Denn viel mehr bedeutet Demokratie für sie kaum. Und damit ist das Problem nicht gelöst.

Antoine de Saint-Exupéry.

Die Zeitschrift Harper's Bazaar *tritt an die Autoren Carson McCullers, G. B. Stern und Saint-Exupéry mit der Bitte heran, sie möchten etwas über die Bücher schreiben, die ihnen ganz besonders in Erinnerung geblieben sind. Saint-Exupéry liefert darauf folgenden Artikel:*

HARPER'S BAZAAR, APRIL 1941
BÜCHER, DIE MIR IN ERINNERUNG GEBLIEBEN SIND

Das erste Buch, das ich wirklich geliebt habe, ist eine Märchensammlung von Hans Christian Andersen. Doch das war in Wahrheit das zweite Buch, das ich gelesen hatte. Mit viereinhalb Jahren wünschte ich mir nämlich sehnlichst, endlich ein richtiges Buch zu lesen. In einem alten Holzkoffer voller vergilbter Prospekte und Kataloge hatte ich eine Broschüre über die Weinerzeugung gefunden; und so unverständlich sie für mich auch war, ich las sie von der ersten bis zur letzten Seite: jedes Wort bannte mich. Das war mein allerersten Buch.

Ein paar Jahre später entdeckte ich Jules Verne. Ich muß etwa zehn Jahre alt gewesen sein. *Die Stadt unter der Erde*, eines seiner weniger bekannten Bücher, das gemeinhin auch als ein bißchen langweilig gilt, war in meinen Augen ein geheimnisvolles und majestätisches Werk. Wenn ich auch heute noch davon spreche, so liegt das daran, daß dieses Buch eine wichtige Rolle in meinem Leben spielen sollte. Ort der Handlung sind unterirdische Stollen, die mehrere tausend Fuß unter der Erdoberfläche liegen und in die sich niemals ein Lichtstrahl verirrt. Es ist sehr gut möglich, daß die phantastische Atmosphäre dieses Buchs, die sich mir so sehr eingeprägt hat, zu meinem Buch *Nachtflug* den Anstoß gab, in dem es gleichfalls um eine Erforschung der Finsternis geht.

Ich hatte nie eine besondere Vorliebe für den Roman, und ich habe nur relativ wenige gelesen. Die ersten Romane, die mich anzogen, waren die von Balzac, insbesondere *Le Père Goriot*.

Mit fünfzehn entdeckte ich Dostojewski, und das war eine Offenbarung: Sofort spürte ich, daß ich mit etwas Außerordentlichem in Verbindung getreten war, und ich begann, alles zu lesen, was er geschrieben hatte, ein Buch nach dem anderen, ganz wie ich es auch bei Balzac gemacht hatte.

Mit sechzehn habe ich die Dichter entdeckt. Natürlich war ich der Überzeugung, selbst einer zu sein, und zwei Jahre lang schrieb ich, wie alle Jugendlichen, mit fiebrigem Eifer Verse. Ich verehrte Baudelaire, und zu meiner Schande muß ich gestehen, daß ich alles von Leconte de Lisle, alles von Hérédia und auch Mallarmé auswendig lernte. Letzteren würde ich allerdings auch heute nicht verleugnen.

Der erste zeitgenössische Romanautor, der mir von Wert schien, war Jean Giraudoux. *L'École des Indifférents* und *Simon le Pathétique* hatten es mir angetan, denn sie hinterließen mir den Eindruck, daß da ein Mann spricht, dem es ausschließlich um die wesentlichen Dinge geht. Ich erinnere mich zum Beispiel, daß es in *Simon le Pathétique* für Simon von lebensentscheidender Bedeutung war zu wissen, ob sein Bett ganz an die Wand geschoben war oder nicht. Für ein Kind ist das tatsächlich eine sehr schwerwiegende Frage; der dunkle, leere Raum, der einen von der Wand trennt, ist ein geheimnisvolles Land, das einem ganz allein gehört...

Ich nehme auf Reisen stets eine gewisse Anzahl von Büchern mit. Ich zögere jedoch, deren Titel hier zu nennen; denn gesteht man, daß man beständig die Werke von Pascal, von Descartes und von zeitgenössischen Philosophen, Mathematikern und Biologen mit sich führt, mag das prahlerisch wirken, so als wollte man damit nur Eindruck schinden. Und doch liegen diese Bücher hier neben mir auf dem Tisch. Während des Krieges waren Pascal, Rilkes *Die Aufzeichnungen des Malte Laurids Brigge* und ein zerfledderter Band von Baudelaires Werken meine treuen Begleiter...

Bei dem Gedanken an diese Bücher, die unzweifelhaft mein Leben tief beeinflußt haben, kommt mir plötzlich meine »magische Geschichte« in den Sinn. Sie ist nicht einem Buch entnommen, sondern entspringt der Erinnerung an ein Leseerlebnis, ein Leseerlebnis in einem ganz maschinellen Sinn. Es handelt sich um eine Kindheitserinnerung, die unter sonderbaren Umständen in einer abgelegenen Gegend des Planeten wieder aus ihrem Schlummer erwachte.

Vor einigen Jahren bin ich mit dem Flugzeug in Guatemala abgestürzt. Ich lag lange im Koma. Dies ist ein denkbar unangenehmer Zustand, da man nicht mit einem Mal wieder zum Leben erwacht, sondern langsam und mit dem Gefühl, als triebe man durch eine zähe und klebrige Atmosphäre wieder der Außenwelt entgegen. Trotz erschöpfender physischer wie geistiger Anstrengungen war ich außerstande, mich aus der Traumwelt zu lösen. Ich erinnere mich, wie ich eines Nachts aufwachte, weil ich die Decken und Leintücher hatte hinabrutschen lassen. In Guatemala sind wegen der Höhe die Nächte sehr kalt. Ich hatte mir acht Brüche zugezogen, und so war es mir nicht möglich, an die Decken zu gelangen. Ich rief also meine Krankenschwester und flehte sie an, mich rasch in »das unfehlbare Tuch« zu hüllen, da ich überzeugt war, ich würde sterben, wenn sie nicht sofort handelte.

»Aber so etwas haben wir nicht«, entgegnete die Krankenschwester. »Ein ›unfehlbares Tuch‹ haben wir nicht.«

Meine Gedanken waren wirr. Ich versuchte mir vor Augen zu führen, wie man ein Bett bereitet. Ich sagte mir: Komm schon, bei der Armee habe ich mir immer selber mein Bett gemacht, wie ging das denn...? Ein Leintuch drunter, eins drüber... Nein, ein drittes gab es nicht. Die Krankenschwester hatte recht. Es fiel mir schwer und ich bedauerte es, von dem Gedanken an ein »unfehlbares Tuch« lassen zu müssen.

Mit der Zeit vergaß ich diesen Zwischenfall vollständig. Eines schönen Tages kam ich wieder nach Lyon, wo ich als Kind ein Jahr verbracht hatte. Meine Familie hatte mich damals jeden Sonntag zur Messe nach Fourvière mitgenommen, einer Basilika, die auf einem Hügel über der Stadt errichtet worden war und zu der man mit einer Zahnradbahn gelangte. Ich beschloß, einen kleinen sentimentalen Abstecher dorthin zu unternehmen. Als ich ankam, stellte ich fest, daß man seine Fahrkarte nach wie vor am Tunnelausgang erwarb, ehe man durch eine sich automatisch öffnende und schließende Absperrung ging. Ich reihte mich in die Schlange hinter vielleicht zwanzig Leuten ein. Wir gingen langsam voran, und meine Blicke schweiften nach links, zu einer mit Plakaten beklebten Wand. Es waren immer noch dieselben Werbeplakate wie vierzig Jahre zuvor, doch mittlerweile vom Rauch geschwärzt und schon kaum mehr zu erkennen. Zerstreut entzifferte ich sie, als mir mit einem Mal das Herz hüpfte. Das war es also! »Das Tuch des Samariters, wirkt unfehlbar bei allen Wunden und Verbrennungen.« Da waren sie, die Tücher, die Schmerzen lindern, Verletzungen heilen konnten und an die ich mich auf meinem Krankenhausbett in Guatemala erinnert hatte! Als Fünfjährigen muß mich jenes »unfehlbare Tuch für alle Wunden« wohl zutiefst beeindruckt haben. Dieses selbe Plakat, dachte ich nun, dürfte auch einem Satz zugrundeliegen, den ich in *Wind, Sand und Sterne* Guillaumet gegenüber gebrauchte: »Am selben Abend noch flog ich dich nach Mendoza, wo dich dann weiße Tücher wie ein Balsam umfingen.« Eine Erinnerung an die magischen Tücher, die Wunden zu heilen vermochten… Eine Erinnerung an jenes alte Plakat im Fourvière-Tunnel, die sich fast dreißig Jahre hindurch in einem dunklen Winkel meines Gedächtnisses eingenistet hatte.

Ohne Autoren gibt es keine Verleger; es ist also Aufgabe des Verlegers, seine Autoren dazu zu bewegen, Bücher zu schreiben. Saint-Exupéry war ein französischer Schriftsteller, für den sich die Amerikaner interessierten. Man gestand ihm fünf, sechs Wochen zu, damit er sich an sein neues Leben gewöhnen konnte, dann gab man ihm taktvoll zu verstehen, daß er sich nun an die Arbeit machen sollte. Als die taktvolle Art dafür nicht hinreichte, wurde man ein wenig nachdrücklicher: »Es ist Ihre Pflicht, Leuten, die der Meinung sind, die Franzosen hätten nicht aktiv gekämpft, die Situation in Frankreich und die Niederlage zu erklären.«

Anfangs machten ihn solche Äußerungen wütend; zunächst einmal, weil er sie als eine Beleidigung Frankreichs empfand, und ferner, weil er sich dabei implizit als ein literarischer Geschäftemacher behandelt fühlte, der nur um des Geldes willen schreibt. Er hatte vier Jahre gebraucht, um *Nachtflug* zu schreiben; sieben Jahre hatte die Arbeit an *Wind, Sand und Sterne* in Anspruch genommen. Er war das gerade Gegenteil eines Saint-Cyran, jenes Theologen des 17. Jahrhunderts, von dem Abbé Brémond sagte, er habe »schlecht, aber ohne die geringste Anstrengung geschrieben«. Saint-Exupéry mußte zugeben, daß alle Welt über Frankreich schrieb, daß aber, mit Ausnahme Maritains, niemand in Amerika zu wissen schien, wovon er sprach. In allen Zeitungen des Landes wurde über Frankreich diskutiert. Die deutschen und österreichischen Flüchtlinge, denen die Franzosen 1933 als erste Unterstützung gewährt hatten, wuschen in aller Öffentlichkeit nicht nur ihre eigene schmutzige Wäsche, sondern auch die der Dritten Republik. Die Propaganda der Botschaft von Vichy in Washington war kaum überzeugend, eher lächerlich. Die Gaullisten in New York kritisierten einander wechselseitig und bestätigten so den Eindruck der Amerikaner, daß die Franzosen weit davon entfernt waren, zu einer Einheit zu finden. Gegen seinen Willen also, aus Pflichtgefühl, machte sich Saint-Exupéry daran, ein Buch über den Krieg zu schreiben.

Er schrieb zwar einige Kapitel, doch mit dem Buch ging es kaum voran. Die Nachrichten aus Frankreich in diesem Jahr 1941 waren sehr deprimierend. Die wiederholten Zwischenfälle, zu denen es zwischen Engländern und Franzosen kam, waren allzu entmutigend. Unterdessen läutete unaufhörlich das Telephon: Zeitschriftenherausgeber, Leiter von französischen Kultur- und Hilfsorganisationen und Veranstalter von Vortragsreisen gingen ihn unablässig um seine Dienste an. Es wurde viel getratscht in der französischen Kolonie, unter den »Emigranten«, wie man sie nannte, und die Zungen verspritzten reichlich Galle: »Saint-Exupéry? Gestern habe ich ihn in Washington gesehen; er ist mit Chautemps* essen gegangen, der hier für Vichy arbeitet.«

Saint-Exupéry war nicht nur nie mit Chautemps essen gegangen, er hatte mit diesem auch nie ein Wort gewechselt. »Saint-Exupéry? Der ist ein Vichy-Agent; er ist hier, um für Vichy Flugzeuge zu kaufen.« Nicht nur daß er in keiner Weise mit Vichy oder dessen Botschaft in Washington in Verbindung stand, vielmehr waren die Leute, die er am häufigsten sah – Alphand, Manziarly, Oberst de Chevigné undsoweiter –, überzeugte Gaullisten, die auch ganz offiziell als solche in Erscheinung traten. »Wir begnügen uns nicht damit, alle Welt durch Hörensagen von unseren Verrücktheiten und Lastern wissen zu lassen«, schrieb Montaigne, »wir stellen sie in der Fremde auch noch zur Schau. Man setze drei Franzosen in den Wüsteneien Libyens aus: Ehe ein Monat vergangen ist, werden sie sich zerstritten und zerfleischt haben.«

Gegen Ende des Frühjahrs reist Saint-Exupéry zu Jean Renoir nach Hollywood. In Los Angeles trifft er im Juli erstmals mit Théodore von Karman zusammen, einem Fachmann für Aerodynamik, der sich später äußerst beeindruckt von Saint-Exupérys Ideen auf diesem Gebiet zeigt und sie zum Teil auch praktisch erprobt sehen möchte.

Am 22. Juni greift Hitler die Sowjetunion an.

Bei seiner Ankunft in New York war sich Saint-Exupéry offenbar keineswegs schlüssig gewesen, wie lange er in Amerika bleiben würde. In Frankreich rechnete man mit seiner baldigen Rückkehr.

* Camille Chautemps: Ehemaliger französischer Ministerpräsident, hatte 1940 eine Zeitlang dem ersten Kabinett von Marschall Pétain angehört.

Jedoch nicht nur seine Verpflichtungen als Autor und als Sprecher für die Sache Frankreichs halten ihn in Amerika zurück, sondern auch gesundheitliche Schwierigkeiten. Während seines Aufenthalts in Kalifornien wird er ins Krankenhaus eingeliefert und muß sich einer Operation unterziehen. Die Rekonvaleszenz nützt er dazu, an Flug nach Arras *und* Stadt in der Wüste *zu arbeiten; er liest von neuem Andersens Märchen und trägt sich mit Gedanken zu einem Buch, aus dem* Der kleine Prinz *wird.*

ERINNERUNGEN VON LEWIS GALANTIÈRE

Während sich Saint-Exupéry von seiner Operation erholte, ehe er nach New York zurückkehrte, nahm er sich wieder einige Aufzeichnungen vor, die er seit dem September 1937 gesammelt hatte und lächelnd als sein »nachgelassenes Werk« bezeichnete. Er sprach kaum darüber, und da ich meinem Freund nicht lästig fallen wollte, wußte ich darüber nicht sehr viel. Er hatte mir 1938 die ersten zwölf Seiten daraus vorgelesen; sie hatten mir nicht gefallen, denn es war eine allzu blumige poetische Prosa im Stil des frühen Gide.* Der Form nach sollte es wohl ein *conte philosophique* werden, wie man es im 18. Jahrhundert pflegte, eine Folge von Dialogen am Hof eines imaginären Sultans. Saint-Exupéry schien zu denken, daß er damit den geeigneten Rahmen gefunden habe, um seine Eindrücke und Betrachtungen zu allen möglichen Themen niederzuschreiben: zu Mensch, Staat, Religion, Krieg, Liebe und Zivilisation.

Nach New York zurückgekehrt, arbeitete er mit großem Eifer an diesem Werk, und als er sich im Frühjahr 1943 endlich der Luftwaffe in Nordafrika anschließen konnte, hatte er bereits 1200 oder 1300 Seiten geschrieben. Doch ich bin sicher, daß hier noch nicht von einem Buch im eigentlichen Sinne die Rede sein konnte; es handelte sich vielmehr um eine Anhäufung von rasch aufs Papier geworfenen Aufzeichnungen, eine unförmige Masse, die so nicht zur Veröffentlichung bestimmt war.

* Es handelt sich um den Text, den später die Zeitschrift *La Table Ronde* (in ihrer Nummer vom 7. Juli 1948) unter dem Titel *Seigneur Berbère* veröffentlichen wird; er ist ein erster Entwurf zu *Stadt in der Wüste*.

Ich kam hier darauf zu sprechen, weil Saint-Exupéry bei dieser Arbeit an seinem »nachgelassenen Werk« zu dem fand, was er bislang vergeblich in seinem noch unvollendeten Buch über den Krieg auszudrücken versucht hatte. Jene Monate, während deren er über diesen Aufzeichnungen brütete, ermöglichten es ihm, *Flug nach Arras* zu schreiben.

BRIEF AN X...

Los Angeles [8. September 1941]

Seit dem Krieg bin ich verändert. Es ist mit mir dahin gekommen, daß ich allem, was mich persönlich anbelangt, keinerlei Wert beimesse... Ich bin nahezu ständig krank, in seltsamer Weise krank, und dies ist mir absolut gleichgültig. Ich will mein Buch zu Ende schreiben. Das ist alles. Als Gegenleistung biete ich mich selbst. Ich glaube, das hängt nun an mir fest wie ein ausgeworfener Anker. In der Ewigkeit wird man mich fragen: »Was hast du aus deinen Gaben gemacht, und in welchem Sinne hast du auf die Menschen eingewirkt?« Nachdem ich nicht im Krieg ums Leben gekommen bin, gebe ich mich jetzt für etwas anderes als den Krieg drein. Wer mir dabei hilft, ist mein Freund. Als Hilfe erbitte ich nur, daß man die Streitigkeiten ruhen läßt. Ich benötige nichts. Weder Geld noch Vergnügen noch Gesellschaft. Ich brauche unbedingt meinen Frieden. Ich verfolge keinerlei eigennützige Zwecke. Bin auf keinerlei Anerkennung durch die öffentliche Meinung aus. Darüber bin ich jetzt völlig mit mir selbst im reinen. Das Buch wird erst nach meinem Tod erscheinen, denn ich werde niemals damit fertig werden. Ich habe nun siebenhundert Seiten. Wenn ich diese siebenhundert Seiten an geschürftem Gestein schlicht noch einmal wie einen gewöhnlichen Artikel durcharbeiten wollte, bräuchte ich schon zehn Jahre, um darin auch nur halbwegs Ordnung zu schaffen. Ich werde bis ans Ende meiner Kräfte arbeiten. Ich werde mir nichts anderes mehr auf der Welt vornehmen. Mir selbst als Person kommt keinerlei Bedeutung mehr zu, und ich verstehe nicht, wieso ich zum Gegenstand von Streitigkeiten werde. Ich fühle mich bedroht, verwundbar, zeitlich begrenzt, ich will meinen Baum vollenden. Guillaumet ist tot, ich will meinen Baum rasch vollenden. Ich will bald etwas anderes werden als ich selbst. Ich habe das Interesse an mir verloren. Meine Zähne, meine Leber und der ganze Rest, alles ist wurmstichig, hat für sich genommen keinerlei Interesse. Ich will etwas anderes sein als so etwas, wenn es ans Sterben geht.

Vielleicht ist all das aufgeblasenes Zeug. Es ist mir herzlich gleichgültig, ob man es aufgeblasen findet. Möglicherweise täusche ich mich über mein Buch, und es wird vielleicht ein mittelmäßiger, dicker Wälzer: Das ist mir herzlich gleichgültig, es ist das Beste, was aus mir werden kann. Ich muß das Beste aus mir machen. Etwas Besseres, als im Krieg zu fallen.

Zum ersten Mal hat mich jetzt diese Schweinerei, die sich die Zeitungen geleistet haben,* nicht mehr besonders beeindruckt. Früher hätte ich deswegen einen Monat lang nicht arbeiten können. Aber nun kümmere ich mich nicht mehr um die Urteile über mich. Ich habe es sehr eilig, überaus eilig. Ich habe nicht mehr die Zeit, mir all das anzuhören. Jetzt bin ich auf der Stelle bereit, irgendwo in den Tod zu gehen, wenn dies das Beste wäre, was ich tun könnte. Es hat sich für mich indes eine Aufgabe ergeben, die ich für das Beste halte. Und Punkt. Ich denke jetzt, daß man in dem, was ich tue, mit mir oder gegen mich ist. Durch den Krieg, und dann durch Guillaumet, habe ich begriffen, daß ich eines Tages sterben werde. Das war nicht mehr jener abstrakte, poetisch gedeutete Tod, der ein sentimentales Ereignis ist, etwas, was man herbeisehnt, wenn man Kummer hat. Damit hatte das gar nichts zu tun. Es handelte sich nicht mehr um einen Tod, wie sich ihn ein sechzehnjähriger Junge vorstellt, der »des Lebens müde ist«, nein. Hier ging es um den Tod eines erwachsenen Mannes, einen ernsthaften Tod, um ein Leben, das abgelaufen war. (…)

* Saint-Exupéry bezieht sich hier auf den Wirbel, den seine unfreiwillige Ernennung zum Nationalratsmitglied durch die Vichy-Regierung in der Presse verursacht hatte (s. oben S. 139 f.).

[im November 1941]

Lieber Lewis,

ich möchte Ihnen rasch ein paar Zeilen schicken. Ich schreibe Ihnen, damit Sie mich mit den Freunden Reynal und Hitchcock in Verbindung halten. Ich hoffe, Sie können meine Schrift lesen; ich bin es nicht mehr gewohnt, mit einem Füller zu schreiben, und ich bin zu nervös, um einen Brief in korrekter Form aufzusetzen.

Zunächst einige Einzelheiten zu dieser komplizierten Geschichte und zu einer Operation, die vielleicht nicht mehr Nutzen einbrachte, als wenn man den Fuß behandelt, da man den Kopf heilen möchte.

Sie müssen wissen, daß ich seit geraumer Zeit immer öfter an einer unerklärlichen Krankheit litt. Mir tat nichts weh, und plötzlich wachte ich mitten in der Nacht auf, fröstelnd und bibbernd, wie bei einem Malariaanfall, und mit zwischen 104° und 105° schwankendem Fieber. Das brachte mich zur völligen Erschöpfung. Außerdem war es unbegreiflich, da ich ja nicht an Malaria erkrankt war und mir auch kein Organ weh tat.

Wenn ich in New York sagte: »Ich war krank, ich hatte 41° Fieber«, rührte das keinen Menschen, weil sie nicht wußten, daß 41° 105° sind... Die einzige Vermutung, die man äußerte, bezog sich auf die Gallenblase, die man mir bereits mehrmals herausnehmen wollte. Da sie mir kaum weh tat, konnte mich diese Theorie nicht überzeugen, und ich habe dieses Experiment immer abgelehnt.

Aber ich habe hier einen schlauen Burschen gefunden, der mir eine ziemlich verführerische Erklärung für meine Beschwerden vorgeschlagen hat. Und ich bin darauf eingegangen. Sie müssen sich vor Augen halten, daß ich bei Jean Renoir drei Fieberanfälle von 104 und 105 Grad durchgemacht hatte. Das ging so nicht mehr weiter.

Und so sieht die Hypothese aus. (Leider ist es nach wie vor nicht mehr als eine Hypothese.)

Ich hatte 1923 einen äußerst schweren Flugzeugunfall (Abtrudeln bis zum Boden), und zwar mit einem Holzflugzeug. Nach halbstündiger Arbeit hatte man mich mit Schädelbruch, Bruch des

Brustbeins und des Handgelenks sowie mit einigen Löchern aus dem Flugzeug herausgezogen. Die Löcher stammten von Holzsplittern, insbesondere von Splittern des Sitzes. (...)

Die Theorie meines Mannes war nun folgende: Diese heftigen Fieberschübe, die sich nicht auf eine Organerkrankung zurückführen lassen, da Ihnen ja kein Organ wehtut, ließen sich sehr gut erklären, wenn man in dem Körperbereich, der bei Ihrem damaligen Unfall in Mitleidenschaft gezogen worden war, einen Einschluß (...) entdeckte, der sich von Zeit zu Zeit entzündet.

Nach Untersuchungen und Durchleuchtungen schien es so, als liege in der Tat solch ein vernarbtes Reservoir vor. Es beeinträchtigte keine Organfunktionen, aber alles sprach dafür, daß es eine beständige Infektionsquelle darstellen mußte. Man beschloß also, es zu beseitigen, indem man diese Art Narbenriegel herausschnitt.

Ich erklärte mich mit der Operation einverstanden, weil es sich hier nicht, wie im Fall der Gallenblase, um den Verlust eines nützlichen Organs zugunsten eines hypothetischen Nutzens handelte. Ich hatte bei dem Experiment nichts zu verlieren, und es gab die Aussicht, daß es mir helfen könnte.

Aber das ist nun alles andere als spaßig. Die Operation (...) hat in der Rekonvaleszenzzeit eine Reihe absolut unerträglicher Krämpfe nach sich gezogen sowie zahlreiche kleine Blutungen und ein oder zwei Infektionsschübe (...). Zudem wird eines meiner Augen, seit ich mir den Knochen auf Höhe des Sehnervs gebrochen habe, die schlechte Gewohnheit nicht los, sich seltsamerweise bei jeder beliebigen Infektion zu entzünden. Eine durch eine Fußverletzung in Saigon verursachte infektiöse Embolie, die Phlegmone an meinem in Guatemala verletzten Arm, alles hat sich stets in einer inneren Blutung in diesem blöden Auge niedergeschlagen. Diesmal kam es nicht anders. Und so hatte ich zu allem Überfluß auch noch ein krankes Auge. Man hat es mit künstlichen hohen Fieberstößen behandelt, das Fieber ist bis auf 105,6° geklettert. Und jetzt geht es schon besser.

Doch all das hat mich völlig zerschlagen. Ich leide noch stark unter diesen Krämpfen (die jedoch im Abnehmen begriffen sind) und darf eben erst allmählich wieder das Bett verlassen. Ich bin nach alledem äußerst demoralisiert. Ich frage mich auch, ob es richtig war, mir an einer Stelle herummetzgern zu lassen, an der ich keinerlei Unbehagen oder Schmerz verspürt hatte (...), und ich fürchte, ich habe mich von einer ingeniösen, aber zu intellektuellen Sicht des Problems hinreißen lassen.

Vermutlich habe ich mit meinen Zweifeln unrecht, denn der Doktor, der mich behandelt hat, schien mir wirklich vorzüglich. Und außerdem mußte irgend etwas versucht werden.

Solch eine Operation, bei der die Heilung wegen Blutungen und neuerlicher Infektionen ewig auf sich warten läßt, wirkt sich vor allem auf das Nervenkostüm aus. Damals in Guatemala war es weniger qualvoll. Aber kurzum, ich glaube, es wird jetzt besser.

Verzeihen Sie also, daß ich mit meinem Buch in Verzug gerate. Ich bin darüber selbst unglücklicher als Sie. Da ich denke, daß nun endlich die eigentliche Rekonvaleszenzphase begonnen hat, hoffe ich, daß meine Nerven und meine Seele die nötige Ruhe finden, ohne die ich nicht arbeiten kann. Glücklich darf sich schätzen, wer Bretter sägt und nicht von den Einflüssen seines Innenlebens abhängig ist.

Dies ist kein Brief. Dafür bin ich noch viel zu schlapp... Ich schaffe es nicht, Ihnen all das mitzuteilen, was ich zu sagen hätte. Es geht hier einfach darum, meine Freunde über meinen Zustand zu unterrichten; eher war ich dazu nicht imstande, und auch heute gelingt es mir nur schlecht...

Sie werden allerhand zu tun haben, um mich wieder in die Höhe zu bringen. Ich habe Sie gern.

Saint-Ex.

BRIEF AN LEWIS GALANTIÈRE

[im November 1941]

Lieber Lewis,

ich reise am Sonntag ab. Es geht endlich besser. Und ich hege sogar die Hoffnung, daß ich nunmehr befreit bin von diesen Krisen, die mir seit drei Jahren – und von Mal zu Mal häufiger – das Leben sauer werden ließen und die leider gar nichts mit den Nerven zu tun hatten! Nervöse Störungen lassen einen doch nicht um drei Uhr morgens zähneklappernd und an allen Gliedern fröstelnd mit hohem Fieber – 104 ° bis 105 ° – aus dem Schlaf hochfahren! Nervöse Störungen lassen sich doch nicht schlagartig mit Sulfonamid abstellen, das speziell für Blutvergiftungen gedacht ist und es mir trotz der Heftigkeit der Anfälle ermöglichte, mich nachmittags mit halbwegs erträglichem Fieber und Schwindelgefühl auf den Beinen zu halten...

Doch dieses Mittel, das mir jedesmal aus der Patsche half, ist gefährlich. Was wäre aber aus mir geworden, wenn ich es nicht gehabt hätte? Den ganzen Krieg über führte ich es in meiner Tasche mit, für den Fall, daß ich in Gefangenschaft geraten sollte!

Daß meine Anfälle durch Infektion verursacht wurden, haben alle erdenklichen Tests bewiesen. Weiße Blutkörperchen undsoweiter... (sowie das typische Frösteln). Deshalb haben mir alle Ärzte, mangels irgendeines bezeichnenden Schmerzes, die Gallenblase herausnehmen wollen; sie war das einzige Organ, das mir ein bißchen weh tat. Doch verglichen mit den heftigen Fieberanfällen schien mir das ein denkbar geringer Schmerz, und ich habe stets diese Operation abgelehnt. Ich wollte überzeugendere Beweise in Händen halten.

Je länger das so geht, desto mehr glaube ich an die Erklärung, die man mir hier gegeben hat. Bei meiner Ankunft in Kalifornien hatte ich innerhalb von acht Tagen drei Anfälle, seit der Operation hingegen sind vergleichbare Anfälle, trotz mancher vorübergehender Komplikationen, gänzlich ausgeblieben, wenn ich auch wie erschlagen bin von dieser schmerzvollen Operation, wenn ich auch mit den Nerven völlig am Ende bin und mich eine Menge Sorgen quälen, unter anderem wegen meines liegengebliebenen Buches.

Freilich ist es auch früher vorgekommen, daß ich einen Monat lang keinen Anfall hatte, und der endgültige Beweis wird erst mit der Zeit erbracht werden können. Seit einigen Monaten indes wiederholten sich die Anfälle sehr häufig – und dieses Aussetzen mehr als einen Monat über scheint mir ein sehr günstiges Zeichen zu sein.

Ich erzähle Ihnen all das, weil Sie zu glauben scheinen, ich gebe mich wie ein überempfindliches junges Mädchen mit irgendwelchen vagen Beschwerden ab, wo es sich hier doch um ganz eindeutige, heftige und wiederholte Anfälle handelt, die mich, gäbe es das Sulfonamid nicht, jedesmal vierzehn Tage ans Bett gefesselt und vielleicht ins Grab gebracht hätten. Und was war das für ein Leben! Hätte man in meiner Fliegerstaffel von diesen Fieberattacken etwas geahnt, dann hätte man mich wieder nach Hause geschickt, anstatt mir die Verantwortung über ein Flugzeug und eine Besatzung anzuvertrauen, und da ich mir alles Klagen verkneifen mußte, sofern ich nicht gewaltsam auf einen ruhigen Posten geschoben werden wollte, habe ich auch unter starkem Fieber Einsätze in großen Flughöhen ausgeführt. Einmal mußte ich sogar, als mich in üblem Zustand eine ärztliche Flugtauglichkeitsüberprüfung überraschte, irgendeine alte Malariageschichte aus dem Ärmel zaubern; dabei bin ich trotz meiner Zeit in den Kolonien von dieser Schweinerei verschont geblieben.

Wenn Sie nicht erkannten, daß ich krank bin, lag das am Sulfonamid, das mir mehr schlecht als recht durchzuhalten erlaubte. Doch hätten Sie ein paar Stunden vorher gesehen, wie ich bei 105 ° Fieber mit den Zähnen klapperte, wären Sie der erste gewesen, der mich gezwungen hätte, einen Chirurgen in dieser Sache irgend etwas versuchen zu lassen. Und dabei wäre ich wohl einer fast einwandfreien Gallenblase verlustig gegangen, die es indes den Medizinern mangels einer anderen Erklärung angetan hatte.

Nebenbei gesagt, hat man nicht einfach eine Narbe durch eine andere ersetzt, sondern man hat ein Infektionsreservoir beseitigt [*Es folgt eine Zeichnung: Saint-Exupéry skizziert die drei Stadien der Vernarbung.*] (D. h. man hat eine tiefe durch eine flache Narbe ersetzt.)

Ich glaube, alle Ärzte wären sich darüber einig, daß die Existenz solch eines Einschlusses (...) einen ständigen Infektionsherd darstellt, der (...) bis zu den Nieren ausstrahlt. Jeder hätte die Operation angeordnet, sofern ihm dieses Reservoir, das sich nicht leerte, aufgefallen wäre.

Verzeihen Sie, daß ich mich so lange über meine Gesundheit auslasse. Das ist nicht meine Gewohnheit, und ich denke, ich habe, gemessen an dem, was ich durchmachte, wenig davon gesprochen. Vielmehr habe ich drei Jahre schweigend damit zugebracht, all diese Sorgen, die ohne Aussicht auf eine Lösung schienen, in mir zurückzuhalten, und diese Jahre waren derart unerträglich, daß Sie mir nicht böse sein dürfen, wenn ich mich jetzt von meinem langen Schweigen erlösen will!

(Erinnern Sie sich noch an den Abend mit Ihrer Nichte im »21«? Ich war nach Hause gefahren, »um zu arbeiten«. Das stimmte nicht. Ich war nach Hause gefahren, weil ich spürte, wie das Fieber hochschoß, und ich wirklich nicht mehr wußte, wie ich mich auf den Beinen halten sollte!)

Mein lieber Lewis, ich habe Sie gern. Ich verspreche Ihnen hoch und heilig, daß ich Sie niemals mehr mit so einem senilen Gerede belästigen werde. Ich komme mir dabei unausstehlich vor, aber all das hat mich zu sehr bedrückt. Ich befreie mich nun für immer davon. Mein Denken wird jetzt dem Buch gelten. Dem Titel. Dem Krieg. Und der Freundschaft, mein lieber Lewis.

St.-Ex.

Im November kehrt Saint-Exupéry nach New York zurück. Er widmet sich der Arbeit an Flug nach Arras.

ERINNERUNGEN VON LOUIS CASTEX

Kaum hatte ich auf dem La Guardia-Flughafen in New York den Boden berührt, rief ich Saint-Exupéry an. Wir waren bei Kriegsbeginn zusammen in Toulouse-Francazal gewesen. Ich war mit ihm einige Male auf Simoun-Maschinen geflogen, doch es sollte nicht lange dauern, bis wir beide unterschiedliche Wege einschlugen. Ich begegne ihm nun mitten in New York, hoch oben in seinem Taubenschlag wieder, der auf den Central Park hinausgeht. Er sitzt in Hemdsärmeln auf dem Kanapee, rings um sich Papierstöße, und hält sich das Mikrophon eines Diktiergeräts vor den Mund, in das er mit gedämpfter Stimme den Text seines neuen Buchs *Flug nach Arras* spricht; er erzählt darin von seinen Einsätzen bei der Fliegerstaffel und feiert den Mut und die Hochherzigkeit eines Piloten jüdischer Herkunft.

»Wie wird die Besatzungsmacht in Frankreich darauf reagieren?« meint Saint-Ex zu mir. »Aber ich lege Wert darauf, daß es in Frankreich gedruckt wird.«

Ein Wachszylinder nimmt den diktierten Text auf. Am anderen Ende des Zimmers ist eine alte Schreibkraft, den Hut auf dem Kopf und die beiden Stöpsel des Wiedergabegeräts in den Ohren, über ihre Maschine gebeugt und tippt gravitätisch, was ihr Chef aufgenommen hat. Sie geht fast unter in den übereinandergeschichteten Stapeln von Zylindern. Saint-Ex bittet mich, ein Lied meiner Wahl zu singen. Ich tue es, und am Tag darauf blitzt ein schelmischer Funke in seinen Augen auf, als er während des Mittagessens, zu dem er ein paar Freunde eingeladen hatte, zu meiner größten Verlegenheit die Platte abspielte, die er am Vortag von mir aufgenommen hatte. Dieser liebenswerte, große Saint-Ex genießt in den Vereinigten Staaten die höchste Wertschätzung. Man bewundert, daß solch ein Mann der Tat, einer jener Kriegspiloten, deren menschliche Größe, deren Mut und Selbstverleugnung den Amerikanern wohlbekannt sind, zugleich ein hochstehender Denker und reinrassiger Schriftsteller sein kann. Seine Werke, die ins Englische übersetzt wurden, erfreuen sich hier allergrößter Beliebtheit. *Nachtflug*, *Wind, Sand und Sterne* liegen in allen amerikanischen Buchhandlungen aus.

Von komplexer, eigentümlicher Physiognomie, bald ernst, bald überschwenglich, zeigt sich Saint-Ex in Gesellschaft zuweilen als großartiger Unterhalter. Als Zauberkünstler und Taschenspieler stand er den Besten nicht nach. Ich kann der Versuchung nicht widerstehen, einen seiner Lieblingstricks zu beschreiben.

Auf einem glatten Tisch ohne Decke breitet er vor aller Augen ein Spiel Karten aus. Er bittet nun jemanden unter den Anwesenden, eine Karte zu ziehen, sobald er draußen ist, sie einem Zeugen zu zeigen und sie dann sogleich unauffällig in das Spiel zurückzulegen. Der Betreffende wartet also, bis Saint-Exupéry den Raum verlassen und die Tür hinter sich geschlossen hat; sobald man fertig ist, ruft man ihn wieder herein. Er behauptet, er werde die eben ausgewählte Karte erraten, sie sogar hervorziehen.

Er nimmt nun die Karten in die Hand, spielt mit ihnen herum, mischt sie in verschiedensten Weisen und steckt sie schließlich in seine Tasche.

Er scheint jetzt seinen Kartentrick vergessen zu haben. Er macht sich daran, die Person, die die Karte zur Kenntnis genommen hat, auszufragen; er stellt ihr Fragen zu Geographie, Geschichte und Literatur – und wird damit bisweilen sogar lästig. Nach diesem Ablenkungsmanöver gesteht er sodann, sein Gesprächspartner sei ein anderer Mensch, als er geglaubt habe, er räumt ein, sein Trick sei mißlungen... Er werde es mit jemand anderem probieren.

Die Stimmung der Gesellschaft erhält einen leichten Dämpfer, man fühlt sich peinlich berührt von diesem Versagen. Da kramt Saint-Ex beiläufig in seinen Taschen und zieht eine Karte heraus.

»Ist es vielleicht die da?« fragt er.

In der Tat, es ist die Karte. Alle sind verblüfft, während er herzlich lacht.

Wie oft habe ich ihn in den Vereinigten Staaten diesen Trick wiederholen sehen! Die anwesenden Amerikaner wetteten ihre Dollar dagegen, und stets verloren sie.

Besonders quälten Saint-Exupéry die Auseinandersetzungen, zu denen es zwischen den Franzosen selbst kam. Im Juni des Jahres haben die Gaullisten im Nahen Osten gemeinsam mit den Briten gegen die Soldaten der Vichy-Regierung gekämpft und ihnen die damaligen französischen Mandatsgebiete Syrien und Libanon entrissen. Ebenso belastet ihn die Feindschaft zwischen de Gaulle und Pétain. Seines Erachtens gilt es, zuallererst an das Los der Franzosen im besetzten Frankreich zu denken und alle inneren Streitigkeiten hintanzustellen. Pétain scheint ihm eine notwendige Funktion für das Überleben und den Zusammenhalt Frankreichs zu erfüllen. Den Gaullisten wirft er vor, immer tiefere Gräben zwischen den Franzosen aufzureißen und dem französischen Volk ihren politischen Führungsanspruch aufzwingen zu wollen.

Unter den Franzosen im New Yorker Exil geben drei Organisationen den Ton an: Henri Torrès' »France Forever«; »Universität im Exil« unter der Leitung der Professoren Mirkine-Guetzévitch und Georges Gurvitch, sowie »Délégation de la France Libre«, deren offizieller Vertreter Adrien Tixier ist. All diese Gruppen be-

drängen Saint-Exupéry, öffentlich für General de Gaulle Partei zu ergreifen.

Jean-Gérard Fleury, der als Kriegsberichterstatter bei der Royal Air Force tätig war, hatte 1941 mit Saint-Exupéry gesprochen; er berichtet, welche Haltung dieser gegenüber den Kreisen der Exilfranzosen einnahm.

ERINNERUNGEN VON JEAN-GÉRARD FLEURY

Die Haltung der Franzosen in New York betrübte ihn. In Gaullisten, Pétainisten, Tabouisten, Torrésisten und andere Untergruppierungen aufgespalten, fielen sie nach Leibeskräften übereinander her, und die meisten wetterten, mit dem Whisky-Glas in der Hand, gegen ihre Landsleute, die in Frankreich geblieben waren.

Den Kämpfern von »France Libre« war er nicht feindlich gesonnen.

Er respektierte die Schweigsamen, die ohne Aufsehen zu erregen sich den Reihen der »Freien Französischen Streitkräfte« angeschlossen hatten und in den Kampf gezogen waren. Warum hat er sich nicht General de Gaulle angeschlossen, wie es die Abgesandten von »Freies Frankreich« von ihm forderten? Daß er die Gefahr gefürchtet hätte, war ganz bestimmt nicht der Grund.

Später wird Saint-Exupéry schreiben (Brief an X…, Dezember 1943), daß er de Gaulle als Führer einer »Fremdenlegion« akzeptiert hätte, jedoch nicht als Regierungschef von eigenen Gnaden.

Die »Politisierung« des Gaullismus stieß ihn ab, ebenso daß man ihn als Schriftsteller haben wollte, als gefügiges Sprachorgan der Doktrinäre in London, als einer, der Bannsprüche und Ächtungen zu formulieren hat, und nicht ganz einfach als Piloten. In seinen Augen hatte nur wer kämpfte das Recht, das Wort zu ergreifen. Aber kämpfen wogegen? Er hätte es nicht über sich gebracht, ein Flugzeug zu steuern, das Paris oder irgendeine andere französische Stadt bombardieren sollte (…).

Er war der Überzeugung – und verkündete es laut und deutlich –, daß in diesen Zeiten der Niederlage und der Schmach kein Franzose das Recht habe, gegen einen anderen Franzosen zu kämpfen. Die Einheit der Nation herzustellen sei nun die vorrangige Aufgabe. Saint-Exupéry dachte, zu Recht oder zu Unrecht, daß der Kampf, zu dem General de Gaulle die Franzosen aufrief, ein Bruderkrieg sei, und an solch einem Krieg wollte er nicht teilnehmen. Ohne uns in eine andere Debatte einmischen zu wollen, sei indes um der Klarheit willen gesagt, daß dies im wesentlichen auch die Ansicht der französischen Armee war, einschließlich der Generäle Béthouart und Juin, die im November 1942 Giraud folgten und später von de Gaulle selbst, als er an die Macht kam, zu Generalstabschefs ernannt wurden. »De Gaulle«, sagte Saint-Exupéry, wenn wir von ihm sprachen, »hat aufgehört, Soldat zu sein, und ist zu einem politischen Führer geworden. Mit Freude wäre ich ihm gegen die Deutschen gefolgt, gegen die Franzosen war mir das unmöglich.«

Als am 7. Dezember 1941 die Japaner überraschend den amerikanischen Stützpunkt Pearl Harbor im Pazifik angreifen, wird schließlich auch Amerika in den Krieg hineingezogen. Am 11. Dezember erklären Deutschland und Italien den Vereinigten Staaten den Krieg. Mit dem Kriegseintritt Amerikas sieht Saint-Exupéry endlich die Stunde gekommen, da sich auf eine militärische Wende und auf eine Rettung Frankreichs hoffen läßt. Mit entsprechender Begeisterung verfolgt er die Mobilmachung dieses riesigen Landes. Er wird eingeladen, vor einem Freiwilligenkorps der Studenten der Progressive Education Association *zu sprechen.*

BOTSCHAFT AN DIE JUNGEN AMERIKANER

Dorothy Thompson* hat mich gebeten, ein paar Worte an Sie zu richten, und ich freue mich darüber sehr. Ich komme mir hier nicht wie ein Autor vor, der sich ganz allgemein an irgendein Publikum wendet. Mir ist, als setzte ich mich einfach als Kamerad zu Ihnen, zu jungen Leuten guten Willens, um gemeinsam mit Ihnen eines der Probleme zu erörtern, die uns am Herzen liegen. Und vor allem spreche ich hier zu Ihnen, wie ich gerne zu den Menschen in meiner Heimat spräche. Die freilich sind fern. Seien also Sie meine Freunde.

Sie befinden sich im Krieg. Sie sind jung. Sie bereiten sich darauf vor, für Ihr Land zu arbeiten und zu kämpfen. Doch es geht, wie Sie sehr gut wissen, um mehr noch als das Schicksal Ihres Landes. Das Schicksal der Welt steht auf dem Spiel. Und Sie bereiten sich darauf vor, für die Freiheit der Welt zu arbeiten und zu kämpfen.

Wären Sie schlicht Soldaten, so würde ich zu Ihnen wie zu Soldaten sprechen. Ich würde Ihnen sagen: »Laßt jetzt alle Probleme beiseite. Es gibt nur noch eins: das der Waffen.« Aber Sie sind jung und Ihre Verantwortung wiegt schwerer noch als die der Soldaten. Es ist dies eine doppelte Verantwortung. Sie bereiten sich darauf vor, für die Freiheit zu kämpfen. Aber Sie müssen diese Freiheit auch errichten und ihren Sinn erhellen.

Rasch nutzen sich bei den Menschen die Wörter ab und verlieren ihre Bedeutung. Die wissenschaftlichen Theorien nutzen sich ab. Die gesellschaftlichen Floskeln nutzen sich ab. Das ist der Preis, den der Mensch für sein Voranschreiten zu zahlen hat. Will man sein Leben nicht nach einem Denken ausrichten, das bereits tot ist, muß man ständig dafür Sorge tragen, daß das Denken seine Jugendfrische bewahrt. Die Freiheit nun ist keine Frage, die getrennt von allen anderen betrachtet werden könnte. Denn damit ein Mensch frei sein kann, muß er zuallererst Mensch sein. So stößt man hinter allen Fragen stets auf die grundlegende Frage nach dem Menschen.

* Eine der bekanntesten amerikanischen Journalistinnen ihrer Zeit, die sich publizistisch nachdrücklich gegen Hitler engagierte.

Der Begriff der Freiheit kann ja nun sehr verschiedene Bedeutungen annehmen. Er kann die Freiheit meinen, von seinen Gewohnheiten Abschied zu nehmen, mit seinen Traditionen zu brechen, sich nicht um die Gemeinschaft zu kümmern, solange man anderen damit keinen Schaden zufügt. Sie können sagen: »Die Freiheit des Einzelnen hört da auf, wo er die Freiheit des Nächsten verletzt.« Und Sie fügen Ihrem Nächsten keinen Schaden zu, wenn Sie Ihr gesellschaftliches Leben auf den strikt notwendigen Austausch beschränken, wie beispielsweise den Tausch ihrer Arbeit gegen Brot. Sie erhalten dabei nur, was Ihnen zusteht. Gäbe es Sie nicht, würde das nichts ändern. Es ist nun jedoch so, daß es zwar nicht Ihrem Nächsten, aber der Gemeinschaft Schaden zufügt, wenn Sie fehlen, denn ohne Sie ist sie ärmer. Und die Gemeinschaft gilt es zu bereichern, da sie allein wiederum den Menschen bereichert. Man ist ein Mensch mit einem bestimmten Vaterland, ein Mensch mit einem bestimmten Beruf, ein Mensch, der einer Kultur und einer Religion angehört. Man ist nicht einfach Mensch schlechthin... Eine Kathedrale ist aus Steinen errichtet. Die Steine bilden die Kathedrale. Doch die Kathedrale verleiht jedem dieser Steine seinen Adel. Sie werden zu Bausteinen einer Kathedrale. So werden Sie das Gefühl brüderlicher Zusammengehörigkeit nur »im Bezug auf« etwas finden, das umfassender ist als Sie. Denn Bruder ist man nur »im Bezug auf« etwas. Man ist nicht einfach Bruder schlechthin. Die Menschen dürsten danach, etwas sie Einbindendes zu finden. Dieses Band kann ein spezifisches Merkmal sein. Die Buckligen können die Sekte der Buckligen gründen. Alle Nicht-Buckligen sind davon ausgeschlossen. Doch es ist der Stolz der christlichen Zivilisation, der wir entstammen – und die wir alle, ob gläubig oder nicht, uns zu eigen machen –, dieses Band im Universellen zu suchen.

Der Nazist bemüht sich um eine Definition des Deutschen oder, was schwieriger ist, des Ariers, um ihm einen alles andere ausschließenden Kult zu weihen. Wir versuchen, den Menschen zu definieren, um auf ihn unsere Religion zu gründen. Wenn man von einem sehr berühmten und überaus nützlichen Arzt fordert, er solle trotz seiner Bedeutung sein Leben für einen x-beliebigen anstekkenden Kranken aufs Spiel setzen, dann ordnet man die Person dieses Arztes nicht einem anderen Individuum, sondern dem Menschen unter, für den dieser ansteckende Kranke nun steht, so wenig Interesse er vielleicht für sich selbst betrachtet auch verdienen mag. Wollen Sie das Wort Demokratie von allen Mißverständnissen reinigen, die seine Züge verwischen, so halten Sie sich vor Augen, daß in einer Demokratie die Respektierung der Freiheit Achtung vor dem Menschen bedeutet, und wenn man Brüderlichkeit stiften will, gilt es die Gemeinschaft der Menschen nicht auf die Verherrlichung des einzelnen Individuums zu gründen, sondern auf die Unterordnung der Individuen unter den Kult des Menschen.

Um solch ein umfassenderes Wesen, als wir selbst es sind, erstehen zu lassen, ein Wesen, das uns wiederum durch seine Existenz bereichern wird, gibt es nur ein Mittel. Ein einziges. Die ältesten Religionen haben es lange vor uns schon entdeckt. Es ist die eigentliche Grundlage allen religiösen Geistes. Allen sozialen Geistes. Es ist der entscheidende Dreh- und Angelpunkt, und dieser Punkt ist mit dem materiellen Fortschritt ein wenig in Vergessenheit geraten. Dieser Punkt ist das Opfer. Unter Opfer verstehe ich nicht Verzicht auf die Annehmlichkeiten des Lebens, auch nicht die Verzweiflung des Büßertums. Unter Opfer verstehe ich Hingabe ohne Berechnung. Eine Hingabe, die nichts im Gegenzug einfordert. Nicht was er erhält, macht einen Menschen aus, sondern was er gibt. Was man der Gemeinschaft gibt, macht die Gemeinschaft aus. Und die Existenz der Gemeinschaft bereichert die Substanz jedes einzelnen.

Sehen Sie, die Menschheit stand vor der gebieterischen Notwendigkeit, den Menschen der Sklaverei zu entreißen, dazu mußte sichergestellt werden, daß er die Früchte seiner Arbeit genießen kann. Diese Aufgabe hat dazu geführt, daß sich die allgemeine Aufmerksamkeit auf die Arbeit als Tauschwert richtete, auf die Arbeit als Ware. Wir dürfen aber nicht vergessen, daß einer der wesentlichen Aspekte der Arbeit nicht der Lohn ist, die sie dem Menschen einbringt, sondern die geistige Bereicherung, die er durch sie erfährt. Ein Chirurg, ein Physiker oder ein Gärtner besitzen höhere menschliche Qualitäten als ein Bridgespieler. Ein Teil der Arbeit ernährt, und der andere formt: Die Hingabe an die Arbeit ist es, was uns formt.

Zu solcher Hingabe ruft Sie Dorothy Thompson auf. Sie ruft Sie dazu auf, Ihre Gemeinschaft Gestalt werden zu lassen. Wenn Sie ohne Entlohnung die Ernte einholen, um den im Krieg stehenden Vereinigten Staaten einen Dienst zu erweisen, dann werden Sie dazu beitragen, die Gemeinschaft der Vereinigten Staaten zu begründen. Und damit brüderliches Einvernehmen unter Ihnen selbst.

Lassen Sie mich von meiner eigenen Erfahrung sprechen:

Acht Jahre lang habe ich das Leben eines Linienpiloten geführt. Ich habe ein Gehalt bezogen. Jeden Monat konnte ich mir mit meinem Lohn einige Dinge leisten, die ich mir wünschte. Hätte mir jedoch meine Arbeit als Linienpilot nichts anderes eingebracht als solche belanglosen Vorteile, wie hätte ich sie dann so lieben können? Sie hat mir weit mehr gegeben. Doch ich muß einräumen, wahrhaft bereichert hat sie mich allein dort, wo ich mehr gegeben habe, als ich erhielt. Wachsen ließen mich nicht die Nächte, in denen ich meinen Lohn ausgab, sondern andere Nächte: wenn mich in Buenos Aires, zu der Zeit, als die Fluglinien eben erst eingerichtet wurden, um zwei Uhr morgens ein Telephonanruf wegen eines Unfalls in einem weit entfernten Gebiet unsanft aus dem Bett riß, kaum daß ich eingeschlafen war, erschöpft von einer Reihe von Flügen, die mich dreißig Stunden lang wach gehalten hatten. »Du mußt zum Flugplatz kommen… mußt schnellstens in Richtung Magellan-Straße hinunterfliegen…« Und fluchend verließ ich das Bett, in die Winterkälte hinaus. Ich goß schwarzen Kaffee in mich hinein, um nicht gar zu oft am Steuerknüppel einzuschlafen. Nach einer Stunde im Auto durch den Schlamm von Behelfspisten voller Schlaglöcher traf ich dann am Flugplatz ein und war wieder unter den Kameraden. Wortlos schüttelte ich Hände, noch halb im Schlaf, mürrisch und ganz steif von den rheumatischen Beschwerden, die der Winter nach zwei schlaflosen Nächten mit sich bringt… Ich ließ die Motoren anwerfen. Ich las den Wetterbericht wie eine Liste unangenehmer Aufgaben: Gewitter, Frost, Schnee… und ich startete in die Nacht hinaus, einem zweifelhaften Morgengrauen entgegen.

Wäge ich nun ab, welche Ereignisse meines Lebens in meinem Herzen bleibenden Niederschlag gefunden haben, so entdecke ich, daß allein die Erinnerung an jene unangenehmen Pflichten ins Gewicht fällt. Ihre leuchtende Spur überrascht mich. Ich erinnere mich daran, wie jene Waffenbrüderschaft in den letzten Nachtstunden schmeckte. Mit Staunen stelle ich fest, daß jene Hände, die ich fluchend geschüttelt hatte, in mir die kraftvolle Spur einer Erinnerung an eine Liebesgeschichte hinterlassen haben. Die Suche nach verirrten Kameraden, die Pannenhilfen in den aufständischen Gebieten, die Überanstrengung – dieser Teil meines Handelns, für den es keine Bezahlung gab, war es vor allem, so stelle ich nun fest, was mich zu dem gemacht hat, der ich bin, auch wenn ich seine Macht zuerst nicht verstanden habe. Von den Erinnerungen an die Nächte, in denen ich meinen Lohn durchbrachte, bleibt hingegen nichts als Asche.

Meine Arbeit hat mir niemals etwas gegeben, was wirklich von Gewicht wäre, wenn es sich dabei nur um ein Tauschobjekt zum Kilometertarif der Linienpiloten handelte. Meine Arbeit hatte keinen Wert, wenn sie mich nicht, außer daß sie mich materiell ernährte, gleichzeitig »zu etwas gehörig« werden ließ. Wenn sie mich nicht zu einem Piloten machte, der zu einer Linie »gehörte«, einem Gärtner, der zu seinem Garten »gehörte«, einem Architekten, dessen Arbeit seiner Kathedrale »gehörte«, einem Soldaten, dessen Einsatz Frankreich »gehörte«. Wenn die Fluglinien, die wir eröffneten, unser Herz bereicherten, so liegt das an der Hingabe, die sie von uns verlangten. Die Linie entstand dank unserer Hingabe. Einmal geschaffen, schuf sie ihrerseits uns. Begegne ich heute einem Kameraden wieder, kann ich zu ihm sagen: »Erinnerst du dich ...?« Es war eine wunderbare Zeit, weil uns die gleiche Hingabe miteinander verband und wir einander deshalb liebten.

1942

Zu Beginn des Jahres 1942 wird im New Yorker Exil von der Journalistin Geneviève Tabouis, dem konservativen antinazistischen Politiker Henri de Kérillis und Michel Pobers eine französische Wochenzeitschrift gegründet: Pour la victoire *(Für den Sieg). Die Schriftsteller Georges Bernanos, Jacques Maritain und Jules Romains veröffentlichen darin regelmäßig Beiträge. Saint-Exupéry beteiligt sich nicht und erntet dafür erneut Vorwürfe von seiten der Gaullisten, die ihn bereits als Anhänger der Vichy-Regierung beschimpft hatten oder gar als einen Agenten Vichys, der in Amerika für Pétain Flugzeuge einkaufen soll. (Im September dieses Jahres wird die Zeitschrift übrigens mit den Gaullisten brechen: Den wachsenden antiamerikanischen Nationalismus in der gaullistischen Bewegung will sie nicht tragen.)*

Im Januar legt Saint-Exupéry letzte Hand an das Manuskript von Flug nach Arras. *Der amerikanische Verleger drängt ihn. Gleichzeitig mit der Niederschrift des französischen Textes arbeitet Lewis Galantière, in ständigem Kontakt mit dem Autor, bereits an der amerikanischen Übersetzung.*

(mit weichem Bleistift geschriebener Brief)

[im Januar 1942]

Lieber Lewis,

nehmen Sie es mir nicht übel, wenn aus meinem Brief schlechte Laune zu sprechen scheint. Dahinter steckt keinerlei aggressive Anwandlung Ihnen gegenüber. Ich habe Sie von Herzen gern. Aber mich zerreißt es bald vor Wut. Und auf irgendeine Weise muß das heraus.

Was ist das für eine Geschichte mit dem Termin? Warum muß ich mich ewig mit einem Termin herumschlagen, der, absolut gesetzt, doch eine Albernheit ist, denn hätte es der Zufall gewollt, daß ich sechseinhalb Wochen später mit meinem Buch beginne, dann hätte sich dieser absolut gesetzte Termin selbst wieder um sechseinhalb Wochen verschoben. Und zur Rechtfertigung hätten genau dieselben rein logischen Gründe gedient.

Wieso wollen Sie, daß ich mich selbst geringschätze und meine Arbeit vernachlässige – was auf dasselbe hinausläuft? Meines Erachtens muß der Schreiner sein Brett hobeln, als hinge davon ab, daß die Erde sich weiterdreht. Und um so mehr gilt das, wenn man schreibt. Wieso wollen Sie, daß ich mich mit Rücksicht auf eine hanebüchene Terminfrage *a priori* geringschätze und sage: »Wäre ich Pascal, dann würde es mein Text verdienen, ausgefeilt zu werden, und mir stünde es zu, daß ich mich verständlich zu machen versuche. Aber da ich ja nur ich selbst bin, besteht keinerlei Interesse daran, daß ich mich verständlich zu machen versuche, und die Nervensäge von der *New York Times* darf größeres Interesse beanspruchen als ich. Und überhaupt mein Text, das sind so Kinkerlitzchen, daß ich schon ein recht eitler Tropf sein muß, wenn ich mich damit lange aufhalte!«

Wenn ich schreibe, muß ich mir die Frage stellen: Was wird man von meinem Text halten? Was wird aus ihm in zehn Jahren geworden sein? Und nicht: Welchen Eindruck wird er am 22. Februar auf einen womöglich mit Blindheit geschlagenen infantilen Herrn Soundso machen, der mir ohnehin gestohlen bleiben kann? Schreibe ich ein Gedicht, das mir gefällt, dann ist es mir völlig gleichgültig, ob es womöglich erst vierzig Jahre nach meinem Tod jemand liest oder versteht. Das Klischee vom unverstandenen Dichter, den die menschliche Ungerechtigkeit zu einem elenden Leben verdammt und dessen Größe sich erst nach hundert Jahren offenbaren wird, ist mir immer als höchst alberne Gefühlsduselei vorgekommen. Im Gegenteil, als Dichter ist man wirklich vom Glück begünstigt. Mir fällt doch nicht ein, über das Los der Aale zu jammern, die zur Laichzeit ins Sargassomeer ziehen und niemals ihre Nachkommenschaft kennenlernen.

Entweder taugt mein Buch etwas, und dann wird man es eines Tages lesen – wann das sein wird, ist mir völlig egal –, oder es taugt nichts und reicht nur dazu hin, kurz Aufsehen zu erregen – dann kann es mir aber wirklich gleich sein, ob man es liest.

Das Geld freilich. Ich brauche Geld *et cetera.* Und zwar ganz dringend. Und ich bin immer erfreut, wenn ich etwas bekomme. Doch es ist mir völlig unmöglich, die beiden Gesichtspunkte zu vermengen. Mein Egoismus äußert sich schlicht und einfach in zwei verschiedenen Formen, wobei die eine die andere gewaltig überwiegt. Mit Geld kann ich mir nichts kaufen, was so kostbar wäre wie das Vergnügen, gesagt zu haben, was ich sagen wollte. Wenn ich mich, auf das Geld schielend, schlecht verständlich mache, habe ich mich selber hereingelegt.

Mir ist es lieber, es werden hundert Exemplare eines Buches verkauft, dessen ich mich nicht zu schämen brauche, als sechs Millionen Exemplare irgendeines Unfugs. Das ist wohlverstandener Egoismus, weil die hundert Exemplare wesentlich mehr Wirkung zeitigen werden als die sechs Millionen. Der Glaube an die große Zahl ist ein leerer Trug unserer Zeit. Die den kleinsten Kreisen vorbehaltenen Zeitschriften besitzen die größte Ausstrahlung, und der *Discours de la Méthode* hätte, selbst wenn er nur fünfundzwanzig Leser gefunden hätte, dennoch die Welt verändert. *Paris-Soir,** mit einem Ausstoß von einer Tonne Papier im Jahr und mit zwei Millionen Lesern, hat niemals irgend etwas verändert.

Es wird Ihnen wahrscheinlich idiotisch erscheinen, daß ich Ihnen mit all dem komme, da es sich hier um eine zu großen Teilen

* Pariser Zeitung.

anekdotische Erzählung handelt, über deren Interesse für das Universum ich mir keine Illusionen mache – doch der Einwand trifft mich nicht, weil sich meine Einstellung um keinen Deut ändern würde, wenn ich über Gartenbau schriebe. Man »ist« in einem Buch. Und so gilt es, auch richtig drin zu sein. Das ist alles.

Kommen Sie mir auch nicht damit, daß ich unrecht hätte, weil mein Text bereits »im wesentlichen fertig« sei und ich daran ohnehin nicht mehr viel verändern würde. An dem eingebrachten Material werde ich nicht mehr viel verändern, das ist richtig. Aber seine Aussagekraft werde ich noch wesentlich verändern. Das ist weder eine Frage des Materials noch eine der Oberfläche des Ausdrucks. Diese Kraft tritt überhaupt erst auf den Plan, wenn man nicht mehr durchschaut, warum eigentlich. Und ich weiß sehr gut, welche Änderungen ich anzubringen habe. Sie betreffen etwas, was ich nicht genau bestimmen kann, etwas wie die »Dauer« dessen, was ich sage.

Wenn sich *Wind, Sand und Sterne* noch verkauft, liegt das daran, daß ich am Ende alles über den Haufen geworfen habe. Dessen bin ich mir sicher. Ich habe zu viele Artikel geschrieben, um das zu verkennen. Was wirkte, war niemals das ins Auge springende Kapital. Eine Zeitung ist vergänglich wie eine Eintagsfliege, und wenn ich nach drei Jahren noch ein Echo auf einen Zeitungsartikel erhalte, handelt es sich immer, aber auch wirklich immer um einen Artikel, den ich dreißigmal von neuem zu schreiben begonnen hatte. Wenn ich mich irgendwo zitiert sehe, handelt es sich immer, aber wirklich immer um einen Satz, den ich hundertfünfundzwanzigmal umgeschrieben habe. Zwischen der ersten und der letzten Fassung sticht kein besonderer Unterschied ins Auge. Die letzte mag sogar, was die malerische Seite des Ausdrucks anbelangt, mangelhaft erscheinen – doch sie entwächst der Tiefe. Sie ist ein Samenkorn. Die andere Fassung war ein Spielzeug für einen Tag. Niemals, aber auch wirklich niemals habe ich mich darin getäuscht.

Ich stimme Ihnen zu, daß es kein Grund sein kann, zehn Jahre zu warten, weil ich in zehn Jahren besser denken werde. Darin sind wir uns einig. Man muß in der Gegenwart zu einem Ausdruck finden, aber eben gegenwärtig ist mir das noch nicht gelungen. Zum heutigen Zeitpunkt steckt mehr in mir als in meinem Text. Nicht in meinem Text zu »sein«, ist eine Feigheit, die nicht hingenommen werden darf. Welchem Mythos zuliebe soll ich mich zum Pfuscher degradieren? Ich räume ohne weiteres ein, daß es Grenzen für die Abfassung eines kleinen Büchleins gibt – aber inwiefern, bitteschön, soll ich die gebotenen Grenzen überschritten haben? Nicht einmal acht Monate habe ich bislang dieser Aufgabe gewidmet. Für mich ist das eine Rekordzeit.

Was Sie heute zu lesen bekommen haben, scheint Ihnen besser als das von neulich? Wenn Sie morgen etwas Neues bekommen, wird es nicht anders sein. Das Buch hat eine Grenze. Diese Grenze ist durch das gesetzt, was ich im Jahre 1942 bin. Das Recht, sie für erreicht zu halten, hätten Sie allein dann, wenn zwei aufeinanderfolgende Fassungen sich im großen und ganzen ebenbürtig wären. Das war bis heute nicht der Fall. Welche Art Probe erlaubt Ihnen die Feststellung, diese Version entspräche mir nun endlich vollkommen? Wenn jemand weiß, ob da Diskrepanzen bestehen, kann das niemand anderes als ich selbst sein.

Bliebe noch das Problem Frankreich. Falls es um die Zahl der Leser geht, so zählt das nicht; mir ist das egal. Eine Meinung ist nicht Meinung einer »Anzahl«. Eine Meinung wirkt osmotisch von dem einen auf den anderen ein. Ein einziger Leser kann da völlig genügen.

Falls es um die drängende Aktualität geht, so leuchtet mir das noch weniger ein. Das ist doch eine schöne Illusion, denn die Aktualität von übermorgen wird ebenfalls verdammt drängend sein. Und die von Ende März 1957 erst! Sie wird für die Leute 1957 ganz außerordentlich aktuell sein. Im Denken der Menschen von 1957 wird sie unbarmherzig – wenn vielleicht auch ungerechterweise – die Aktualität von 1942 in den Hintergrund verbannen. Warum sollte ich die eine Aktualität der anderen vorziehen? Wenn ich am Tag meines Todes vernünftig Bilanz ziehe und zu einer gesunden Beurteilung der Dinge finde, werde ich keine irgendeiner anderen vorziehen. Ich habe dafür übrigens einen schlagenden Beweis parat: Ich bedauere es durchaus nicht – und sehe auch keinerlei Grund zu solchem Bedauern –, daß mein Text nicht bereits vor acht Tagen, vor einem Monat, vor einem halben oder einem ganzen Jahr erschienen ist... Wichtig ist das Heute. In acht Tagen wird ein neues Heute wichtig sein, ein vollständig neues.

Ach Lewis, was machen Sie mich doch unglücklich!

Saint-Ex.

BRIEF AN LEWIS GALANTIÈRE

[im Januar 1942]

(...)*

Das Ende treibt mich zur Verzweiflung. Man zwingt mich – und wessentwegen nur, mein Gott! –, eine dämliche Journalistenarbeit zu schreiben statt einen Bewußtwerdungsprozeß zu entwickeln. Ich weiß, was ich zu sagen habe und was für mich wesentlich ist. Ich weiß, daß es mir gelingen wird, es einfach und überzeugend darzulegen, so daß es ganz natürlich seine Wirkung tun wird, ohne daß dies auffällt – und unter Berufung auf weiß Gott was für einen Mythos der Zeit zwingt man mich, entweder bloß banalen Schund zu liefern anstelle dessen, worum es mir eigentlich geht, oder den Versuch zu unternehmen, dies mit Hilfe von Erklärungen zu vermitteln, das heißt mit Hilfe eines noch widersprüchlichen und völlig unwirksamen Sprachgebrauchs. Die einzige und ausschließliche Tat besteht darin, einen Blickwinkel zu erreichen, von dem aus sich die Dinge so ordnen, wie man es will, und der den Autor verschwinden läßt. Einen Blickwinkel sieht man nicht. Man hat ihn. Eine Wahrheit, die nicht zu einem »Blickwinkel« geworden ist, ist Schund oder paradox und bleibt immer unverbindlich. Außerdem geht so eine Art von philosophischer Erklärung auf die Nerven. Und zu Recht. Das ist zu nichts nütze.

Denken Sie, es macht mir Spaß, mangels Zeit, um die Frucht sich entwickeln zu lassen, einen x-beliebigen Mist zu schreiben anstelle dessen, was ich über die Verantwortung sagen wollte? Hätte ich zu meiner Sprache gefunden, hätte Sie nichts schockiert; Sie hätten einer schlichten Evidenz gegenübergestanden und den Eindruck gehabt, selbst darauf gekommen zu sein – aber in Wahrheit wären

* Zu Beginn des Briefes bringt Saint-Exupéry Korrekturen an einigen Details des Manuskripts von *Flug nach Arras* an, das Galantière eben übersetzt.

Sie mir auf den Leim gegangen. Sie wären mein Gefangener gewesen, ohne sich Ihr ganzes Leben lang jemals davon Rechenschaft zu geben. Ihr ganzes Leben lang, das will ich in der Tat meinen.

Statt dessen sind Sie zu Recht schockiert von einer inkohärenten und widersprüchlichen Passage, und es gehört sich einfach nicht, daß ich dergleichen den Leuten zu lesen gebe. Es ist, als würde ich einen totgeborenen Fötus vorzeigen. Und ich, völlig zu Recht von Gewissensbissen geplagt – wenngleich es mir ein Rätsel bleibt, warum dem April oder dem Mai 1942 eine so ganz besondere Bedeutung zukommen soll –, ich lasse alles fahren, was ich zu sagen hatte, um statt dessen einen gültigen Spruch anzubieten, den ich auch mit fünf Jahren schon zustande gebracht hätte. Was soll es also, mich mit so vielen Krankheiten, Unfällen, Prüfungen, Frauengeschichten, Steuergeschichten und Scherereien aller Art abgeplagt zu haben, wenn ich dann doch keinen Schritt vorangekommen bin und mir nichts anderes bleibt als zu wiederholen, was mir bereits mein Kindermädchen beigebracht hatte? Ich sehe nicht, warum es im Mai 1942 so dringend sein soll auszusprechen, was meinem Kindermädchen im Jahr 1900 bestens bekannt war. Damit hätte man getrost bis zum Jahr 2000 warten können. Das mag dann sogar noch als origineller Einfall erscheinen, weil man es bis dahin vergessen hat.

Ich bin völlig fertig. In sechs Tagen habe ich 200 Seiten geschrieben. Das bringt mich keinen Schritt voran. Nichts auf der Welt kann die Zeit ersetzen. Alles braucht seine Zeit, ob man nun Birnen, Kinder oder Sichtweisen erzeugen will. Wenn ich das nächste Mal ein Buch für Reyhitch* schreibe, wird das eine Erzählung. Ich werde die Liebschaften einer kleinen Blondine mit einem Husaren beschreiben. Wenn Lamotte** sein Teil dazu beiträgt, wird das großartig.

Ich bin kreuzunglücklich. Es ist sieben Uhr morgens.

Saint-Ex.

* Reynal und Hitchcock, seine amerikanischen Verleger.

** Der Maler Bernard Lamotte, der *Flug nach Arras* illustriert hat.

Paul Valéry pflegte von einem »idealen Leser« zu sprechen, an den sich jeder Autor unbewußt und notwendigerweise richte. Wenn *Flug nach Arras* kein vollständig gelungenes Buch ist, erklärt sich das meines Erachtens daraus, daß Saint-Exupéry damit gleichzeitig die Amerikaner und die Franzosen zu erreichen suchte; so verlor er seinen »idealen Leser« aus den Augen. Mehr als jedem anderen ging ihm jene Gewitztheit, jene »Finesse« ab, der Pascals Verachtung galt. Deshalb war er für die Abfassung von Propagandaschriften denkbar ungeeignet. Er hatte es, wie gesagt, gegen seinen Willen unternommen, den Amerikanern Frankreichs Niederlage begreiflich zu machen. Es war jedoch ausgeschlossen, daß er für die Amerikaner Interesse aufbringen konnte, während Frankreich unter der Herrschaft der Deutschen litt. Es war ihm unmöglich, seine Aufmerksamkeit auf uns zu richten, kreiste sein Denken doch ständig um Europa. Allein für die Franzosen konnte er schreiben, und selbst in den letzten Kapiteln, wo er vom Menschen und der Nächstenliebe handelt, sind wiederum die Franzosen das Mittelglied, über das er sich auch an die anderen richtet. Die ausdrücklich für die amerikanischen Leser gedachten Seiten, auf denen er argumentierend und unter Zuhilfenahme von Statistiken beweist, daß Frankreichs Niederlage unvermeidbar war, stellen den schwächsten Teil von *Flug nach Arras* dar. Die Franzosen lasen diese Seiten, stimmten ihnen zu und vergaßen sie schleunigst wieder, da sie sie von geringerem Interesse fanden. Die Amerikaner indes entrüsteten sich darüber und bezeichneten sie als »defätistisch«.

Ich hatte damals nicht begriffen – so wie ich es heute begreife –, wo das Mißverständnis lag. Das Buch war in englischer Fassung im Februar 1942 erschienen. Jemand, der zwei Monate nach Pearl Harbor in New York ein Buch veröffentlicht, in dem er erklärt, die entscheidende Frage sei nicht »Was hätten wir tun sollen?«, sondern »Was hätten wir sein sollen?«, konnte in den Augen der Amerikaner nur als ein Mystiker oder als ein Verrückter gelten. Es kam uns nicht in den Sinn, daß Saint-Exupéry für die Franzosen schrieb und daß ihr Pearl Harbor im Mai 1940 stattgefunden hatte, also einundzwanzig Monate früher. Auf der anderen Seite beging Saint-Exupéry den Fehler zu vergessen, daß er das Buch ursprünglich für die Amerikaner schreiben wollte und daß diese sich in einer Lage befanden, die nicht mit Abhandlungen über das sittliche Wesen des Menschen zu lösen war. Er schrieb dann letzten Endes für die Franzosen, für ein Volk, das nach einer schmachvollen Niederlage moralische Unterstützung nötig hatte. Die Veröffentlichung jedoch erfolgte in Amerika, unter Menschen, die an nichts anderes dachten, als alles auf die Beine zu stellen, was sie brauchten, um nicht ihrerseits eine so schmachvolle Niederlage zu erleiden.

Zwei Monate nach Pearl Harbor, als in Vichy eben wieder Laval an die Macht gelangte,* wollten die Amerikaner, daß Saint-Exupéry über das hehre Ideal der Demokratie schrieb; er jedoch schrieb über den Menschen. Sie wollten, daß er die Erklärung der Menschenrechte verherrlichte; er stimmte eine Hymne auf die Nächstenliebe an. Sie erwarteten von ihm die Prophezeiung – wie es Heine in seinen *Zwei Grenadieren* getan hatte –, daß sich die französische Armee mit dem Schwert in der Faust aus ihrem Grab erheben werde; er sprach zu ihnen von dem unsterblichen Wesen Frankreichs, von dessen »Saatgut«, wie er sich ausdrückte. Im Jahr 1942 konnten allein die Franzosen an *Flug nach Arras* Gefallen finden.

Saint-Exupéry schrieb ausgezeichnet, aber es kostete ihn große Anstrengung. Er ging selten aus, hatte jedoch fast jeden Tag Freunde zum Mittag- oder Abendessen bei sich. Abends, wenn seine Freunde fortgegangen waren, machte er sich eine große Kanne Kaffee**, setzte sich an den Eßtisch und begann zu arbeiten. (Seinen Schreibtisch benützte er nur als Ablageplatz, auf dem seine Notizbücher unauffindlich untergingen.) Ab und zu schrieb er auch in einem Restaurant, das die ganze Nacht geöffnet hatte; nachdem er sein in Olivenöl schwimmendes und mit reichlich Pfeffer bestreutes

* Pierre Laval hatte sich die Feindschaft anderer Minister Pétains zugezogen und war 1941 durch Darlan als stellvertretender Ministerpräsident ersetzt und sogar verhaftet worden; auf Intervention des deutschen Botschafters kam er jedoch wieder frei. Im April 1942 erhält er auf deutschen Wunsch erneut seinen Regierungsposten.

** In Wirklichkeit handelte es sich um Tee.

Tatarbeefsteak verspeist hatte, war er imstande, von zwei Uhr morgens bis zum Morgengrauen seine Aufzeichnungen zu kritzeln. Wenn er so geschrieben hatte, bis er ganz steif war, kehrte er in seine Wohnung zurück, streckte sich auf dem Diwan neben einer Lampe aus, griff nach einem Mikrophon und nahm auf, was er geschrieben hatte, wobei er ständig Korrekturen anbrachte. Gegen sieben oder acht Uhr legte er sich zu Bett. Die Sekretärin, die um neun Uhr kam, tippte die Sachen auf der Maschine, während er schlief. Wenn seine Freunde um ein Uhr zum Mittagessen kamen, mußten sie oft zwanzig Minuten lang klingeln und klopfen, bis er aufwachte und sie einließ.

Dieser Mann, der so wunderbar schrieb, war der Überzeugung, daß er nicht schreiben konnte; er brauchte unablässig den Zuspruch seiner Freunde, um nicht an der Qualität des Manuskripts, an dem er gerade arbeitete, zu zweifeln. Meine Frau, die ihn sehr gut leiden konnte und ihm mit Begeisterung zuhörte, hatte nichtsdestotrotz einen Grund, sich über ihn zu beschweren: Er rief mich allzu oft mitten in der Nacht an. Ich saß damals gerade an der Übersetzung von *Flug nach Arras* und erhielt die Kapitel jeweils, sobald er sie geschrieben hatte; ich erlebte also hautnah die Qualen mit, die er beim Schreiben durchlitt. Wenn er eine Passage fertig hatte und das dringende Bedürfnis verspürte, sie auf der Stelle jemandem laut vorzulesen, traf es immer mich. Ich sehe mich noch um zwei Uhr morgens, unter dem halb spöttischen, halb wütenden Blick meiner Frau, am Telephon, ohne in meinem Halbschlaf auch nur ein Sterbenswörtchen von dem zu verstehen, was er mir schnell und mit gedämpfter Stimme vorlas. Ich warf hie und da ein »Ah!« oder »Das ist gut!« ein, sagte zu allem Ja und Amen und versuchte dabei vergebens, dem Faden seiner Rede zu folgen. Und wenn er mich dann beharrlich um meine Meinung anging, wiederholte ich mechanisch und heuchlerisch: »Großartig! Großartig!« Im allgemeinen endete die Sitzung mit einem langen Schweigen, währenddessen es mir vorkam, als könnte ich das Brüten seiner Gedanken hören. Schließlich verabschiedete er sich mit einem »Sehr gut! Tut mir leid, wenn ich Sie gestört habe. Gute Nacht!« und hing ein.

Mit *Flug nach Arras* trat Saint-Exupéry, nicht ohne Schwierigkeiten, aus einer Phase des Übergangs zwischen zwei entgegengesetzten Orientierungen heraus: zum einen »Fliegerpoet« und zum andern »Moralist«. Er war stets ein kontemplativer Schriftsteller gewesen. Während er sich jedoch in der Zeit vor *Flug nach Arras* meist damit begnügt hatte, Geschichten um ihrer Handlung willen zu schreiben, war diese nunmehr nur noch ein Vorwand für die reflektierende Betrachtung. Als er am 31. Juli 1944 auf einem Flug irgendwo zwischen Tunesien und den Alpen verschwand, war er der reine Moralist geworden, wie wir ihn aus seinem *Brief an einen Ausgelieferten* kennen.

BRIEF AN X...

[im Februar 1942]

Mein lieber Engelsfeder,

ich habe es so nötig, dich wiederzusehen. Ich bin müde. Ich habe eine sehr schwere Last auf meine Schultern geladen, und es ist mir weder möglich, in Frieden zu leben, wenn ich sie ablegen wollte, noch frei zu atmen, wenn ich sie auf mich nehme: Das Gewissen ist schon etwas Merkwürdiges! (...)

Jetzt ist es so weit, mein kleines Buch kommt heraus.* Und wie üblich brauen sich Verleumdungen und Eifersüchteleien zusammen. Stell dir nur das zwielichtige Milieu der falschen Franzosen hier in New York vor, das bereits in Bewegung gerät. An tausend Anzeichen spüre ich, daß es im Sumpf gärt... Ach Engelsfeder, wie traurig bin ich doch, wie müde und angewidert!

Da wäre mein ungeschlachtes Ding also. Ich denke wirklich nichts Gutes von ihm, glaube es mir. Ich war beim Schreiben innerlich nicht im reinen mit mir. Ich bitte dich inständig, telegraphiere mir, sobald du es erhalten und gelesen hast! Wenn du es schrecklich findest, sag es mir – ich bin in keiner Weise eitel.

Ich umarme dich ganz herzlich, Engelsfeder.

Antoine.

* *Flug nach Arras.*

Die von Lewis Galantière übersetzte amerikanische Ausgabe von Flug nach Arras *erscheint zuerst in drei Ausgaben der Zeitschrift* The Atlantic Monthly*; am 20. Februar 1942 wird sie mit Illustrationen von Bernard Lamotte als Buch veröffentlicht und hält sich sechs Monate lang an der Spitze der Bestsellerlisten. Die amerikanische Presse widmet dem Buch begeisterte Besprechungen. Doch unter den Franzosen im amerikanischen Exil gibt es auch einige Stimmen, die darin eine Verteidigung des Waffenstillstands mit Deutschland und des Vichy-Regimes sehen wollen (zu diesen Angriffen s. Saint-Exupérys Brief an J. Maritain, unten S. 233ff.).*

ERINNERUNGEN VON PIERRE DE LANUX

»Weder Analysieren noch Erklären ist gleichbedeutend mit Erkennen.« Ihn wirklich zu kennen, war in der Tat ein Unterfangen ganz anderer Art. Wozu wäre es also nütze, Erinnerungen aufzuzählen? Selbst wenn man alle zusammennimmt und mit den Begebnissen und Eindrücken abstimmt, die andere in Erinnerung behalten haben, ist es uns niemals möglich, von Angesicht zu Angesicht dem Menschen gegenüberzustehen, den wir gekannt haben.

Doch man kann ein Zeugnis geben von dem nicht zu überschätzenden Dienst, den er seinem Land mit *Flug nach Arras* erwiesen hat, diesem Buch, das er zwischen zwei Schlachten seinem Innersten entrungen hat. Die beiden Ausgaben, die französische und die amerikanische, sind Anfang 1942 gleichzeitig erschienen. Der Erfolg der amerikanischen Übersetzung übertraf unsere kühnsten Träume, sowohl in quantitativer Hinsicht als auch qualitativ.

Die amerikanischen Kritiker sprachen mit solcher Wärme von dem Buch, daß es wochenlang an der Spitze der Bestsellerlisten stand. Noch wichtiger war, daß die Jugend es sich zu eigen machte. Unerklärlich sind die Berufungen, die es erweckt hat, der Idealismus, den es vermittelte.

Hat man noch in Erinnerung, wie gering das Ansehen Frankreichs damals war? Gewiß, gemeinsam mit uns hatten auch andere Länder eine Niederlage erlitten, doch weil man den Waffenstillstand falsch deutete, erschien der öffentlichen Meinung Amerikas unsere Kapitulation als ein Zeichen moralischer Verworfenheit, als Ergebnis eines Niedergangs bis hin zum völligen Zerfall.

Törichte Bücher gab es da: »Frankreich existiert nicht mehr«, verkündete man. Die ersten Hinweise auf eine Widerstandsbewegung drangen eben erst allmählich durch. In New York versuchten ein oder zwei Bücher, die Flut einzudämmen. Das erste war Jacques Maritains *A travers le désastre* (Durch die Katastrophe). Es sprach von der Vergangenheit, vom zukünftigen Erfolg französischen Durchhaltevermögens und französischer Lebenskraft.

Doch wer achtete auf diese Bücher – abgesehen von ein paar Freunden, die wir dort drüben besaßen?

Da erschien *Flug nach Arras,* und eine radikale Wandlung vollzog sich in der öffentlichen Meinung. Man erfuhr endlich von dem Kampf, den einige Franzosen führten, erfuhr, was sie waren. Und zugleich erhielt man Einblick in ihre Seele, die schwer unter der Niederlage litt, ohne sich indes davon entmutigen zu lassen; man machte Bekanntschaft mit jenen Männern, die ihrer Aufgabe bis zum Ende treu blieben, um der Ehre ihrer Staffel, ihrer Nation und um ihrer eigenen Ehre willen, ohne daß sie freilich jemals dieses Wort ausgesprochen hätten, da es ihnen zu feierlich erschienen wäre. In diesem Buch gibt der Mensch alles. Die Darstellung ist auf Fliegeroffiziere gemünzt. Wer einer solchen Enthüllung gegenüber offen war, entdeckte seine wahre Pflicht.

Man kannte bereits *Nachtflug* und *Wind, Sand und Sterne,* man war also geneigt, dem »Joseph Conrad der Lüfte« (das war kein geringes Kompliment) Respekt zu erweisen. So wurde *Flug nach Arras* unter denkbar günstigen Bedingungen veröffentlicht, und es erntete ungeheuren und unerwarteten Beifall.

Endlich ein unmißverständlicher Erfolg! Aber welche Qual der Preis dafür war, davon werden nur wenige Rechenschaft geben können. Kennengelernt hat man dort seine unwirsche Freundlichkeit, sein Schweigen, seine Anfälle schlechter Laune, seine Empörungsausbrüche, und man hat gesehen, wie er »Zerstreuung« suchte. Zerstreuung wovon? Von einer unerträglichen Besorgnis und einem unerträglichen Leiden, die er während seines ganzen Aufenthalts in Amerika nicht loswurde und von deren Tragweite und Tiefe man nichts wußte.

Um darüber zu sprechen, suchte er Ebenbürtige und fand sie doch kaum. Dafür hielt er sich nun an seinen Opfern gütlich, auf denen er bei jeder passenden oder unpassenden Gelegenheit mit seinen verbalen Ausfällen herumhackte. Es genügte ihm nicht, recht zu behalten. Der andere mußte im Unrecht sein. War es mangelnde Gewißheit, Angst davor, sich von der Heftigkeit, mit der er seine Behauptung (oder seinen Widerspruch) vortrug, hinreißen gelassen zu haben? Manchmal fällt er über ein Nichts her, über ein Argument, das nicht einmal ausgesprochen worden war, das er sich einfallen läßt, um es niederzumachen, eine erfundene Zielscheibe.

Ein boshafter und doch so liebevoller Stier... Man lasse sich nicht täuschen: Unablässig sucht er nach etwas, das er lieben, das er bewundern kann. Im New York des Jahres 1941 war das Bewundernswürdige denkbar gut versteckt.

Er hat die Invasion erlebt, er hat die Macht der Deutschen über sich hereinbrechen gefühlt. Er spürt immer noch körperlich den Schock dieses unerbittlichen Ansturms, der alles niedergewalzt hat. Noch glaubt er nicht an die Möglichkeit eines Sieges, und er verurteilt solchen Glauben als Schwäche und Faulheit von Optimisten – was er bei manchen tatsächlich auch war. Zweifeln erschien ihm mutiger und wahrhaftiger. Noch hat er nicht die Berechnungen angestellt, die einem Sieg die größte Wahrscheinlichkeit zusprechen, dank einiger Faktoren, die nicht unmittelbar mit Frankreich zu tun haben und über die er noch nicht verfügt. Er hat nur ein oberflächliches Amerika vor Augen, ein Amerika, das durch Pearl Harbor noch nicht aufgestört wurde. Er will keinen schmeichelnden Trost und keine billige Droge, die eines Menschen, der klar sehen will, nicht würdig ist. Er weigert sich, mit verbundenen Augen zu leben.

Er sagt zu mir: »Auf einer Welt, in der Hitler herrscht, gibt es für mich keinen Platz.«

Wegen seines strengen Urteils über verschiedene optimistische Haltungen wird er oft falsch verstanden. Seine Intoleranz wiederum, die man bei einem anderen unausstehlich fände, erklärt sich aus der Leidenschaft, mit der er seinen jeweils jüngsten Gedanken vertritt, und dadurch wird sie auch erträglich: Solch schöne Unnachgiebigkeit legt man an den Tag, wenn man eben eine Entdeckung gemacht hat und sich nun rückhaltlos für den neuen Gedanken einsetzt. So ist er gerade das Gegenteil eines Menschen, der sich intolerant zeigt, weil er sich einer Erkenntnis verweigert oder weil er Angst davor hat, sich zu ändern. Überdies verwickelt er sich in Widersprüche, und dann gerät er in Wut. In solchen Augenblikken muß man ihn einfach gernhaben, oder er wird einem unausstehlich, doch das hat nun nichts mehr mit richtig oder unrichtig zu tun...

Mitunter wird er verletzender, als er es eigentlich sein wollte. Man empört sich fast: »So eine Boshaftigkeit...« Bald jedoch zeigt er sich reuig und erklärt in einem Tonfall, als könnte er kein Wässerchen trüben: »Ich, ich bin ganz brav und nett.« Dann findet man ihn unwiderstehlich.

Ich betrachte die Zeichnung, die er auf der Titelseite meines Exemplars gemacht hat: Ein Kind in Fliegermontur steht auf einer Wolke und sieht zu, wie die Kathedrale von Arras brennt. Ich denke, das ist die erste Fassung des *Kleinen Prinzen.*

Er pflegte mitten in der Nacht anzurufen: »Ich würde gern zu Ihnen kommen. Ich möchte Ihnen eine Seite vorlesen.« Manchmal las er sie auch am Telephon vor, und es fiel schwer, die ein, zwei Veränderungen zu erkennen, die er seit dem vorangegangenen Abend angebracht hatte, als er den Text schon einmal vorgelesen hatte.

Wenn ich bei ihm zum Mittagessen eingeladen war und wir vor dem großen Fenster saßen, das auf den Central Park hinausging, wollte ich ihn dazu bewegen, von sich selbst und von seinem Buch zu sprechen, und bisweilen gelang mir das auch. Doch wir landeten immer wieder bei den aktuellen Ereignissen. Ich hatte eine Fülle von Einzelheiten des Krieges im Kopf, eine Fülle von Ansichten dafür und dagegen, daß die Amerikaner die Alliierten unterstützen. Er zweifelte an der Wirksamkeit solchen Beistands. Er, der im Unrecht war, vermittelte mir den Eindruck, als wäre er stärker im Denken als ich, der ich recht hatte. Und ich schämte mich.

(...)

Danach ließ er mich in einem Sessel Platz nehmen und gab mir die frisch getippten Manuskriptseiten von *Flug nach Arras* oder von dem *Kleinen Prinzen* in die Hand. Das war ein unvergleichlicher

Augenblick – ein Geschenk. Der Ärger dabei war nur, daß man nie etwas hatte, was man ihm hätte geben können – höchstens kleine Anmerkungen, die er übrigens freundlich und geduldig zur Kenntnis nahm. Ich glaube, in all den Jahren unserer Freundschaft habe ich ihm nur ein einziges Geschenk gemacht. Das war 1938, im Militärkrankenhaus von Guatemala, einige Tage nach dem Unfall, bei dem er so schwere Verletzungen erlitten hatte. Es waren ein paar Aspirintabletten.

(...)

*Ende April reist Saint-Exupéry nach Kanada, um in Montreal zwei Vorträge zu halten, in denen er über die Ursachen der französischen Niederlage 1940 und über die derzeitige Lage Frankreichs spricht. Zu seiner Arbeit als Schriftsteller erklärt er in einem der Vorträge, zwischen Traum und Tat bestehe kein Gegensatz. Jedoch müsse man gelebt haben, ehe man zu schreiben beginne. »Literatur um der Literatur willen ist mir ein Greuel. Da ich mit Leidenschaft gelebt habe, konnte ich über konkrete Sachverhalte schreiben. Mein Beruf hat abgesteckt, wo meine Aufgaben als Schriftsteller liegen.«**

LE DEVOIR, Montreal, Donnerstag, 30. April 1942.
GESPRÄCH MIT ANTOINE DE SAINT-EXUPÉRY

Saint-Ex (...) bekennt, daß er sich nicht dazu berufen fühlt, über Trennendes zu sprechen. Auf die Fragen der Journalisten zur politischen Lage in Frankreich (...) gibt der Autor von *Flug nach Arras* zur Antwort:

»Die derzeitige politische Lage in Frankreich ist ein äußerst vielschichtiges Problem. Die Franzosen müssen Streitigkeiten untereinander aus dem Weg gehen und sich darauf beschränken, nur über die Dinge zu sprechen, die sie miteinander verbinden.

Eine Niederlage ist stets eine Quelle innerer Zerwürfnisse. Wenn

* Bericht über den Vortrag in *La Presse*, Montreal, 29. 4. 1942.

ein Land geschlagen wurde, dann leidet es darunter. Man sucht nach Gründen für die Niederlage und klagt sich wechselseitig an. Es gibt jedoch einen gemeinsamen Nenner, und wir haben mannigfache Gründe zusammenzustehen. Ich für meine Person fühle mich in keiner Weise dazu berufen, auf Trennendem zu beharren. Nur eines zählt: das Überleben Frankreichs. Sehen Sie sich an, was in Polen geschieht. Wenn ich mich nicht irre, hat dieses Land, das gleichfalls innerhalb weniger Wochen geschlagen worden war, Entsetzliches gelitten. Wenn ich mich nicht irre, sind zwölf Millionen Polen umgekommen. Frankreich steht immer noch unter der Drohung eines ähnlichen Schicksals. Wie die anderen eroberten Länder ist es Opfer einer unglaublichen Erpressung seitens der Nazis. Denken Sie nur daran, es würde genügen, der Eisenbahn kein Schmieröl zukommen zu lassen, um Millionen von Franzosen in den Tod zu schicken, einfach weil die Lebensmittelversorgung nicht mehr aufrechterhalten werden könnte. Die Bevölkerung Frankreichs steht an der Schwelle zum Hungertod. Frankreich hat letztes Jahr 250 000 Kinder mehr verloren als in normalen Jahren. Folglich sieht sich Frankreich vor einem doppelten Problem: Es gilt, sowohl sein menschliches Kapital zu retten als auch sein spirituelles Erbe (...)«

Literatur und Fliegerei sind für ihn keine getrennten Sphären.

»Ich wundere mich oft darüber«, sagt er, »daß man fast immer das eine vom anderen loslöst. Mir scheint, zwischen beidem besteht überhaupt kein Gegensatz.«

Der Autor von *Nachtflug* stellt nun folgenden Grundsatz auf, den jedermann, der einen Beruf hat und ihn liebt, überprüfen kann und bestätigen wird:

»Unser Leben gründet sich auf den Beruf. Das Holz lehrt den Tischler so manches. Der Journalismus, liebe Kollegen – ich darf Sie so nennen, weil auch ich in dieser Sparte gearbeitet habe –, bringt Sie in Kontakt mit den Menschen und dem Leben, und täglich lernen Sie dadurch hinzu. Das gleiche gilt für die Fliegerei.«

Saint-Exupérys Bücher sind Frucht der Erfahrungen, die er in den Lüften und unten auf der Erde gemacht hat, erzählen von dem Kampf gegen die Hitze, den Durst, die Kälte und die endlose Weite der Wüsten. Es sind »gelebte Reportagen«, wie er als Widmung in ein Exemplar schrieb. Darum sind sie auch so voller vibrierender Lebensfülle.

Während des Kriegsjahres 1939–1940 gehörte Saint-Exupéry einer Fliegergruppe an, die mit strategischen Aufklärungsflügen betraut war.

»Wir haben dem Krieg von einem Logenplatz aus beigewohnt«, sagte er. »In dem Durcheinander des Rückzugs waren wir Augenzeugen der allgemeinen militärischen Operationen. Innerhalb von vierzehn Tagen haben wir elfmal den Standort gewechselt, das heißt, wir haben während der Offensive der Deutschen elf verschiedene Flugplätze bezogen, angefangen von Laon bis zur Umgebung von Paris und schließlich im Raum von Bordeaux. Bei diesem Rückzug haben wir von 23 Flugzeugbesatzungen 17 verloren. Einige Tage vor dem Waffenstillstand standen wir in Bordeaux ohne ausreichend Flugzeuge zum Transport der Crews. Man mußte sich irgendwie behelfen. Ich habe ein Flugzeug mit 44 Plätzen geklaut, mit 65 Mann sind wir eingestiegen, Flieger jeden Ranges, bunt gemischt, und wir haben uns zusammen mit den restlichen uns noch verbliebenen Flugzeugen nach Afrika aus dem Staub gemacht; wir glaubten damals, dort ginge der Krieg weiter. So kam es, daß ich nach dem Waffenstillstand drei Monate in Nordafrika zubrachte. Da ich Reserveoffizier war und nicht zur aktiven Truppe zählte, hat man mich demobilisiert. Ich bin in das unbesetzte Frankreich zurückgekehrt und habe mich in die Provence begeben, wo ein Teil meiner Familie lebt. Dort erhielt ich ein Kabeltelegramm meiner amerikanischen Verleger (Reynal & Hitchcock), die mich baten, in die Vereinigten Staaten zu kommen, um dort ein Buch zu veröffentlichen. Es mißfiel mir, mein Land in einem Augenblick zu verlassen, in dem so viele meiner Landsleute unter Entbehrungen zu leiden hatten, doch ich dachte, es ist meine Pflicht, das amerikanische Volk über den Krieg zu unterrichten, an dem ich teilgenommen habe, soweit es in meinen geringen Kräften stand. Ende 1940 bin ich in den Vereinigten Staaten eingetroffen.«

Nach seiner Ankunft in New York begann Saint-Exupéry, *Pilote de guerre* (*Flug nach Arras*) zu schreiben, das in der englischen Fassung den Titel *Flight to Arras* trägt. Seinem Agenten, Maximilien Becker, zufolge gibt es nur ein Mittel, um Saint-Exupéry zum

Schreiben zu bewegen: nämlich ihn in einem Zimmer einzusperren. Auf welche Weise auch immer – der Flieger und Schriftsteller hat im Laufe des Jahres das erwartete Buch »produziert«. Seit mehreren Monaten bereits erreicht das Werk sowohl in der französischen als auch in der englischen Ausgabe beträchtliche Auflagenhöhen. Dazu sei erwähnt, daß sein vorhergehendes, in englischer Sprache unter dem Titel *Wind, Sand and Stars* veröffentlichtes Werk, das man als zu schwierig für den Durchschnittsleser ansah, in den Vereinigten Staaten eine Auflage von 250 000 Exemplaren erreichte.

Zu der Frage, wie er über die Flugzeugproduktion der Vereinigten Staaten denke, erklärt der herausragende französische Flieger, die amerikanischen Anstrengungen seien großartig.

»Das amerikanische Material ist einfacher als das europäische Material vor dem Krieg«, sagt er. »Gemessen an der amerikanischen Produktion, war die der Europäer eine Luxusproduktion; denn auf dieser Seite des Atlantiks ist die Standardisierung weiter fortgeschritten.«

»Was für ein Geheimnis steckte hinter der Überlegenheit der deutschen Luftwaffe gegenüber der französischen beziehungsweise der der Alliierten in der Zeit von September 1939 bis zum Juni 1940?«

»Schlicht und einfach die Anzahl der Maschinen. Der Kampf spielte sich in einem Verhältnis von wenigstens zehn zu eins ab. Ein deutscher Bomber war stets von rund zwanzig Jagdflugzeugen begleitet, während die französischen Bomber überhaupt keine Eskorte hatten. Ferner stellten die Deutschen seit langem pro Monat mindestens 2000 Flugzeuge her, während wir nie mehr als höchstens 800 hergestellt hatten, und dies auch erst in den letzten Monaten.«

In *Flug nach Arras* spricht Saint-Exupéry davon, daß die Steuerung, die Bordmaschinengewehre und die photographischen Apparaturen einfroren. Er erklärt den Journalisten gegenüber, dies sei nichts als die reine Wahrheit. Bei dieser Gelegenheit merkt er an, daß er weder die Namen noch auch nur ein Wort der Kommentare seiner Kameraden Alias, Vezin, Dutertre, Hochedé, Gavoille undsoweiter verändert habe. Im praktischen Versuch zeigt sich die Kälte anders als unter Laborbedingungen. Man hatte zehnminütige

Versuche in großen Höhen unternommen, wenn jedoch die Flieger stundenlang dort oben sind, ist das eine andere Sache. In einer Höhe von 10 000 Metern, das heißt von mehr als 30 000 Fuß, frieren Steuerung und Geschütze ein. Die deutschen Flugzeuge waren wohl letzten Winter in Rußland mit den gleichen Problemen konfrontiert, und darin dürfte einer der Gründe für den Rückzug der Nazis liegen.

»Was sagen Sie zu der Front in Libyen, Monsieur de Saint-Exupéry? Sie kennen ja das Land und sind dort einmal beinahe verdurstet.«

»Die Kriegführung wirft in Libyen ein Problem auf, das fast unmöglich zu lösen ist«, antwortet der Autor von *Wind, Sand und Sterne,* der in diesem Werk von seinen Abenteuern in Afrika erzählt hat. »Im Freien hat es 60 Grad C° (das sind 144 Grad Fahrenheit). Denken Sie nur, in was für einer unerträglichen Lage sich ein Mensch befindet, der da in einen Panzer eingesperrt ist. Das Metall muß glühen vor Hitze; unmöglich, es anzufassen.«

Unser berühmter Gast kommt damit auf persönliche Erfahrungen zu sprechen.

»Bei Sandstürmen«, sagt er, »steigt in den Sandwüsten die Temperatur schlagartig an, weil die aufgewirbelten Sandkörner die Hitze absorbieren. Im Tiefflug spürt man diese Hitze. Der Kartenbehälter aus Metall unter meinem Sitz, im Schatten also, war glühend heiß. Wenn Sie dann noch die Hitze vom Motor hinzurechnen... da nützt auch die Lüftung nicht mehr viel.«

»Damit Sie sich eine Vorstellung von dieser Hitze machen können«, fährt der Schriftsteller fort, »müssen Sie sich vor Augen halten, daß man in Libyen eine Wasserration von 15 bis 20 Litern (etwa vier Gallonen) pro Mann und pro Tag vorsieht. Man muß fast ununterbrochen trinken.

Eines Tages sind wir zu einer Unternehmung aufgebrochen, die den ganzen Tag in Anspruch nehmen sollte; wir waren drei Franzosen, vier Beduinen und sieben Kamele. Wir führten zwölf Flaschen Mineralwasser für jeden Mann mit uns. Um neun Uhr morgens waren wir aufgebrochen, und vor zwei Uhr nachmittags waren wir schon wieder zurück. Ein Sandsturm hatte uns gezwungen, unser ganzes Wasser in der Hälfte der vorgesehenen Zeit zu trinken.

Man sagt in Libyen, die Wüste töte einen Menschen in 18 Stunden. Bricht das Kamel eines Beduinen zusammen und befindet er sich mehr als 18 Stunden Fußmarsches von den nächsten Wohnstätten oder der nächsten Oase entfernt, macht er sich gar nicht erst auf den Weg.«

Saint-Exupéry erzählt, wie der Flieger Lebrix (der Gefährte von Coste) und fünf Kameraden in Afrika einmal knapp mit dem Leben davonkamen. Nachdem sie sich verirrt hatten, mußten sie fünf Tage warten, bis man sie fand. Sie waren am Meeresufer: Den ganzen Tag über blieben sie bis zu den Augen im Wasser und steckten nur die Nase zum Atmen heraus. Nachts konnten sie sich dank der Feuchtigkeit auf den Sand legen. Zwei Stunden nach einem anderen Flieger kam auch Saint-Exupéry zu ihrer Rettung herbei. Die wackeren Kerle weinten vor Freude. Sie waren am Ende ihrer Kräfte. Den nächsten Tag hätten sie nicht mehr im Wasser zubringen können...

Der Autor von *Wind, Sand und Sterne* hat ähnliche Höllenängste durchstehen müssen. Die vollkommen trockene Luft hat ihn fast umgebracht.

»Man läßt sich dann nicht mehr vom Mut leiten, sondern von Fata Morganas«, sagt er. »Man hat weder seine Beine noch seinen Geist mehr im Griff. Man ist nicht mehr fähig, etwas zu empfinden. Es braucht Feuchtigkeit, damit man etwas empfinden kann...«

»Ein seltsamer Krieg«, bemerkt Antoine de Saint-Exupéry und kehrt damit wieder zum Zeitgeschehen zurück, zu den Erfahrungen des Herbstes 1939 und des Frühjahrs 1940. »Bis zu diesem letzten Krieg stellte man sich die Front allgemein als eine Art Absperrseil vor, das der Gegner zu durchbrechen sucht, hinter das er jedoch nicht vordringen kann, ehe er es an irgendeiner Stelle durchschnitten hat. In diesem Krieg nun war die Front wegen der Flugzeuge eine reine Chimäre. Die Soldaten kämpften an einem bestimmten Ort, und hinter sich hörten sie die Bomben niedergehen und erfuhren, daß die Menschen getötet und die Häuser zerstört worden waren. Sie können sich nicht vorstellen, wie demoralisierend es für einen Soldaten ist, wenn er erfahren muß, daß man hinter ihm seine Frau und seine Kinder umbringt, während er an der ›Front‹ kämpft.«

»Auch in anderer Hinsicht ist dies ein seltsamer Krieg«, fährt unser illustrer Gesprächspartner fort. »Die letzten Kriegstage war unsere Aufklärungsgruppe auf dem Flugplatz von Orly stationiert, fünf Kilometer von Paris. Da kam es vor, daß ich nach gefährlichen Aufklärungsflügen in einem Restaurant am Tisch saß, zwischen Joseph Kessel und Pierre Lazareff, und mir in aller Ruhe ein Châteaubriand mit Kartoffeln bestellte, während draußen Taxis fuhren und in der ganzen Hauptstadt lebhafter Trubel herrschte. Ein paar Tage zuvor war mir in Saint-Didier etwas Ähnliches passiert. Ich frühstückte in einem Café, flirtete mit der Bedienung, zwei Stunden später kehrte ich hier wieder zum Essen ein, doch in der Zwischenzeit hatte ich den Rhein überflogen! ... Das ist unglaublich!«

Alfred Ayotte.

LE DEVOIR, Samstag, 2. Mai 1942

Zum Abschluß seines Vortrags gestern abend im »Plateau« sagte der Flieger und Schriftsteller Antoine de Saint-Exupéry, die Bevölkerung Frankreichs könne derzeit nicht ihre Stimme erheben, doch sie sei nach wie vor am Leben und mit ihr das geistige Erbe, dessen Träger sie ist. Er erwähnte namentlich Monsieur Tréfouël vom Pasteur-Institut und stellte ihn als einen Franzosen heraus, der das wahre Wesen Frankreichs verkörpere und dessen Arbeit nicht nur seinem Land, sondern der gesamten Menschheit diene. Dieser unscheinbare Chemiker, der ein bescheidenes Gehalt bezieht und einen kleinen Peugeot fährt, habe Millionen von Menschen das Leben gerettet. Frankreich, so führte der Redner weiter aus, besitze Hunderte und sogar Tausende von solchen Männern und Frauen, deren Bemühungen darauf ausgerichtet sind, das Elend auf der Welt zu mindern.

Der Redner spricht von dem Krieg, den er als Pilot einer Aufklärerstaffel erlebt hat. Zuallererst weist er darauf hin, daß ein Sieg innere Festigkeit verleihe, während eine Niederlage zu Zersplitterung führe. Nach einer Niederlage zweifle man an allem, zweifle man an sich selbst. Um der deutschen Kriegsproduktion die Waage zu halten, hätte Frankreich, erklärt Saint-Exupéry, seine Männer hundert Stunden am Tag arbeiten lassen müssen. »Doch unsere Gedanken galten dem Frieden, der Muße, der Kultur, und wir wiegten uns in der Hoffnung, daß sich zwei, drei Jahre lang nichts ereignen würde und wir dann hinreichend vorbereitet wären, um gegebenenfalls in einer kriegerischen Auseinandersetzung bestehen zu können. Wir lebten in der Erwartung eines Kristallisationsprozesses, der sich jedoch nur langsam vollzog. Während Frankreich im Krieg stand, haben wir vom Ausland kaum 600 Flugzeuge erhalten.«

»Ich bin im November 1939 zur Aufklärergruppe gekommen«, fährt Saint-Exupéry fort. »Mehrere Monate lang waren wir die einzigen, die wirkliche Einsätze hatten: Wir überflogen Mainz und andere Gebiete und machten Aufnahmen, die dann in den Aktenordnern verstaubten. Es ereignete sich so gut wie nichts. Der Himmel war leer und das Meer unermeßlich. Ab und an gab es Trauerfälle. Zehn Minuten, nachdem wir von dem Tod eines Kameraden erfahren hatten, stimmten wir Lieder an, damit die Kampfmoral keinen Schaden nahm. Wir vertagten die Trauer auf die Zeit nach dem Krieg. Während ich den Rhein zwischen Holland und der Schweiz überflog, habe ich mich auf die Verteidigung eines Journalisten vorbereitet, der vor das Kriegsgericht gestellt worden war. Und diese Art Scheinkrieg sollte noch andauern. Es war nicht immer nur Schein. Eines Tages bin ich in einem Gewitter sechs deutschen Flugzeugen entkommen, ohne es bemerkt zu haben. Zwei davon hatte ich gesehen, aber für Jagdflugzeuge gehalten, die mich eskortierten und die ich kurz zuvor aus den Augen verloren hatte. Am Abend nach diesem Flug speiste ich mit Freunden in einem Restaurant auf den Champs-Elysées. Ich kam mir vor wie ein Fisch, den man am Strand spazieren führt....

Als die deutsche Offensive begann, hat niemand mehr auch nur irgend etwas verstanden. Bei uns hat man acht Stunden gebraucht, ehe ein Bomber starten konnte. Hinter unseren Frontlinien fuhren ungehindert die deutschen Panzer herum, unterbrachen Telephonleitungen, blockierten Eisenbahnlinien und legten das Nervensystem der Armee lahm. Wenn aber die Befehlsübermittlung nur noch über improvisierte Kanäle verläuft, verlieren diese Befehle in den Augen der Offiziere und der Soldaten an Authentizität. Falls es da nun eine fünfte Kolonne gibt, hat sie leichtes Spiel.«

Der Redner weist darauf hin, daß Frankreich wenig schweres Kriegsgerät besaß. Hat man gesiegt, hält man an den Methoden fest, die zum Sieg führten. Der Besiegte indes begibt sich auf die Suche nach anderen Methoden, um seinerseits den Sieg zu erringen. Auf französischer Seite hoffte man darauf, daß die Motorisierung nichts Wesentliches einbrächte; denn eben an der Motorisierung mangelte es bei den Franzosen. So ergab es sich, daß ein Teil der französischen Armee nicht gekämpft hat, weil er desorganisiert war und niemand über irgend etwas Bescheid wußte. Wir Aufklärungsflieger sollten Informationen über die Lage der französischen und der feindlichen Truppen liefern. Wir konnten unseren Auftrag nur erfüllen, wenn wir in niederer Höhe flogen, und das hieß, sich dem feindlichen Feuer auszusetzen.

Der Zusammenbruch, führt Monsieur de Saint-Exupéry aus, beruhte auf einem grundlegenden Ungleichgewicht, das so ausgeprägt war, daß einem Automechaniker, einem Bauern und auch anderen Schichten Frankreichs die Niederlage gar nicht bewußt wurde. Die Armee als ganzes hatte sich aufgelöst, das läßt sich nicht an einzelnen Personen festmachen. (...)

Man hatte ihm in den Vereinigten Staaten von offizieller Seite zugesichert, er könne sich ohne Visum nach Kanada begeben und problemlos wieder in die USA zurückkehren. Während seiner Abwesenheit hatten jedoch gaullistische Kreise ihren Einfluß spielen lassen, und Saint-Exupéry wurde nun mangels Visum die Einreise in die Vereinigten Staaten verweigert. So mußte er unfreiwillig mehrere Wochen in Montreal zubringen, bis ihm die Rückreise gestattet wurde. Saint-Exupéry ist darüber äußerst wütend. Sein kanadischer Verleger Bernard Valiquette kümmert sich während dieser Zeit um ihn und muß sich beständig der Vorwürfe des Autors erwehren, der ihm ungerechterweise die Schuld für seine unglückliche Lage zuschiebt. Valiquette berichtet auch von nicht immer freundlichen Reaktionen auf Saint-Exupérys Stellungnahmen in Kanada.

Fünf Wochen über war das Klima höllisch. Wir lagen ständig im Streit, es gab zwischendurch allerdings auch sehr liebenswürdige Phasen. Zwischen Montreal und Washington glühte die Telephonleitung (...). Hatten wir uns gestritten und wollte er zu einem Ende finden, konnte er immer ein entwaffnendes Lächeln aufsetzen.

Er gefiel sich in der Rolle des Verfolgten, um ihn herrschte ein endloses Gezänk, und viele, die vorgaben, ihn schützen zu wollen, erwiesen ihm einen schlechten Dienst.

Ich erinnere mich an die erste Pressekonferenz, die er in Montreal gab. Von Beginn an waren die Fragen der kanadischen und englischen Journalisten auf die Politik gerichtet. Saint-Exupéry gelang es, sich mit nuancierten Antworten aus der Affäre zu ziehen, sie waren stimmig und aufrichtig, konnten jedoch niemanden zufriedenstellen. Damals gab es nur zwei Möglichkeiten: Entweder war man Gaullist oder Kollaborateur. Saint-Exupéry hatte für de Gaulle nichts übrig; so schlossen die Leute, daß er ein Parteigänger der Vichy-Regierung sei.

Auch Annette Doré erzählt von Saint-Exupérys Aufenthalt in Montreal:

ERINNERUNGEN VON ANNETTE DORÉ

(...)

Dieser große Junge von so bemerkenswerter Statur, mit seinem mächtigen Oberkörper, den breiten, so kraftvoll wirkenden Schultern, der in zwei Meter Höhe den Kopf eines verträumten Lurches trug – niemals werde ich vergessen, wie er sang. Wahrscheinlich hatte er überhaupt keine Stimme. Und doch sang er jenen Abend eine ganze Weile, von einer zur anderen wechselnd, sehr schöne Balladen, alte Klagelieder von Costeley, von Jannequin und vielen anderen, deren Namen der Geschichte nicht überliefert sind.

Ich sehe ihn wieder vor mir. Im Stehen, die Hände in den Taschen seines Jacketts, ließ er sich allmählich – nicht vom Rhythmus erfassen, sondern auf der Welle der Melodie schaukeln. So sieht man die Kinder sich hin und her wiegen, wenn sie sich ganz leise ihre schönen Geschichten erzählen oder wenn sie vom Zauber der Lieder ergriffen werden. Allein die Augenbrauen hoben sich mitunter in dem regungslosen Gesicht und ließen die halb geschlossenen Lider über dem verborgenen Blick noch länger erscheinen. Das verlieh dem Gesicht einen Ausdruck tiefster Schwermut, unendlichen und doch hingenommenen Leids. Erfüllt von zurückgehaltener Gefühlsintensität und ohne jede Effekthascherei schmiegte sich jeder Satz bruchlos und mit äußerster Empfindsamkeit dem Bogen der Melodie an. Das war ergreifend wie die eintönige Stimme, die man bisweilen bei Menschen vernimmt, die an den tiefsten Grund des Leidens gelangt sind. Während Saint-Exupéry diese bittersüßen Lieder des Mittelalters sang, in denen Schmerz und Lächeln im selben Atemzug zum Ausdruck kommen, eröffnete sich mir, was seine Gedanken vorhin zu Mozart geführt hatte und was uns jüngst der *Kleine Prinz* anvertraute. Ich entdeckte in dieser Kraft eine Zartheit, eine wunderbare Macht der Kindheit, möchte ich sagen. Mehr noch als die Hinterlassenschaft des Postfliegers offenbarte mir dieser Gesang, der mir, wie er selbst sagte, »seine verwundbare Seite erhellte«, welcher Art sein Anspruch an den Menschen war, welcher Art die Qual war, die er angesichts »dieses schönen, verunstalteten Lehms« durchlitt.

In einem Montrealer Lokal hat Saint-Exupéry eines Abends, wie sich Bernard Valiquette erinnert, einen Sänger, der seines Erachtens den alten französischen Liedern Gewalt antat, zum Schweigen gebracht und daraufhin selbst das Beispiel gegeben, in welchem Ton sie vorzutragen seien.

Der Kriegseintritt der Vereinigten Staaten war ihm ein neuer Anlaß zu Kopfzerbrechen. Von da an sann er nur noch auf Mittel und Wege, wie unsere Beteiligung am Krieg schneller vorangetrieben und unsere britischen und russischen Verbündeten mit Nachschublieferungen unterstützt werden könnten. Er war einer der wenigen Europäer, der Präsident Roosevelts anfängliches Produktionsprogramm nicht für bloßen »amerikanischen Bluff« hielt. »Sechshundert Flugzeuge und eine Gesamtschiffstonnage von zehn Millionen Tonnen in nicht mehr als einem Jahr? Wieso eigentlich nicht?« sagte er zu den Skeptikern unter seinen Landsleuten. »Ein Land, das mit einem Schlag seine Automobilproduktion mit einem Ausstoß von fünf Millionen Wagen im Jahr anhält, besitzt sicherlich die nötigen Arbeitskräfte, die Rohstoffe und die Fertigkeiten, um Roosevelts Programm umzusetzen.«*

Manche seiner Ideen waren eines Jules Verne würdig. Um England mit Flugzeugen zu beliefern, während die deutschen U-Boote die Gewässer des Nordatlantiks unsicher machten, schlug er beispielsweise vor, man solle große Untersee-Lastkähne bauen, die, mit den in Einzelteile zerlegten Flugzeugen beladen, von riesigen amerikanischen U-Booten geschleppt würden. Eine andere, noch gewagtere, ganz und gar romantische Idee schien mir indes durchaus realisierbar, so daß ich sie schließlich ernst nahm. Wie alle Welt war Saint-Exupéry über die Nachricht erfreut, daß General Giraud die Flucht aus der Feste Königstein gelungen war. Er interessierte sich fortan nur noch dafür, wie man aus diesem Geschenk des Himmels Nutzen ziehen könnte. Und er dachte sich folgendes aus. Das Kriegsministerium sollte ihn nach Nordafrika entsenden, von wo aus er leicht nach Frankreich gelangen könnte. Er würde dann als Abgesandter dieses Ministeriums Giraud aufsuchen, ihn dazu überreden, mit ihm ein Flugzeug zu besteigen, dessen er sich ohne Schwierigkeiten bemächtigen könnte, und sie würden aufs Meer hinausfliegen, wo ein amerikanisches Kriegsschiff sie erwarten

* In der Tat wird ab diesem Sommer 1942 der Einsatz der amerikanischen Industriemacht zu den ersten großen Rückschlägen für Deutschland und Japan führen.

sollte. Nach der Ankunft in Washington würden die obersten Verantwortlichen der Militärführung zusammen mit Giraud einen Feldzug in Nordafrika vorbereiten, der von den dort stationierten französischen Truppen unterstützt werden würde. Diese Truppen wären laut Saint-Exupéry hocherfreut, wenn Giraud ihre Führung übernähme. Dieses Projekt interessierte mich so sehr, daß ich mich nach Washington begab und während eines Abendessens mit zwei Freunden darüber sprach; der eine gehörte dem Generalstab, der andere dem O.S.S.* an. Das war im Juli 1942. Ich wußte damals nicht, daß der Präsident und der Premierminister soeben der Operation Torch ihre Zustimmung gegeben hatten, die am 8. November 1942 zur Landung in Nordafrika führen sollte, und daß auf französischer Seite Giraud das Rückgrat dieser Operation bildete.

Mein Lebtag hat man mir, um die Wahrheit zu sagen, keinen derartigen Rüffel erteilt. Als ich mit meiner kleinen Rede zu Ende war, habe ich eine böse Abfuhr bezogen. Mein Freund Saint-Exupéry mochte ja vielleicht ein Genie sein, daß er ein vollständiger Idiot sei, so viel stünde jedenfalls fest. Und ich, woher nähme ich denn das Recht, mich in Fragen einzumischen, die mich nichts angingen und von denen ich keine Ahnung hätte? Sollte ihnen eines Tages zu Ohren kommen, daß ich auch nur ein Sterbenswörtchen von dieser grotesken Phantasterei, an wen auch immer, weitererzählt hätte, so würden sie mich mit größter Freude für ein Dutzend Jahre ins Gefängnis bringen, und das gleiche gelte auch für meinen Freund Saint-Exupéry.

Am folgenden Tag stattete ich Saint-Exupéry in New York meinen Bericht ab. Er hörte wortlos zu. Wir sahen uns einen langen Augenblick an, dann lächelte Saint-Exupéry leicht: »Ach,« sagte er, »so ist das also! Die sind doch klüger, als ich gedacht habe!«

Aber meine Geschichte ist hier noch nicht zu Ende. Wenig später brachte ein Freund von mir eine der wichtigsten Persönlichkeiten der amerikanischen Luftwaffe zu Saint-Exupéry, einen General, der sich bereits durch eine sensationelle Leistung an der Pazifikfront ausgezeichnet hatte und der in der Folge unsere stärkste Bomberflotte in Europa befehligen sollte. Ein Gutteil der Informationen

* Office of Strategic Services: amerikanischer militärischer Geheimdienst.

über die Flughäfen, die Anlagen und die Flugbedingungen in Nordafrika, über die der Führungsstab der Luftwaffe verfügte, waren ein Ergebnis dieser Kontaktaufnahme. Saint-Exupéry erzählte mir nichts von dem Besuch des amerikanischen Generals. Vor meinem Aufbruch nach Europa am 3. Oktober kam er auch nie mehr auf Giraud oder die Landung in Nordafrika zu sprechen. Denn Saint-Exupéry war nicht zuletzt auch Soldat.

AUS DEM TAGEBUCH VON DENIS DE ROUGEMONT*

Westport (Connecticut), 15. August 1942

Acht Tage Urlaub am Meer. Ich teile dieses auf Pfählen errichtete Holzhaus am Soundufer mit den Saint-Exupérys. Nach dem Bad Schachpartien auf der Galerie, zu jeder Tages- und Nachtzeit.

Tonio, der gestern aus New York zurückgekehrt ist, hatte mich gebeten, ihn am Bahnhof zu erwarten. Er taucht auf, unter dem Arm hält er unbeholfen eine große Schachtel, die er mir entgegenstreckt, kaum hat er mich gesehen. (Ich weiß, daß er seit seinem Unfall in Guatemala, bei dem er sich »alle Knochen« gebrochen hat, keine Pakete mehr tragen kann.) Auf der Teppe am Hauseingang wird die Schachtel geöffnet: ein junger Hund kommt zum Vorschein, am ganzen Körper zitternd. Es ist ein Boxer, der Bismarck ähnelt und den er Hannibal getauft hat. Ich bringe ihm bei, am Strand an der Leine zu laufen. Der kanadische Verleger Valiquette hat einen 16 mm-Film darüber gedreht, wie Hannibal eine Lehrstunde erhält und wir auf der Galerie Schach spielen. Ich würde viel dafür geben, wenn ich ihn noch einmal sehen könnte.

Northport, Long Island, Ende September 1942

Bevin House. – Ein neues Haus auf dem Land, zwei Stunden von New York entfernt, zusammen mit den Saint-Exupérys. Dort verbringe ich jede Woche meine sechsunddreißig Stunden Freizeit. Entdeckt hat es Consuelo, und man könnte sogar meinen, daß es

* Der Schweizer Schriftsteller Denis de Rougemont arbeitete damals im *Office of War Information* mit, das Lewis Galantière leitete.

ihrer Phantasie entsprungen ist: Es ist riesig und liegt auf einem Kap mit sturmzerzausten Bäumen, das auf drei Seiten jedoch sanft von den geschwungenen Formen der Lagunen eingefaßt wird, die in eine tropische Wald- und Insellandschaft vorstoßen.

»Ich wollte eine Hütte und nun habe ich das Schloß von Versailles!« rief Tonio mürrisch, als er am ersten Abend in die Eingangshalle trat. Jetzt bekommt man ihn von Bevin House nicht mehr fort. Er hat sich daran gemacht, ein Märchen für Kinder zu schreiben, das er eigenhändig mit Wasserfarben illustriert. Dieser kahlhäuptige Riese mit den runden Augen hochnistender Vögel und den präzisen Fingern eines Mechanikers hantiert fleißig mit kleinen Kinderpinselchen und läßt dabei die Zunge vorspitzen, um nicht »über den Rand hinaus zu malen«. Ich halte ihm als Modell für den Kleinen Prinzen her, wie er auf dem Bauch liegt und die Beine in die Luft streckt. Tonio lacht wie ein Lausbub: »Später können Sie dann diese Zeichnung vorzeigen und sagen: Das bin ich!« Abends liest er uns Auszüge aus einem äußerst umfangreichen Buch vor (»Ich werde euch etwas aus meinem Nachlaß vorlesen«), und mir scheint, das ist das Schönste, was er bisher geschrieben hat. Zu fortgeschrittener Stunde ziehe ich mich erschöpft zurück (ich muß morgen um neun Uhr in New York sein), aber er kommt noch in mein Zimmer, um ein paar Zigaretten zu rauchen und mit unbeugsamer Geistesschärfe das Gespräch fortzuführen. Er macht auf mich den Eindruck, als könnte sein Gehirn nicht mehr aufhören zu denken.

Ende Oktober bringen die Briten unter der Führung von General Montgomery den deutschen Truppen in Ägypten schwere Rückschläge bei. Am 8. November landen die Alliierten in Nordafrika. Dies führt zum Abbruch der diplomatischen Beziehungen zwischen der Vichy-Regierung und den Vereinigten Staaten.

Auch der Süden Frankreichs wird nun von den Deutschen besetzt. Daraufhin versenkt Frankreich seine eigene Flotte in Toulon. Die deutsche Armee erweitert ihre Front in Nordafrika und fällt auch in Tunesien ein.

Der französische Admiral Darlan, ehemals Vizepräsident der Vi-

chy-Regierung, befindet sich zum Zeitpunkt der Landung der Alliierten in Nordafrika. Anfangs will er sich ihr widersetzen, doch dann verhandelt er und schlägt sich auf die Seite der Vichy-Gegner. Am 22. November unterzeichnen die Amerikaner mit ihm ein Abkommen, mit dem die Beziehungen zwischen den USA und den Franzosen geregelt und Darlans Hoheitsrechte in Algerien offiziell anerkannt werden.

Saint-Exupéry verliest im Rundfunk einen Aufruf, der mit den Worten beginnt: »Frankreich zuerst« (»D'abord la France«). Die englische Fassung erscheint am 29. November 1942 unter dem Titel »An open letter to Frenchmen everywhere« im New York Times Magazine*; am Tag darauf wird der französische Text in der Zeitung* Le Canada *in Montreal veröffentlicht. Der Aufruf wurde von allen amerikanischen Radiostationen mit französischsprachigen Programmen ausgestrahlt und auch in den nordafrikanischen Zeitungen abgedruckt.*

FRANKREICH ZUERST*

Die deutsche Nacht hat vollends das Land unter sich begraben. Noch hatten wir von den Menschen, die wir lieben, Nachricht erhalten können. Noch hatten wir ihnen sagen können, daß wir zärtlich an sie denken, wenn wir schon nicht das schlechte Brot auf ihrem Tisch mit ihnen teilen konnten. Von ferne vernahmen wir ihren Atem. Damit ist es zu Ende. Frankreich ist nur noch Schweigen. Gleich einem Schiff treibt es mit erloschenen Lichtern, irgendwo in der Nacht verloren. Sein Gewissen und sein geistiges Leben sind ganz seiner inneren Tiefe überantwortet. Nicht einmal die Namen der Geiseln kennen wir, die Deutschland morgen erschießen wird.

Stets nehmen die neuen Wahrheiten von den Kellern der Unterdrückung ihren Ausgang. Spielen wir uns nicht auf. Vierzig Millio-

* Im Galantière-Archiv (Rare book and Manuscript Library, 801 Butler Library, Columbia University Libraries) findet sich ein in wenigen Punkten von der veröffentlichten Fassung abweichender Manuskriptdurchschlag dieses Textes.

nen müssen dort mit ihrer Versklavung zurechtkommen. Wir haben die Flamme des Geistes doch nicht Menschen zu bringen, die sie bereits mit ihrer eigenen Substanz unterhalten wie mit Wachs. Sie werden die Probleme Frankreichs besser lösen als wir. Sie haben alle Rechte dazu. Nichts von unserem soziologischen, politischen und selbst künstlerischen Gerede wird gegenüber dem ins Gewicht fallen, was sie denken. Sie werden kaum unsere Bücher lesen. Sie werden nicht unseren Reden lauschen. Und womöglich wird ihnen angesichts unserer Vorstellungen übel werden. Wir sollten denkbar bescheiden sein. Unsere politischen Diskussionen sind Phantomdiskussionen, und unsere Ambitionen entbehren nicht der Komik. Wir vertreten Frankreich nicht. Wir können ihm nur dienen. Was immer wir auch tun, wir erwerben damit keinerlei Anspruch auf Dankbarkeit. Es gibt kein gemeinsames Maß für den freien Kampf und die in der Nacht hereinbrechende Vernichtung. Es gibt kein gemeinsames Maß für den Dienst eines Soldaten und für das, was eine Geisel auf sich zu nehmen hat. Die Menschen dort sind die einzigen wahrhaften Heiligen. Selbst wenn wir bald die Ehre haben, am Kampf teilzunehmen, werden wir noch in ihrer Schuld stehen. Ein Bündel Schulden sind wir, nichts weiter. Diese grundlegende Wahrheit ist zuallererst festzuhalten.

Franzosen, versöhnen wir uns, um zu dienen!

Ich möchte zunächst auf die Streitigkeiten eingehen, die die Franzosen auseinandergerissen haben, und sie auszuräumen versuchen. Es gab da nämlich ein Unbehagen auf seiten der Franzosen, ein tiefgreifendes Unbehagen. Viele von uns, die unter dem Zwiespalt ihres Gewissens gelitten haben, verlangt es danach, zur Ruhe zu kommen. Sie dürfen sich ruhiger fühlen. Das Wunder des amerikanischen Einsatzes macht es möglich, daß die unterschiedlichsten Wege zu ein und derselben Kreuzung führen. Was hätten wir davon, uns in alten Streitigkeiten festzufahren? Es gilt, Einigkeit herzustellen, nicht Trennendes aufzureißen, es gilt, die Arme zu öffnen, und nicht auszuschließen.

War unser Haß unseren Streitgründen angemessen? Wer kann jemals behaupten, völlig im Recht zu sein? Das Gesichtsfeld des Menschen ist winzig. Die Sprache ist ein unvollkommenes Werkzeug. Die Probleme des Lebens sprengen alle Formeln.

Wir waren uns alle über unser Kredo einig. Unser aller Wunsch war Frankreich zu retten. Doch Frankreich retten hieß, sowohl seinen Geist als auch seinen Leib zu retten. Was ist das geistige Erbe wert, wenn es keinen Erben mehr gibt? Wozu ist der Erbe denn gut, wenn der Geist dahin ist?

Die einen wie die anderen verurteilten wir jede auf Kollaboration zwischen Frankreich und Deutschland zielende Gesinnung; doch während die einen Frankreich des Verrats bezichtigten, sahen die anderen in seinem Verhalten nur das Ergebnis einer radikalen Erpressung. Es war unumgänglich, daß ein Konkursverwalter mit dem Sieger Verhandlungen aufnahm, um Frankreich etwas Schmieröl für unsere Eisenbahnwaggons zu sichern. (Frankreich hat kein Benzin und nicht einmal Pferde mehr, um die Versorgung seiner Städte aufrechtzuerhalten.) Die Offiziere der Waffenstillstandskommissionen werden euch später einmal diese andauernde, grausame Erpressung beschreiben. Die Schraube bei den Lieferungen dieses oder jenes Lebensmittels ein klein wenig angezogen – und im nächsten halben Jahr starben hunderttausend Kinder mehr. Wenn eine Geisel erschossen wird, dann geht von ihrem Opfer eine große Leuchtkraft aus. Ihr Tod festigt die Einheit der Franzosen. Aber wenn die Deutschen hunderttausend fünfjährige Geiseln umbringen, indem sie sich einfach mit einem Abkommen über Schmieröllieferungen mehr Zeit lassen, dann wiegt nichts dieses langsame und lautlose Ausbluten auf. Welch ein Prozentsatz toter Kinder ließe sich noch hinnehmen? Wie weitgehende Zugeständnisse dürfen gemacht werden, um sie zu retten? Wer wüßte darauf eine Antwort zu geben?

Ihr wißt ebensogut, daß eine Aufkündigung des Waffenstillstandsabkommens durch Frankreich rechtlich einer Rückkehr zum Kriegszustand gleichgekommen wäre. Die Rückkehr zum Kriegszustand berechtigt den Besatzer, alle wehrtüchtigen Männer zu Kriegsgefangenen zu machen. Diese Erpressung lastete auf Frankreich. Die Drohung war auch ausgesprochen worden. Mit der deutschen Erpressung ist nicht zu scherzen. Die Verwesungsstätte der deutschen Lager verläßt man nur als Leichnam. Unserem Land drohte also, unter dem Anstrich legaler Verwaltungsmaßnahmen, die schiere Ausrottung seiner sechs Millionen erwachsenen Männer. Frankreich standen nur Knüppel zur Verfügung, um sich dieser

Sklavenjagd zu widersetzen. Wer kann wirklich darüber urteilen, wie sein Widerstand hätte aussehen müssen?

Wenn nun die Alliierten innerhalb von sechsundsiebzig Stunden Nordafrika unter ihre Kontrolle bringen konnten, zeigt dies doch vielleicht, daß es Deutschland nach zwei Jahren bedrängenden Druckes trotz seiner grausamen Erpressungen nicht gelungen war, von diesem Nordafrika ernstlich Besitz zu ergreifen. Es hat sich also irgendwo in Frankreich Widerstand geregt. Der Sieg in Nordafrika ist vielleicht zu einem Teil dank unserer fünfhunderttausend toten Kinder errungen worden.* Wer wagte uns zu sagen, diese Zahl sei nicht ausreichend?

Ach, Franzosen! Um untereinander Frieden zu schließen, bräuchten wir nur unsere Zwistigkeiten auf ihre wahre Größenordnung zurückzuführen. Uneins waren wir stets nur darüber, wie die nazistische Erpressung zu bewerten ist.

Die einen dachten: »Wenn den Deutschen der Sinn danach steht, das französische Volk zu vernichten, dann werden sie es vernichten, was immer Frankreich auch tun mag. Auf die Erpressung ist keine Rücksicht zu nehmen. Nichts zwingt Vichy zu einer bestimmten Entscheidung oder Stellungnahme.«

Die anderen dachten: »Nicht nur handelt es sich hier sehr wohl um eine Erpressung – es handelt sich sogar um eine Erpressung, deren Grausamkeit nichts in der Weltgeschichte gleichkommt. Frankreich, das sich in den entscheidenden Fragen zu keinen Zugeständnissen bereit findet, bleibt nur, geschickt mit Worten zu lavieren, um von Tag zu Tag seine Vernichtung noch einmal hinauszuschieben. Entwaffnet bleibt einem Odysseus oder Talleyrand nur noch das Wort, um den Gegner in die Irre zu führen.«

Franzosen, glaubt ihr, daß solch unterschiedliche Meinungen über die wahren Absichten einer Regierung, deren Zeit bereits abgelaufen ist, es wert sind, daß wir uns weiterhin mit Haß begegnen? Wenn Engländer und Russen Seite an Seite kämpfen, vertagen sie wesentlich tiefergehende Meinungsverschiedenheiten. Unsere Meinungsverschiedenheiten taten unserem Haß gegenüber dem

* Was die Zahlenangaben über die Kriegsopfer anbelangt, so war Saint-Exupéry nicht immer gut unterrichtet.

Aggressor keinen Abbruch. Desgleichen hatten wir uns alle, ebenso wie das französische Volk, darüber empört, daß unter Verletzung des Asylrechts ausländische Flüchtlinge ausgeliefert wurden.* Und nun sind die Streitpunkte, die nicht ausgeräumt worden waren, vollends gegenstandslos geworden: Vichy ist tot.

Seine unauflöslichen Probleme, seine widersprüchlichen Protagonisten, seine Aufrichtigkeit und seine List, seine feigen und seine mutigen Seiten, all das hat Vichy mit sich ins Grab genommen. Überlassen wir das Urteil vorläufig den Geschichtsschreibern und den Gerichtshöfen der Nachkriegszeit. Es ist wichtiger, Frankreich hier und heute zu dienen, als über seine Geschichte zu diskutieren.

Die vollständige Besetzung durch die Deutschen hat all unsere Streitigkeiten gelöst und unsere Gewissenskonflikte geschlichtet. Franzosen, seid ihr willens, euch auszusöhnen? Es gibt nun keinerlei ernstzunehmenden Grund mehr, uns zu streiten. Lassen wir allen trennenden Parteigeist fahren. Weswegen sollten wir uns hassen? Weswegen sollten wir uns neidisch beargwöhnen? Es geht nicht darum, irgendwelche Posten zu ergattern. Zu vergeben ist einzig der Posten eines Soldaten, und vielleicht auch ein ruhiger Platz auf einem kleinen Friedhof irgendwo in Nordafrika.

Nach dem französischen Militärgesetz ist man bis zum Alter von achtundvierzig Jahren zum Kriegsdienst verpflichtet. Wir alle, von den Achtzehn- bis zu den Achtundvierzigjährigen, müssen zu den Waffen gerufen werden. Es ist nunmehr unerheblich, ob wir unseren Dienst tun wollen oder nicht. Damit die Waage zu unseren Gunsten ausschlägt, muß von uns ganz einfach verlangt werden, daß wir uns alle zusammen in die Waagschale werfen.

Sind auch unsere einstigen Streitpunkte nur mehr Gegenstand eines bloßen Historikerstreits, droht unserer Einheit doch eine weitere Gefahr. Laßt uns den Mut aufbringen, sie zu überwinden, Franzosen! Manche unter uns treibt die Sorge um, einen bestimmten Führer gegen diesen oder jenen anderen durchzusetzen, ein be-

* Anstelle dieses Satzes findet sich in dem Manuskriptdurchschlag des Galantière-Archivs: »Diese Divergenzen hatten sich überdies schon abgeschwächt, als Laval an die Macht gekommen war und die jüdischen Flüchtlinge den Nazis auslieferte. Wir alle fühlten uns mit der gesamten Bevölkerung Frankreichs solidarisch, und uns allen galt das Recht auf Asyl als heilig.«

stimmtes System gegen dieses oder jenes andere. Sie sehen am Horizont das Gespenst drohender Ungerechtigkeit heraufziehen. Warum machen sie sich unnötig das Leben schwer? Es steht keinerlei ungerechte Behandlung zu befürchten. Fürderhin kann nichts mehr unsere persönlichen Interessen beschneiden. Wenn sich ein Maurer ganz dem Bau einer Kathedrale widmet, wie könnte da die Kathedrale irgendeine Beeinträchtigung des Maurers bedeuten?

Die einzige Aufgabe, die man von uns erwartet, ist eine Aufgabe im Krieg. Ich fühle mich auf das wunderbarste gegen alle Ungerechtigkeit abgesichert. Wer könnte sich mir gegenüber ungerecht zeigen, da ich ja von nichts anderem träume, als mich in Tunis meinen Kameraden von der Gruppe 2/33 anzuschließen, mit denen zusammen ich neun Monate im Feld gestanden habe, mit denen ich dann die schwere Offensive der Deutschen erlebt habe, die wir mit dem Verlust von zwei Dritteln unserer Flugzeugbesatzungen bezahlten, und schließlich die Flucht nach Nordafrika, zwei Tage vor dem Waffenstillstand. Wir Franzosen sollten uns nicht um Vorrechte, Ehrenbezeigungen, Gerechtigkeit und Rangordnungen streiten. Nichts dergleichen wird uns angeboten. Was man uns anbietet, sind Gewehre. Und davon gibt es für alle genug.

Wenn ich mich so ruhig fühle, liegt das daran, daß ich auch hier keinerlei Berufung zum Richter verspüre. Die Gemeinschaft, in die ich mich eingliedere, ist keine Partei und auch keine Sekte: sie ist mein Land. Wer die Führung übernehmen wird, das ist nicht so wichtig. Der Aufbau vorläufiger französischer Institutionen ist eine Staatsangelegenheit. Mögen England und die Vereinigten Staaten ihr Bestes dazu tun. Wenn es unser Bestreben ist, auf den Abzug eines Maschinengewehrs zu drücken, werden uns Entscheidungen, die uns zweitrangig erscheinen werden, nicht allzu viele Sorgen bereiten. Unser wahrer Führer ist das zum Schweigen verurteilte Frankreich. Parteien, Klüngel und Zerwürfnisse sollten uns verhaßt sein.

Wenn wir als einzigen Wunsch hegen (und wir haben das Recht, ihn zu hegen, da er uns alle eint), heute statt politischen Führern militärischen Führern zu gehorchen, so liegt das daran, daß die Ehrenbezeigung, die ein Soldat einem anderen Soldaten erweist, nicht dem Soldaten und auch keiner Partei gilt, sondern der Nation. Wir wissen, wie General de Gaulle und auch General Giraud zu der Frage der Autorität stehen: sie dienen. Sie sind die ersten Diener der Nation. Das genügt uns, denn alle Zwiste, die uns gestern hemmen konnten, sind heute aufgehoben oder außer Kraft gesetzt.

Das ist meines Erachtens unsere derzeitige Lage. Unsere amerikanischen Freunde dürfen kein falsches Bild von Frankreich erhalten. Die Franzosen galten oftmals als Ansammlung von Streithähnen. Das ist ungerecht. Nur die Polemiker melden sich zu Wort. Diejenigen, die schweigen, machen wenig Lärm...

All jenen Franzosen, die bislang geschwiegen haben, möchte ich vorschlagen, Cordell Hulls * Zweifel über unsere wahre Geisteshaltung zu zerstreuen, indem sie, dieses eine Mal nur, ihr Schweigen brechen und ihm jeder ein Telegramm zuschicken, das etwa folgendermaßen lauten könnte:

»Wir bitten um die Ehre, zum Kriegsdienst einberufen zu werden, in welcher Form auch immer. Wir wünschen die Einberufung aller Franzosen in den Vereinigten Staaten. Wir erklären uns von vornherein mit jeder Organisationsform einverstanden, die man für die geeignetste hält. Sie sollte allerdings außerhalb der politischen Sphäre angesiedelt sein, da uns alles verhaßt ist, was zu Zerwürfnissen unter den Franzosen führt.«

Im State Department werden sie nicht wenig überrascht sein, wie viele Franzosen sich für die Einheit aussprechen. Und doch kennen die meisten von uns, trotz unseres Rufes, im Grunde ihres Herzens nur die Liebe zu ihrer Kultur und zu ihrem Land.

Franzosen, versöhnen wir uns miteinander. Sobald wir zusammen an Bord eines Flugzeugs mit fünf oder sechs Messerschmitt im Streit liegen, werden wir über unsere alten Streitigkeiten lächeln. Wenn ich 1940 in einer von Kugeln durchlöcherten Maschine von einem Flug zurückkehrte, trank ich voll jubelnden Hochgefühls an der Bar unserer Staffel einen Pernod. Er hat nur selten besser geschmeckt. Den Pernod gewann ich mir beim Pokern, einmal gab ihn ein royalistischer Kamerad aus, ein andermal ein sozialistischer Kamerad, oder auch Leutnant Israel, der von uns allen der mutigste und Jude war. Und mit tiefer Zärtlichkeit tranken wir uns zu.

* Cordell Hull war damals amerikanischer Außenminister.

Im Dezember beziehen Saint-Exupéry und seine Frau Consuelo eine Wohnung am Beekman Place, Hausnummer 35, in New York.

BRIEF AN EINEN UNBEKANNTEN EMPFÄNGER

[New York, 8. Dezember 1942]

Ich für meinen Teil weiß, warum ich den Nazismus hasse. Nämlich in erster Linie, weil er die Qualität der Beziehungen der Menschen zueinander verdirbt... Ich habe jahrelang mit den Entbehrungen gelebt, die die Wüste mit sich bringt, und war glücklich dabei: denn ich hatte treue Kameraden (...)

Die Welt verzichtet heute eigenartigerweise auf das, was ihre Größe ausmachte... Nachdem die Nazis aus den Juden einmal das Sinnbild der Niedertracht, der Veruntreuung, des Verrats, der Ausbeutung und des Egoismus gemacht hatten, konnten sie sich aufrichtig darüber entrüsten, daß jemand die Juden verteidigen wollte. Sie erhoben nun gegen ihre Gegner die Anklage, daß sie sich zum Fürsprecher des Geistes der Veruntreuung, des Verrats und der Ausbeutung machten. Und damit wären wir wieder im Zeitalter der Urwaldtotems gelandet.

Solche Anwandlungen von Herdeninstinkt lehne ich ab, doktrinäre Vereinfachungen und die Erfindung von Sündenböcken lehne ich ab. Die makellos guten Absichten der dreimal heiligen Inquisition lehne ich ab, und ebenso die leeren Worthülsen, die sinnlos Ströme von Menschenblut fließen lassen (...).

Körperlicher Mut zählt in meinen Augen nicht viel, das Leben hat mich gelehrt, was wahrer Mut ist: der Verurteilung durch die Umwelt zu widerstehen. Ich weiß wohl, wieviel mehr Mut es mich kostete, trotz zweier Jahre voller Beleidigungen und Diffamierungen nicht von dem Weg abzuweichen, den mir mein Gewissen vorschrieb, als Aufnahmen von Mainz oder Essen zu machen. (...)

Am 19. Dezember veröffentlicht die Wochenzeitschrift Pour la victoire *Saint-Exupérys Aufruf vom 29. November und eine Entgeg-*

nung darauf aus der Feder des französischen Religionsphilosophen Jacques Maritain. Der Gaullist Maritain, der sich ebenfalls im amerikanischen Exil befindet, hält Saint-Exupéry entgegen, er sehe in seinem Aufruf zur Einheit von Differenzen unter den Franzosen ab, die nicht übergangen werden dürften: Die Klärung politischer Fragen sei die Voraussetzung dafür, daß das französische Volk zu einer Richtungsbestimmung gelangen könne. Am Ursprung des französischen Defätismus und aller nachfolgenden Verwicklungen stehe der Waffenstillstand von 1940. Die für den Waffenstillstand Verantwortlichen und diejenigen, die sich in den Dienst der nazistischen Besatzer stellten, hätten sich schuldig gemacht; Pétain sei kein widerstrebendes Opfer des Feindes, sondern befördere durchaus aktiv dessen Ideologie und Interessen. Die Kollaborateure der Vichy-Regierung seien also grundsätzlich von dem Teil Frankreichs zu unterscheiden, der Widerstand leiste und das wahre Frankreich verkörpere. Eine falsch verstandene Einheit zu propagieren verschleiere, daß es sich hier um einen »internationalen Bürgerkrieg« handle: Demokratie und Menschenrecht gegen Totalitarismus und Menschenverachtung.

In derselben Nummer druckt Pour la victoire *einen kurzen Kommentar Saint-Exupérys zu dieser Kritik ab, die ihm die Redaktion vor Erscheinen zu lesen gegeben hat. Er spricht von einigen Mißverständnissen, die zum Teil Mängeln der amerikanischen Übersetzung geschuldet seien, beharrt aber auf seinem Aufruf zur Versöhnung der Franzosen untereinander.*

Saint-Exupéry versuchte sich grundsätzlich von den öffentlichen Polemiken fernzuhalten. Maritains Kritik trifft ihn tief, und so wendet er sich noch am Erscheinungstag dieser Nummer der Zeitschrift in einem persönlichen Brief an ihn.

[19. Dezember 1942]

Mein lieber Freund,
ich habe damit gewartet, Ihnen zu schreiben, bis Ihr Artikel fertig und gewiß nicht mehr zu ändern ist. Ich will nicht, daß Sie glauben könnten, ich vertrete hier ein materielles Anliegen.

Ich bin untröstlich über Ihre Stellungnahme. Ich bringe Ihnen höchste Wertschätzung entgegen. Sie stehen in meinen Augen für Aufrichtigkeit, Gerechtigkeit, Uneigennützigkeit und Redlichkeit. Ich fühle mich, in geistiger Hinsicht, in völligem Einklang mit Ihnen. Ich habe alle Ihre Bücher mit einer Art liebender Anteilnahme gelesen. Ich gebe Ihnen mein Ehrenwort, daß ich das nicht sage, um Ihnen schön zu tun. Ich weiß, solch rücksichtslose Schmeichelei könnte Sie nur enttäuschen. Ich spreche aus, was ich empfinde, weil ich Sie selbst zum Richter machen möchte in dem geistigen Disput zwischen Ihnen und mir.

Sie »antworten« mir in einem Blatt, das es – aus vertretbaren Gründen, über die ich nicht streiten will – abgelehnt hat, meinen Artikel zu veröffentlichen. Das war sein gutes Recht. In seinen Augen vielleicht sogar seine Pflicht. Aber Sie schicken sich somit an, mich vor Lesern anzugreifen, die nicht wissen, was ich genau gesagt habe. Sie mögen meine These so hart attackieren, wie immer Sie wollen – von der Warte aus, die ich einnehme, ist mir das gleichgültig. Ich bin nicht im Besitz der Wahrheit. Jedem kann bei den Schritten, die ihm seine Vernunft diktiert, ein Irrtum unterlaufen. Selbst wenn Sie gegen mich den Vorwurf der Dummheit erhöben, wäre mir das gleichgültig. Es ist Ihr gutes Recht, solch einen Standpunkt zu beziehen. Genauso darf ich der Ansicht sein – ohne daß dies dem Vertrauen, das ich in Sie setze, Abbruch täte –, daß ich bei der Interpretation bestimmter Sachverhalte gegen Sie im Recht bin. Aber es ist nun so, daß Sie als Person (weil Sie als Person geistig unangreifbar sind) in dieser Debatte die Rolle des geistigen Richters spielen werden, das heißt die eines Richters über unterstellte Absichten.

Sie sind als moralische Persönlichkeit in aller Welt respektiert. Wenn sie gegen mich vor Lesern, die meinen Text nicht gelesen haben, Stellung nehmen, bedeutet das, daß hier die Aufrichtigkeit, die Redlichkeit, die Uneigennützigkeit und das Gerechtigkeitsempfinden Stellung beziehen. Damit werden Sie, ob Sie wollen oder nicht, mein Gerechtigkeitsempfinden, meine Aufrichtigkeit, meine Uneigennützigkeit und meine Redlichkeit angreifen. Notgedrungen werden Sie meine Gedanken entstellen, da ich sie ja nicht einmal zum Ausdruck bringen konnte.

Sie werden mir gegenüber, kann ich mir vorstellen, sehr höflich auftreten, doch lieber hörte ich mir die schlimmsten Beleidigungen an als schlicht die Stellungnahme eines Mannes, dessen Eingreifen die ganze Debatte verfälschen wird, da er seinem Wesen nach über der Politik und verstandesmäßigen Erwägungen steht und so durch sein Eingreifen zum Richter über meine geistigen Ziele wird. Ich kann nicht anders, als deren Reinheit zu konstatieren. Das dumme Machwerk von Hintergedanken, das man mir gemeinhin zuschreibt, kann ich unmöglich als beweiskräftig betrachten! Ich weiß, daß ich, trotz der Unterschiedlichkeit unserer Wege, ganz wie Sie denke und dem gleichen Ziel entgegenarbeite. Aber eben mein Ziel werden Sie, ob Sie wollen oder nicht, den Verdächtigungen aussetzen, und nicht die Mittel – denn Ihrer Warte entsprechend erhebt sich Ihr Urteil notwendigerweise über den Bereich der bloßen Modalitäten. Dies ist es, was mich so unerträglich schmerzt.

Einer der Gründe dafür, daß ich so untröstlich bin, entspringt einer Erinnerung. Der Erinnerung an mein Buch *Flug nach Arras.* Die Polemik hat daraus eine Verteidigung Vichys herausgelesen. Fassungslos habe ich selbst mein Buch noch einmal gelesen, um nach der Erklärung für solch ein Paradox zu suchen. Ich fand nur einen Satz darin, der mit Vichy in Verbindung gebracht werden könnte: »Ich werde mich niemals als Belastungszeuge gegen die Meinen hergeben... Sollten sie mich mit Schande überhäufen, werde ich diese Schande in meinem Herzen verschließen und schweigen. Ein Ehemann läuft nicht von Haus zu Haus, um selber den Nachbarn zu eröffnen, daß seine Frau eine Schlampe ist...« Meine geschickte Verteidigung Vichys war, sofern man hier von Geschick sprechen kann, wahrhaft eines Machiavell würdig.

Ich befragte alsdann so viele Gaullisten, wir mir nur möglich war. Der gemeinsame Nenner ihrer Antworten war folgender: »Sie verteidigen Vichy, weil Sie den Waffenstillstand rechtfertigen.« »Aber ich spreche überhaupt nicht vom Waffenstillstand!« »Schon, aber Sie stellen es den Amerikanern so dar, als wäre die französische Armee geschlagen!« Diese Bemerkung ließ mich ratlos. Ich hatte den blutigen Zusammenbruch hautnah miterlebt. Um mich türmten sich, wenn man so sagen kann, die hundertfünfzigtausend gefallenen Soldaten (und mehr als achtzigtausend Toten unter der Zivilbevölkerung) auf, die eine unmöglich durchzustehende Verteidigung innerhalb von vierzehn Tagen gekostet hat. Ich war unmittelbar damit konfrontiert worden, wie alle Verbindungen unterbrochen wurden. Und ich hätte, um weiß Gott was für ein obskures Prinzip zu retten, in den Vereinigten Staaten die These vertreten sollen, die Kampfkraft der Armee sei ungebrochen und das Material intakt? Ich habe in meinem Buch mit keinem einzigen Wort versucht, in irgendeiner Weise zu dem schwierigen Problem Nordafrika Stellung zu beziehen (daß ich Bordeaux an Bord eines gestohlenen Flugzeugs verlassen habe, das ich mit vierzig von mir selbst auf der Straße rekrutierten Piloten vollgestopft hatte, zeigt, was ich mir persönlich in dieser Frage wünschte). Ich behandelte nur das vieldiskutierte Problem des mangelnden militärischen Widerstands im Innern Frankreichs.

Auch bei ihren schwersten Niederlagen in Rußland mußten die Deutschen niemals solche geballten Verluste hinnehmen, wie sie hundertfünfzigtausend Tote in vierzehn Tagen bedeuten. Ich glaubte also, mit dieser Verteidigung meines Landes einem gemeinsamen Nenner aller Franzosen zu entsprechen, nämlich dem Wunsch, ihre Ehre wiederhergestellt zu sehen. Ich glaubte nicht, Frankreich zu beschimpfen, wenn ich von den Toten sprach.

Denn an diesem Punkt, Jacques Maritain, blicke ich Ihnen fest in die Augen und sage Ihnen: »Welchen Anschein die Polemiken und der Zufall auch immer erweckt haben mögen, was auch immer Roussy de Sales mir unterstellen wollte* (und dies ist eine meiner bittersten Erinnerungen), ich gebe Ihnen schlicht und einfach mein absolutes Ehrenwort, ich stehe mit meinem Gewissen als Christ

* Nachdem sich Roussy de Sales die Attacken der Gaullisten gegen den Aufruf Saint-Exupérys zu eigen gemacht hatte, soll es zu einem harten Wortwechsel zwischen den beiden Männern gekommen sein.

und mit der Ehre meines Namens dafür ein, daß ich niemals in irgendeiner Hinsicht Beziehungen zu Vichy unterhielt. Eine so absolut vorgebrachte Behauptung mag Sie überraschen, doch so verhält es sich nun einmal. Auf Wunsch lege ich Ihnen unmißverständliche Beweise vor, die ich für mich behalten habe, weil mir demagogische Rechtfertigungen ebenso zuwider sind wie Polemiken mit einzelnen. Niemals war mein Gedanke: »Vichy«. Ich hatte immer Frankreich vor Augen. Es ist möglich, daß ich mich bei den Erwägungen, die mir meine Vernunft diktierte, und den daraus folgenden Taten geirrt habe oder auch immer noch irre. Nichtsdestoweniger halte ich mich für vollkommen lauter, und Sie, Jacques Maritain, auf der Höhe, auf der Sie sich bewegen, und wenn ich Sie so als Mensch anspreche, haben nicht das Recht, mich damit zu beleidigen, daß Sie mir nicht glauben.

Wie man meinem Buch fremde Absichten unterschob, so mußte ich die gleiche Erfahrung bei meinem Brief machen. Der Zufall hat es der aggressivsten Böswilligkeit erlaubt, gegen mich unvorhersehbare, unglückliche Umstände zu verwenden: das Auftreten Darlans auf der politischen Bühne,* das so delikate Probleme mit sich brachte. Jedermann weiß, wie langsam die amerikanischen Wochenblätter arbeiten. Jedermann weiß, daß sich, als ich meinen Artikel der *New York Times* vorlegte, nur ein Problem Giraud – de Gaulle stellte. Das hat niemanden gehindert, so zu tun, als habe er eine politische Predigt vor sich.

Da Sie einen Artikel zu meinem Brief verfaßt haben und also eine Entgegnung darauf nicht für verlorene Zeit hielten, habe ich das geistige Recht, von Ihnen, als Menschen, zu verlangen, daß Sie meinen offenen Brief mit Rücksicht auf seine Absichten lesen, und dies in seiner Originalfassung (ich kann kein Englisch). Sie haben das Recht, alle meine Schritte zu kritisieren, doch das Recht, sich in Ihrem Innern ein falsches Bild von meinen tiefsten Absichten zu machen, bestreite ich Ihnen. Ich habe ein unbestreitbares Recht darauf, daß Sie mir gegenüber gerecht sind. Dieses Recht steht mir

* Saint-Exupéry bezieht sich hier auf das Abkommen, das der amerikanische General Clark, der Stellvertreter des alliierten Oberbefehlshabers Eisenhower, am 22. November 1942 in Nordafrika mit Darlan traf (s. oben, S. 224 ff.).

um so mehr zu, als Sie für mich vielleicht mehr als jeder andere in den Vereinigten Staaten weilende Franzose zählen. Sie waren mir oft, in der Verschwiegenheit meines Herzens, ein geistiger Bezugspunkt. Daß es einen Menschen wie Sie gibt, das kann ich nicht missen – so zuwider, wie mir die Welt von heute ist. In wen könnte ich noch Glauben setzen, wenn Sie mich in meinem Vertrauen verletzen?

Lesen Sie meinen Brief in der *New York Times*! Lesen Sie ihn so, wie er geschrieben wurde, das heißt für Nicht-Gaullisten, auf französisch und vor dem Problem Darlan. Ich sagte den Lesern im wesentlichen: Geistig sind wir Brüder der anderen. Wir hassen die Zugeständnisse an Deutschland. Was als Streit zwischen uns erschien, betraf nur unsere unterschiedliche Analyse der Tatsachen. Die unterschiedlichen Wege, die unsere Vernunft uns vorgab. Die einen warfen dem offiziellen Frankreich vor, jede Gelegenheit zu ergreifen, um den Triumph der Deutschen zu fördern, und sie griffen die Verantwortlichen wegen ihrer Zugeständnisse an. Wir waren der Ansicht, das offizielle Frankreich verhindere unter großen Schwierigkeiten, dem Druck der Erpressungen ausgesetzt, noch substantiellere Zugeständnisse. Wir hielten es für besser, diese realen Widerstandsbemühungen nicht zu beeinträchtigen, so widersprüchlich, inkohärent und zuweilen unerkennbar sie auch waren. Womöglich täuschten wir uns. Womöglich auch nicht. Unsere etwaigen Irrtümer berühren in keiner Weise unsere Absichten. Wir überlassen es den Kriegsgerichten nach Beendigung des Krieges, an unserer Statt diese unentwirrbaren Streitfragen einer Lösung zuzuführen. Denn heute kann uns solch ein Historikerstreit nicht mehr trennen... Es gibt keine doppelgesichtige Regierung mehr, die einesteils zu unterstützen wäre, soweit man in ihr ein Element des Widerstands sieht, und andernteils anzugreifen wäre, soweit man sie als Quelle von Zugeständnissen betrachtet. Vichy ist tot. Das Problem Giraud – de Gaulle ist lächerlich. Wenn auf General de Gaulle die Wahl fällt, Frankreich als Ganzes zu vertreten, werden wir uns ihm ohne Hintergedanken anschließen. Alle unsere Vorwürfe werden vergessen sein. Und mit nicht geringerem Enthusiasmus werden wir gegebenenfalls unter Giraud dienen. Unser aller Denken zielt in dieselbe Richtung.

Ich sage es noch einmal: Ich stehe mit meiner Ehre für den wahren Sinn dieses Briefes ein, für die Lauterkeit meiner Absichten und der Ideale, die mich leiten. Wenn sie meinen Text vorurteilslos lesen, können sie mir nicht die Gerechtigkeit verweigern, um die ich Sie angehe.

Weniger die Ankündigung einer »Entgegnung« von Ihrer Seite hat mich untröstlich gestimmt als vielmehr unser Telephongespräch. Ich wünschte so sehr, Ihren Artikel lesen zu können. Ich wünschte so sehr, sichergehen zu können, daß Sie nicht, ohne sich dessen bewußt zu sein, die Zielrichtung meiner Absichten verfälschen. Die Vorstellung, Sie könnten eine geistige Ungerechtigkeit begehen, war mir unerträglich, und dies ehrt Sie. Um nichts anderes ging es. Es ging nicht darum, daß ich Sie um eine gemäßigtere Antwort, ein gemäßigteres Auftreten bitten wollte. Es ging nicht darum, Sie in Ihren Rechten zu beschneiden.

Ich bin oft ein wenig schüchtern. Ich hoffte, von Ihnen zu hören: »Ich habe einen Artikel gegen Sie geschrieben, kommen Sie her und sehen Sie sich ihn an.« Ich dachte, Sie würden mir die Ehre erweisen, mich von Mensch zu Mensch zu behandeln, über alle persönlichen Leidenschaften hinweg, die mich übrigens gar nicht von Ihnen scheiden würden (meine einzige Leidenschaft ist die für mein Land). Sie gaben mir zur Antwort: »Sie sollten am Donnerstag meinen Artikel lesen, ehe Sie ein Gespräch mit mir wünschen...«, als wären unsere Beziehungen die von Kämpfern, die Schläge parieren müssen.

Und ich fühlte mich verwirrt und unglücklich. Und ich wagte Ihnen nicht noch einmal zu sagen, warum ich eigentlich angerufen hatte.

Seien Sie meiner Wertschätzung versichert, der nichts jemals Abbruch tun kann, die mich heute abend jedoch Schmerzen kostet.

Antoine de Saint-Exupéry
240, Central Park South
New York City.

Jacques Maritain und Saint-Exupéry treffen danach zu einem persönlichen Gespräch zusammen, doch keiner weicht von seinem Standpunkt ab.

Am 24. Dezember wird Darlan in Algier ermordet. Sein Nachfolger als oberste Autorität im französischen Nordafrika wird General Giraud. Zwischen den Anhängern Girauds und de Gaulles entbrennt nun ein Machtkampf. Manche Gaullisten beschimpfen Giraud als »Faschisten«. Das Klima der Polemiken läßt Saint-Exupéry bereits künftige »Säuberungsmaßnahmen« fürchten: »Mitunter bleibt mir nichts anderes übrig, als mich von meinen eigenen Landsleuten fernzuhalten.«

1943

Seit dem Sommer 1942 bereitet der Pariser Verlag Gallimard die französische Ausgabe von Flug nach Arras *(*Pilote de guerre*) vor. Dazu müssen die Besatzungsbehörden ihr Einverständnis erteilen. Sie bewilligen eine Auflage von zweitausendeinhundert Exemplaren, verlangen allerdings die Zensur eines Satzes: »Hitler, der diesen irrsinnigen Krieg vom Zaun gebrochen hat.«* Ende November 1942 erscheint die französische Ausgabe in der bewilligten Auflagenhöhe.*

Ein Teil der französischen Presse beurteilt Pilote de guerre *im Januar 1943 als »großes und schönes Buch, vielleicht das eigentliche Buch über den Krieg 1939«, wie der Schriftsteller Pierre Mac Orlan in seiner Besprechung schreibt;** man sieht in ihm eine Ehrenrettung Frankreichs. Doch der Erfolg des Buchs macht bald die faschistische Presse aufmerksam. Am 8. Januar 1943 erscheint in der Zeitschrift* Je suis partout *ein Artikel, der die Kampagne der Kollaborateure gegen dieses Buch einleitet und ihr den Ton vorgibt.*

* Dieser Satz wäre gleich zu Beginn des 5. Kapitels an folgender Stelle (der deutschen Übersetzung von Fritz Monfort) einzufügen: »Sie sind lauter dumme Kerle. Der da, der meine Handschuhe nicht finden kann. *Hitler, der diesen irrsinnigen Krieg vom Zaun gebrochen hat.* Und der andere, der vom Stab, mit seiner fixen Idee von einem Befehl zum Tiefflug.«

** In *Les Nouveaux Temps* vom 8. Januar 1943.

Dieses Buch ist die Erzählung von einem gefährlichen und zutiefst absurden Einsatz über den deutschen Linien. So absurd, wie es alle Befehle bei allen Waffengattungen in dem denkbar absurdesten aller Kriege waren. Doch diese Erzählung ist nur ein Vorwand. Monsieur de Saint-Exupéry erklärt uns gleich zu Beginn des Buches, der tollste Bursche in seiner Aufklärungsstaffel, der größte Draufgänger und sympathischste Kerl, derjenige, der ihm von allen am teuersten ist, sei ein gewisser Israel. (...) Vor heroischem Hintergrund setzt er die Silhouette eines Juden groß ins Licht, und die ganze Rasse profitiert davon. (...) Das ganze Arsenal heruntergekommener Phrasen, das Loblied der sakrosankten Demokratie, der Kult des Individuums, Ausbrüche im schönsten 48er Stil gegen die autoritären Regierungen (die faschistischen Truppen vergleicht er mit »Sklavenmärkten«). »Hätte sich Frankreich«, ruft Saint-Exupéry und reckt schneidig sein Kinn empor, »aus dem Krieg heraushalten sollen, um sich eine Niederlage zu ersparen? Ich glaube nicht.« Freilich... jemand, der vor dem großartigen Kumpel Israel in Bewunderung erstarrt und sich obendrein rühmt, mit Léon Werth befreundet zu sein, kann es nur legitim finden, wenn Frankreich geopfert wird. Da es die Juden einmal so wollen, darf man sich dem nicht versagen. Sei's drum, wenn dabei einiges zu Bruch geht. (...)

P.-A. Cousteau.

Am 11. Januar wird das Buch verboten. Gerhard Heller, der bei der »Propaganda-Abteilung« der Besatzer in Paris für die literarische Zensur zuständig ist und das Buch freigegeben hat, muß eine strenge Rüge seiner Vorgesetzten einstecken und erhält einige Tage Stubenarrest. Unter dem Ladentisch geht der Verkauf des Buchs jedoch weiter. Nach dem Verbot kommt es in der Untergrundpresse 1943 und 1944 noch zu zwei Nachdrucken. Übrigens wird es auch Jean Israel, Saint-Exupérys totgeglaubter einstiger Staffelgefährte (s. oben, S. 107), in einem deutschen Kriegsgefangenenlager in die

Hände bekommen; seine Mutter hatte es ihm, ehe es verboten wurde, zusammen mit einem Lebensmittelpaket zugeschickt.

Während Flug nach Arras *in Frankreich Aufsehen erregt, schreibt Saint-Exupéry in New York den* Brief an einen Ausgelieferten (Lettre à un otage).* *Dessen erster Teil wird im März von einer kanadischen Zeitschrift abgedruckt. Als ganzes erscheint der Text dann im Juni in einer Auflage von hundertzwanzig Exemplaren. Im Februar 1944 wird ihn auch die Zeitschrift* L'Arche *in Algier veröffentlichen.*

Saint-Exupéry spricht in diesem Essay von der Leere, von der Orientierungslosigkeit, die die Flüchtlinge und Emigranten empfinden, sobald sie ihrer Heimat den Rücken kehren. Was ihnen allein Sinn und Erfüllung geben kann, ist die Bindung an die geknechtete Heimat. Diese Bindung entspringt der Erfahrung wesentlicher Werte menschlichen Zusammenlebens; deren Verkörperung ist für den Autor das französische Volk, das unter der nazistischen Besatzung leidet. Zur Verteidigung der menschlichen Würde, der Achtung vor dem Anderen angesichts der totalitären Bedrohung gilt es, ungeachtet unterschiedlicher politischer Meinungen zusammenzustehen. Dem unterjochten Frankreich gemeinschaftlich zu dienen, ist die einzige Aufgabe der Exilfranzosen, sie haben keinerlei Berechtigung, dem den Besatzern ausgelieferten französischen Volk irgendwelche Vorschriften zu machen. Denn diese »vierzig Millionen Geiseln« sind das wahre Frankreich. Der Brief an einen Ausgelieferten *wiederholt und bekräftigt somit noch einmal den Appell, den der Autor in* Frankreich zuerst (D'abord la France; *s. oben, S. 225) an die Franzosen gerichtet hat.*

Am Ende des Briefs *wendet sich Saint-Exupéry an eine dieser »Geiseln« persönlich: an seinen Freund Léon Werth in Paris, der sich als Jude einer noch stärkeren Bedrohung ausgesetzt sieht.*

* Abgedruckt u. a. in Band 3 der *Gesammelten Werke,* München, 1978.

1. Februar 1943

Habe eine große Wohnung gefunden, ein *duplex penthouse** über dem East River, Ecke Beekman Place / 51. Straße. Von meiner schwindelerregenden Terrasse aus blicke ich auf das ganz nah gelegene Haus von Max Ernst herunter, dessen Atelier in einem zum Fluß hin vorspringenden Teil liegt, und fast angrenzend befindet sich das Haus von Saint-Exupéry: vier schmale, aber sehr hohe und tiefe Stockwerke, die einst für Greta Garbo eingerichtet worden waren. Ich kenne in ganz New York nichts Hübscheres: rotbraune Teppichböden, große, trüb gewordene Spiegel, eine dunkelgrüne, altmodische Bibliothek mit einer Art venezianischer Patina, und vor der Fensterwand gleiten die Schiffe vorüber, als zögen sie auf der Verlängerung des Teppichs dahin.

Solche Prachthäuser sind noch das Preisgünstigste in einer Stadt, wo keinerlei Nachfrage mehr dafür besteht (der Unterhalt ist zu aufwendig!). In großen Häusern fühlen sich die Leute hier unwohl, weil sie sofort an deren praktische Benutzung denken, und nicht an jene Symbole der Seelenwelt, die im hintersten Winkel unseres Gedächtnisses die Schlösser darstellen.

New York, Ende Februar 1943

Seit wir hundert Meter voneinander entfernt wohnen, ist es um meine Nächte geschehen.

Telephonanrufe von Consuelo und Tonio, wie spät in der Nacht es auch sein mag. Eben gibt es wieder irgendein Drama mit X oder Y, oder mit Consuelo: »Kommen Sie doch rüber! Damit ich Sie beim Schachspielen schlagen kann!« (Eines Abends habe ich zu ihnen gesagt: »Ihr seid kein Paar, sondern so etwas wie ein ständiges Komplott gegen den Schlaf eurer Freunde.« Jeder in New York kennt das. Zufällig bin ich ein Nachtmensch und komme damit besser zurecht als manch anderer.)

Saint-Ex hat während seiner Zeit auf den Flugplätzen in Frank-

* D. h. eine zweistöckige Wohnung, deren oberes Stockwerk wie ein Häuschen auf der Dachterrasse steht.

reich und Afrika viel Schach gespielt und ist darin unbestreitbar wesentlich stärker als ich. Doch das wäre noch das Geringste: Er trällert während des Spiels unablässig vor sich hin, manchmal ein bißchen falsch – macht er es extra? –, und das zerrt an den Nerven, so daß ich jedesmal verliere. Eines Abends habe ich damit begonnen, beim Spielen vor mich hin zu pfeifen, und ich gewann: – »Freilich, mit Ihrem Gepfeife! Sie sind ein schändlicher Schwindler!« meinte er zum Schluß.

Dieser Passage aus seinem Tagebuch fügt Denis de Rougemont später noch folgende Erinnerung ergänzend hinzu:

Etwas, was mich oft aufhorchen ließ, als wir ein Jahr lang Nachbarn am Beekman Place waren oder zusammen Häuser gemietet hatten, war das Thema Kernexplosion. Saint-Ex hat mir als erster die Möglichkeiten der Kernspaltung auseinandergelegt, die ihm Joliot-Curie enthüllt hatte. Schon 1942 erzählte er mir von Versuchen, die kurz vor dem Krieg in der Sahara vorgesehen waren; die Planer hätten jedoch Befürchtungen gehegt, diese Experimente könnten ihrer Kontrolle entgleiten, so daß die Erde durch eine Kettenreaktion in die Luft gejagt werden würde. Während seines Aufenthalts in den USA ist Saint-Ex mehrmals mit einem General zusammengetroffen, der zu der sehr kleinen Zahl von Personen gehörte, die über das *Manhattan Project* Bescheid wußten. Mitunter machte er mir gegenüber recht genaue Andeutungen dazu, die er übrigens stets als bloße, wenn auch durchaus denkbare Vermutungen darstellte, während er mir eben, gegen drei oder vier Uhr morgens, meinen zweiten Turm wegnahm.

Dem läßt sich an die Seite stellen, was Jean Renoir über Gespräche berichtet, die er »bereits Anfang Januar 1941« mit Saint-Exupéry führte: »Er brachte allem, was mit der Atombombe zu tun hat, das lebhafteste Interesse entgegen und erzählte uns, man habe schweres Wasser aus Frankreich abtransportiert, damit es nicht in die

*Hände der Deutschen fiele. Er schien sehr auf dem laufenden zu sein. Er sprach sich dafür aus, die Versuche in den Weiten der Sahara anzustellen, um sich vor den radioaktiven Niederschlägen zu schützen.« (*Icare, *Nr. 84, S. 27.)*

Im März veröffentlichen Saint-Exupérys amerikanische Verleger den Kleinen Prinzen. *Das Buch erscheint sowohl in einer englischsprachigen als auch in einer französischen Ausgabe. Es ist seinem Freund Léon Werth gewidmet.*

*Saint-Exupéry pflegt Kontakte zu dem französischen General Béthouart, den der Befehlshaber der französischen Truppen in Nordafrika, General Giraud, mit einer Mission in den Vereinigten Staaten betraut hat, und wartet darauf, sich in Nordafrika den alliierten Verbänden anschließen zu können. Die Gaullisten versuchen, dies zu verhindern. Denis de Rougemont berichtet: »Seit dem 15. März steht es fest: Man hat Saint-Ex versichert, er könne sich einer kämpfenden Einheit in Nordafrika anschließen. Sein Freund, General Doolittle, hat ihm dabei nachdrücklich geholfen. Er will in den Kampf ziehen. Er ist 42 Jahre alt, ›zu alt‹, um eine Lightning zu fliegen, aber er besteht darauf, und die amerikanischen Behörden werden letzten Endes nachgeben. Schließlich ist er der berühmteste französische Schriftsteller in den USA.« (*Icare, *Nr. 96, S. 146.)*

AUS DEM TAGEBUCH VON DENIS DE ROUGEMONT

New York, 1. April 1943

Consuelo ruft mich heute morgen an, um mir zu sagen, daß Tonio zu Mittag bei sich zuhause anzutreffen ist und ich dann kommen kann, um mich von ihm zu verabschieden. Vormittags im Büro des O. W. I.,* dann mit Lazareff und Beaucaire zum Beekman Place.

Als wir in die mit grünem Samt verkleidete Bibliothek im ersten Stock eintreten, erblicken wir Saint-Ex in der Uniform eines Flie-

* *Office of War Information*: D. de Rougemont redigiert hier jeden Tag die Texte für die zwei Sendungen, die in dem Programm »Die Stimme Amerikas spricht zu den Franzosen« ausgestrahlt werden. Pierre Lazareff war der Leiter der französischen Abteilung des O. W. I.

gerhauptmanns – mit großer Mütze und goldenen Tressen –, er sitzt vor der Fensterwand, die auf den East River hinausgeht, und die Photographen von *Life* sind eben dabei, ihn abzulichten. Vom Eingang aus höre ich mich sagen: »Wunderbar! Sie gleichen schon ganz den Photos von Ihnen!« Er wirft mir einen nicht sehr freundlichen Blick zu. Darauf interveniert Pierre Lazareff: »Aber was, Tonio! Das ist doch sehr witzig, was Denis da sagt!« In der Tat ist es überhaupt nicht witzig. Eher tragisch. Er hat es gespürt. Er weiß, daß es wahr ist.

BRIEF AN SEINE FRAU CONSUELO

[Mitte April 1943]

Schau, Consuelo, ich bin zweiundvierzig Jahre alt. Ich habe eine Menge Unfälle erlitten. Nicht einmal mit dem Fallschirm kann ich mehr abspringen. An zwei von drei Tagen bockt meine Leber, jeden zweiten Tag fühle ich mich seekrank. In einem Ohr rauscht es Tag und Nacht seitdem ich mir in Guatemala da etwas gebrochen habe. Immense materielle Sorgen. Schlaflose Nächte, im Kampf mit einer Arbeit zugebracht, die sich wegen der mir nicht erspart bleibenden Ängste schwieriger gestaltet, als wenn es Berge zu versetzen gälte.

Und dennoch ziehe ich los, ich, der ich die besten Gründe hätte, zuhause zu bleiben, der ich zehn Gründe vorweisen könnte, um vom Kriegsdienst freigestellt zu werden, der ich bereits meinen Krieg hinter mir habe, und nicht den leichtesten. Ich ziehe los (…) Ich habe die nötigen Zusagen erhalten. Ich ziehe in den Krieg. Ich kann es nicht ertragen, fern von denen zu sein, die Hunger leiden. Ich kenne nur ein Mittel, um mit meinem Gewissen Frieden zu machen, und das heißt leiden, so viel es geht. So viel Leid als irgend möglich zu suchen. Das wird mir großzügig vergönnt sein, mir, der ich bei meiner körperlichen Verfassung kein zwei Kilo schweres Paket tragen, nicht aus dem Bett aufstehen oder ein Taschentuch vom Boden aufheben kann, ohne Schmerzen zu empfinden. (…) Ich ziehe nicht los, um zu sterben. Ich ziehe los, um zu leiden und so den Meinen nah zu sein. (…) Nicht, daß ich mir wünschte, dabei umzukommen, doch ich bin sehr gerne bereit, auf diese Weise in den Schlaf zu sinken.

Antoine.

Am 20. April verläßt Saint-Exupéry New York. Er macht die Überfahrt an Bord eines Schiffkonvois, der amerikanische Truppen nach Nordafrika bringt (in seinem »Brief an einen Amerikaner« vom 30. Mai 1944 erzählt er von dieser Reise, s. unten, S. 353ff.). Am 4. Mai geht er im algerischen Hafen Oran an Land.

Die folgende Aufstellung gibt einen kurzen Überblick über die Zeit nach seiner Rückkehr aus den Vereinigten Staaten bis zu seinem Tod:

Boufarik: Mai und Juni 1943, Ausbildung auf Flugzeugen des Typs Simoun.
Laghouat: in demselben Zeitraum Ausbildung auf Flugzeugen der Typen Bloch 174 und North American.
Marokko: Mai 1943, mit einer Mission beauftragt; Besuch bei Dr. Comte in Casablanca.
Oudjda: 4. Juni–1. Juli 1943. Bei der Gruppe 2/33. Ausbildung auf Flugzeugen des Typs Lightning P 38 gemeinsam mit der 3. amerikanischen »Photo Group« unter dem Befehl von Oberst Eliott Roosevelt.
La Marsa bei Tunis: 2. Juli–18. August 1943; am 21. Juli erster Aufklärungsflug über Südfrankreich, am 1. August Unfall bei der Landung, letzter Flug am 11. August.
Algier: Sommer 1943, bei Dr. Pélissier.
Casablanca (Anfa): Sommer 1943, Aufenthalt bei Dr. Comte.
Algier: Herbst/Winter 1943–44, bei Dr. Pélissier.
Neapel: Die Gruppe 2/33 ist von Januar bis Mai 1944 dort stationiert; Saint-Exupéry hält sich am 23. und 24. April in der italienischen Stadt auf.
Villacidro: Mai 1944, bei dem 31. mittleren Bombergeschwader, Gruppe »Marokko«.

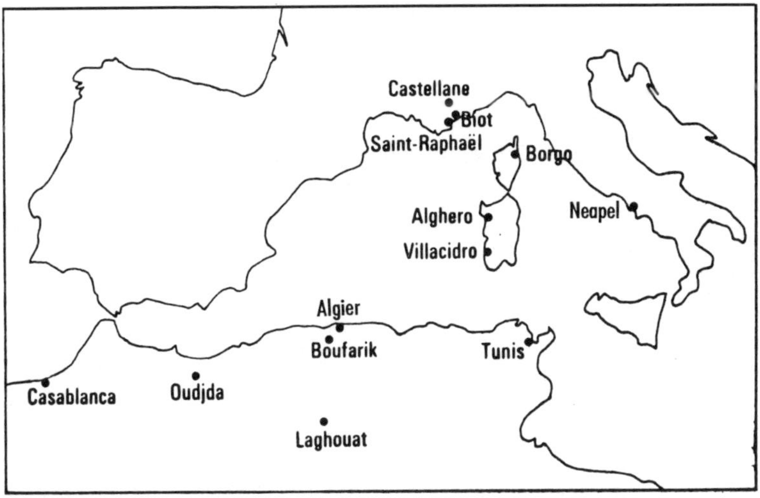

Alghero: 16. Mai–16. Juli, bei der Gruppe 2/33.
Borgo: 17.–31. Juli, bei der Gruppe 2/33.
Castellane-Saint-Raphaël: Einsatz am 31. Juli 1944.

Am 5. Mai 1943 stellt sich Saint-Exupéry im Sommerpalast von Algier, der Residenz des Oberbefehlshabers im französischen Nordafrika, bei General Chambe vor, der Informationsminister von General Giraud geworden ist. Chambe ermöglicht es ihm, sich in Laghouat wieder seiner alten Gruppe 2/33 anzuschließen, die nun unter dem Befehl von René Gavoille steht. Durch Chambes Vermittlung trifft Saint-Exupéry auch mit General Giraud zusammen.

ERINNERUNGEN VON ROBERT ARON

Algier, die einzige große französische Stadt, die der Besatzung entronnen war, Algier, Hauptstadt von November 1942 bis September 1944, war eine der Hochburgen, in denen der Grundstein zu so vielen Mißverständnissen gelegt wurde, die dann mit der Befreiung einhergingen und deren Sinn verfälschten. (...) Bald wurde von neuem geklüngelt, und aus dem Bestreben, die in der Emigration errungenen Ehren und Gewinne in das befreite Land überzuführen, erwuchs bald ein dunkler Groll gegen jene geknechteten Franzosen, denen man die Freiheit brachte und denen man schon zeigen würde, daß sie den in gefahrloser Freiheit erworbenen Besitzständen Respekt schuldeten. Der Entschluß, nach Frankreich zurückzukehren, war auch nicht immer frei von Ambitionen und Begehrlichkeit.

Einer der Männer, die sich am wenigsten von dem Klima anstekken ließen, das in den Beziehungen zwischen dem besetzten Frankreich und den befreiten Gebieten herrschte, war Saint-Exupéry.

Bei der Rückkehr nach Frankreich war Saint-Exupéry bereits nicht mehr unter uns. Aber er hatte es nicht nötig, in die Heimat zurückzukehren, um sich mit ihr innig verbunden zu fühlen; niemals während der vier Jahre, die er in New York und dann in Algier verbrachte, jenen Sammelstellen der in alle Welt verstreuten Franzosen, hatte er den Kontakt zu den Lebensverhältnissen der Menschen unter der Besatzung verloren. Als Saint-Exupéry gegen Sommer 1943 in Algier eintraf, war ihm kein großer Ruf vorausgeeilt. Man wußte, daß er sich geweigert hatte, in dem Streit der verschiedenen französischen Gruppen in New York Partei zu ergreifen. Man wußte, daß er mit bestimmten französischen Führern über die Presse in aufsehenerregende Polemiken verwickelt gewesen war und daß er sich geweigert hatte, ihrer Forderung zu entsprechen und in Auseinandersetzungen Stellung zu beziehen, die damals vielleicht, tagespolitisch gesehen, notwendig waren, die jedoch den Fortbestand Frankreichs womöglich ebenso erschüttern konnten, wie es die Anstrengungen der Besatzungsmacht taten. Man hatte die in der *New York Times* erschienenen Artikel gelesen, in denen er die Franzosen zur Einheit aufrief, und insbesondere die Franzosen außerhalb Frankreichs.

Jules Roy, der sich später als Schriftsteller einen Namen machen wird, hat während des Zweiten Weltkriegs als Pilot von Algerien und England aus gegen die Deutschen gekämpft. In Algerien ist er 1943 dem sieben Jahre älteren Saint-Exupéry begegnet.

Aus Amerika hatte uns Ende 1942 eine Botschaft von ihm erreicht, die die nordafrikanischen Zeitungen teilweise wiedergegeben hatten: »Frankreich ist nur noch Schweigen. Gleich einem Schiff treibt es mit erloschenen Lichtern, irgendwo in der Nacht verloren. Sein Geist und seine Seele sind ganz in seinem physischen Sein aufgegangen. Wir werden nicht einmal die Namen der Geiseln erfahren, die morgen unter den Salven der deutschen Gewehre fallen.«* Die Botschaft war düster. Schwarz wie die Nacht, wie eine lange und tiefe Nacht, aus der keine Morgendämmerung mehr herauszuführen schien.

Eine rasende Ungeduld verzehrte uns. Eine nach der anderen zogen unsere Fliegerstaffeln vom Rand der Wüste nach Norden hinauf, der Waffenlärm wurde allmählich deutlicher vernehmbar, er überdeckte das erbitterte Lärmen der entfesselten Stimmen, die die Menschen und die Soldaten um einen Namen zu scharen versuchten. Im Mai 1943, kurz nach dem Sieg von Tunis,** war meine Staffel dabei, ihre letzten Flugzeuge in Laghouat zu verschleißen. Um in die Schlacht eingreifen zu können, warteten wir auf neue Maschinen, die nicht eintrafen, und jeden Morgen hieß es, in sich zu gehen, um nach einem Fünkchen Hoffnung zu suchen, das unsere Seelen dringend nötig hatten. Aber in dieser Wüste gab es hierfür nur spärliche Anhaltspunkte. Es schien, als wären wir in ein gigantisches Selbstzerstörungswerk eingespannt, dessen Zeitmaß Jahrhunderte waren. Wir jedoch waren Menschen, die vergänglichsten aller Wesen, und die Zeit, die uns wie der Dünensand aus den leeren Händen rann, zermalmte uns unter ihrem Mühlstein.

Meine Piloten schüttelten schweigend den Kopf, wenn ich ihnen hartnäckig immer wieder mit den gleichen Sprüchen meine Hoffnung und meinen Glauben an die Zukunft vorhielt. Es war dies eine Zuversicht, die über Generationen hinausblickte und die, da alle Vernunft nur noch Hohn schien, an Utopie grenzte. Es war der

* Jules Roy zitiert hier Saint-Exupérys Aufruf *Frankreich zuerst* nach der vom Original etwas abweichenden amerikanischen Übersetzung.

** Die im November 1942 in Tunesien gelandeten deutschen Truppen wurden im Mai 1943 besiegt.

Glaube des Nomaden, der, von nichts als Wüste umgeben, an die Existenz des Meeres glaubt, inmitten einer staubtrockenen Weite, deren Durchquerung so viel Zeit in Anspruch nimmt, daß er ziemlich sicher sein kann, niemals ihr Ende zu sehen. Jeder Schritt mußte gegen den Widerstand der Vernunft durchgesetzt werden, und damit das gelang, galt es so zu tun, als ginge man der Vernunft entgegen, galt es, das Wunder für den kommenden Tag zu versprechen und tatsächlich an solch ein Wunder zu glauben, ohne indes anzunehmen, daß es bald eintreten würde. Es war ein kräfteraubendes Spiel. Oft verwünschte ich den Teil meiner selbst, der solch einem Glauben die Treue hielt, und verwarf eine Hoffnung, die sich auf nichts als eine irrationale Zuversicht gründen konnte. Wir warteten, wie die skeptische Generation, die nach Zeichen verlangte und keine erhielt. Mit kindlicher Einfalt wünschten wir uns ein Ende der Prüfungen herbei.

Ich wohnte damals im Hotel Transatlantique von Laghouat in einem kleinen Zweizimmer-Appartement. Das erste Zimmer war unbenutzt; es war ein Durchgangszimmer und der einzige Zugang zu meinem dahinterliegenden Schlafzimmer. Eines Abends war ich gerade eingeschlafen (das elektrische Licht, das der Generator der Oase lieferte, wurde um elf Uhr abgestellt), als das Geräusch von Schritten und Stimmen mich weckte. Ich begriff, daß man einen Kameraden neben mir unterbrachte. Eine der Stimmen erkannte ich, doch die andere, dumpf und kurz angebunden, ließ mich hochfahren. Zwei Jahre zuvor hatte ich sie schon einmal gehört. Plötzlich kam ich darauf: es konnte nur die Stimme von Saint-Exupéry sein. Mein Nachbar blieb allein zurück, öffnete Koffer, ließ Wasser in das Waschbecken laufen, dann ächzte das Bett lange unter seinem Gewicht. Der Mann auf der anderen Seite der Wand, den ich als Saint-Exupéry identifiziert hatte, atmete schwer und stöhnte ein wenig. Er riß ein Streichholz an, und der süßliche Geruch amerikanischen Tabaks drang zu mir herüber.

Am nächsten Morgen klopfte ich an die Verbindungstür und trat, mich entschuldigend, vorsichtig ein. Es war in der Tat Saint-Exupéry; er war schon wach und saß halbaufgerichtet im Bett, mit einer Zigarette im Mund, und blickte gedankenschwer aus weitaufgerissenen Nachtvogelaugen. Er war ein wenig verblüfft über mein

Eindringen, das er sich nicht recht erklären konnte, und ich wagte ihn nicht anzusprechen. In seinem engen Zimmer lagen überall schöne, aufgeklappte Koffer und feine Unterwäsche herum, auf den Kaminsims hatte er einen kleinen Spirituskocher gestellt und sich Tee zubereitet. Ich stammelte irgend etwas, machte ein paar vage Handbewegungen und verschwand vor seinen verdutzten Augen. Saint-Exupéry war in unsere Mitte zurückgekehrt.

Von da an festigte sich meine Hoffnung. Die Botschaft aus Amerika lud sich mit einem ganz besonderen Sinn auf. Saint-Exupéry begnügte sich nicht damit, über den Äther Botschaften zu verbreiten, er kam, um für sie einzustehen. Er gehörte zu jenen Menschen, die an die Kraft des Wortes nur glauben, wenn sie ihr Leben dafür verpfänden. Bei ihm fand man nichts von den Nuancen, in deren Nebelschwaden sich große Schriftsteller hüllen, wenn es um die Zukunft ihrer Arbeit geht. Er verlangte, daß man beim Wort nahm, was er schrieb, und wenn nicht die Tat den Worten ihr volles Gewicht verlieh, erschienen sie ihm nichtig. Zweifellos zeigt das am besten, was für ein Mensch er war: Stets solidarisch mit den anderen, wies er alles von sich, was nach Vorzugsbehandlung aussah, und von der Macht der Literatur wollte er nichts wissen, sofern man nicht durch sein Handeln den Beweis für seine Worte erbrachte.

Ich dachte damals über all das nach, ohne mit ihm darüber zu sprechen, um ihm nicht zu nahe zu treten, und weil ich eine Schüchternheit nicht überwand, die ich heute bedauere. Um ihn auf mich aufmerksam zu machen, hatte ich nur einen schmalen Gedichtband, der ein Jahr zuvor entstanden war und den Titel *Drei Gebete für Flieger* trug. Ich hielt das nicht für hinreichend, um auf engeren Kontakt mit ihm hoffen zu dürfen. Nicht durch die Literatur wollte ich in diesem Augenblick seine Nähe gewinnen (aufgrund seiner natürlichen Großherzigkeit zeigte er sich dann dennoch dafür empfänglich), sondern dadurch, daß ich nun, in dieser Zeit der Prüfungen, sein Waffengefährte geworden war; ich gehörte nämlich der Staffel an, die gleich neben seiner stationiert war.

Jedem war bewußt, welche Hilfe seine Ankunft für uns bedeutete. Im Kommandostab der Oase empfand man es jedoch weniger als Ehrung, einen Schriftsteller von Weltruf bei sich zu haben, eher war man fassungslos, daß eine solche Persönlichkeit – von weit größerem Gewicht, als man damals noch annahm – sich auf ein Abenteuer einließ, bei dem sie Gefahr lief, alles zu verlieren, während man selbst nur darauf bedacht war, den Besitzstand zu wahren. Die Piloten und Mechaniker hingegen, die von allen am wenigsten mit seinem Werk vertraut waren, das doch dem Ruhm ihres Berufsstandes gewidmet war, ließen ihre Zuversicht in dem reichen Humus Wurzeln schlagen, den sein Kommen für uns bedeutete, nicht zuletzt wegen der Aura, die ihn umgab. Denn alles an ihm ging über das gewöhnliche Maß hinaus: sein Name, der einem Gralsritter zu gehören schien, sein Gesicht, seine Statur, sein schwerfälliger und zugleich unsicherer Gang; zuweilen machte er auf mich den Eindruck, als sei er gehetzt oder als habe er jedes Gefühl für die Wirklichkeit verloren, beispielsweise wenn er seine Zimmertür an der falschen Wand suchte. Er trug eine seltsame Bekleidung, die an einen Zivilanzug und an die *Air France*-Uniform erinnerte, aber kaum der Uniform der Luftwaffe ähnlich sah: Das Abzeichen der Ehrenlegion baumelte an seinem roten Band, sein Kriegsverdienstkreuz stand ab, seine Mütze vor allem, die er wohl vor seiner Abreise bei einem amerikanischen Schneider in Auftrag gegeben hatte, schien jeden Augenblick in drei klar geschiedene und schlecht miteinander verbundene Teile auseinanderzufallen: den Rand mit dreifacher Goldtresse, den Schirm und die Kappe.

Mit seiner Rückkehr war er sich selbst treu geblieben, und damit bekräftigte er abermals, wie in *Flug nach Arras*, seine Entschlossenheit, den Kampf nicht auf das Feld des Geistes zu begrenzen. Es ist richtig, daß es für Frankreich zunächst um einen geistigen Kampf ging; doch sollte Frankreich untergehen, hätte es mit seiner Seele auch seine gesamte irdische und leibliche Substanz verloren; indem er in den Krieg zog, brachte Saint-Exupéry seinen Körper als Einsatz ein, das heißt all das, was für ihn, durch seine Seele vermittelt, eine bestimmte Metaphysik des Glücks und des Menschseins bedeutete. Er lehnte es ab, nur Zuschauer zu sein: »Was bin ich denn, wenn ich nicht meinen Teil beitrage?«

Flug nach Arras hatte er seinen Kameraden der Gruppe 2/33 gewidmet, mit denen er 1939–1940 zusammen im Krieg gekämpft hatte – und er hatte nie den Kontakt zu ihnen abreißen lassen. Zu diesen Kameraden war er nun nach Laghouat gekommen, denselben, mit denen wir im Offizierskasino zusammensaßen und die mit uns *Le Forban* sangen, dessen Text uns an bestimmten Abenden das Herz zerriß:

Plaisirs, batailles,
Mort ou canaille,
Je ris, je chante et combats tour à tour.*

Am Tag nach seiner Ankunft setzte er sich an den Steuerknüppel eines Flugzeugs. Am Abend lud er seine Staffel zu Hammel am Spieß ein, um ihr Wiedersehen zu feiern, und führte Kartentricks vor. Wir nahmen nicht an dem Fest teil, denn wir zählten nicht zum engeren Kreis seiner Kameraden. Und insgeheim waren wir darüber betrübt.

Hatte er es gespürt? Als ich einige Tage später von der Hotelterrasse über eine Leiter herabstieg, die auf der Kuppel der Eingangshalle wie auf der Halbkugel eines Globus ruhte, stand er unten und wartete auf mich, die Nase in die Luft gestreckt. Ich hatte plötzlich den Eindruck, als ähnelte ich dem Laternenanzünder im *Kleinen Prinzen*; er hatte die New Yorker Ausgabe davon mitgebracht. Wir traten in sein Zimmer, er ließ sich mit seinem ganzen Gewicht auf sein Bett fallen; seinen Nachtvogelblick starr an die Decke gerichtet, saugte er gierig den Rauch seiner Zigaretten ein; nach einer langen Pause sprach er zu mir von seinen Ängsten. Er wollte seine Verzweiflung nicht eingestehen, aber er litt an Leib und Seele unter dem Leid, das Frankreich widerfuhr. Wie ein Fieber verzehrte es ihn, daß er Frankreich nicht auf der Stelle zu Hilfe eilen konnte, wo es doch zu ersticken drohte; für ihn freilich war Frankreich die Verkörperung all dessen, was die Erde zur Heimat macht, und in seinen Unterdrückern verkörperten sich für ihn alle Feinde der Menschheit.

Es schien mir nun, daß der *Brief an einen Ausgelieferten,* den ich nur in Auszügen kannte, und *Der Kleine Prinz,* den ich gerade gele-

* »Vergnügen und Schlachten / Tot oder Halodri / Mal lach ich und sing ich, mal steh ich im Kampf.«

sen hatte, an derselben tiefen Verzweiflung teilhatten. Ich hatte auch soeben *Flug nach Arras* beendet, das er gleichfalls in seinem Gepäck mit sich führte und zwei Jahre zuvor geschrieben hatte. Dieses Buch ließ der Hoffnung noch Raum. Saint-Exupéry hatte es in Amerika fertiggeschrieben, noch ganz unter dem Eindruck seines eigenen Kampfes am Himmel und auf dem Boden des Vaterlandes. Im *Brief an einen Ausgelieferten* und im *Kleinen Prinzen* hingegen gab es keinen Ausblick mehr auf einen Schimmer am Horizont. Saint-Exupéry war nun seinerseits in die schwarze Nacht der gegenwärtigen Zeitläufte eingetreten, die ihm noch nachgerade hell erschien im Vergleich zu dem, was er für die Zukunft vorausahnte. Alles, was ihm teuer war und was dem Leben seinen Wert verlieh, war vom Untergang bedroht, und er war bereit, mit dem Schiff unterzugehen.

Seine Staffel wechselte gerade ihre dreisitzigen Bloch 175 gegen die berühmten einsitzigen Lightnings aus, die damals die schnellsten Flugzeuge waren. Wegen seines Alters zögerte man, ihm eine solche Maschine anzuvertrauen, doch es gelang ihm, alle Hindernisse aus dem Weg zu räumen, und er wurde auf die Liste der umzuschulenden Piloten gesetzt. Bis zum Beginn der Ausbildung verließ er Laghouat, um einige Freunde zu besuchen und auch André Gide, dem der Sieg von Tunis soeben wieder die Freiheit gebracht hatte. Ich begleitete ihn zum Flugplatz; da aber eine Schlechtwetterfront die Route nach Westen blockierte, beschloß Saint-Exupéry, mit einer Zwischenlandung in Bou-Saada, wo er eine dienstliche Meldung übergeben sollte, nach Algier zu fliegen.

Ich half ihm, sein Gepäck in dem schmalen Rumpf der Bloch zu verstauen. Besonders achtsam brachte er den beigen Koffer unter, der seine Manuskripte enthielt, namentlich das eines Buches im Stil der Geschichten von *Tausend und eine Nacht,* das, wie er sagte, bislang schon auf tausend Seiten angewachsen war. Saint-Exupéry hatte die Absicht, zehn Jahre daran zu arbeiten, drei oder vier davon wollte er auf die Durchsicht nach Fertigstellung des Manuskripts verwenden. Zum damaligen Zeitpunkt hatte er es *Die Zitadelle* getauft. Bis wir unter dem Flugzeug angelangt waren, sprachen wir über das Schreiben und über Stilfragen. Anlaß dazu war, daß ich ihn gebeten hatte, die Druckfahnen einer Erzählung zu lesen. Als es an den Start ging, zwängte man ihn in einen sackartigen Overall, ließ ihn eine Fliegerhaube auswählen, band ihn in Fallschirmgurte ein und half ihm ins Cockpit. Nun war er weit weg von uns. Auf dem Pilotensitz streifte sein Gesicht sein irdisches Aussehen ab und lud sich mit einer Art überirdischer Macht auf; am Steuerknüppel eines vibrierenden und dröhnenden Flugzeugs war er plötzlich ein Gott geworden, und zwar der mächtigste von allen, der donnernde Jupiter, dessen Auge auf die Welt herabblickt und dessen Hand über die Blitze gebietet.

Man entfernte die Bremsklötze, und die Fliegerstaffel stellte sich längs der Startbahn auf, bildete gleichsam ein Ehrenspalier, um dabei zu sein, wenn er am Rande des Palmenhains abhob. Denn das zerstreute Wesen Saint-Exupérys war nicht weniger legendär als seine Heldentaten: er vergaß oftmals, das Fahrgestell oder die Flügelklappen ein- oder auszufahren, und das waren noch sehr harmlose Unfälle im Vergleich zu denen, die man seinen Passagieren gerne scherzend erzählte. Wie etwa folgenden: Eines Tages geschah es, daß er fast unmittelbar nach dem Start jegliches Bewußtsein für die Außenwelt verlor; aus diesem Zustand wieder erwacht, stellte er fest, daß seine Uhr stehengeblieben war. Er bekam es mit der Angst zu tun, glaubte, schon stundenlang in der Luft zu sein, wußte nicht mehr, wo er sich befand, und fürchtete, jeden Augenblick könnte ihm das Benzin ausgehen. So kam es, daß er zehn Minuten nach dem Start irgendwo auf dem Land eine Notlandung unternahm.

An jenem Tag ging alles gut. Zumindest, soweit wir sehen konnten. Sein Flugzeug nahm Kurs nach Norden und verschwand; ein wenig enttäuscht ging die Staffel auseinander. Um die Traurigkeit darüber zu verscheuchen, daß Saint-Exupéry nicht mehr da war, sprang ich einige Minuten später in eine *Simoun*-Maschine, um mit Kameraden in Bou-Saada zu Mittag zu essen, und in der Hoffnung, ihn vielleicht dort anzutreffen. Als ich über dem Flugplatz ankam, sah ich am Rande der Landebahn ein Flugzeug mit gebrochenem Fahrgestell liegen. Es war das von Saint-Exupéry, er war jedoch bereits an Bord einer Verbindungsmaschine nach Algier weitergeflogen.

(Nicht abgeschickter) Brief an einen Luftwaffenoffizier, der sich eben den Gaullisten angeschlossen hatte

[1943 ?]

Mein lieber X.,

ich habe eben noch einmal Ihren kurzen Brief gelesen. Er hatte einen sehr freundschaftlichen und aufrichtigen Eindruck gemacht. Dann hörte ich, daß Sie sich in einem Gespräch lange über mich geäußert haben. Es handelte sich um schmerzliche Angriffe. Schmerzlich nicht an und für sich betrachtet – das Urteil anderer Leute läßt mich völlig kalt –, sondern weil sie von Ihnen kamen. Ich schreibe selten Briefe, zugegeben, aber sobald ich jemandem einmal Sympathie entgegenbringe, ist sie so dauerhaft wie ein Baum und wächst immer weiter. Ich kann mich nicht erinnern, jemals eine Freundschaft aufgekündigt zu haben. (...) Was ich von einem Menschen halte, ist nicht davon abhängig, was dieser Mensch von mir hält. Gründete ich darauf mein Urteil, würde ich mich verachten. Doch wenn mir nun so etwas widerfährt, bringt es mich, menschlich gesehen, schon ein wenig aus der Bahn, daß das Leben so unstimmig sein kann. Ich brauche den Glauben – nicht speziell an Sie, sondern an die Menschen im allgemeinen.

Sie schließen sich dem aktiven Gaullismus an. Das ist Ihr gutes Recht. Das ist vielleicht, so wie Sie denken, auch Ihre Pflicht. Jeder hat die Pflicht, für die Religion zu kämpfen, der sein Herz gehört. Ich bin kein Royalist, aber ich bringe einem alten royalistischen Edelmann tiefsten Respekt entgegen. Manche Züge Ihrer Kirche mögen mich quälen, doch ich entziehe Ihnen darum keineswegs meine Wertschätzung. Man verliert nichts vom eigentümlichen Wert seines Wesens, wenn man sich aus noblen Beweggründen bestimmte Ideen zu eigen macht. Man gewinnt nichts an Wert hinzu, wenn man sich aus niedrigen Beweggründen bestimmte Ideen zu eigen macht. Und die Ideen sind so viel wert wie die Menschen, die sie vertreten. Doch ihre Verschiedenartigkeit ist in sich selbst bereits ein Reichtum. Hier liegt der Nährboden künftiger Synthesen. Mein Freund ist häufig jemand, der gegen mich denkt, denn so bereichert er mich. Er nötigt mich, über uns hinauszugehen. Freundschaft gründet sich auf ein gemeinsames geistiges Ziel. Auf die

Richtung, die uns unser Stern weist. Dann sind wir zum selben Treffen geladen. Aber der erwählte Stern – Frankreichs Größe zum Beispiel – klärt uns noch nicht über den Weg auf, dem es zu folgen gilt. Die Wahl der Mittel ist Verstandessache. Und der Verstand ist eine Fehlerquelle. Er irrt sich sogar ständig. Von einem Irrtum zum anderen schreitend, wird in der Physik das Gebäude der Wahrheit errichtet. Von einem Widerspruch zum andern schreitend. Und Sie wissen das sehr gut. Wenn Sie gegen mich argumentieren, werde ich also den Teil an Irrtum, der auf Sie entfällt, um Ihres Anteils an Wahrheit willen respektieren, der zweifelsohne meinem an Fülle nicht nachsteht. Es macht nichts – ganz im Gegenteil –, daß Sie einen anderen Weg erkunden. Damit verdoppeln sich die Chancen, den rechten zu finden. Meine Freundschaft gründet sich einzig auf die Wahl des Leitsterns.

Gewiß gefällt es mir, wenn sich der Physiker für seine Lösung begeistert. Und es gefällt mir, wenn Sie sich, in historischen oder soziologischen Fragen, für Ihre Lösung begeistern. In solch nobler Leidenschaft liegt kein Sektierertum. Dieses setzt erst da ein, wo Sie ein Monopol auf die Wahrheit erheben. Wenn Sie »totalitär« werden. Wenn Sie sich strikt auf Ihre Formel zurückziehen, um alle anderen zu verdammen, wo doch keine Formel jemals befriedigen kann (denn die endgültige Synthese ist ein idealer Orientierungsmaßstab und kein irgend erreichbares Ziel). Wenn man, als medizinische Fakultät zu Pasteurs Zeiten, Pasteur zum Tode verurteilt. Wenn man Galilei oder wenn man Einstein verurteilt. Nur für die Polizei ist Irrtum das Gegenteil von Wahrheit – und Wahrheit das Gegenteil von Irrtum. Und ich kann mir schlecht vorstellen, daß Sie die polizeilichen Gepflogenheiten zu Ihrem Ideal erheben. Kultur beruht auf Gemeinschaft im Geistigen und läßt die Unterschiede in einer Vielfalt von Methoden aufgehen, in einer Vielfalt von Wegen, die der Verstand einzuschlagen empfiehlt, von Theorien, die er hervorbringt. In meiner Kultur teilt mein Freund meine grundsätzliche Betrachtungsweise. Aber er denkt gegen mich. Und Denken heißt hier bereits in Worte kleiden, logische Schlüsse aneinanderreihen und eine These konstruieren.

Sie treten im Reich der Ideale als Verteidiger der geistigen Werte auf. Sie sind antinazistisch und antitotalitär eingestellt. Sie bestreiten das Recht, Lavoisier auf die Guillotine zu schicken. Für Sie war der ins Exil verbannte Aischylos im Recht, und nicht seine Richter. Einen Hitler, der es verbietet, daß man Einstein liest, können Sie nur auslachen. Sie verlangen von Pascal nicht, daß er zur Innenpolitik seiner Zeit Stellung nimmt, und Sie lesen Montaigne mit großem Genuß… und dann begehen Sie bei der erstbesten Gelegenheit Verrat an Ihrer Haltung allen menschlichen Fragen gegenüber. Aus dem lebendigen Anteil, den Sie an der Wahrheit besitzen, machen Sie ein totes Dogmengebäude. Und im Namen Ihres tyrannischen Dogmengebäudes verlangen Sie von Lavoisier, von Aischylos, von Einstein, Pascal und Montaigne, sich Ihnen anzuschließen, andernfalls ihre Köpfe rollen. Sie werden mir natürlich die Dringlichkeiten der gegenwärtigen Stunde entgegenhalten. »Es bleibt keine Zeit mehr, um…« Als wäre jemals »Zeit geblieben«, als wären nicht alle dringlichen Probleme, zu der Zeit, da sie sich stellten, höchst aktuell gewesen. Sie werden mir natürlich erklären, Ihre Politik sei nicht parteilich, sondern national ausgerichtet, doch welche Politik erhöbe nicht den Anspruch, das Schicksal nicht allein der Nation, sondern der Menschheit überhaupt zu beeinflussen? Als hätten Sie es heute mit einem ganz einmaligen Tag in der Geschichte des Menschen zu tun. Wenn sich nun das Problem des Geistes, der Achtung vor dem Geist, das sich so oft bereits in der Geschichte gestellt hat, schließlich auch Ihnen stellt, werden Sie Ihrerseits auf der Stelle zum Verräter.

Überlassen Sie es doch den Polizisten, Politikern und Militärs, sich an ihre rudimentären Doktrinen zu klammern. Denn Sie wollten sich, wenn ich recht sehe, auf einer anderen Ebene bewegen! Traurig steht es um die Zeit, in der Lavoisier, Aischylos, Einstein, Pascal oder Montaigne für politische Propaganda herhalten müssen, im Dienste welcher Politik auch immer, selbst wenn sie durchaus wünschbar sein mag. Auf Ihrer Ebene geht es darum, für Achtung vor der Erkenntnis zu sorgen. Für Achtung vor der Menschenwürde. Für Gerechtigkeitsliebe oder für Vaterlandsliebe. Nicht die Ebene der Kriegsrichter, sondern die der Apostel ist die Ihre. Apostel zur Verkündigung des Geistes, dessen Reich noch ferne liegt.

Und wenn Sie dieser oder jener Gruppe beitreten wollen, werde ich Ihnen das gewiß nicht zum Vorwurf machen, sofern Sie deren höchste Substanz sein wollen, wie das Obst auf dem Baum. Sofern die Gruppe durch Ihren Beitrag an Adel gewinnt. Jedes Wesen besitzt unterschiedliche Organe für unterschiedliche Funktionen. Man tut gut daran, Hirn oder Herz zu werden.

Mich betreffend haben Sie gesagt: Saint-Exupéry ist ein Lump, weil er sich in den Vereinigten Staaten nicht dem Gaullismus angeschlossen hat. Wir werden ihn dafür zur Rechenschaft ziehen, was hat er denn in den letzten zwei Jahren gemacht?

Das Sektierertum führt immer in die Irre. Ich habe Sie als aufrechten Piloten in einer Armee kennengelernt, der Sie nicht den Rücken gekehrt haben, als es zum Waffenstillstand kam. Sie waren nicht der Ansicht, sich in Ihrem Handeln geirrt zu haben. Oder falls Sie heute meinen sollten, daß Sie sich geirrt haben, nehme ich nicht an, daß Sie Ihr *mea culpa* bis zu einem feigen Verrat an sich selbst treiben werden. Sie sagten: »Ich gebe zu, daß ich mich auf der Ebene des Verstandes geirrt habe, auf der Ebene des Geistes jedoch sind meine Ansichten unverändert. Auch gestern besaß ich meine Würde...« Sie wußten also, daß Sie gestern in gewisser Weise Garant der Würde vieler anderer waren (nicht aller, aber können Sie mir eine Gruppe zeigen, in der alle anständigen Sinnes sind?). An ebendiesen Menschen begehen Sie nun aber Verrat, wenn Sie sich selbst ein wenig untreu werden. Gestern waren Sie kein Gaullist. Oder jedenfalls nicht zur Gänze – Sie waren es in Ihrem Herzen, in dem Grade, wie wir es alle waren, ob in Frankreich oder im Ausland. Doch dies brachte Sie nicht in Konflikt mit Ihrer Rolle als französischer Offizier, der sich der Invasion Nordafrikas in den Weg stellen wollte und bereit war, sein Leben für den Kampf gegen Deutschland zu opfern. Wenn Sie nach Gibraltar gestartet wären, hätten Sie das Gefühl gehabt, in gewisser Hinsicht Ihre Kameraden zu verraten, etwas Wertvolles in ihnen zu desavouieren oder zu demütigen. Und ich, inwiefern war es von mir unrecht, Sie nicht zu verraten? – Und Sie nicht, wie es einem Sektierer gleichsähe, der sich am amerikanischen Warenkorb gütlich tut, feige einen Lumpen zu schimpfen?

»Wenn ich in New York kein Gaullist war, lag das daran, daß ihre Politik des Hasses für mich nicht die Wahrheit sein konnte«, schreibt Saint-Exupéry in einem Brief. »Man hat mir mein Leben in New York zum Vorwurf gemacht, man hat mich übel beschimpft. Heute nun bin ich sehr froh, meine Lauterkeit unter Beweis stellen zu können, indem ich mit meinem nackten Leben dafür einstehe. Nur mit seinem Blut kann man für etwas einstehen ...« In demselben Brief spricht er auch davon, daß ihm Algier verhaßt ist, »diese schlaffe Stadt. Hier herrscht ein unreines Klima. Diese Stadt ist gleichsam eine Müllhalde der Menschheit.«*

Die Gruppe 2/33 ist der dritten amerikanischen »Photo Group« (Gruppe für photographische Aufklärung) zugeteilt, die unter dem Kommando von Oberst Eliott Roosevelt steht und in Oudjda, nahe der marokkanisch-algerischen Grenze, stationiert ist. Die Lightning P38 ist ein für die strategische Aufklärung bestimmtes Flugzeug, in dem die Bordgeschütze durch Photoapparaturen ersetzt wurden, mit denen Hunderte von Aufnahmen während eines Aufklärungsflugs gemacht werden konnten. Die Maschine hat einen großen Aktionsradius, sie ist schnell und erreicht große Flughöhen. Den Vorschriften zufolge darf sie ausschließlich von Piloten unter dreißig Jahren geflogen werden. General Chambe erwirkt jedoch beim amerikanischen Oberkommando eine Sondergenehmigung für Saint-Exupéry. Giraud indes hätte Saint-Exupéry lieber mit Propagandaaufgaben betraut.

Bis die Fluggenehmigung offiziell und in aller Form erteilt wird, überträgt ihm Giraud eine Mission nach Marokko. Er soll sich über die Bemühungen der Gaullisten informieren, neben den Truppen Girauds eine eigene Armee aufzubauen; die Gaullisten versuchten, Neuankömmlinge für sich zu gewinnen und auch bereits in Militärdiensten Stehende auf ihre Seite zu ziehen. Als er Giraud über seine Mission Bericht erstattet, wird er sich der Schwäche des Generals bewußt und ist von diesem sehr enttäuscht.

Er besucht André Gide, der sich in Algier aufhält und sich freut, Saint-Exupéry wiederzusehen.

* Brief an Silvia Hamilton, abgedruckt in *Catalogue Drouot-Rive Gauche*, 20. Mai 1976.

Am 30. Mai trifft General de Gaulle in Algier ein. Am 3. Juni wird das Comité français de libération nationale *(C. F. L. N. – Französisches Nationales Befreiungskomitee) gegründet; de Gaulle und Giraud übernehmen gemeinsam dessen Vorsitz. Giraud, der Darlan als ziviler und militärischer Oberbefehlshaber im französischen Nordafrika nachgefolgt war, muß damit eine Teilung seiner Machtbefugnisse hinnehmen. Im November 1943 wird er den Vorsitz im C. F. L. N. abgeben, im April 1944 verliert er schließlich auch seine Stellung als Oberbefehlshaber.*

Der Brief an einen Ausgelieferten *erscheint am 3. Juni in den Vereinigten Staaten in einer Auflage von hundertzwanzig Exemplaren.*

BRIEF AN CURTICE HITCHCOCK

8. Juni 1943, Oudjda

Lieber Curtice:

Ich hatte darum gebeten, mich wieder meinen Kameraden der Gruppe 2/33 anschließen zu dürfen, mit der ich im Krieg war und die es nach wie vor gibt. Es wurde mir bewilligt.

Eine der Fliegerstaffeln dieser Gruppe ist der amerikanischen Armee zugeteilt worden und untersteht ihrem Kommando. (...) [*Zensierte Passage*] Dieser Staffel gehöre ich an. Ich bin also Pilot auf einem Flugzeug des Typs [*Zensiert:* Lightning P 38]. Das ist, glaube ich, derzeit das schnellste Flugzeug. Eigentlich ist es ein Jagdflugzeug, aber wir setzen es hier für Aufklärungsflüge ein.

Sie sehen, ich bin nicht zu alt, da es mir ja – und selbst in Ihrem Land – gelungen ist, Pilot zu bleiben! Bei meiner Ankunft habe ich jede andere Verwendung abgelehnt (man wollte mich wieder einmal in die Propagandaabteilung stecken).

Lieber Curtice, es lag mir so am Herzen und ich habe alles darein gesetzt, bei meinen Kameraden zu bleiben, abseits der Politik, fern der Städte und Büros. Ich lebe hier ganz entsprechend den Gepflogenheiten eines amerikanischen Militärlagers und ... ich lerne Englisch! Ich hoffe, so lang als irgend möglich durchhalten zu können, denn ich spüre wohl, daß ich nicht mehr zwanzig bin (aber gesagt habe ich es niemandem!).

Ich bin sehr angetan von Ihren Landsleuten. Sie sind tüchtig, gesund und bemerkenswert gut ausgebildet. Die Beziehungen zwischen meinen Kameraden und ihnen sind durch und durch freundlich. Ihr seid ein Land von sehr hohem Rang. Und welche Kriegsanstrengungen ihr unternehmt, versteht man, von Amerika aus gesehen, nur schlecht. Von hier aus gesehen, sind sie einfach großartig. Sie können sich gar nicht vorstellen, welchen Eindruck diese Materiallawine macht.

Vor allem gilt meine Bewunderung einer bestimmten Form von Mut, so schlicht und würdevoll. Ein »netter Mut«. Ich weiß nicht recht, wie ich es ausdrücken soll, aber ich werde zu all dem später noch schreiben. Lieber Curtice, ich mag Ihr Land sehr.

Lieber Curtice, ich habe richtig gelegen, glaube ich, mit all den Gedanken, die ich mir seit zwei Jahren zu den inneren Angelegenheiten meines Landes gemacht habe. Auch heute ist mir General de Gaulle nicht lieber geworden. Drohende Diktatur bedeutet er, National-Sozialismus. Und das will ich nicht haben, Diktatur, politischen Haß, das Kredo eines Einparteiensystems. Wenn anderswo der Nationalsozialismus untergeht, ist es wahrhaft nicht vernünftig, ihn für Frankreich neu zu erfinden. Diese Horde Verrücktgewordener macht auf mich tiefen Eindruck. Ihre Gier danach, Franzosen einander abschlachten zu sehen, ihre Wünsche hinsichtlich der Nachkriegspolitik (europäischer Block), all das wird dazu führen, daß Frankreich, so schwach geworden wie Spanien, nur noch ein Satellit Rußlands oder Deutschlands sein wird. Für meine Begriffe liegt die Wahrheit nicht in dieser Richtung.

Eines Tages werden Sie meiner Meinung sein, Curtice. Und ein melancholisches Lächeln wird Ihnen entschlüpfen, wenn Sie zurückdenken, daß man mich als Faschisten beschimpfte, weil ich es ablehnte, mich dem Gaullismus anzuschließen! Glaubt man immer noch, der Gaullismus stehe für Demokratie und General Giraud für Tyrannei? Ich werfe Giraud eher vor, daß er schwach wie ein Lamm war und in allen Punkten dem diktatorischen Kandidaten nachgegeben hat. Wie denkt man darüber in den Vereinigten Staaten, Curtice?

Seid alle herzlichst umarmt, Curtice. Über den *Kleinen Prinzen* weiß ich überhaupt nichts (ich weiß nicht einmal, ob er erschienen ist!). Ich weiß von rein gar nichts: Schreiben Sie mir!

Ich denke, es ist besser, Sie schreiben mir an die Adresse eines Freundes in Algier, der mir meine Post nachsenden wird, wo auch immer ich mich gerade aufhalte. Die Adresse lautet: Georges Pélissier, 17 rue Denfert-Rochereau.

Wie gern würde ich euch alle wiedersehen!

Ihr
Saint-Ex.

BRIEF AN G. PÉLISSIER

[Oudjda, 8. Juni 1943]

Lieber Doktor,

ich schreibe Ihnen diese paar Zeilen, weil ich nicht weiß, wann ich wieder zurückkomme. Ich hätte so gerne einen langen Brief von Ihnen, aus dem ich erfahre, was sich auf der Welt tut. Ich sitze hier ganz und gar in der Wüste. Ein Lager. Drei Mann pro Zimmer; (dieses Herdenleben ist für mich das schwerste Opfer auf der Welt). Unsere Mahlzeiten holen wir uns im Gänsemarsch, jeder reicht seinen Napf, erhält seinen Teil und ißt gleich im Stehen. Ich fühle mich hier ein wenig außerhalb des Lebens, ähnlich wie in der Halle des Saint-Lazare-Bahnhofs. Sie wissen, daß ich mir gar nichts anderes wünsche. Ich habe hartnäckig getan, was ich glaubte tun zu müssen – wie auch immer X. darüber denken mag.

Im Grunde, mein lieber, alter Freund, geht es mir sehr schlecht, und das ist traurig, weil mir mein körperlicher Zustand alles so schwer werden läßt wie eine Himalaya-Besteigung, und solch ein zusätzliches Opfer ist ungerecht. Kleinigkeiten werden zu einer unnützen Quälerei. So das Hin- und Hergelaufe in diesem großen Lager und unter der prallen Sonne, es reicht mir dermaßen, daß ich mich manchmal an einen Baum lehnen und vor Wut weinen könnte.

Aber mir ist das unendlich lieber als die entsetzliche Atmosphäre der Polemiken. Ich wünsche mir nur Ruhe und Frieden, und sei es der ewige. (...)

Ich muß hier nicht ständig, ohne Aussicht auf ein Ende, über mich diskutieren. Ich kann es nicht mehr ertragen, Erklärungen zu geben, ich bin niemandem Rechenschaft schuldig, und wer mich nicht verstehen will, der bleibt auch mir fremd. Ich bin es zu müde, bin zu erschöpft, um mich zu ändern. Ich habe mehr als genug Feinde, die mir zur Lehre dienen; was ich brauche, sind Freunde, die für mich Gärten wären, in denen ich mich ausruhen könnte.

Heute abend, mein Freund, wird mir alles zuviel. Es ist traurig, ich würde gern ein wenig Gefallen finden am Leben, aber es gefällt mir kaum. Als ich neulich bei einem Flug glaubte, jetzt koste es mich Kopf und Kragen, habe ich keinerlei Bedauern empfunden.

Schreiben Sie mir zu dem Drama Giraud – de Gaulle, ich fürchte Schlimmstes für mein Land. Schreiben Sie mir, was Sie wollen, über wen immer Sie wollen (hier hat die Zensur eingegriffen).

Und glauben Sie mir, wie dankbar ich Ihnen bin für Ihre Freundschaft und für die freundliche Aufnahme in Ihrem Haus. Sagen Sie Séverine* und ihrer Freundin, daß ich mich entsetzlich schäme, weil ich ihr Geschenk vergessen hatte... Wegen des Abstechers zum Sommerpalast mußte ich so überstürzt aufbrechen; aber ich werde daran denken.

Seien Sie umarmt.

Saint-Ex.

(NICHT ABGESCHICKTER) BRIEF AN GENERAL CHAMBE (?)**

[Oudjda, im Juni 1943]

Lieber General,

ich habe eben einige Flüge auf der P 38 hinter mir. Das ist eine schöne Maschine. Ich wäre glücklich gewesen, wenn mir mit zwanzig so ein Geschenk zur Verfügung gestanden hätte. Mit Melancholie stelle ich fest, daß ich heute, im Alter von dreiundvierzig Jahren und nach rund sechstausendfünfhundert Flugstunden in allen Himmelsgegenden der Welt, an diesen Spielen kein großes Gefallen mehr finden kann. Das Flugzeug ist nur mehr ein Fortbewegungsmittel – in diesem Fall für Kriegszwecke –, und wenn ich in einem

* Pélissiers Haushälterin.

** Mit größter Wahrscheinlichkeit ist der Brief an General Chambe gerichtet. Unter dem Titel *Brief an einen General* (und in anderer deutscher Übersetzung) findet er sich u. a. auch in dem Sammelband *Dem Leben einen Sinn geben.*

für dieses Metier erzväterlichen Alter noch solche Höhen und solche Geschwindigkeit auf mich nehme, so ist dafür weit mehr ausschlaggebend, daß ich mich in keiner Weise vor dem ganzen Schlamassel drücken will, das meine Generation durchzumachen hat, als daß ich hoffte, die Befriedigungen von einst wiederzufinden. Das hat vielleicht etwas Melancholisches – aber vielleicht auch nicht. Zweifelsohne war ich damals, mit zwanzig, im Irrtum. Im Oktober 1940, nach meiner Heimkehr aus Nordafrika, wohin sich die Gruppe 2/33 zurückgezogen hatte, habe ich, nachdem mein ausgepumptes Auto in irgendeiner staubigen Garage gelandet war, den Pferdewagen entdeckt. Und durch ihn das Gras auf den Wegen, die Schafe und die Olivenbäume. Diesen Olivenbäumen kam eine andere Rolle zu, als hinter den Scheiben bei hundertdreißig Stundenkilometern den Takt zu schlagen. Sie zeigten sich in ihrem wahren Rhythmus, der darin besteht, langsam Oliven hervorzubringen. Den Schafen war nicht mehr ausschließlich die Bestimmung zugedacht, die Durchschnittsgeschwindigkeit herabzusetzen. Sie wurden wieder lebendig. Sie schieden echten Kot aus und gaben echte Wolle. Und auch das Gras hatte einen Sinn, da sie es abweideten.

Und ich habe mich wiederaufleben gefühlt, in diesem einzigen Erdenwinkel, wo der Staub duftet (ich bin ungerecht, in Griechenland duftet er ebenso wie in der Provence). Und es schien mir, als wäre ich mein ganzes Leben über ein Dummkopf gewesen. (...)

Mit all dem will ich Ihnen eines verständlich machen: Dieses Herdenleben, hier auf einem amerikanischen Stützpunkt, diese schnell im Stehen eingenommenen Mahlzeiten, dieses Hin und Her zwischen zweitausendsechshundert PS starken einsitzigen Maschinen und einer Art abstraktem Bau, in dem wir zu dritt in einem Zimmer aufeinanderhocken, mit einem Wort: diese entsetzliche menschliche Wüstenleere hat so gar nichts zu bieten, was mir das Herz erwärmte. Auch das ist, ganz wie die Aufklärungsflüge im Juni 1939, die weder Nutzen versprachen noch Hoffnung auf Rückkehr ließen, eine Krankheit, die es durchzustehen gilt. Ich bin auf unbestimmte Zeit »krank«. Aber ich gestehe mir nicht das Recht zu, mich dieser Krankheit zu entziehen. Das ist alles.

Ich bin zutiefst traurig, tief in meinem Innern. Was mich traurig stimmt, ist der Gedanke an meine Generation, die aller menschlichen Substanz verlustig gegangen ist. Kneipen, Mathematik und Bugatti-Wagen sind die einzige Form geistigen Lebens, die sie kennengelernt hat; so findet sie sich heute zusammengepfercht und einem strikt herdenmäßigen Handeln unterworfen, dem alle Farbe abgeht. Es fehlt nur allgemein der Blick dafür. Denken Sie zum Beispiel an das Militär, wie es sich vor hundert Jahren darbot. Überlegen Sie nur, was es alles aufbot, damit der Durst des Menschen nach Geistigem, Poetischem oder schlicht nach Menschlichem nicht leer ausging. Heutigentags, da wir staubtrocken wie Ziegelsteine sind, lächeln wir über dergleichen Naivitäten. Die Uniformen, die Fahnen, die Lieder, die Musik, die Siege (heute gibt es keine Siege mehr), nichts, was die poetische Dichte eines Austerlitz besäße. Es gibt nur noch Phänomene langsamer oder schneller Verdauung. Aller poetischer Überschwang klingt lächerlich. Die Menschen weigern sich, zu einem wie auch immer gearteten geistigen Leben zu erwachen. Sie gehen redlich einer Art Fließbandarbeit nach. Ganz wie die amerikanische Jugend sagt: »Wir sind redlich dazu bereit, diesen undankbaren Job auf uns zu nehmen.« Und die verzweifelten Anstrengungen der Propaganda auf der ganzen Welt sind vergebliche Liebesmüh. Sie krankt nicht daran, daß ihr bestimmte Talente fehlten, sondern daran, daß sie sich nicht auf die großen erfrischenden Mythen berufen darf, wenn sie nicht als aufgeblasener Abklatsch erscheinen will. Von der Höhe der griechischen Tragödie ist die dekadente Menschheit bis zum Theater eines Louis Verneuil heruntergekommen. (Tiefer geht es denn auch kaum mehr.) Dies ist das Jahrhundert der Reklame, des Bedaux-Systems,* der totalitären Regime und der Armeen ohne Banner, ohne Hörnerklang und ohne Messen für die Toten. Ich hasse meine Zeit von ganzem Herzen. Der Mensch kommt um in ihr vor Durst.

Ach General, nur ein einziges Problem stellt sich auf der Welt. Den Menschen wieder einen geistigen Sinn zu geben. Geistige Bedürfnisse. Auf sie etwas herabregnen zu lassen, das einem gregorianischen Choral gleicht. Wäre ich gläubig, gäbe es gar keinen Zweifel, daß ich, sobald dieser »notwendige und undankbare Job« einmal

* System, das zur Messung der Arbeitsleistung diente. Es wurde erstmals 1916 in den USA eingeführt.

hinter mir liegt, nichts anderes mehr ertragen könnte als Solesmes.* Sehen Sie, Kühlschränke, Politik, Kartenspielen und Kreuzworträtsel, das reicht nicht länger zum Leben! Das reicht nicht mehr. Man kann nicht länger ohne Poesie leben, ohne Farbe und ohne Liebe. Man braucht nur die Dorflieder aus dem 15. Jahrhundert zu hören, um zu ermessen, wie weit es bergab gegangen ist. Übrig bleibt nur noch die Stimme des Propagandaroboters (nehmen Sie es mir nicht übel).** Zwei Milliarden hören nur noch den Roboter, verstehen nur noch den Roboter. Werden selber zu Robotern. All die Risse, die in den letzten dreißig Jahren aufbarsten, haben nur zwei Quellen. Die Sackgasse, in die das Wirtschaftssystem des 19. Jahrhunderts mündete. Die geistige Verzweiflung. Warum ist Mermoz diesem Tolpatsch von Obristen*** gefolgt, wenn nicht, weil es ihn dürstete? Warum Rußland, warum Spanien? Die Menschen hatten es mit den kartesianischen Werten versucht: Außerhalb der Naturwissenschaften sind sie damit nicht eben gut gefahren. Es stellt sich nur eine Aufgabe, eine einzige: wiederzuentdekken, daß es ein Leben des Geistes gibt, das noch höher steht als das Leben des Verstandes. Allein dieses Leben vermag den Menschen zu befriedigen. Das geht über die Frage des religiösen Lebens hinaus, das nur eine Form des geistigen ist (wenngleich das Leben des Geistes vielleicht notwendigerweise zu jenem anderen führt). Und das Leben des Geistes beginnt dort, wo eine Wesenheit »geschaut« wird, die über den einzelnen Bausteinen steht, aus denen sie sich zusammensetzt. Liebe zu seinem Heim – eine Liebe, die jenseits des Erfahrungshorizonts der Menschen in den Vereinigten Staaten liegt – ist bereits Geistesleben. Desgleichen ein Dorffest. Und der Kult, mit dem man der Verstorbenen gedenkt. (Ich erwähne das, weil seit meiner Ankunft hier zwei oder drei Fallschirmspringer den Tod gefunden haben. Aber man hat sie schnell verschwinden

* Bekanntes Benediktinerkloster.

** Chambe war Girauds Informationsminister, also für Propagandafragen zuständig.

*** Gemeint ist Oberst François de la Roque, der Führer der rechten »Feuerkreuzler«, dem sich Mermoz angeschlossen hatte. Der Flieger Jean Mermoz, ein Freund Saint-Exupérys, ist 1936 bei einem Flug über den Südatlantik ums Leben gekommen.

lassen: sie hatten ihre Schuldigkeit getan. Das geht zu Lasten des Zeitgeistes, nicht zu Lasten Amerikas: der Mensch hat keinen Sinn mehr.) Man muß unbedingt zu den Menschen sprechen.

Was hätten wir denn von einem Sieg in diesem Krieg, wenn wir uns damit für die nächsten hundert Jahre fortdauernd Anfälle revolutionärer Epilepsie einhandeln? Wenn die deutsche Frage einmal geregelt ist, dann werden sich die wahren Probleme stellen. Es ist nicht sehr wahrscheinlich, daß am Ausgang dieses Krieges die Spekulation mit amerikanischen Kriegslagerbeständen hinreichen wird, um die Menschheit, wie seinerzeit 1919, von ihren wahren Sorgen abzulenken. Mangels einer starken geistigen Strömung wird eine Unzahl von Sekten aus dem Boden schießen, die sich gegenseitig den Garaus machen werden. Selbst der Marxismus zerfällt, da er nun reichlich in die Jahre geraten ist, in eine Menge sich widersprechender Neo-Marxismen. In Spanien hat man es ja gesehen. Es sei denn, ein französischer Cäsar sperrt uns auf ewig in ein neosozialistisches Konzentrationslager.

Man muß zu den Menschen sprechen, denn sie sind bereit, sich jeder beliebigen Sache anzuschließen. Ich bedauere, daß es mir neulich an dem Morgen bei General Giraud so schlecht gelungen ist, meine Gedanken in Worte zu fassen. Was ich sagte, schien ihm zu mißfallen, als hätte ich einen geschmacklichen Fehltritt begangen, es an Takt oder Disziplin fehlen lassen. Die Schuld daran liegt ganz bei mir: Es fällt schwer, solche Probleme anzugehen, wenn man sich nicht ausführlich darauf einlassen kann. An meiner Hast lag es, daß es schiefging. Es war jedoch ungerecht von dem General, mir so nachdrücklich seine Mißbilligung auszusprechen, denn ich hatte dabei nichts anderes im Sinn, als jene Bestrebungen und jene Geisteshaltung zu stärken, für die er steht. Der Automatismus militärischer Hierarchiestrukturen raubte meinen Argumenten die Schärfe. Wäre ich geschickter gewesen, hätte mir der General mit größerem Wohlwollen zugehört. Und dennoch kam das, was ich sagte, aus meinem Innersten, und das einzige Ziel meiner Ausführungen war es, ihm nützlich zu sein und damit auch meinem Land. Denn es scheint mir bestreitbar, daß es den Kommandeuren der Einheiten zusteht, eine grundsätzliche Generallinie durch ihre persönliche Interpretation zu ersetzen. Ohne Berufung auf eine offizielle Linie haben sie nicht die Macht, den Unteroffizier zu beruhigen, der an sich zweifelt, weil er von einer Politik, der immer an präzisen und einfachen Vorgaben gelegen war, seine Redlichkeit, seinen Patriotismus und seine Ehre quälend in Frage gestellt sieht. General Giraud hat für die Ehre seiner Soldaten einzustehen.

Ich weiß nicht, ob die bemerkenswerte Rede, die General Giraud gehalten hat – und von der wir hier vorgestern durch die Presse erfuhren –, in irgendeiner Weise von meinen Besorgnissen beeinflußt worden ist. Die Passage über den unsichtbaren Widerstand und die Rettung Nordafrikas war genau das, wonach die Männer dürsteten. Die Kommentare, die ich hierzu gehört habe, bestätigen das. Wenn ich mich hier in irgendeiner Weise nützlich machen könnte, würde mich das sehr freuen – selbst wenn General Giraud mir meine Einlassungen übelnimmt.* Es geht dabei nicht um mich. Jedenfalls hatte es solch eine Rede gebraucht; sie war bemerkenswert gelungen. Lieber General, abgesehen von diesen letzten Zeilen zu einem Besuch, der bei mir eine leichte Beklemmung hinterlassen hat, weiß ich eigentlich nicht recht, warum ich Sie mit diesem unnützen und unleserlichen langen Brief ermüde (ich habe mir das rechte Handgelenk gebrochen, es fällt mir schwer, halbwegs leserlich zu schreiben). Doch ich bin ziemlich düsterer Stimmung, und ich brauche jetzt einen Freund.

Ach, lieber General, was ist doch heute für ein merkwürdiger Abend! Und was für ein merkwürdiges Klima! Von meinem Zimmer aus sehe ich, wie das Licht in den Fenstern dieser gesichtslosen Gebäude angeht. Ich höre, wie die verschiedenen Radiogeräte ihr Musikgeplätscher über diesen untätigen Haufen ergießen, der von jenseits des Meeres gekommen ist und nicht einmal Heimweh

* General Chambe berichtete später in der Zeitschrift *Icare* (Nr. 96, S. 39), Saint-Exupéry habe Giraud von seinen Streitereien mit den Gaullisten in New York unterrichtet und habe ihn davor gewarnt, daß es nachteilige Folgen hätte, wenn de Gaulle nach Algier käme. Giraud hatte der Unterhaltung barsch ein Ende bereitet: »Mein guter Saint-Exupéry, jeder kümmere sich um seine eigenen Angelegenheiten. Die meinen kenne ich, widmen Sie sich den Ihren. Ich danke Ihnen für Ihre Ratschläge. Ich habe den Eindruck, Sie halten mich für den letzten Schwachkopf.« – »Beim Hinausgehen sagte Saint-Exupéry, etwas blaß geworden, zu mir: ›Das ist also Ihr General Giraud? Da steht uns ja noch einiges bevor!‹«

kennt. Dieses resignierte Einverständnis läßt sich leicht mit Opfergeist oder moralischer Größe verwechseln. Das wäre indes ein großer Irrtum. Die Liebesbande, die den Menschen von heute mit Menschen und Dingen verknüpfen, enthalten so wenig Zärtlichkeit, sind so locker, daß der Mensch deren Abwesenheit nicht mehr wie einstmals verspürt. Eine jüdische Geschichte bringt diesen schrecklichen Befund zum Ausdruck: »Dort gehst du also hin? Wie weit fort du sein wirst! Doch weit fort von wo?« Das »Wo«, das sie verlassen haben, war kaum mehr als ein vages Bündel Gewohnheiten. In diesem Zeitalter der Scheidung trennt man sich ebenso leicht von den Dingen. Die Kühlschränke sind untereinander austauschbar. Desgleichen das Haus, wenn es nur noch ein Stück Montagearbeit ist. Und die Frau. Die Religion. Die Partei. Nicht einmal untreu kann man mehr sein: Welchen Ansprüchen sollte man denn untreu sein? Fern wovon und welchem Anspruch untreu? Eine Wüste tut sich im Menschen auf. Wie brav und friedlich sie doch sind, diese Gruppenwesen von Menschen. Da muß ich an die bretonischen Seemänner von einst denken, die in der Magellanstraße auftauchten, an die Fremdenlegionäre, die auf eine Stadt losgelassen wurden, an diese komplexe Verknotung von heftigen Gelüsten und unerträglicher Sehnsucht, die sich stets ergab, wo Männer allzu hart zusammengepfercht lebten. Um sie in Zaum zu halten, waren stets starke Ordnungshüter oder starke Prinzipien oder ein starker Glaube vonnöten. Aber keiner dieser Männer hätte sich einer einfachen Gänsehirtin gegenüber respektlos verhalten. Den Menschen von heute stellt man ruhig, indem man ihn, je nach Milieu, Skat oder Bridge spielen läßt. Erstaunlich, wie gut wir kastriert sind. So sind wir endlich frei. Man hat uns der Arme und der Beine beraubt, dann hat man uns die Freiheit geschenkt, nach Belieben herumzulaufen. Ich hasse diese Zeit, in der die Menschen unter einem »universellen Totalitarismus« zu einer sanftmütigen, ruhigen und höflichen Viehherde werden. Das verkauft man uns als moralischen Fortschritt! Am Marxismus hasse ich den Totalitarismus, zu dem er führt. Der Mensch wird da als Produzent und Verbraucher bestimmt. Das wesentliche Problem ist die Distribution. Wie in den Musterfarmen. Am Nazismus hasse ich den Totalitarismus, den er anstrebt und der sein ureigenstes Wesen ist. Man läßt die Arbeiter des Ruhrgebiets vor einem Van Gogh, einem Cézanne und irgendeinem Kitschgemälde vorbeiziehen. Natürlich stimmen sie für das Kitschgemälde. Das ist die Wahrheit des Volkes! Kandidaten wie ein Van Gogh, wie ein Cézanne, alle großen Nonkonformisten werden ins Konzentrationslager gesteckt, und das unterwürfige Vieh wird mit Kitschbildern versorgt. Aber worauf steuern die Vereinigten Staaten zu, und worauf steuern auch wir zu, in diesem Zeitalter universellen Beamtengeistes? Der Roboter-Mensch, der Ameisen-Mensch, der zwischen Förderband und Kartenspiel hin und her pendelnde Mensch. Ein Mensch, der all seiner Schöpferkraft beraubt wurde und in dessen Dörfern nicht einmal mehr ein Tanz oder ein Lied entsteht. Ein Mensch, dem Kultur von der Stange, standardisierte Kultur vorgesetzt wird, wie man Rinder mit Heu füttert. Das ist der Mensch von heute.

Und ich muß daran denken, daß man einmal – es ist noch keine dreihundert Jahre her – *La Princesse de Clèves** schreiben oder sich für den Rest seines Lebens in ein Kloster einsperren konnte, weil man den geliebten Menschen verloren hatte – so glühend war damals die Liebe. Freilich gibt es unserer Tage Leute, die sich umbringen, aber deren Leid ist etwa mit einem plötzlichen Anfall von unerträglichen Zahnschmerzen zu vergleichen. Mit Liebe hat das nichts zu schaffen.

Gewiß, es gilt zunächst die erste Etappe zu meistern. Generationen französischer Kinder im Bauch des deutschen Molochs verschwinden zu lassen, dieser Gedanke ist mir unerträglich. Die Substanz selbst ist bedroht. Doch wenn sie einmal gerettet ist, dann wird sich das grundlegende Problem stellen, das das Problem unserer ganzen heutigen Zeit ist. Die Frage nach dem Sinn des Menschen. Darauf wird nirgends eine Antwort vorgeschlagen, und ich habe den Eindruck, wir gehen den düstersten Zeiten entgegen, die die Welt je erlebt hat.

Es ist mir herzlich gleichgültig, ob ich im Krieg umkomme. Was wird bleiben von dem, was ich liebte? Ich spreche nicht nur von den Menschen, sondern auch von Gewohnheiten, einem unersetzbaren Tonfall, einer bestimmten geistigen Leuchtkraft. Von der Mahlzeit

* Berühmter Roman der Comtesse de La Fayette (1634–1693).

unter den Olivenbäumen eines provenzalischen Bauernhofs, aber auch von Händel. Was an Dingen übrigbleibt, ist mir gleich. Worauf es ankommt, ist eine bestimmte Anordnung der Dinge. Zivilisation ist ein unsichtbares Band, weil sie nicht die Dinge betrifft, sondern die unsichtbaren Bande, die eins mit dem andern so und nicht anders verknüpfen. Wir werden über vollkommene Musikinstrumente verfügen, und sie werden massenhafte Verbreitung finden, doch wo bleibt der Musiker?

Es kümmert mich wenig, ob ich im Krieg umkomme, oder ob ich einem Wutanfall dieser fliegenden Torpedos erliege, die mit dem Fliegen nichts mehr zu tun haben und den Piloten zwischen all seinen Knöpfen und Anzeigetafeln zu einer Art Buchhalter werden lassen. (Auch das Fliegen ist ein bestimmtes System von Verknüpfungen.) Kehre ich jedoch lebend von diesem »notwendigen und undankbaren Job« zurück, wird sich für mich nur ein Problem stellen: Was kann man, was soll man den Menschen sagen?

Ich weiß immer weniger, warum ich Ihnen eigentlich all dies erzähle. Ich tue es wohl, um es jemandem gegenüber aussprechen zu können, denn sonst habe ich nicht das Recht, solche Reden zu führen. Man muß zusehen, daß die anderen Ruhe bewahren, und darf nicht die Probleme noch komplizierter machen. Für den Augenblick ist es richtig, daß wir zu Buchhaltern am Steuerknüppel unserer Kampfflugzeuge werden.

Während ich schreibe, sind zwei Kameraden hier in meinem Zimmer eingeschlafen. Ich werde mich auch hinlegen müssen, denn ich nehme an, daß das Licht sie stört (einen Winkel für mich allein, das vermisse ich schon sehr!). Diese beiden Kameraden sind großartige Kerle, auf ihre Art. Geradlinig, hochherzig, anständig und treu. Und ich weiß nicht, warum ich etwas wie ohnmächtiges Mitleid empfinde, wenn ich sie so schlafen sehe. Denn mag auch ihnen selbst ihre eigene Unruhe entgehen, ich spüre sie wohl. Geradlinig, hochherzig, anständig, treu, gewiß. Aber auch schrecklich arm. Sie hätten einen Gott bitter nötig.

Lieber General, verzeihen Sie, wenn die schlechte elektrische Lampe, die ich nun lösche, auch Sie vom Schlaf abgehalten hat, und seien Sie meiner Freundschaft versichert.

Saint-Exupéry

Die Gruppe 2/33 wird auf den Flughafen Maison-Blanche bei Algier verlegt. Kurz vor ihr trifft Saint-Exupéry am 14. Juni in Algier ein. Am 16. Juni hat er ein Gespräch mit Robert Murphy, dem Sonderberater und Gesandten des amerikanischen Präsidenten Roosevelt in Nordafrika. Am Tag darauf wiederholt er noch einmal schriftlich die Bitten, die er im Namen der gesamten Gruppe an Murphy gerichtet hat.

BRIEF AN DEN AMERIKANISCHEN REGIERUNGSBERATER ROBERT MURPHY

[17. Juni 1943]

Mein lieber Freund,

ich habe den Eindruck, daß ich mich gestern nicht sehr klar ausgedrückt habe und daß ich mein Vorhaben Ihnen gegenüber schlecht verteidigt habe. Ich empfinde keinerlei Skrupel, meine Bitte aufs neue vorzutragen, habe ich doch dabei nur unser gemeinsames Interesse im Auge und nicht den geringsten persönlichen Vorteil.

Wenn ich an den Anfang ein paar Worte über mich selbst stelle, so tue ich das, um die Problemlage deutlich zu umreißen, und keineswegs, um mich ins Licht zu rücken. Doch mir scheint in der Tat, daß ich mich für mein Land in gewissem Maße nützlich machen kann.

Es ist Ihnen zweifelsohne bekannt, daß meine Bücher, insbesondere *Nachtflug* (Prix Fémina 1931) und *Wind, Sand und Sterne* (Großer Preis der Académie française in der Sparte Roman 1939), in Frankreich die höchsten Auflagenzahlen der letzten zehn Jahre erreicht haben. Vielleicht wissen Sie auch, daß der Zufall meinen Büchern das gleiche Schicksal auch in Ihrem Land beschied. *Wind, Sand and Stars* erhielt die Auszeichnungen Best Seller Book of the Month Club und Price for Award.* *Flight to Arras* (*Pilote de guerre*) war monatelang First Best Seller. Dieses – verdiente oder unver-

* Es hatte, genau gesagt, einen der »National Book Awards« erhalten, nämlich den für »Non-fiction«, den Sachbuchpreis.

diente – Glück hat mir also beim Publikum zweier besonders wichtiger Länder Gehör verschafft. Das möchte ich mir zunutze machen, um so in einer Richtung zu wirken, die mir am Herzen liegt.

Wie Sie wissen, habe ich an den Kämpfen 39–40 als Pilot einer der Fliegergruppen teilgenommen, die am meisten geleistet und am meisten gelitten haben (Fernaufklärungsgruppe 2/33). Ich bin bis zur letzten Minute bei ihr geblieben. Hingegen habe ich mich geweigert, mich in den Vereinigten Staaten dem Gaullismus anzuschließen. Ich war der Ansicht, ein Franzose im Ausland sollte als Entlastungszeuge für sein Land auftreten und nicht als Zeuge der Anklage.

Ich habe es ruhig hingenommen, als mich die Leute der »Einheitspartei« als »Faschisten« verleumdeten, und habe mein Schweigen nur gebrochen, um *Flight to Arras* zu schreiben. Außerdem verfaßte ich einen langen Artikel für die *New York Times,* in dem ich von der Notwendigkeit einer Aussöhnung unter den Franzosen sprach; das war zu dem Zeitpunkt, als es zu den neuen Entwicklungen in Nordafrika kam.

Ich bat damals sogleich darum, wieder in meine Kampfeinheit aufgenommen zu werden, und ich glaube, ich bin der erste französische Zivilist, der sich den Truppen in Nordafrika angeschlossen hat. Nach wie vor ziehe ich es jedem anderen Metier vor, unauffällig als Soldat meinen Dienst zu tun, und so bin ich derzeit Luftwaffenhauptmann am Steuer einer P 38 in der photographischen Aufklärungsgruppe von Oberst Roosevelt.

Mag ich mich auch täuschen – ich denke nach wie vor, daß das Heil meines Landes nicht in einer blutigen Säuberung durch die Fanatiker der »Einheitspartei« liegt und daß sich die zukünftige Größe meines Landes nicht auf die verschrobene Ideologie eines europäischen Blocks gründen kann, in dem Frankreich, mit achtzig Millionen Deutschen und hundertsechzig Millionen Slawen als Verbündeten, nur noch die Rolle eines ohnmächtigen Satelliten spielen würde. Ganz wie ich es, um der Rettung Nordafrikas willen, ablehnte, die Politik des State Department wegen des Auftretens seiner Repräsentanten in Frankreich zu kritisieren, so lehne ich es im Interesse meines Landes ab, in irgendeiner Weise Mißtrauen zu schüren gegenüber einem zukünftigen Bündnis Frankreichs mit

England und Amerika. Mag ich mich auch täuschen – ich sehe darin die einzige Chance.

Doch Sie müssen mir helfen.

Der Zufall will es – manchmal gibt es eben auch glückliche Zufälle –, daß acht Piloten meiner Fliegergruppe mit Ihren Piloten der Gruppe von Oberst Roosevelt zusammenarbeiten. Ich werde ein neues *Flight to Arras* schreiben. Ich werde darin die Standpunkte verteidigen, die mir teuer sind. Doch damit mein Buch die gewünschte Wirkung zeitigt, ist es nötig, daß wir so bald als möglich an Ihren Kriegseinsätzen beteiligt werden. Wenn meine Kameraden und ich von einem Flug über Italien oder Frankreich zurückgekehrt sind, dann habe ich das Recht erworben, gewisse Dinge auszusprechen. Ich kann nur Gehör finden, wenn meine Kameraden und ich mit unserem Leben für unsere Ideen eingestanden sind. Wenn ich nicht in den Kampf ziehe, kann ich mich nur in Schweigen hüllen.

Ich weiß, daß Sie die Frage, ob die französische Luftwaffe aufgerüstet werden soll, für äußerst komplex halten (mir scheint übrigens, daß Sie sich da irren), doch in unserem Fall gibt es für Ihre Skrupel keinerlei Veranlassung, da unsere Gruppe einen Versuch integrierter Zusammenarbeit darstellt. Ich bitte Sie, bei Oberst Roosevelt ein Wort für uns einzulegen. Die Angelegenheit ist dringlich, denn es stehen Entscheidungen ins Haus, die diese Chance zunichte machen könnten. Dürfte ich Sie darum bitten, Oberst Roosevelt zu einem Abendessen mit Ihnen, mit Kommandant Challes, Kommandant Piéchon (dem Kommandanten meiner Gruppe) und mir einzuladen? Ich denke nicht, daß ich damit aufdringlich bin. Schließlich stimmen unsere geistigen Wunschvorstellungen miteinander überein. Für wie schwach auch immer Sie meinen Beitrag halten mögen, räumen Sie zumindest ein, daß er sich nur positiv auswirken kann. Lassen Sie mich bitte – zumal andersgelagerte Entscheidungen keinerlei ersichtlichen Vorteil brächten – zwei Punkte näher ausführen, die mir am Herzen liegen:

a) Meine Gruppe 2/33 sollte nicht bloß zur Hälfte, sondern als ganze in die Zusammenarbeit eingebunden werden. Es wäre bedauerlich, ein eingespieltes Team auseinanderzureißen. Wir möchten darum vollständig der Roosevelt-Gruppe angeschlossen und mit P 38-Maschinen ausgerüstet werden. Wir sind eine bereits ausgebildete Kernmannschaft (Piloten und Mechaniker); wozu wäre es denn nütze, die kleine Anzahl von P 38-Maschinen, die Sie den Franzosen übergeben wollen, auch noch aufzusplittern?

b) Die bereits ausgebildeten Piloten sollten mit Kriegseinsätzen betraut werden.

Außerdem ist die erstaunliche (und völlig verkehrte) Legende umgegangen, den ältesten unter uns würden die Flüge in großen Höhen schlecht bekommen. Mir liegt sehr daran, diese Legende zu zerstören. Wir sind alle erst seit kurzem Veteranen der großen Höhen.

Verzeihen Sie diesen Brief, lieber Freund. Ich bin nicht so töricht zu glauben, daß der Einsatz von uns zwanzig Piloten großen Einfluß auf das Kräfteverhältnis haben wird, doch ich glaube aus ganzem Herzen (vergeben Sie mir meine Anmaßung), daß ich auf unseren in brüderlicher Gemeinschaft geleisteten Kriegsdienst etwas Nützliches gründen kann.

Herzlichen Dank, und seien Sie meiner Freundschaft versichert.

Antoine de Saint-Exupéry
bei Doktor Pélissier
17, rue Denfert-Rochereau
Tel. 3 94 42, Algier.

Am 19. Juni erhält Saint-Exupéry offiziell die Bestätigung, daß er für Flüge in großen Höhen tauglich sei, jedoch mit dem Vermerk: »Bei einem Unterdruck, wie er in 12 000 Meter Höhe herrscht, stellen sich leichte Schmerzen an einer alten Bruchstelle ein.«

Am 25. Juni wird er zum Major befördert. Drei Tage später kommt sein Staffelkamerad Jules Hochedé, dessen Porträt er in Flug nach Arras *(Kap. 22) gezeichnet hat, bei einem Übungsflug ums Leben.*

Am 2. Juli bezieht die Staffel die Basis La Marsa bei Tunis. Saint-Exupéry wohnt bei dem jetzigen Gruppenkommandanten René Gavoille, er arbeitet an Stadt in der Wüste. *Am 21. Juli wird er schließlich mit seinem ersten Aufklärungsflug betraut, der ihn über den Süden Frankreichs führt.*

Am 10. Juli sind die Alliierten in Sizilien gelandet. Am 25. Juli stürzt Mussolini, und der italienische General Badoglio bereitet die Kapitulation Italiens vor.

ERINNERUNGEN VON MAURICE GUERNIER

Das Leben der Franzosen im Algier der Jahre 1943/44 war zum einen von der Welle der Begeisterung geprägt, die die Siege der Alliierten in Tunesien, in Libyen und dann in Sizilien und ganz Italien bei uns hervorriefen, zugleich jedoch auch von einer großen Enttäuschung angesichts des erbärmlichen politischen Schachers um die Frage, wer später in Frankreich das Sagen haben sollte.

Wir waren mitgerissen von den militärischen Operationen und zutiefst deprimiert wegen des niederen Treibens auf der politischen Bühne. In dieser Atmosphäre habe ich Saint-Exupérys Bekanntschaft gemacht.

(...) Ich hatte ihn erneut eingeladen, einen Tag bei mir in Sidi-Ferruch zu verbringen. Ich holte ihn in einem kleinen Hotel in Algier ab. Er hatte einen seiner finsteren Tage. Er machte den Mund nicht auf. Praktisch kein Wort, bis wir in Sidi-Ferruch ankamen. Ich schlug ihm vor, ein Bad zu nehmen. Das erschien ihm völlig befremdlich, und er legte sich lieber hin. Er schlief bis zum Abendessen, bei dem auch ein gemeinsamer Freund zugegen war: Christian Courtois, ein Geschichtslehrer und großer Kenner der Kultur der Wandalen. Sofort begann das allgemeine Gespräch um die großen Geheimnisse der Geschichte zu kreisen... um das Alphabet der Wandalen, Ibn Khaldoun, die Almohaden, die Tempelritter... und endete schließlich mit der Diskussion historischer Fragen. Nacheinander dachte sich jeder ein Problem aus (das nahm bisweilen eine halbe Stunde in Anspruch), der andere suchte dann die Lösung dafür zu finden (das konnte mehr als eine Stunde dauern), wobei er seine Gedankengänge laut darlegte...

Das Abendessen zog sich bis zu später Stunde hin, doch Saint-Exupéry, der den ganzen Nachmittag geschlafen hatte, zeigte keine Anzeichen von Müdigkeit. Er schlug vor, ein paar Kartentricks vorzuführen. Darin war er unvergleichlich. Zu viert beobachteten wir ihn, Christian Courtois, Guy Mortier, Léon Kaplan und ich; einer stand hinter ihm, um ihm besser auf die Finger sehen zu können: er wurde von allen Seiten überwacht. Seine Freude erreichte den Höhepunkt, wenn er unsere verblüfften Mienen angesichts seiner Kunststücke sah.

Ich hatte wirklich den Eindruck, daß er dann seine Probleme vergaß. »Seine« Probleme, das war die Lightning P 38, die Geschwindigkeit der P 38, die schnellen Reflexe, die für ein so schwierig zu meisterndes Flugzeug unabdingbar waren, und immer von neuem die hohe Geschwindigkeit, die ihn zugleich berauschte und erschreckte. Und stets wieder die Frage: »Ist, was ich tue, von Nutzen? Bin ich zu etwas nütze in dieser gewaltigen Kriegsmaschinerie, die an allen Fronten in Gang gesetzt wurde und in der ich nicht mehr bin als ein kleiner Punkt am Himmel?«

Am 1. August kommt es zu einem kleinen Zwischenfall: Saint-Exupéry setzt bei einer Landung unglücklich auf.

ERINNERUNGEN VON HENRI BILLARD

»Fähnrich Billard, Sie begeben sich morgen Vormittag um neun in die Rue Vernet, Hausnummer 8, um Hauptmann Saint-Exupéry zu empfangen.«

»Jawohl, Herr Kommandant!«

So machte ich an einem Junimorgen des Jahres 1943 mit Saint-Exupéry Bekanntschaft. Aus Amerika eingetroffen und natürlich der Gruppe 2/33 zugeteilt, befand er sich in Algier auf Durchreise, und ich war damit betraut worden, mich um diesen außergewöhnlichen Rekruten zu kümmern, der bei der Luftbild-Aufklärungsgruppe der Luftwaffe Dienst tun sollte.

Was ist zu dieser ersten Begegnung zu sagen? Nur eins ist mir davon in Erinnerung geblieben: der kalte Ton und das barsche Wesen meines Gesprächspartners.

Interessanter wurde es hingegen, als ich einige Wochen später zu der Gruppe 2/33 in La Marsa in Tunesien stieß, wo die II. Photoaufklärungsgruppe unter dem Befehl von General Roosevelt stationiert war. Hier sah ich Saint-Exupéry wieder, er hatte Probleme mit der Umstellung auf die Lightning-Maschinen, und diese Probleme waren nicht leicht zu lösen, da Saint-Exupéry schlecht Englisch konnte, allergisch war gegen das komplizierte Armaturenbrett der P 38 und es ihm kaum gefiel, seine Zeit mit der Ausbildung auf dieser Maschine zu verlieren. So braucht es nicht zu verwundern, daß es zu folgendem Mißgeschick kam: Bei der Landung »säbelte« er einige Olivenbäume ab, die die Landebahn säumten. Dieser Zwischenfall veranlaßte Major Dunn, den Kommandanten der Gruppe, ihm weitere Flüge zu untersagen, indem er sein Alter ins Feld führte, das allen Dienstvorschriften für Flüge im Kriegseinsatz Hohn sprach.

Die Folgen dieser Entscheidung ließen mich sehen und fühlen, mit welcher Leidenschaft Saint-Exupéry Flieger war. Da ich Dolmetscher und überdies Arzt war, nötigte mich das Häuflein Franzosen in der Gruppe ständig, mich um alles zu kümmern, und vor allem sollte ich als Vermittler zwischen Saint-Exupéry und Major Dunn auftreten, damit dieser seine Entscheidung rückgängig mache. Saint-Exupéry war soeben zum Major befördert worden, und zur Feier dieser vierten Tresse lud er die Offiziere der Gruppe in eine Residenz des Beys von Tunis zu Hammel am Spieß ein. Sein Plan war, den Widerruf des Verbots zu erwirken, indem er seinen Charme spielen ließ. An diesem Abend konnte ich entdecken, welch ein Mensch, welch außerordentlicher Zauberer und welch talentierter Erzähler er war!

Als wir uns zu Tisch begaben, hatte er eine Wette abgeschlossen, daß er die Wasserkaraffen leeren würde, ohne daß es jemand bemerkte. Natürlich glückte es ihm. Er hatte die Anwesenden derart in Bann geschlagen, daß in den frühen Morgenstunden seine Gäste – und namentlich der amerikanische Major – außerstande waren, auch nur irgend etwas mitzubekommen, so benommen waren sie von dem guten Essen, dem Wein und den unerklärlichen Kartentricks, über deren Geheimnis Saint-Exupéry wohlweislich Stillschweigen bewahrte.

Trotz dieser denkwürdigen Nacht blieb der Major bei seinem schicksalsschweren NEIN. Da bestieg Saint-Exupéry am nächsten Tag die Lightning, die als Verbindungsmaschine diente, und rauschte am frühen Morgen nach Algier ab, wo er General Donovan traf;* am selben Abend war er wieder zurück. Einige Tage später wurde Major Dunn in die Vereinigten Staaten versetzt, und ein neuer Kommandant traf in La Marsa ein. So konnte er seine Flüge wiederaufnehmen, und ich fand den wunderbaren Dichter und Erfinder wieder, der er war.**

Jeden Morgen waren wir die ersten, die das Offizierskasino betraten, und jeden Morgen bekam ich ein physikalisches Problem, eine Tüftelaufgabe, eine Geschichte vorgesetzt. Ich erinnere mich an eine dieser Fragen: »Warum sieht der Mensch seinen rechten Arm links und umgekehrt, wenn er sich im Spiegel betrachtet, und warum sieht er sich nicht mit dem Kopf nach unten und den Füßen nach oben?«

Später habe ich erfahren, daß diese Frage bei einer Philosophieprüfung gestellt worden war. Ich erinnere mich auch an seine Gewohnheit, auf die Papiertischdecken im Kasino zu schreiben und zu kritzeln, vor allem kommt mir ein Morgen in den Sinn, als er mir einen Photoapparat für Reliefaufnahmen zeichnete, den er in der Nacht erfunden hatte. Er muß wenig geschlafen haben, denn er verließ uns gegen Mitternacht, nachdem er uns die außerordentlichsten Geschichten aus seiner Zeit bei der Aéropostale in Südamerika erzählt hatte. Er schrieb dann noch in seinem Zimmer, und um sieben Uhr war er wieder im Offizierskasino, mit seinem Parker-Füller, einem ganz neuen Modell mit geschützter Feder, das man in Afrika zum ersten Mal sah.

Sein Prestige in den Vereinigten Staaten war ungeheuer, und er erhielt täglich Post von Bewunderern und Bewunderinnen, die ich ihm übersetzte, wenn er mich darum bat. Doch er maß diesen Be-

* General Donovan war der oberste Chef des O.S.S. (Office of Strategic Services) und ein Freund Saint-Exupérys; er hatte diesen nach seinem Absturz in Guatemala bei sich in New York aufgenommen.

** General Chambe erklärt im August 1977 dazu folgendes: »Ich habe persönlich die Schwierigkeiten verfolgt, die Saint-Ex bei seiner Ausbildung auf der P 38 entstanden waren. Ich habe im Auftrag und im Namen Girauds interveniert, damit Saint-Exupéry kein Flugverbot für die Lightning-Maschine erteilt wurde. Ich hatte mit Eisenhower eine Unterredung darüber, und meinem Wunsch wurde entsprochen. Muß ich noch sagen, daß ich es bedauert habe? ... Ohne diese Intervention wäre Saint-Exupéry womöglich noch unter uns ...« (Brief an den Verlag Gallimard).

weisen seines Ruhms kaum Bedeutung bei. Sein einziger Wunsch lautete: FLIEGEN. Seine einzige Sorge war: seinen Photoauftrag nicht zu verpatzen, wenn die Reihe an ihn käme. Das Reglement sah nämlich vor, daß ein Pilot, dem drei Aufträge mißlungen waren, nicht mehr fliegen durfte. Es galt also, um jeden Preis das Zielobjekt zu photographieren, ohne dabei indes jemals unter 30000 Fuß herabzusteigen. Eines Tages unterschritt Saint-Exupéry, um seine Aufnahmen zu machen, übereifrig die erlaubte Untergrenze, ganz glücklich darüber, daß es ihm gelungen war, unter die Wolkendecke vorzustoßen. Doch der Maßstab der Aufnahmen trug ihm eine strenge Ermahnung des Kommandanten ein, und er machte es nicht noch einmal. Oder vielleicht begann er doch wieder damit, wurde so für die Abfangjäger oder die Flak erreichbar und verschwand aus unserem irdischen Universum, ganz wie er es wollte – am Steuerknüppel eines Flugzeuges während eines militärischen Einsatzes.

Er war nicht dafür geschaffen, in unserem engen Universum mit unseren Problemen und kleinlichen Sorgen zu leben. Dieser empfindsame Riese war trotz allem ein »kleiner Prinz« geblieben.

Henri Billard.

Nicht alle amerikanischen Offiziere sind Saint-Exupéry gewogen. Am 12. August weisen die Amerikaner darauf hin, daß er das Höchstalter für Lightning-Piloten überschritten hat, erinnern dabei auch an den Unfall vom 1. August. Es werden ihm vorerst alle weiteren Flüge untersagt.

Am 19. August verläßt er Tunis und begibt sich nach Algier.

BRIEF AN X...

[Algier, August–September 1943]

Ich habe den Beweis dafür (ich ahnte es bereits), daß mir die Gaullisten alle meine Briefe stehlen. Ich, der ich solche Ängste ausstehe, ich bin hier wie im Gefängnis. Die Briefe an mich landen in weiß Gott für einem dunklen Kämmerchen, in dem sie auf ewig verschwinden. Eine Wüste von Schweigen, und all meine Gespenster machen mir zu schaffen.

(...)

Ich kann bald nicht mehr. Ich habe ständig den Eindruck, daß ich so viel zu leiden haben werde. Dieses Zeitalter erinnert mich an die Aéropostale, ins Gigantische vergrößert. Meine gestohlenen Briefe setzen mir ebenso zu wie bestimmte Winke von G. (»man wird ihn zur Rechenschaft ziehen...«). Die Kriegseinsätze, das war mein Frieden. Mit dem Frieden eines solch sauberen Todes im Herzen kümmerten mich ihre Machenschaften keinen Deut. Doch ohne jede Aufgabe hier fühle ich mich ganz elend und verletzlich. Wie aus dem Personenstandsregister gestrichen. Und ich verstehe das Leben nicht mehr, aber auch überhaupt nicht mehr.

Zunächst einmal ist mir Polemik verhaßt, ich kann sie nicht ertragen. Sie ist für mich die schlimmste Qual auf der Welt. Das ist seltsam, aber so ist es. Und ich halte es nicht aus, eingesperrt zu sein. Alles andere kann ich ertragen. Sogar die zehntausend Meter, selbst wenn ich so erschöpft bin wie heute, sogar die Wunden, sogar im Flugzeug zu verbrennen.

Dieses allumfassende Schweigen versetzt mich in Angst. Das ist ungerecht. Und ich ersticke an ihren widerlichen kleinen Machenschaften. (...) Ich hasse diesen Planeten. (...) Ich bin derart, derart traurig. (...) Ich frage mich die ganze Zeit: Wo im ganzen Universum könnte ich nur hingehen, um ein Zuhause zu finden? (...)

Am selben Abend nach dem Essen.

(...) Ich habe mit zwei verblödeten Generälen zu Abend gegessen. Armer Giraud. Was für ein Trottel! Und was für eine Horde von Trotteln hat er da um sich! Nach dieser Unterredung bin ich noch angewiderter, als ich es je zuvor war.

Es ist schwer, für »nichts« zu kämpfen. Ich habe für die gaullistische Lokomotive, wegen verschiedener ihrer Eigenarten, nichts übrig. Doch immerhin ist das eine Lokomotive. Ihr gegenüber steht nichts, nur eine verstaubte, lächerliche Kleiderpuppe längst dahingegangener Tage. Wo sollte ich also Luft zum Atmen finden?

Mir waren noch die Kriegseinsätze geblieben, und die wenigen Stunden über Frankreich. In zehntausend Meter Höhe. Gleichsam die Würde eines eisigen Schafotts. Das war mir recht. Aber ohne

Aufgabe hier habe ich nichts mehr zu erwarten, was für mich einen Sinn hätte. Widerliche Diskussionen, Polemiken, Verleumdungen, das ödet mich an, dieser Sumpf, auf den ich zugehe. Und diese erste Gefängnismauer, all diese automatisch gestohlenen Briefe. Diese Bestrafung durch Schweigen. Mein Gott, sind mir die Menschen zuwider! Das Leben unter ihnen kommt mir nur noch wie ein großes Konzentrationslager vor. Das ist die Herrschaft der Schnecke P… (…) Ich schwöre Ihnen, ich habe hier nichts verloren, unter diesen Leuten, auf diesem Planeten, auf dem es mir weder möglich ist, verstanden, noch geliebt zu werden. Er ist der Herrschaft der Schnecke P. ausgeliefert. Was soll ich denn mit Z. und mit meinen Generälen von heute abend anfangen? Ich bin allein, allein, allein. Einsamer, als ich es tot irgend sein könnte.

Das mit Paula, das war keine Erfindung.* Ich brauche eine von Gottheiten erfüllte Kindheit. Um mich herum ist eine solche Öde. Genau so war es damals, als ich fast ertrunken wäre. Und Frieden kehrte in mir ein. Daß ich doch Frieden fände!

Alles ist dürftiges Mittelmaß, ich kann das nicht mehr ertragen. Die zehntausend Meter, das war ein anderer Bereich. Und er ist mir nun verschlossen.

Ich breche furchtbar mitgenommen auf.

Ich bin voller gutem Willen, aber ich kann keinen Verrat begehen. Und ich kann die Niedertracht nicht ertragen. Und sie ist mir heute abend an einem Nachbartisch ins Auge gestochen, die feiste Schnecke mit ihrer klebrigen Spur. Ich weiß, was auf uns zukommt. Ich bin so verzweifelt.

Komisch, daß Sie das nicht gefühlt und mich nicht angerufen haben.

Ich weiß nicht, wie mir geschieht, daß ich so schrecklich traurig bin.

* Saint-Exupérys Kindermädchen hieß Paula. In *Flug nach Arras* (Kap. 19) erzählt er, wie ihm die Erinnerung an Paula, an die Kindheit, während eines gefährlichen Aufklärungsflugs Rückhalt schenkte.

Pierre Chevrier schildert in seiner Saint-Exupéry-Biographie folgende Geschichte:

Das innere Unbehagen, die von Tag zu Tag zunehmende Angst lähmen ihn. Das Manuskript von *Stadt in der Wüste* liegt immer bereit. Zuweilen überarbeitet er ein Kapitel, dann legt er den Text beiseite, greift zu seinem Stift, schreibt einige Seiten und läßt es schließlich wieder sein.

Ein Freund trifft, aus Frankreich kommend, in Algier ein. Saint-Ex hält ihn sogleich zur Lektüre seines Manuskripts an. Er glaubt, es könnte ihm helfen, wieder voranzukommen, wenn er sein Buch einem verständigen Leser zur Prüfung vorlegt. Höchst nervös geht er also auf und ab, während sein Freund sich in den Text vertieft; immer wieder kommt er herbei, um zu sehen, auf welcher Seite sich dieser gerade befindet. Das ist nicht gerade dazu angetan, die Lektüre zu erleichtern. Er ist stets ein Tyrann gewesen, wenn er für etwas kämpfte, dem seine Leidenschaft galt, doch heute möchte man fast sagen, es gehe um eine lebensentscheidende Frage. Es ist sehr heiß, der Schirokko bläßt, und gegen Seite 100 schlägt der Freund vor, ein paar Schritte zum Meer hinaus zu machen.

Saint-Ex ist bestürzt. Auf seinem Gesicht spiegelt sich der Protest gegen solch völlig unverständliche Grausamkeit. Es kommt nun zu einer Diskussion zwischen den beiden Freunden, und ein außenstehender Beobachter hätte sich wohl darüber amüsiert. Doch Saint-Ex ist wirklich unglücklich.

»Wenn du jetzt zu lesen aufhörst, dann heißt das, daß dich mein Buch langweilt!«

»Aber ich finde es großartig!«

»Das kann nicht sein, wenn es dich so ermüdet!«

»Nicht das Buch ermüdet mich. Ich bin müde und zerschlagen von der Reise. Wenn ich mir ein bißchen Bewegung verschafft habe, kann ich konzentrierter weiterlesen.«

»Aber heute abend wirst du müde sein!«

»Aber nein, ich werde nicht müde sein!«

Saint-Ex ist so traurig, daß er versucht, einen Kompromiß zu finden.

»Lies noch ein Kapitel!«

»Gleich danach.«

»Dann wenigstens diese beiden Seiten noch!«

Der Freund begann zu lachen und freute sich, diese wunderbare Hartnäckigkeit wiederzuerkennen. Doch schlagartig hatte sich Saint-Exupérys banger Gesichtsausdruck aufgehellt. Er verschwand in Richtung Schlafzimmer und kam mit halb scherzhafter, halb betretener Miene zurück.

»Hier, nimm das!«

»Was bringst du mir da?«

»Schluck das!«

Lachend, aber mit rascher und entschlossener Handbewegung steckte Saint-Ex seinem Freund zwei Tabletten in den Mund und nötigte ihn zu trinken.

»Was hast du mir da gegeben?«

»Ach, jetzt kannst du ruhig baden gehen. Du wirst heute abend nicht über Müdigkeit klagen. Ich habe dir zwei Benzedrin-Tabletten gegeben.«

In der Tat hielten die Tabletten den Freund achtundvierzig Stunden lang wach, und so hatte er nichts Besseres zu tun, als sich in das Manuskript zu vertiefen. Nach Beendigung der Lektüre schrieb er einen Brief, auf den Saint-Exupéry folgende Antwort gab:

BRIEF AN X...

[1943]

Dein Brief ist *ganz genau, ganz genau* das, was ich brauche. Ich habe ihn schon gut dreißigmal gelesen. Du wirst vielleicht nicht verstehen können, wie wichtig das für mich ist. Das kann mir wieder Antrieb zur Arbeit geben... Ich hätte gern noch so einen.

Verstehst du, weder Meinungen noch Ratschläge bringen mich weiter (wenigstens nicht in diesem Stadium. Ist das Buch einmal fertig, dann mögen die Kritiken kommen, so viele als nur möglich, das dient dann weiterer Verbesserung. Aber im jetzigen Stadium macht mich das unfruchtbar). Die einzige Frage, die mich ängstigt und bedrückt, die einzige Antwort, die mir Mut machen, mir helfen und nützlich sein kann: Was bewirkt mein Buch bei dem, der es liest? Ganz genau dein Brief. Ganz genau.

Danke.

Niedergeschlagen wegen des Flugverbots, verbringt er einen Monat bei Dr. Comte in Anfa (Casablanca). Er äußert sich besorgt über die Säuberungsaktionen, die er nach der Befreiung befürchtet.

(NICHT ABGESCHICKTER) BRIEF AN OBERLEUTNANT DIOMÈDE CATROUX

[im Sommer 1943]

Mein lieber Catroux,

(...)

Sie sind einer der wenigen Kerle mit gesunder Einstellung, denen ich in diesem Land begegnet bin. Zumindest unter denen, die denken. Denn in den Schichten, in denen der Instinkt nicht durch die Mechanik des Verstandes verfälscht wird, findet man eine Menge anständiger Leute. Sich den Instinkt zu bewahren, wenn man nachdenkt, ist nicht leicht. Eine bestimmte Sorte französischen Bürgertums ist furchtbar, aber die reinen Doktrinäre des Marxismus sind es nicht minder. (Lesen Sie *S'il est minuit dans le siècle* meines russischen Freundes Serge.) Und die Intellektuellen der Pariser Universität zu Zeiten des Prozesses gegen Jeanne d'Arc waren noch furchtbarer. Lesen Sie nur die Prozeßakten! Mir ist das gleich: Es handelt sich dabei gewissermaßen um einen Preis, der zu zahlen ist. Der Holzfäller verliert seine Muskeln, wenn er zum Vermessungstechniker wird. Hätte man die Schändlichkeit des Prozesses gegen Jeanne (er ist eines der beachtenswertesten Zeugnisse, das ich kenne) zum Anlaß für eine Säuberungsaktion gegen die ganze damalige Sorbonne genommen, wären potentiell auch Descartes, Pascal oder Bernoulli der Säuberung zum Opfer gefallen, denn die Sorbonne war, als notwendiges Glied einer Kette, deren Voraussetzung. Wer sein Leben in den Dienst der Vereinfachungen der

Algebra stellt, der versteht nichts mehr vom Anbau einfachen Lauchgemüses, das seine eigene Komplexität hat. Wer sich dem Lauchanbau widmet, hat schlechte Karten, sollte er die Milchstraße erforschen. Das Gegenteil von Irrtum ist nicht die Wahrheit, und vor allem ist das Gegenteil von Wahrheit nicht der Irrtum. Solange der Mensch kein Gott geworden ist, wird in seiner Sprache die Wahrheit nur in Widersprüchen ihren Ausdruck finden. Und von Irrtum zu Irrtum schreitet man der Wahrheit entgegen.

Ich hasse den Mythos der Säuberung aus tiefgreifenden Gründen. Und nicht, weil mir um irgendeinen dahergelaufenen Soundso zu tun wäre, der mir denkbar gleichgültig ist. Die Beseitigung einer Klasse, einer Kaste oder einer Gruppe beseitigt zwar das Übel, aber auch das – mitunter den Blicken verborgene – Gute, das sie bewahrte. Wir sprachen gestern über die von Louis-Philippe so geschätzte Krämermentalität in Frankreich: Vielleicht muß man weiter ausholen. Hätte eine Revolution englischen Typs die Aristokratie des 18. Jahrhunderts mit der Masse verschmolzen, dann wäre dieser Masse der Gedanke der Größe eingepflanzt worden, dessen Träger die Aristokratie war. Und auch die Riten aristokratischer Höflichkeit. Aus aristokratischer Verschwendungssucht wäre beim kleinen Mann Großzügigkeit geworden. Doch ihrer Laster wegen hat man sie als Ganzes abgetrennt. Man hat ein Erbteil der französischen Nation ausgelöscht. Und in England gilt ein Chéron * als plumper Flegel.

Frankreich braucht einen gemeinsamen Nenner, der ihm gestattet, seine unterschiedlichen Qualitäten, seine unterschiedlichen Thesen im Bezug auf ein übergeordnetes Bild zu einen. Dieses Problem läßt sich kaum formulieren, ohne eine begriffliche Unterscheidung zwischen Geist und Verstand vorzunehmen. Der Geist legt die Richtung fest, bestimmt den Standort. Dies ist die Wahl des Leitsterns (zum Beispiel, daß ich für die Menschenwürde kämpfen werde); der Verstand wird durch diesen Kompaß geleitet, aber nicht über die Mittel unterrichtet; in deren Wahl schwankt er, je

* Französischer Politiker, Finanzminister in den dreißiger Jahren; er galt als Symbolgestalt sehr vereinfachter Wirtschaftsauffassung. Zum Beispiel verglich er die Finanzen des Landes mit »Omas Sparstrumpf«.

nach den verschiedenen Wegen, die er beschreitet, und dabei ist er fehlbar. Der Verstand irrt sich sogar *immer*, denn keine Wahrheit des Verstandes kann vollkommene Gültigkeit beanspruchen, weder in räumlicher noch in zeitlicher Hinsicht. Sie ist ein Moment. Und zwei Physiker tragen ihre Streitigkeiten untereinander im Namen ein und desselben Kultes der Erkenntnis aus. Oberleutnant Catroux und ich kämpfen im Namen derselben Größe Frankreichs. Und das genügt, um mich ihm brüderlich verbunden zu fühlen, selbst wenn er in der Wahl der Mittel nicht mit mir einig sein sollte. Wer in Frankreich die Rettung des Landes von dem Überleben der zweijährigen Kinder abhängig machte und sich dafür nötigenfalls auf anderen Feldern nachgiebig zeigte, kann meines Erachtens nicht als geistiger Feind desjenigen gelten, der die Rettung Frankreichs auf die Reinheit der Prinzipien gründete und im Namen dieses Absoluten hinzunehmen bereit war, daß alle Kinder unter die Erde kommen. Die Wahrheit war widersprüchlich, beide Teile der Wahrheit galt es zu bewahren. Der Gesichtskreis des Menschen ist winzig, und jeder zog nur seinen Teil in Betracht. Das Handeln erfordert solche Vereinfachungen. Das liegt in der Natur des Menschen.

Sobald ich aber über das Stadium hinaus bin, in dem diesem Problem Bedeutung zukam, sobald Frankreichs Geist und Leib gerettet sind, werde ich die Menschen nicht danach beurteilen, welchen Weg sie wählten, welche Schritte ihnen ihr Verstand nahelegte, welche der notwendigen Aufgaben sie jeweils übernommen haben, sondern nach dem Leitstern, den sie sich erwählten. Nach dem geistigen Standpunkt, der ihre Schritte bestimmt hat. Nicht die, die wie ich gedacht haben, werden meine Brüder sein, sondern diejenigen, die »geliebt« haben wie ich. Wobei »Liebe« in dem alten Sinne »geistiger Schau«, »geistiger Kontemplation« zu verstehen ist.

Ich drücke mich freilich nicht sehr klar aus, aber ich weiß genau, was ich zu sagen versuche. Und ich weiß sehr gut, in der Umgebung welcher Menschen ich atmen kann und in der Umgebung welch anderer ich ersticke. Und Menschen wie Ihnen zu begegnen in diesem erbärmlichen Nordafrika war frische Luft für mich.

Rufen Sie mich an, dann verabreden wir uns diesmal zu einem richtigen Abendessen mit Comte. Danke. St-Ex.

Nach Algier zurückgekehrt, wohnt er wieder bei Dr. Pélissier. Er erträgt nur schwer die ihm auferlegte Untätigkeit.

Nach der Kapitulation Italiens Anfang September 1943 schickt General Giraud französische Truppen nach Korsika, um die Insel zu befreien (13. September–5. Oktober).

Am 30. Oktober verweist General de Gaulle in einer Ansprache in Algier auf die französischen Schriftsteller, die zur Rettung des französischen Geistes beigetragen hätten. Saint-Exupéry wird dabei genauso übergangen wie André Maurois oder Saint-John Perse.

(NICHT ABGESCHICKTER) BRIEF AN X...*

Man stirbt nicht für Ideen
Man stirbt für die Substanz
Man stirbt für das wesenhafte Sein.

Lieber X...,

Du hast in mir ein altes Drama wiedererweckt, und du hast mich völlig zur Verzweiflung gebracht. Du kennst mich gut genug (du bist sogar der einzige, der mich kennt, in dem Haufen von Streithähnen, die über mich sprechen), um dir vorstellen zu können, daß ich, weit davon entfernt, in unbeschwertem Frieden dahinzuleben, wie du es mit einer polemischen Spitze anklingen läßt, diese zwei Jahre in einer inneren Zerrissenheit durchlebte, die ich dir nicht wünschen möchte. Da ich keine exhibitionistischen Neigungen habe, habe ich dies so gut wie keinem anvertraut. Von außen gesehen, mag dieses Schweigen einen trügerischen Eindruck erweckt haben.

Jeder ist nun einmal so, wie er ist. Manche empfinden das Gefühl völligen Friedens, sobald sie sich für ein Handeln entschieden haben. Es gibt dann keine Probleme mehr. Und in der Tat, bei den

* Mit Anmerkungen des Autors versehener Entwurf. Er ist an einen Freund gerichtet, der ihm seine Vorbehalte gegenüber gewissen Seiten des Gaullismus zum Vorwurf gemacht hatte.

Flügen für die Aéropostale, ehe dein Freund Serre dort mit seinen verheerenden guten Absichten den Opfergeist zuschanden werden ließ, oder 39–40, als ich schlicht meinen Kriegsdienst tat, oder kürzlich erst an Bord der Lightning P 38, da bin ich vollkommen glücklich. Mir liegt nicht daran, meine Haut zu retten, und die Atmosphäre, in der man sie aufs Spiel setzt, gefällt mir, geistig betrachtet, mehr als jede andere.

»Gefühlsmäßig betrachtet« hätte ich sagen sollen. Denn es gibt für mich Fälle, in denen das Geistige mit dem Gefühlsmäßigen in Widerstreit gerät. Wäre dem nicht so gewesen, so wäre ich Anarchist. Das Klima, das unter den Männern der Aéropostale herrschte, habe ich während des spanischen Bürgerkriegs bei den Anarchisten in Barcelona wiedergefunden. Die gleiche Hingabe, die gleichen Risiken, die gleiche wechselseitige Hilfsbereitschaft. Das gleiche hehre Bild vom Menschen. Sie mochten zu mir sagen »Du denkst wie wir«, wenn sie aber sagten: »Warum bist du dann nicht auf unserer Seite?«, konnte ich ihnen keine Antwort geben, die sie verstanden hätten. Denn sie lebten von Gefühlen, und auf der Ebene der Gefühle hatte ich gegen sie keine Einwände zu erheben. Ebensowenig, wie ich gegen einen Kommunisten oder Mermoz oder wen auch immer etwas einzuwenden habe, der bereit ist, seine Haut hinzuhalten, und das unter Kameraden geteilte Brot allem anderen vorzieht. Nur ist es so, daß ich zwar recht gut an den Menschen glauben kann, wie ihn der Kommunismus hervorbringt, die katalanischen Anarchisten hingegen halte ich nicht für fähig, solcher Heraufkunft des Menschen den Weg zu weisen. Der Anarchist schuldet seine Größe dem Umstand, daß er nicht gesiegt hat. Siegt er, dann kann aus seiner Suppenschüssel nur ein eitler Winzling hervorgehen, der mich nicht interessiert. (Und ich bin gerne bereit zu erklären, warum). Warum sollte ich, nach meinem Verständnis, mein geistiges Ziel zuschanden werden lassen, um mich einem gewissen Gefühlsrausch wie einer Droge hinzugeben? Das wäre feige. Der Geist muß dem Standpunkt des Gefühls übergeordnet sein. In elementarster Form akzeptierst du das, sobald du deinen Sohn bestrafst.

In bestimmten Fällen nun kann ich nicht darauf hoffen, einen vorläufigen Frieden für mich zu finden, indem ich für die Anarchie in Katalonien kämpfe, gegen Ungerechtigkeit, Raffgier und alle Mängel der Menschheit. Die Anhänger Stalins, ihre schlimmsten Feinde, kämpften ebenfalls gegen die Fehler des Menschengeschlechts. Und so auch die Anhänger Francos, die von Déroulède, die von Maurras, von Saint-Just und die des Papstes.

Für dich war das Problem einfach, weil es sich dir als eine bloße Frage der Leidenschaft stellte. Ich liebe, weil ich liebe, und ich hasse, weil ich hasse. Die Sache ist sich selbst genug. Für mich, wie ich nun einmal beschaffen bin, war das schwerer zu lösen. Ich kann mir wohl denken, daß du in Frankreich in den Widerstandsorganisationen deine Haut aufs Spiel gesetzt hast. Und das war deine Pflicht. Und ich hätte genauso gehandelt. Doch ich fühlte mich im Ausland gegen meinen Willen unter der Last einer erdrückenden Verantwortung. Erdrückend nicht wegen der Reichweite ihrer Wirkung – ich wäre nicht mehr als ein Tropfen Wasser gewesen –, sondern wegen ihres Gegenstands. Und ohne Risiko für mich selbst. (Oder, genauer gesagt, ohne daß dieses Risiko irgendeine Bedeutung gehabt hätte. Ich pfeife auf das Risiko. Ein Risiko auf mich zu nehmen hat in meinen Augen keineswegs das Gewicht, mich von irgend etwas freizusprechen. Ich habe am eigenen Leib erfahren, um wieviel verdienstvoller gewisse andere Formen des Mutes sind als der Mut angesichts des Todes. Um wieviel einfacher letzterer ist. Zumal wenn man in Wut ist.)

Ich persönlich war gegen den Waffenstillstand. Ich habe in Bordeaux ein Flugzeug gestohlen (es war eine viermotorige Farman) und darin vierzig junge Piloten untergebracht, die ich selbst auf der Straße rekrutiert habe, und bin mit ihnen nach Nordafrika geflogen, um den Krieg weiterzuführen. Das ist schiefgegangen. Der Waffenstillstand galt auch für Nordafrika. Ich hatte dort also nichts mehr zu tun.

Doch von diesem Augenblick an konnte ich mich nützlich machen, indem ich mich zu Wort meldete. Es ging um das Überleben des französischen Volkes, und dafür sollte ich nun, soweit es in meinen geringen Kräften lag, teilweise verantwortlich sein. Du kannst die Geschichte nicht nachträglich neu erfinden. Du kannst die Katastrophen auflisten, die aus der Geschichte, wie sie tatsächlich verlaufen ist, hervorgegangen sind. Hypothetische Erfolge oder Desaster eines fiktiven anderen Verlaufs der Ereignisse kannst du mir weder beweisen noch widerlegen. Doch wer auch immer – soweit er überhaupt etwas ausrichten konnte – über die Macht verfügte, die Waffenstillstandsvereinbarungen zu brechen oder nicht zu brechen (auf das lief letzten Endes alles hinaus), konnte diese Frage nur mit größtem Ernst angehen.

1. Von 1940 an wurden alle wehrtüchtigen männlichen Erwachsenen auf französischem Boden in die deutschen Lager, in diese Verwesungsstätten überführt. Auf ganz legalem Wege. Sechs Millionen Gefangene anstelle von zwei.

2. Nordafrika war von Deutschland bedroht. Ich weiß, daß abstrakte Logelei zur Ablehnung dieser These nötigt. (Man hat sogar behauptet, das durch den Feldzug gegen Frankreich geschwächte Deutschland sei zu keiner neuerlichen Anstrengung mehr imstande!). Meines Erachtens hätte das damals in seiner Kraft noch ungebrochene Deutschland (bis dahin gab es weder das amerikanische Kriegsgerät noch die ungeheure Macht Rußlands noch die zehn Millionen toten Deutschen) von Spanien oder von Sizilien aus binnen vierzehn Tagen Nordafrika ein Ende bereiten können. (Hätte sich Franco widersetzt?) Hier standen zweihunderttausend Männer ohne Waffen. Einmal angenommen, es würde nichts am Verhältnis der auf beiden Seiten anfallenden Verluste ändern, wenn man sich lediglich mit Musketen bewaffnet einer Flut moderner Panzer, Flugzeuge und Maschinengewehre in den Weg stellt, selbst dann hätte Deutschland schlicht hundertneunundneunzigtausendneunhundertneunundneunzig verletzte oder tote Gefangene zu opfern brauchen, um sich nach einem solchen Austausch nur noch einem einzigen Soldaten gegenüberzusehen. Und das wäre wahrscheinlich der Oberste Befehlshaber gewesen. Der keine Waffe trägt. (Und von dem Problem mit den Arabern will ich erst gar nicht reden.)

3. Die deutsche Erpressung zielte aufs Ganze. Das Überleben der Städte war vollkommen von den Eisenbahnwaggons abhängig. Und diese Waggons vom Schmieröl für ihre Achsen. Und dieses Achsenschmieröl von den Öltürmen in Hamburg oder in Rumänien. Unsere Offiziere sahen sich in Wiesbaden beständig dieser Erpressung ausgesetzt. Tag für Tag.

4. Ich kann nicht vergessen, daß allein in Warschau drei Millio-

nen Polen* in den Gaskammern geendet sind. Ich wüßte nicht, daß die deutschen Drohungen in *Mein Kampf* Frankreich gegenüber milder ausgefallen wären als gegenüber den Polen.

5. Zu dem Zeitpunkt, als Belgien Deutschland schon zwei Millionen Arbeiter gestellt hatte, hatte Frankreich erst hundertzwanzigtausend überführt. Diese zwei Millionen zusätzlichen Gefangenen hätten also bereits zu den zwei Millionen legalen Gefangenen hinzugerechnet werden können.

6. Und die Drohung mit Zwangsumsiedlungen?

7. Und die jüdische Frage? Du magst Peyrouton** hassen für die Zugeständnisse, die er gemacht hat. Nichtsdestotrotz war er für dich ein erhebliches Schutzschild. Die zweihunderttausend französischen Juden der unbesetzten Zone hätten eine Besatzung durch die Nazis, deren Hochmut damals noch nichts in die Quere kam, niemals überlebt. Indessen war Léon Werth am Leben, konnte sich frei bewegen und schreiben.

8. Und das Problem der amerikanischen Präsenz? (Ich werde darauf zurückkommen.)

Gewiß, Vichy war schrecklich. Doch ein Organismus schafft sich für seine Ausscheidungsfunktionen ein Arschloch. Die Kanalarbeiter einer Stadt sind nicht in Wohlgerüche verliebt. Kerkermeister haben selten das Herz einer Ordensschwester. Wer beim Sieger um Schmieröl für die Achsen bettelt, den ekelt es in Anbetracht der Sprache, die er sprechen muß, offensichtlich nicht so sehr vor Kot. Bei all dem handelt es sich um Funktionen. (Die Polizei freilich ist eine offenkundige Niedertracht – wie sie es überall in diesen Zeiten ist.)

In Frankreich wäre mein Problem vielleicht gewesen, Pucheu***

* Diese Zahl trifft nicht zu. Man war im allgemeinen über diese Fragen schlecht unterrichtet.

** Peyrouton war ehemals Innenminister der Vichy-Regierung; bei Lavals Rückkehr an die Macht hatte er sich zurückgezogen. Giraud ernannte ihn dann zum Generalgouverneur von Algerien. Als de Gaulle nach Algier kam, mußte er zurücktreten.

*** Ehemaliger Innenminister der Vichy-Regierung unter Laval. Er war für die Auswahl der Geiseln verantwortlich, die im Oktober 1941 erschossen worden waren. Im März 1944 wird er in Algerien zum Tode verurteilt und hingerichtet.

umzubringen. Mein Problem in den Vereinigten Staaten sah ganz anders aus.

Als ich am Vorabend des Waffenstillstandes Frankreich verließ, war das eine traurige Sache. Ich erinnere mich, wie ich nachts im Regen auf einer Straße dahinfuhr. Eine tintenschwarze Nacht. Ich hatte die Scheinwerfer an. Wie bei einem Stau mußte ich anhalten, ich steckte plötzlich inmitten einer Art Volksaufstand. Die Soldaten belagerten meinen Wagen und drohten, mich umzubringen. Warum? Wegen meiner Scheinwerfer. In diesem Sumpf aus Schlamm und Regen, unter einer hundertzwanzig Meter hohen Decke, rief ich auf sie den Zorn des Himmels in Gestalt von Hitlers Bombenfliegern herab. Als ein Held zehn Sekunden lang seine elektrische Lampe auf mich richtete, wurden meine militärischen Rangabzeichen zur Zielscheibe ihrer Beschimpfungen. Ich verkörperte den Krieg der Waffenhändler und des Kapitals. Ich empfand grenzenlosen Ekel dabei und fast das Bedürfnis, von diesem Pack niedergemetzelt zu werden. Lärmende, unflätige Stimmen, du kannst dir das vorstellen. Und vor Angst stand ihnen der Schweiß auf der Stirn. Ich fühlte rings um mich einen Schrecken, der ihnen gleichsam aus den Eingeweiden kam. Die Gesichter, die Stimmen, ihr Verhalten, alles war widerwärtig. Ich schämte mich ungeheuerlich.

Und die Zivilbevölkerung! Wir hatten während des Rückzugs hintereinander in elf Dörfern Quartier bezogen. Ah, man hatte uns einen herzlichen Empfang bereitet, uns, die wir unser Leben gaben! Keine Stimme sprach sich für Widerstand aus. Keiner tat einen Hauch! Arbeitstiere, trunken vor dumpfer Verrohung. Egoismus, bis auf die Spitze getrieben. Das Abreißen aller Bindungen.

Wo war es geblieben, Frankreichs Wesen? Ich dachte wohl, daß es eines Tages erwachen würde. Aber dieses Bild eines fiebernden französischen Volkes, voll des Hasses auf die Machthaber, die es zur Schande des Waffenstillstandes verdammen. Oh, (...) welch eine Lüge! Die Deutschen waren mit einem schreckenerregenden Uff empfangen worden, das aus dem Bauch dieser Herde emporstieg.

Selbstverständlich, es gab unzählige Ausnahmen. Zunächst einmal uns! Ohne alles Murren gingen wir auf unseren Kriegseinsätzen dem Tod entgegen, und die restliche Zeit mußten wir wieder durch diesen Misthaufen waten. Gewiß, es gab einen Mandel,* anderswo einen Bauern oder einen Soldaten, aber letzten Endes hat nicht die Regierung den Waffenstillstand geschlossen. Das tat Frankreich selbst. Das war nicht zu übersehen. Nicht *allein* das Frankreich des Kapitals oder des Militärs. Nicht Jean Prouvost,** nicht Pétain. Sondern ganz Frankreich. Und die Genannten mitsamt den anderen. Um mich zu trösten – denn ich war dagegen –, sagte ich mir: Vielleicht hat diese so tief reichende Flutwelle, diese Abdankung aus Angst noch eine andere Bedeutung. Es ist nicht richtig, wenn ich das von zu nahem, in all seiner Häßlichkeit, betrachte. Alles ist von nahem gesehen häßlich, meine Liebste wird unter dem Mikroskop zu Klümpchen. Ebenso ist alles häßlich, wenn man nur ein einzelnes, schlecht gewähltes Zeitbruchstück heranzieht. Eine Momentaufnahme von Pasteur, der (...) sich gerade schneuzt (...). So geht das nicht. Man braucht Abstand, um in einem Menschen oder einem Volk zu lesen. Räumlichen und zeitlichen Abstand. Der Mensch ist von nahem gesehen eine Ansammlung von Gedärmen. Zeitlich verkürzt gesehen, besteht der Mensch in der Funktion dieser Gedärme. Das Sein des Menschen, sein Wesen ist damit nicht zum Ausdruck gebracht. Aber der Wettlauf wurde schlecht angegangen. Der Krieg ist ohne Waffen aufgenommen worden. Wir waren am Zusammenbrechen. Wir hätten zwei Millionen Menschen verloren, nur um den Vormarsch der Deutschen um zwanzig Stunden zu verzögern. Etwas wie ein jeder Gattung innewohnender Genius verweigert sich solch einem unfruchtbaren Blutverlust. Zwei Millionen Tote. Sechs Millionen Gefangene. Drei oder vier Millionen Deportierte und vor allen Dingen das Gespenst der Zwangsumsiedlungen (...). Und dazu noch:

* Georges Mandel, vor dem Zweiten Weltkrieg mehrmals Minister, zuletzt im Mai 1940 von dem französischen Ministerpräsidenten Reynaud zum Innenminister ernannt. Mandel, der entschieden gegen einen Waffenstillstand mit den Deutschen und gegen die nazistische Politik Stellung bezogen hatte, wurde von der Vichy-Regierung verhaftet. Die Miliz des Vichy-Regimes wird ihn 1944 ermorden.

** Besitzer der Tageszeitung *Paris-Soir*. Nach dem Waffenstillstand 1940 wurde er zum Hohen Kommissar für Propagandafragen ernannt.

Frauen, Kinder und Alte, die beim Aggressor um Schmieröl für die Eisenbahn betteln, um überhaupt eine äußerst fragliche Überlebenschance zu haben. Du weißt, was Not heißt. Das wackere Volk unterhält trotz alledem einen Schwarzmarkt. Du selbst hast mir das von Rußland erzählt. Wie lange ruft dieses Volk, das über sich die deutsche Springflut hereinbrechen sieht, wie lange ruft es nicht schon danach, daß sich die Welt mit ihm solidarisiere und ihm einen Schutzwall zu errichten helfe, wie lange behandelt man es nicht schon als Störenfried der Weltordnung und läßt es allein mit seinen Getreideschobern gegenüber den Stukas und Panzern! Wem ist es Dank schuldig? Welcher Gottheit, die davon nicht einmal einen Vorteil haben wird, hat es zu verdanken, daß seine Substanz in einem Abgrund versinkt, aus dem sie sich niemals mehr erheben wird?

Persönlich vertrete ich die Linie, die Fortsetzung des Kampfes zu fordern. Gewiß, als sich Deutschland 1918 mit einem Waffenstillstand rettete, der es vor der Besatzung bewahrte, der zwar das Volk eine Zeitlang unter den Päderasten Stresemanns verkommen ließ, aber es erlaubte – wenn dies zuerst auch kaum sichtbar wurde –, die Voraussetzungen für ein Wiedererstarken des Landes und für die Wiedergewinnung seines Stolzes zu erhalten, bei der Unterzeichnung des Waffenstillstands durch Deutschland also, da war es die Linie und die geistige Pflicht des deutschen Déroulède, gegen die Schande des Waffenstillstands zu wettern. Deutschland gab nach, ehe es völlig am Ende war. Deutschland gab nach, eben bevor ihm der Untergang drohte. Doch das dunkel vorhandene Gewissen der Nation, die sich weigerte weiterzukämpfen, sobald der Krieg zu einem nicht wiedergutzumachenden und sinnlosen Substanzverlust geführt hätte, war es ausgelöscht worden? Wieviele Seiten hat man bei uns über diesen vorzeitigen Waffenstillstand geschrieben, der Deutschlands Rettung war? Nun, freilich sah er nach Kampfesverweigerung aus, nach – schmutzigen oder gerechtfertigten – materiellen Gelüsten (der Waffenstillstand wurde mehr als bei uns gefeiert!), stellte sich als Anarchie und entfesselter Egoismus dar, als niedriges Verhalten gegenüber dem Sieger (schlimmer als bei uns!). Gewiß eignet dem Waffenstillstand ein Teil an Häßlichkeit, und er streicht das Häßliche noch heraus. (...) Wer in den Tod geht, ist aufrechter als einer, der kapituliert. Siegen oder sterben, das ist eine gewaltige Parole. Aber (...) dahinter stand eine »anthropomorphe« Sichtweise. Denn was für den einzelnen gilt, hat auf ein ganzes Volk bezogen keinen präzisen Sinn mehr. Ebenso ist das, was für die Zelle gilt, für das Individuum nicht mehr gültig. Wenn jemand bei der Verteidigung seiner Stadtmauern stirbt, hat das seine Schönheit. Es handelt sich dabei um ein Opfer. Aber der Selbstmord eines Volkes, worin soll dessen Größe liegen? Das würdest auch du nicht wollen. Du wirst den einzelnen Menschen verurteilen, der, in welcher Weise auch immer, aus Furcht vor dem Tod dem Feind zu Diensten ist. Aber du wirst nicht der Arbeiterschaft von Billancourt* vorwerfen, daß sie sich nicht selbst zu Hunderttausenden und am selben Tag umgebracht hat, um nur nicht die Maschinen für die Deutschen laufen zu lassen. Du wirst das als sinnlos ansehen, da diese Arbeiterschaft von sich aus ja forderte, die britische Luftwaffe solle die Renault-Werke bombardieren. Auch wenn sie gleichzeitig die Maschinen am Laufen halten. Darin liegt kein Paradox. So mögen denn einige von ihnen für das Gemeinwohl sterben. Da liegt ihre Pflicht. Daß alle sich umbringen, das ist absurd. Wenn du dich Frankreich anheimstellst, magst du für die Rettung Frankreichs in den Tod gehen. Du wirst sterben, um etwas zu retten, das größer ist als du. Doch du wirst nicht etwas umbringen, das größer ist als du und das du zu deiner Religion erhoben hast, um es zu retten. Sollte die Arbeiterschaft von Billancourt gesammelt Harakiri begehen, wüßte sie nicht, für wen dieses Opfer bestimmt wäre. Und so verzichtet sie darauf. Sie läßt die Maschinen laufen und wünscht sich gleichzeitig, man möge die Maschinen zerstören, auch wenn sie selbst dabei Verluste zu erleiden hat. Denn wer dabei stirbt, der stirbt für die anderen.

Wie sehr das zutrifft, zeigen die Polemiken in New York: Man mußte etwas erfinden, wofür Frankrcich sich opfern sollte. Ich sage nicht: »wofür Frankreich seinen Teil an Opferbereitschaft auf sich nehmen sollte«. Ich sage: »wofür Frankreich schlicht und einfach hingeschlachtet werden sollte«. Sein Opfer sollte dem größeren Ganzen, der Gesamtheit der Alliierten zugedacht sein. »Eher neh-

* Bei Paris. Dort befinden sich die Renault-Werke.

men wir«, sagte Vogel*, »den Tod aller französischen Kinder in Kauf als eine Niederlage Englands.« »Ich wäre stolz«, sagte zu mir eine kinderlose Schwätzerin, »wenn ich Kinder in Frankreich hätte und erfahren müßte, daß sie verhungern.« Doch wenn es soweit ist, daß die Kinder sterben, dann stirbt auch Frankreich. Wem zu Nutzen? Den anderen. Doch das ist nur zerstreutes Gerede von Emigranten. Das geht so leicht über die Lippen wie »Reichen Sie mir den Senf« oder »Heiß ist es«. Das Wesen »Alliierte« ist in Wahrheit ein provisorisches Konstrukt. Derzeit bereitet sich dein Gaullismus auf einen Krieg gegen die Amerikaner oder eventuell gegen die Engländer vor (...). Das Volk denkt in einem langsameren, »wahrhaftigeren« Rhythmus. Die neue Gottheit hatte für es keine festgegründete Gestalt angenommen, die es in seiner Opferbereitschaft bestärkt hätte. Die zu rettende Wesenheit war Frankreich, und die war bereits zu Fall gebracht worden, drohte aufgrund eurer Zerwürfnisse in Stücke zu gehen. Man nahm sie gar nicht mehr wahr. Die umfassendere Wesenheit »Alliierte« war unmöglich ins Auge zu fassen.

Der theoretische Grundgedanke, von dem ich mich auch in den Wortgefechten leiten lasse, lautet: Was ein Volk ausmacht, ist weder die französische Abgeordnetenkammer noch der amerikanische Senat noch der faschistische Rat, sondern der Wert seiner Substanz. Sondern Tréfouël,** oder Pascal, oder David Weil; oder eine Mutter, die stumm am Bett ihres kranken Kindes wacht; oder die Hilfsbereitschaft und die Opferbereitschaft füreinander in Arbeiterkreisen, wenn ein Streik durchgeführt wird; oder jene Zärtlichkeit und Milde, die sich nicht an Ideen festmachen läßt, die über den Ideen steht und über alle politischen Umschwünge hinweg fortdauert wie der Eichenstamm im Wechsel der Jahreszeiten. Das Erbe wird nicht durch die gesammelten Formeln der Politiker weitergegeben.

Es gibt kein Opfer zugunsten einer bestimmten Politik. Opfer gibt es nur zugunsten eines Wesens und seiner Substanz, oder für etwas, das zu seiner Substanz gehört. Ich opfere mich für die Frei-

* Saint-Exupéry bezieht sich hier wohl auf den französischen Schriftsteller Lucien Vogel, der sich im amerikanischen Exil der einflußreichen gaullistischen Organisation »France Forever« angeschlossen hatte.

** Chemiker und Bakteriologe, der sich durch seine Arbeiten über die Sulfonamide ausgezeichnet hatte und später das Pasteur-Institut leiten sollte.

heit meiner Brüder, für die Freiheit Griechenlands oder Italiens. Ich opfere für diese Freiheit jedoch nicht meine Nation. Denn wir sind Eroberer im Dienste einer umfassenderen Wesenheit. Meine Nation werde ich nötigenfalls für das Fortkommen der Menschheit opfern. Doch dann werde ich den Wert des Menschen nicht in politischen Formeln suchen, sondern allein in seiner Substanz. Der Kreuzzug, der ein Volk ausbluten läßt, kann niemand anderem als Gott geweiht sein. (...)

Es ist die Stunde gekommen, geradlinig zu denken und Wörter mit Sinn zu füllen, die jeden Marktwert verloren haben; denn die sich stellenden Probleme sind neu, unüberschaubar und widersprüchlich. So die Frage von Ehre und Ehrlosigkeit. (...)

Am 5. November stürzt Saint-Exupéry auf einer Treppe im Haus von Dr. Pélissier, bei dem er in Algier wohnt. Er wendet sich an seinen Freund, den Arzt Henri Comte in Casablanca, bittet um eine Diagnose.

BRIEF AN DR. HENRI COMTE, CASABLANCA

[Algier, den 14. November 1943]

Bei Dr. Pélissier
17 rue Denfert-Rochereau
Algier
(Schreiben Sie per Luftpost. Sonst dauert es sechs Monate.)

Mein lieber, alter Freund,

mir ist gerade ein lächerliches Abenteuer passiert. Fröhlichen Schrittes durchquerte ich den Vorraum eines stockfinsteren Hauses, und dabei entging mir eine Treppe mit sechs Stufen aus weißem Marmor, die in den glücklichen Zeiten, als es noch Licht gab, im Glanz der Lichter den Eindruck von Eleganz verbreiten sollte. Mit einem Mal fühle ich den Boden unter mir schwinden. Nicht sehr lange. Ich höre einen Riesenlärm. Das war ich.

Ich fand mich ganz brav auf dem Rücken liegend wieder, an zwei Punkten auf den soliden Kanten aus falschem Marmor ruhend. Diese beiden Punkte waren das Steißbein und der fünfte Lendenwirbel. Obgleich eine so kleine Oberfläche eine so große Erschütterung ausgelöst hat, ist die Treppe nicht zu Bruch gegangen.

Ich für meinen Teil kann mich mehr schlecht als recht auf den Beinen halten. Das Röntgenbild hat nicht viel ergeben. Doch mehr aus Neugier als um therapeutischer Ratschläge willen (denn die Sache scheint sich halbwegs von selbst einzurenken), wüßte ich gerne, ob der kleine Buckel an der Stelle dieses Wirbels Ihres Erachtens von diesem Stolperer herrührt, bei dem mir der Teufel ein Bein gestellt hat. Beiliegend ein Photo mit einer Teilansicht meines zukünftigen Skeletts.

Von dem abgesehen, fühle ich mich traurig. Ich vermisse Casablanca, Marrakesch und die Oase von Dar Limoun. Und die kleine Rouliote, die so lieb ist. Diese artige Schäferin bewegte sich mit solch hinreißender Ungezwungenheit unter den großen Büffeln von Leclercs Armee…

Hier kehrt man nach und nach, Schritt für Schritt, allmählich wieder ins Goldene Zeitalter zurück. Man hat Cot, Le Troquer, Queuille und Mendès France* wieder unter ihren Mottenkugeln hervorgezogen. Sie sind immer noch zu etwas zu gebrauchen. Das sieht nach 1900 aus. Wie hübsch.

* Pierre Cot war in den dreißiger Jahren Luftfahrtminister. Nachdem er 1940 nach Amerika ins Exil gegangen war, wurde er 1943 Mitglied der Beratenden Versammlung in Algier.

Henri Queuille, vor dem Krieg mehrfach Minister, schloß sich 1943 in London de Gaulle an, der ihn mit einer Aufgabe als Staatskommissar betraute.

Pierre Mendès France war vor dem Krieg, wie auch Cot und Queuille, radikalsozialistischer Abgeordneter und bekleidete 1938 im zweiten Kabinett von Léon Blum das Amt eines Unterstaatssekretärs im Finanzministerium. 1940 ließ ihn die Vichy-Regierung festnehmen. Es gelang ihm jedoch zu fliehen, und er schloß sich 1942 gleichfalls de Gaulle an.

André Le Troquer war vor dem Krieg Parlamentsabgeordneter der Sozialistischen Partei. 1943 war er als deren Abgesandter in London und Algier tätig. Der Nationalrat der Résistance ernannte ihn zum Mitglied der Beratenden Versammlung in Algier. Im November 1943 wurde er Kommissar für Luftfahrt und Kriegswesen.

Ein gewisser anderer Herr* brauchte hingegen nicht einmal zu sterben. Wie hat man jemals in Amerika diese Vogelscheuche ernst nehmen können, denn er war wirklich eine Vogelscheuche zum Spatzen-Verjagen. Ich verstehe, warum er keine Angst vor Lärm hatte (das war die einzige Art von Mut, die er besaß). Und ich verstehe, warum er den Wind fürchtete. Man hat ihn sogar an seinem Platz gelassen. Er ist der Clou des Wachsfigurenkabinetts. Traurig.

All das ist nur Staffage. Bei Wachsfigurenkabinett fällt mir ein Film ein. Schlag Mitternacht erwachten hinter all diesen verschlissenen Kostümen andere Gestalten. Und nun wurde es ernster. Nun wurde es sogar wirklich ernst. Nächstes Jahr werden die Erschießungskommandos viel zu tun haben.

Nächstes Jahr werden die Erschießungskommandos viel zu tun haben, und das stimmt ein wenig melancholisch. Wozu soll diese Ernte dienen? Die wirklichen Probleme sind nicht aufgeworfen worden. Die Macht ist nur ein Mittel, um einer Bibel zur Durchsetzung zu verhelfen: Wo ist die Bibel? So genial General de Gaulle auch sein mag (und ich glaube nicht wenig an sein politisches Genie), wird er eines Tages mit den von ihm aufgewühlten Leidenschaften etwas anfangen müssen. Er wird daraus etwas formen müssen. Ich weiß, was er fühlt. Doch die Wahrheit liegt nicht auf dem Feld der Gefühle. Sie liegt im Reich des Geistes. Was wird er daraus formen?

Seine Reden befriedigen einigermaßen meine Gefühle. Aber wer hätte auf der Ebene der Gefühle etwas einzuwenden? Größe der Nation, Ausstrahlungskraft ihrer Eliten, soziale Gerechtigkeit... wer wäre da nicht einverstanden? Ordnung, Kultur, Wohlstand... wer wäre nicht einverstanden? Mit den Zielen bin ich einverstanden, aber es zählt allein der Weg, wie man dorthin gelangt. *Allein er.* Ordnung, Gerechtigkeit, Kultur, Wohlstand... auf welche Philosophie gründen sich diese Wörter? Was wird ihre wirkliche Substanz sein? Wenn sie nicht »gedanklich gefüllt« werden, bleiben sie bloße Hülsen. Und wenn sie »gedanklich gefüllt« sind, nötigen sie zu bestimmten Definitionen. Jeder Begriff bleibt hohl, sofern er seinen Sinn nicht aus einer wirklichen, jeweils zu spezifizierenden

* General Giraud.

Grundlage bezieht. Ordnung, Gerechtigkeit, Kultur, Wohlstand... natürlich, selbstverständlich. Aber nach den Vorstellungen von Marx, von *Mein Kampf* oder des Evangeliums? Man sollte die Erschießungskommandos nicht zu viel arbeiten lassen, solange man nicht klar entschieden hat, wen man an die Wand stellen will.

Der Islam enthauptete nach dem Koran, die Französische Revolution guillotinierte nach Diderot, Rußland füsilierte nach Marx, das Christentum »ließ sich« (was auf dasselbe hinausläuft) gemäß den Briefen des Heiligen Paulus köpfen. Die aufgestachelten Gefühle, die es ermöglichten, daß es zu diesen Massakern kam, waren nur Mittel, mit denen sich die Natur dem Geist dienstbar erwies. Wird zum ersten Mal in der Menschheitsgeschichte das Gefühl um seiner selbst willen die Erschießungskommandos leiten, ohne zu wissen, in welche Richtung zu zielen ist? Meines Erachtens ist die Leidenschaft ein blindes Ungeheuer. Selbst wenn es ihr nicht an Noblesse mangelt. Selbst wenn sie rein ist.

Kessel*, der über London aus Frankreich zurückkam, sagte zu mir vor drei Tagen: Ein Blutbad ist vonnöten. Das ist unvermeidlich, und so war es schon immer. Danach wird ein Heinrich IV. vonnöten sein.

In diesem Punkt redet er dummes Zeug. Im Zeitalter der Religionskriege waren die Leidenschaften nichts als Folgeerscheinungen der geistigen Auseinandersetzungen. Es stand nicht ein Haudegen gegen einen anderen Haudegen, sondern Calvin gegen das Lumpenpack. Wenn der Geist zur Tat schreitet, jedesmal wenn er zur Tat schreitet, vergießt er Blut, ohne sich überhaupt davon Rechenschaft zu geben oder sich darüber Gedanken zu machen. Denn das spielt sich auf einer tiefergelegenen Ebene ab. Weder Diderot noch der Heilige Paulus, weder Calvin noch Marx, weder das Lumpenpack noch Konfuzius haben an Blutvergießen gedacht. Doch der Geist bewegt sich letztlich mittels Menschenbeinen voran. Die sind blind und treten alles nieder. Auf der niedereren Stufe wird der Geist Gefühl und läßt die Erschießungskommandos aufmarschieren. Ob es einem gefällt oder nicht, man hat keine Wahl, so ist es

* Der Schriftsteller und Kriegsberichterstatter Joseph Kessel, ein alter Bekannter Saint-Exupérys, engagierte sich im gaullistischen Widerstand.

eben. Über den Füßen gibt es einen Kopf, über dem Herzen gibt es den Geist. Ich weiß also, welche Saat ich ausstreue. Heutigentags nichts dergleichen.

Die letzte Bibel wurde vor hundert Jahren verfaßt. Dies ist das *Kapital* von Herrn Marx. Sie ist zu alt, um viel Blut zu verdienen. Und darüber hinaus ist sie gar nicht im Spiel. Wenn de Gaulle eine Form herausmeißeln will, hat er allen Grund, sich nachts zu ängstigen. Zum ersten Mal in der Menschheitsgeschichte hat er keine Bibel zur Hand. Wird er seine Lehrlinge und Gehilfen daran hindern, wie Schulbuben aufs Geratewohl darafloszumeißeln? Das Dumme bei der Sache ist, daß man es mit einem Material zu tun hat, das sich nicht ersetzen läßt.

Ich bin sehr beunruhigt über das, was die Zukunft bringen wird. Und der Vogelscheuche und den alten Fetzen aus dem Wachsfigurenkabinett gelingt es nicht, mich abzulenken.

Bleibt noch die Freundschaft. Sie wissen, daß ich Sie gern habe.

Saint-Ex.

Bliebe noch die Liebe, falls Rouliote mich liebte... Geben Sie ihr einen Kuß von mir. Besser stellvertretend ein Kuß als gar keiner...

Nach seinem Sturz im Hause Pélissiers hat Saint-Exupéry zunächst Pélissier selbst, der ja Arzt ist, um eine Untersuchung gebeten. Wenn er sich in dem vorangegangenen Brief auch an einen anderen befreundeten Arzt wendet, so liegt dies daran, daß er sich von Pélissier nicht ernstgenommen fühlt; er schreibt Pélissier im November und Dezember mehrere Briefe, in denen er ihn davon zu überzeugen sucht, daß er ihm unrecht tut. (Pélissier erklärt später in seinem Buch Les cinq visages de Saint-Exupéry,* *bei dessen Leiden habe es sich um »Phantastereien«, um »ein regelrechtes Syndrom« gehandelt.)*

* »Die fünf Gesichter Saint-Exupérys«, 1951 im Pariser Verlag Flammarion erschienen.

[Algier, Ende 1943; Mitte November?]

(...) Ich liege im Bett und bewege mich nicht... Die Treppe in der Eingangshalle. Sechs Marmorstufen nachts bei Verdunkelung. Nun, ich wollte fröhlich mit Schneider und Freunden zum Abendessen gehen. Ich denke nicht an das Loch. Mit einem Mal schwindet mir der Boden unter den Füßen. Nicht sehr lange. Ich falle meiner ganzen Länge nach (und von der Höhe der Stufen herunter) genau auf den Rücken. Auf einer Stufenkante das Steißbein, den fünften Lendenwirbel auf einer anderen. Zwei kantige Auflagepunkte, das war nicht eben viel, um mein Gewicht aufzufangen. Das Steißbein hat gehalten. Der Wirbel nicht.

Natürlich hat sich der Aufprall über die Wirbelsäule auf den Kopf ausgewirkt, und fünf Minuten lang bin ich fast besinnungslos auf der Treppe liegengeblieben. Dann bin ich zur Diagnose geschritten. Ich sagte mir: Einen derartigen Aufprall kann die Wirbelsäule niemals überstehen. Sie ist gebrochen. Ich versuchte nun, meine Beine zu bewegen. Das ging. Also sagte ich mir, der gebrochene Wirbel ist kein Wirbel mit Knochenmark, es handelt sich um einen nicht eßbaren Wirbel. Das war richtig. So blöde bin ich doch nicht. Der fünfte Lendenwirbel hat kein Knochenmark.

Daraufhin habe ich mich hochgerappelt. Ich konnte mich auf den Beinen halten. Mit kleinen Schritten bin ich zur Straßenbahn, um zu meinem Abendessen zu gehen. Das tat so weh, daß ich mich in meiner Diagnose bestätigt fühlte. Ich sagte: »Entschuldigt, daß ich zu spät komme, aber ich habe mir gerade einen Wirbel gebrochen.« Alle haben gelacht, und ich auch. Niemand hat sich für meinen Wirbel interessiert.

Als ich heimkam, schob ich einen Zettel unter der Tür von Pélissier durch. »Ich habe mir bei Ihnen auf der Treppe einen Wirbel gebrochen, bevor ich zum Abendessen ging. Wären Sie so nett, sich das morgen anzuschauen?« Ich habe eine scheußliche Nacht verbracht, wegen des Aufpralls, der meinen Kopf so erschüttert hat. Gegen acht Uhr bin ich eingeschlafen. Er hat meinen Zettel gelesen und ist dann in sein Krankenhaus aufgebrochen. Er hatte keine Zeit. Sagte Séverine.

Ich war ratlos. Ich hatte einen mehr oder weniger offiziellen Termin zum Mittagessen, und meine einzige Entschuldigung wäre meine eigene Diagnose gewesen. Ich bin zu meinem Mittagessen gegangen, ganz, ganz langsam. Als ich gegen vier Uhr heimkam, ging es mir eher schlecht. So habe ich ihn (er hat hier seine Praxis) durch Séverine um eine Untersuchung gebeten. Er hat meinen Wirbel abgetastet und sagte etwas wie: »Da rührt sich nichts, sehen Sie!«

Ich gab ihm zur Antwort: »Und trotzdem ist er gebrochen!« Da hat er gelacht.

Ich mußte selbstgefällig wirken, ich mit meinem Gerede von dem gebrochenen Wirbel. Ich fragte ihn also untertänigst: »Und was soll ich gegen die Schmerzen tun, die ich da fühle?« Er erklärte mir mein Leiden auf das allerbeste und riet mir etwas wie Gymnastik an.

Da ich ein wenig unsicher war, sagte er mir, er habe schon eine Menge Leute gesehen, die einen harten Aufprall erlitten, selbst von Eisenbahnwaggons, und die sich dabei keine Wirbel gebrochen hatten. Und so ein Eisenbahnwaggon ist nun wirklich groß. Und schwer. Und schnell. Meine sechs Stufen waren demgegenüber nur eine Kinderei.

So bin ich zu einem weiteren Abendessen gegangen, diesmal noch langsamer. Ich rang, so gut es ging, mit meinen Schmerzen. Ich sagte mir: »Das ist eine gute Gymnastik«, aber ich war mir dessen nicht allzu sicher.

Am nächsten Tag gaben die Sowjets einen großen Empfang. Ich hatte große Lust, mir das anzusehen. Ich war eingeladen, und ich bin hingegangen.

Das spielte sich auf einem blumengeschmückten Rasen vor einem Palast ab. Der Gipfel der Eleganz. Aber man reichte nur Orangeade.

Alle Minister, alle Generäle, alle Christen Algiers irrten auf diesem Rasen umher. Sie warteten auf die Löwen. Man fragte: »Wo sind sie denn?«

Sie waren da, aber sie sahen wie Bankiers aus. Und reichten Orangeade. Das hat die Christen nicht wenig beruhigt.

Bei mir indes ging nun nichts mehr, ich stand dort auf dem Rasen, ohne Stuhl, und konnte keinen einzigen Schritt mehr tun. Sobald ich ein bekanntes Gesicht ausmachte, sprach ich es an: »Sind Sie mit dem Auto da? Nein? Könnten Sie mir dann zumindest für fünf Minuten Gesellschaft leisten. Das sieht doch idiotisch aus, wenn ich hier ganz allein herumstehe.« Und das stimmte auch.

Trotz allem versuchte ich, meinem Leiden mit List beizukommen, und immer wenn es irgend möglich war, machte ich einen Schritt in Richtung Tür. Das war sehr diskret, und schließlich hat mich Admiral Auboyneau heimgebracht.

Als ich danach Pélissier mit dem Bericht meines Malheurs langweilte, sagte er zu mir: »Aber Prellungen tun immer sehr weh! Nun gut. Da Sie unbedingt sichergehen wollen, sehen Sie bei diesem Radiologen vorbei, er ist sehr gut.« In der Tat wollte ich sichergehen. Und der Radiologe sagte zu mir nach einem Blick auf die Aufnahmen:

»Aber Sie sind ja verrückt, daß Sie noch herumlaufen! Sie haben sich einen querverlaufenden Bruch am fünften Lendenwirbel zugezogen, außerdem eine leichte vertikale Stauchung, und der Knochen ist etwas angerieben. Noch dazu ist der ganze Wirbel einige Millimeter nach links verschoben!«

»Aha.«

»Das ist eine ernste Sache, ein gebrochener Wirbel! Das bedeutet drei Monate Bettruhe! Sie werden sich noch für Ihr ganzes Leben schädigen...«

»Ah ja!«

»Aber in Gottes Namen, spüren Sie denn nicht, daß Sie einen gebrochenen Wirbel haben?«

»Doch, doch!«

Und darauf bin ich zu Pélissier zurückgekehrt. Ich fühlte mich wie eine Porzellanschale voller Sprünge. Ich bewegte mich mit atemberaubender Vorsicht. Zu Pélissier sagte ich:

»Es ist ein Bruch, morgen werden Sie die Abzüge haben.«

»Woher wollen Sie wissen, daß es ein Bruch ist?«

»Er hat es gesagt.«

»Das ist ein Esel. Ah, diese Radiologen, die Diagnosen abgeben wollen! Sollen sie sich doch darauf beschränken, ihre Aufnahmen zu machen!«

»Für Monsieur ist angerichtet.«

Das ist Séverine.

»Ich... speise... wo?«

Ich fühlte mich immer noch wie eine Porzellanschale mit Sprüngen und hatte große Lust mich hinzulegen, damit nicht alles in Brüche ging. Und außerdem hatte ich Schmerzen.

Aber ich habe sofort begriffen: Séverine ist eben schon alt, und der Radiologe ist ein Idiot. Ich ließ mich auf einen Stuhl niedersinken.

Am nächsten Tag kamen die Röntgenaufnahmen. Fünf Minuten lang war er derselben Meinung, dann hatte er sich wieder gefaßt.

»Das ist angeboren!«

»Ach, warum denn?«

»Darum eben.«

»Ach so.«

Ich kam mir blöde vor mit meiner Vorsicht, als wäre ich zerbrechliches Porzellan.

»So ein heftiger Aufprall... immerhin...«

Nun wurde er aber ungehalten. Ich wollte es offenbar nicht einsehen, das mit den Eisenbahnwaggons:

»Ich sage Ihnen, ich habe Leute gesehen, die vom fünften Stock herabgestürzt sind, ohne einen Kratzer abzubekommen!«

So steht es also. Ich schickte einen Freund zu dem Radiologen, und der Radiologe hielt unmißverständlich an seinem Befund fest. Und ich habe Schmerzen, auch das ist eindeutig. Nun, es ist ja ein Wirbel ohne Knochenmark. Jedenfalls wird das schon wieder werden. Fragt sich nur, was.

II

Ich fahre in meinem Brief fort. Jetzt sind wir beim zweiten Akt. Da ich mich nicht mehr bewegen konnte, mußte ich auch die Militärärzte einweihen.

Sie kamen, haben sich die Röntgenbilder angesehen und sagten: Das ist ein Bruch. Aus Höflichkeit habe ich Pélissier gebeten, ihnen Guten Tag zu sagen. Er sagte zu ihnen:

»Dieser Radiologe spielt sich nur auf und hat keine Ahnung. Sie sollten im Krankenhaus neue Aufnahmen machen.«

Er hat mich nett und freundlich ins Krankenhaus gebracht, und zu dem Armeeradiologen, dem Konkurrenten seines Kollegen in Zivil, sagte er:

»Doktor B. ist ein Angeber. Ein Bruch sähe nämlich so und so aus.«

Der andere hat seine Aufnahmen gemacht, und sie sind nichts geworden. Er hat noch einmal damit begonnen, und nun war es besser. Man sah darauf Morgennebel über einer japanischen Landschaft. Das war sehr hübsch.

Durch diesen Morgennebel hindurch konnte man etwas ausmachen, das ein Hügel sein mochte oder ein Wirbel. Der konkurrierende Radiologe tat einen Seufzer und meinte dann:

»Ich bin nicht der Meinung von Dr. B.«

Dann hat er herumgesucht, warum eigentlich nicht.

Er wurde fündig. Er zeigte auf die Spitze, die am Tag zuvor angeboren war, und erklärte:

»Das ist nur der Schatten des Kreuzbeins.«

»Nicht wahr?« meinte Pélissier.

Da es kein Bruch sein durfte, mußte es irgend etwas anderes sein. So war es eben ein angeborener Schatten.

Auf der Heimfahrt:

»Sehen Sie,« sagte Pélissier zu mir, »ich habe nicht versucht, ihn zu beeinflussen.«

»Oh, nein!«

So wollten denn auch die Militärärzte nichts von meinem Bruch wissen. Ich habe also wieder angefangen herumzulaufen, um bald gesund zu werden. Gesünder bin ich dadurch nicht geworden.

III

Heute sind sieben Tage vergangen. Es geht mir weder besser noch schlechter. Aber Pélissier meint, eine Stauchung könne drei Monate dauern, zumindest die Schmerzen. Jedenfalls bin ich reichlich erledigt.

Da er denkt, daß ich noch Zweifel hege, hat er mir heute das Röntgenbild von einem wirklichen Bruch mitgebracht. Von einem eindeutigen Bruch.

»So sieht nämlich ein Bruch aus.«

Und in der Tat, auf diesen Befund wäre ich auch allein gekommen. An der Stelle des Wirbels sah man eine Art Zickzack und ringsherum eine Fülle von zahngroßen Bruchstückchen. Ich sagte:

»Wirklich, das scheint gebrochen zu sein.«

Ich dachte:

»Da war kein Eisenbahnwaggon im Spiel und auch kein fünfstöckiges Haus, das war ein Torpedo. Nach den Verheerungen zu urteilen, war das ein Torpedo.«

Und schüchtern habe ich angemerkt:

»Ist das alles, was man von dem Herrn noch gefunden hat?«

»Was?«

»Dieser Wirbel?«

Da hat er mir seine Röntgenaufnahme wieder aus der Hand genommen.

*

Und nun befallen mich Zweifel. Mein Wirbel mit seinem spitzen Auswuchs mag ja ungiftig sein. Aber mir ist das gar nicht geheuer, denn es tut seltsam weh. Mir wäre wohler, wenn ich wüßte, warum, und wenn es sich schlicht um einen gebrochenen Knochen handelte. Und eigenartigerweise mache ich mir Gewissensbisse, daß ich so herumlaufe. Und da mir ja nichts fehlt, habe ich ein noch schlechteres Gewissen, wenn ich liegenbleibe. Was nun?

Nun... nun... ich brauche es, einem bestimmten Schicksalsweg folgen zu können. Ich fühle mich wie in einem Zug, der ewig vor einem Signal herumsteht. Ich bin weder im Krieg noch an meiner persönlichen Arbeit, bin weder krank noch gesund, weder verstanden noch exekutiert, weder glücklich noch unglücklich. Sondern verzweifelt.

Das ist etwas sehr Eigenartiges, Verzweiflung.

Ich habe das Bedürfnis, zum Leben zu erwachen. Ich habe festgestellt, daß es mir gefallen hätte, wenn man mich für Jahre hin auf ein

Brett niedergelegt hätte. Der Schicksalsweg des Geistes. Es wäre mir auch sehr lieb gewesen, wenn man mich weiterhin auf der Lightning hätte in den Krieg ziehen lassen: der Schicksalsweg eines Soldaten. Es hätte mir auch gefallen, ohne Hoffnung zu lieben. Bis in die Ewigkeit. Der Schicksalsweg des Herzens.

Ohne Hoffnung zu lieben ist nicht Verzweiflung. Das heißt vielmehr, daß man erst im Unendlichen zueinander findet. Und unterwegs nutzt sich der Stern niemals ab. Man kann geben, geben, geben. Es ist sehr seltsam, daß ich nicht glauben kann. Gott liebt man ohne Hoffnung: das würde bestens zu mir passen. Solesmes* und gregorianische Choräle.

Kirchengesang und die Weite des Meeres. Ich habe oft darüber nachgedacht. Ehe ich 1940 Lyon verließ, bin ich an einem Sonntagnachmittag einmal nach Fourvière hinauf. (...) Es war kalt. Die Kirche war leer, bis auf den Chor. Und ich habe mich ganz und gar wie auf einem Schiff gefühlt.

Der Chor die Besatzung und ich der Passagier. Oh, ein ganz heimlicher Passagier. Und ich hatte den Eindruck, mich hier ohne jede Berechtigung hereingeschwindelt zu haben. Und ich war wie geblendet.

Wie geblendet von einer Evidenz, die sich mir immer entzieht, wenn ich sie zu fassen versuche.

(...)

*

Warum steht mir so ein Leid bevor? Sie ahnen nicht, wie große Angst ich habe. Oh, ich spreche nicht von meinem Wirbel. Der zahlt sich übrigens aus. (...) Die Erschütterung war enorm (die Erschütterung in meinem Kopf), und ... das hat Ordnung in meine Gedanken gebracht. Merkwürdig. Das hat meine Nerven in Ordnung gebracht. Ich war sehr gespannt, konnte rein physisch nicht mehr als zwei Seiten schreiben. Meine Hand wurde steif. Das wurde wirklich unleserlich. (...) Meine Briefe in den letzten Monaten: auf der zweiten Seite verändert sich bereits die Schrift. (...)

* Sitz der bekannten Benediktinerabtei Saint-Pierre, wo man besonders den gregorianischen Choral pflegt.

Die Erschütterung nun hat all das beiseite gewischt. Sie hat geradegebogen, was schief war.

Seltsam. (...)

*

(...) Gott, wie traurig das alles ist. Wie soll man da wieder zu sich selbst finden... selbstverständlich gelingt das nicht. Worin könnte man sich wiederfinden, ein Heim, Gewohnheiten, Glaubensüberzeugungen, das ist heutzutage so schwer und läßt alles so bitter werden.

Ich versuche zu arbeiten, doch die Arbeit fällt schwer. Dieses schreckliche Nordafrika läßt das Herz verkommen: ich kann nicht mehr. Das ist ein Grab hier. Wie einfach war es doch, auf der Lightning in den Krieg zu fliegen. Diese Dummköpfe von Amerikanern haben mich eingemauert, indem sie mich für zu alt erklärten. D. kann nichts daran ändern – was sollte er schon tun? Mir ist um meine Arbeit angst, verstehen Sie – in ganz materiellem Sinne sogar.

Ich bin auf alles gefaßt (...). Ich bin, was mich angeht, ohne jede Hoffnung. Mein Los macht mich ein wenig bekümmert. Unser aller Los macht mich bekümmert. Wenn ich gewisse Urteile über mich höre, werden mir die Urteile über andere verhaßt. Überall nur verzweifelte Leute, denen es an Sonne fehlt. Sagen wir, was ich an einem Menschen liebe, das ist, ihn zu einem wertvolleren Menschen zu machen. Jedem beliebigen vermag ich mehr zu geben, als ich von ihm erhalten kann. Letzten Endes bin ich ein sehr auf mich zurückgezogener Mensch. Sagen wir also, was ich an einem Menschen liebe, das ist, ein untergehendes Gesicht über den Wasserspiegel zu heben. Ihm ein gewisses Lächeln oder seiner Stimme einen bestimmten Ton zu entlocken.

Sagen wir, allein die eingesperrte Seele hat für mich etwas Pathetisches.

Wenn uns das Wunder gelingt, jemanden, der verloren ist, für drei Sekunden zu zähmen, wenn er drei Sekunden lang »Vertrauen faßt«, – Sie können sich nicht vorstellen, was für ein Gesicht er uns dann zeigt. Vielleicht habe ich die Berufung zum Wünschelrutengänger. Ich werde tief in der Erde suchen. Wer vollkommen ist, bedarf meiner so wenig.

Man sagt mir: »Die Ertrinkende ist tiefer unten, als du denkst...« Dann eile ich herbei. Das ist nicht verrückt. Ich ganz allein weiß, was ich zum Vorschein bringen werde. Merkwürdig, daß es seine Zeit gedauert hat, bis ich verstand. Aber es ist wahr, ich bin kaum dazu berufen, das Glück »zu sein«, noch es zu empfangen. »Bin« ich das Glück, dann macht mir das angst, als hätte ich jemandem einen falschen Weg gewiesen. Und was Glück anbelangt, das mir selber zuteil würde – wie wenig habe ich doch zu erhalten. Und ich mag durchaus grausam erscheinen, wenn ich einem bestimmten Kummer nicht Trost spende oder einem bestimmten Verlangen nicht die Erfüllung zuteil werden lasse. Grausam für den Körper oder für das Herz, aber nicht für die Seele. Ich war nie grausam. Ich gehöre ein wenig den Menschen, für die ich ein Weg bin, den sie einschlagen. Woher sie kommen, ist mir völlig gleichgültig. Wieder kann ich nur auf den religiösen Wortschatz zurückgreifen, um mich auszudrücken. Ich habe das begriffen, als ich meinen *Caïd** noch einmal gelesen habe. Das hat einen Sinn, der sich nicht in Worte fassen läßt, ist aber nichts Willkürliches. »Gefährt, Wegspur und Karren für den Lenker aller Wagenlenker.« Nichts anderes ist mir begreiflich. Mir ist nicht begreiflich, daß »man mich verdienen« könnte. Ich bin keine Belohnung. Und auch nicht, daß ich etwas »verdienen« könnte. Ich verdiene nichts. Und ich kann nicht anders denken, als ich denke.

Außerdem habe ich genug von mir. Mit meiner so schwierigen Art, mich über die Dinge auszulassen. Ich bin in mir wie in einem Gefängnis. Und auch sonst bin ich es, symbolisch gesprochen. Was kann man schon gegen einen Bergrutsch machen? Ich bin entmutigt, entmutigt. Es drängt mich danach zu schreiben, aber hier herrscht ein immens ungesundes Klima für mich. Mir »geht mein Leben verloren«. Niemals hatte ich so stark das Gefühl nutzlosen Verschleißes. Und das ist schrecklich. Ach, wie tat die Zeit wohl, als ich in der Lightning in den Krieg flog! Zwei Monate ist das her.

* Saint-Exupéry hatte *Stadt in der Wüste* ursprünglich den Titel *Le Caïd* gegeben.

Sie wissen nicht, was sie angestellt haben, diese Dummköpfe von Amerikanern, als sie mir das Fliegen verboten haben. (...)

AN SEINE FRAU CONSUELO

[aus Algier, ohne Datum]

New York, die Zerwürfnisse, die Streitereien und Verleumdungen, die Geschichten mit A. B.,* es hat mir endgültig gereicht. Vielleicht ist es das. Sie sind ermüdend. Mensch sein ist etwas anderes. Das hier ist falsche Algebra... Und sie sind mehr oder weniger alle so. Meine Heimat ist das nicht. Ich halte meine Haut hin, um den Frieden von Agay** zu schützen oder die Abendessen mit Lazareff oder deine Enten (die du übrigens ganz falsch brätst, da die Haut nicht richtig knusprig wird), um »Werte« zu schützen. Den Wert der Dinge, die ich liebe. Loyalität. Einfachheit. Die Schachpartien mit Rougemont (das ist ein anständiger Kerl), Treue, einfühlsame Arbeit, nicht das Spiel um die Wahrheit, bei dem man sich im Exil fernab aller menschlichen Dinge in Lügen ergeht...

BRIEF AN X...

[im Dezember 1943; angekommen am 18. Februar 1944]

Es ist drei Uhr morgens. (...) Ich kann nicht mehr. Warum bin ich nur derart, derart traurig? Zunächst eher Nebensächliches. Mein

* Anspielung auf Zwistigkeiten mit André Breton und dessen Freunden. (Vgl. Saint-Exupérys Brief an A. Breton vom Februar 1941, oben S. 141 ff.)
** Der Ort Agay an der Côte d'Azur, wo Saint-Exupérys Schwester und deren Familie lebte.

Wirbel war sehr wohl gebrochen. Angesichts eines eindeutigen Röntgenbilds hat es Pélissier schließlich nach einem Monat widerwillig zugegeben. Und ich war diesen ganzen Monat über herumgelaufen, hatte ich doch keinerlei moralische Berechtigung, mich hinzulegen. (P. hätte das als Beleidigung betrachtet.) Das war schon eine arge Tortur. Gott sei Dank hat es bei dieser Art von Bruch keine besonderen Folgen, wenn man herumläuft. (Ich habe auch andere dazu konsultiert.) Im Augenblick habe ich immer noch Schmerzen, abends kann ich mich kaum rühren, aber es geht schon. Es wird schon gehen. Und das moralische Befinden? Oh, da sieht es düster aus.

Ich kann dieses Zeitalter nicht ertragen, ich kann es nicht. (...) Alles ist schlimmer geworden. Im Kopf herrscht Finsternis und im Herzen Kälte.

Alles ist erbärmlich. Alles ist häßlich. Vor allem eines werfe ich ihnen vor. Daß sie nicht Fröhlichkeit stiften. Daß sie nicht die Gaben und Talente wecken. Daß sie nichts aus den Menschen herausholen. Miese Oberlehrergestalten, das haben sie uns gebracht.

Wie eine Krankheit haben sie sich in mir festgesetzt (...) Es ist sehr merkwürdig. Niemals, aber auch niemals war ich so allein auf der Welt. Etwas wie untröstlicher Kummer hat mich erfaßt.

*

Ich weiß nicht, ob ich davon heilen kann. Es ist niemand da, der sich um mich kümmert.

Ein Haufen menschlichen Elends ist dieses Land! Dieser Mülleimer der Kontinente. Dieses Abstellgleis, auf dem alles verkommt. Diese verschimmelte Polizistenmentalität wie im letzten Provinznest. Diese ungeheure Lächerlichkeit der Aufpassertypen, die hier das Sagen haben. Wenn Sie ihre »Versammlung« sehen könnten!* Es ist zum Heulen. Und wie sehr sie sich Mühe geben, damit ihre Komik niemanden zum Lachen bringt. Es ist eine Komik, die Angst macht.

Dieses beflissene Katzbuckeln, bis es so weit ist, daß sie zu den Hinrichtungen übergehen dürfen! Ah, ich kann versichern, die haben keinerlei Sinn für Humor.

* Die »Provisorische Beratende Versammlung«, die dem Französischen Nationalen Befreiungskomitee (C.F.L.N.) zur Seite stand.

Bereits derart viele ungeheuerliche Ungerechtigkeiten.

All das zieht nun langsam herauf, mit der Macht, die der Dummheit eigen ist.

So dumm, daß man es mit der Angst zu tun bekommen kann.

Zum Fürchten häßlich.

Mir reicht es.

Dieses Unvermögen, aufeinander einzugehen, das unsere Epoche kennzeichnet, berührt mich mehr als alles andere auf der Welt. Mir ist wirklich schon danach, sie allesamt zu verlassen, diese Dummköpfe! Was habe ich denn hier auf diesem Planeten zu suchen? Man will von mir nichts wissen? Wie gut sich das trifft: Ich wollte mit ihnen auch nichts zu tun haben! Mit Vergnügen verzichte ich darauf, weiterhin ihr Zeitgenosse zu sein. Ich kann unter ihnen keinen finden, der mir etwas zu sagen hätte, was für mich von Interesse wäre. Sie hassen mich? Das ist vor allem anstrengend, und ich würde mich gerne ausruhen. Ich wäre gerne ein Gärtner zwischen seinen Gemüsen. Oder tot.

Mein Gott, trotz allem bin ich manches Mal im Leben glücklich gewesen – nie sehr lange. Warum habe ich nicht mehr das Recht auf einen sonnigen Morgen? Das Traurige, wirklich Traurige dabei ist, daß ich nichts zu erhoffen habe.

Oh nein, meine Traurigkeit hat nichts mit meiner körperlichen Verfassung zu tun. Ich weiß sehr gut, daß ich eine Angst nicht ertrage, die aus den Beziehungen zu meinen Mitmenschen entspringt. Dieses Tosen füllt mich ganz aus, wie eine Muschel. Ich kann alleine nicht glücklich sein. Die Aéropostale, das war Fröhlichkeit. Welche Größe das doch hatte! Ich kann nicht länger in diesem Elend leben. Ich kann es nicht mehr.

*

Ein Leben wie in einer Zelle, doch ohne Religion. Diese blöde Kammer.* Diese völlige Zukunftslosigkeit. Ich kann dieses Grab nicht länger ertragen.

*

Neuigkeiten, mehr oder weniger.

Heute morgen General R. (ehemals 2. Büro**) begegnet.

»Ah, Saint-Ex, guten Tag! Übrigens, seien Sie auf der Hut...«

»So, wovor denn?«

»Mein Freund, passen Sie auf, sehen Sie nach rechts, sehen Sie nach links...«

»Was wollen Sie damit sagen?«

»Freunde warnen sich gegenseitig, wenn nötig. Halten Sie die Augen offen.«

»Gut.«

Das ist alles, was ich aus ihm herausgebracht habe.

Danach, beim »Cercle Interallié«, auf Laugier getroffen.***

Dieser Kümmerling und oberster Akademierektor thront unter den Größen des Regimes. Er bemerkt mich:

»Guten Tag!«

»Guten Tag.«

Und sehr laut, inmitten seiner Kollegen, alles hohe Tiere:

»Guten Tag, wertes Mitglied von Pétains Nationalrat.«

»Ich?«

»Ja, nicht wahr! Pétain ist bewundernswert!«

Und ein Kollege des Oberlehrers:

»Wie? Sie sind Mitglied des Nationalrats?«

* Dr. Pélissier hatte Saint-Exupéry eine kleine Wäschekammer zur Verfügung gestellt. In diesem schmalen Zimmer standen auf der einen Seite des Fensters Schränke und längs der freigebliebenen Wand ein kleines Bett.

** Der Spionage- und Spionageabwehrdienst der französischen Armee.

*** Der Naturwissenschaftler Henri Laugier wurde 1940 von der Vichy-Regierung als Leiter des französischen Nationalen Zentrums für Wissenschaftliche Forschung abgesetzt und lehrte dann drei Jahre in Montreal. Während der Kriegsjahre in Amerika war er Vorsitzender des Komitees *France for ever.* 1943/44 wird er Rektor der Akademie von Algier sowie Leiter des Nationalen Zentrums für Wissenschaftliche Forschung in Algier.

Laugier:

»Aber gewiß doch!«

Sie werden sich an diese elende Ernennung erinnern. Ich weiß nicht, welcher Dreckskerl dafür verantwortlich war. Sie werden sich an meine Wut erinnern und an mein sofortiges Dementi.* Aber wozu wäre es denn nütze, wenn ich versuchte, das zu erklären? Das in dieser aggressiven Wahlkampfatmosphäre zu vermitteln ist zu kompliziert. Ich habe einfach gesagt:

»Sie wissen genau, daß Sie sich in diesem Augenblick wie ein Lump benehmen.«

Das ist alles. Was hätte ich schon sagen sollen?

Ich sage, die Mauer wird dicker. Ich sage, der Haß ringsum verdichtet sich. Aber ich sage auch, daß ich den Verlust des Sonnenlichts nicht ertragen werde. Ich bin hierher gekommen und sehe mich in einer Falle eingesperrt.

Verunglimpfung, Beleidigung und diese ungeheure Tatenlosigkeit, das ertrage ich nicht länger. Ich kann fern der Liebe nicht leben. Ich habe stets nur aus Liebe gesprochen, gehandelt oder geschrieben. Ich liebe mein Land mehr als die alle zusammengenommen. Die lieben nur sich selbst. Schon merkwürdig, dieses unerbittliche Schicksal, das, einem Berg gleich, einmal ins Rutschen gekommen, nach und nach seinen Lauf nimmt, ohne daß ich daran etwas ändern könnte. Ich habe mir im Leben keine einzige Geste des Hasses oder der Rachsucht vorzuwerfen, keinerlei eigennütziges Handeln, keine zehn Zeilen, um Geld zu verdienen.

Und dennoch fühle ich mich ganz allmählich begraben. Das ist sehr, sehr merkwürdig.

Vielleicht diese Reise? Aber ich bin schon bis zu den Knien von diesem schmierigen Treibsand erfaßt. Es wäre ein recht unwahrscheinliches Wunder, wenn es mir gelänge, meine Schenkel daraus zu befreien. Morgen werde ich bis zum Bauch darin stecken. Das führt geradewegs ins Gefängnis. Aber eben hier liegt ihre Schwäche, denn wenn ich es vorziehe zu schlafen, wer hätte die Macht, mich daran zu hindern?

* Siehe oben, S. 140f.

Ich denke, ich werde mein Buch verbrennen.* Wenn man mir meine Manuskripte stiehlt, dann möchte ich doch nicht, daß das in den Sog ihrer schmutzigen Machenschaften gerät.

Der Kummer, den ich empfinde, übersteigt meine Kräfte (...).

*

Sie sehen: Ich begreife das Leben nicht.

Nachts ängstige ich mich um alles mögliche. Um meine Familie. Um mein Land. Um das, was ich liebe.

Ich kann nicht das Wunder an Frieden vergessen, das ich in meiner letzten Nacht in Libyen erfuhr. Sprechen Sie zu mir, machen Sie mir das Leben liebenswert! Ich wirke fröhlich, wenn ich meine Kartentricks vorführe, aber ich kann mir nicht selbst Kartentricks vormachen, und mir ist entsetzlich kalt ums Herz.

*

Eine neue, an ihren Anfängen stehende Zeitschrift, *L'Arche*,** wollte meinen *Brief an einen Ausgelieferten* abdrucken. Ich legte keinen Wert darauf. Ich habe keinerlei Lust, über mich sprechen zu hören, Anlaß dazu zu geben, daß man über mich spricht, oder selbst zu sprechen. Jemand – aus der Gruppe um Laugier – sagte zu mir: »Ich habe es abgelehnt, für *L'Arche* zu schreiben, denn offenbar will man dort auch etwas von Ihnen veröffentlichen!« Das nennt man aufrichtigen Haß! Aufrichtige Entrüstung! Kein Zweifel, wenn der mich an die Wand stellt, wird er meinen, er habe die Welt gerettet. Wovor? Ich hasse mehr, als er es könnte, alle Formen von Verrat. Ich liebe – um wieviel mehr doch als er – alles Französische. Und was die Deutschen angeht: Ich habe gegen sie mein Leben aufs Spiel gesetzt und tue dies auch weiterhin. Er nicht. Was nun also? Mir reicht es.

*

* Es handelt sich um *Stadt in der Wüste*, an dem Saint-Exupéry zu dieser Zeit arbeitete.

** Sie wurde von Jean Amrouche in Algier herausgegeben.

Der Auftritt von Laugier... Einfach bewundernswert fand ich das. Ich hatte wohl diesen Haß um mich gespürt. Ich spüre alles. Doch ich fragte mich: »Wie wollten sie es denn anstellen?«

Ich sagte mir: »Ich habe ungeachtet meines Alters für mein Land gekämpft. Ich habe gegen den Aggressor gesprochen und geschrieben. Politik war mir stets verhaßt, und keiner kann mir irgend etwas vorwerfen... Ich spüre, daß sich die Lokomotive in Bewegung gesetzt hat, doch aus welcher Richtung könnte sie wohl kommen?«

Nun hat mir also dieser Oberlehrer sogleich die Antwort erteilt. Mein Gott, wie dumm war ich doch! Dieses Abenteuer hatte ich vergessen! Diese unglückselige Ernennung, die mir übrigens niemals offiziell bestätigt worden ist. Ein Amt, von dem ich also niemals offiziell zurücktreten mußte. Und das ich umgehend durch eine Erklärung in der Presse und im amerikanischen Rundfunk zurückwies. Da seither niemand mehr zu mir davon gesprochen hatte, dachte ich, diese hanebüchene Idee sei endgültig beerdigt.

»Ach! Sie sind also immer noch Mitglied des Rats von...«

»Aber hören Sie, das ist wohl ein Scherz! Ich hatte abgelehnt!«

Da schaltet sich der Oberlehrer ein:

»Ein paar Zeilen in der Presse, um der Presse schön zu tun, das zählt nicht. Wo ist denn Ihre Rücktrittserklärung? RÜCKTRITTSERKLÄRUNG!«

Und wie er dasteht, der Polizist, der seinen großen Schlag führt und den Schurken entlarvt! Und die anderen nicken und wälzen ihre Gedanken!

Und ich drehe ihnen, um die Sache ins rechte Licht zu setzen, einfach den Rücken zu.

Diesen Weg hat die Lokomotive also eingeschlagen! Mein Fall gehört nun in die Zuständigkeit der Gerichte. Das »Gesetz« hat hier das Wort. Und der Oberlehrer selbst meint zu mir: »Gott weiß, welche Wertschätzung und Sympathie ich Ihnen entgegenbringe! Aber wie könnte man bei Ihnen eine ›Ausnahme‹ machen? Ihr ›Fall‹ ist ein allgemeinerer Fall... Sehen Sie sich Peyrouton* an! Auch er ist vielleicht ein rechtschaffener Mann und aufrechter Patriot (...)«

* Zu Peyrouton s. Fußnote auf S. 297.

All das ist ekelerregend, aber es ist bewundernswert. Der Vorsehung sind bereits die Wege gezeichnet. Das kommt. Das kommt ganz langsam.

*

Mein Wirbel tut mir höllisch weh. Pélissier ist ein wenig kleinlaut wegen des Bruchs. Es ist anscheinend kein Bruch, der zu Bewegungsunfähigkeit führt: Der Querbogen des fünften Lendenwirbels ist gebrochen. Doch meines Erachtens liegt da noch etwas anderes vor. Und Pélissier, der mir »ultradurchdringende« Bestrahlung vorschlägt, interessiert mich nicht. Er sagt mir: »Das wird Sie von Ihren Schmerzen befreien«, doch meine Schmerzen sind mir egal. Zeichen sind mir wichtig.

Außerdem ist der Schmerz etwas ziemlich Freundschaftlich-Vertrautes. Eine Art Gefährte. Und so treu, so treu...

Ich fürchte nur die Angst. All die, zu denen ich nicht mehr zurückkehren kann.

Ihretwegen ängstige ich mich. Immer diese alte Geschichte, »Retter« sein zu wollen. Hindert man mich daran, wieder zu ihnen zu kommen, dann werde ich all ihr Elend in meinem Herzen tragen. Meine schlaflosen Nächte: die fürchte ich (...).

*

Ich bin verdrossen wegen meines Buchs. Doch wie könnte ich zulassen, daß man es in den Schmutz zieht (...) Das tut mir im Herzen weh.

Manchmal habe ich das Glück, unter einem gesunden Schmerz zu leiden. Wie die Schmerzen an meinem Wirbel. Aber das tut nicht weh genug, um mich vollends zu trösten.

Heute ist ein Abend, an dem ich am liebsten heulen würde. Was mich davon abhält, ist die Komik der Sache. Dieses ganze Kasperltheater, dieser Laugier und sein guter Trick!

Ich habe einen »Sinn« für das Zwischenmenschliche. Nie habe ich mich dabei geirrt. Seit zwei Jahren nun »weiß« ich alles. Ich... ich pfeife wohl auf mich, aber ich bin fünfhunderttausend. Und ich weiß genau, daß meine Gedanken rein sind.

Das ist drei Tage später. Es ist kalt. Mein Wirbel tut mir weh. Bei Pélissier in der Wohnung ist nicht geheizt (es gibt keinen Kamin). Ich klappere mit den Zähnen. Zum Schlafen ziehe ich zwei Schlafanzüge, eine Unterhose und einen Morgenrock übereinander. So gelingt es mir, die Nacht angenehm zu gestalten. Tagsüber wird es dann übel.

Das bin wohl ich im Gefängnis. Mag sein, daß ich ins Gefängnis muß. Ohne vorher umzukommen. Ich muß für ich weiß nicht was für eine ungeheure Schuld geradestehen.

Was mir bei der Sache mit Laugier an die Nieren geht, ist die Ehrabschneiderei, die Schande. Das gefällt mir ganz und gar nicht. Eingesperrt zu werden als einer, der zu Folterknechten hielt, das macht mich böse. Das stimmt in keiner Weise mit dem überein, was ich gedacht habe. Es mag sich vielleicht lohnen, für die eigene Religion eingesperrt zu werden. Aber für »eine andere«, das ist schon eine sehr ungewöhnliche Situation.

Das Gefängnis, freilich, warum nicht! Ich bin verrückt, den Tod zu suchen. (Doch das, das hat mit der Angst zu tun – und dieser bin ich nicht Herr.) Das Problem ist, wieviel ich aushalten kann. Vielleicht weit mehr, als mir scheint. (Aber ich habe schon so viel zu erdulden!)

Mag sein, daß dies einen heiligt…

Gott befohlen! (Gott sei gepriesen! wie Sie sagten.)

Mit dem Zeichnen tue ich mich schwer. Bei dreitausend Versuchen gelingt mir gerade eine anständige Zeichnung. Auch die hier ist danebengegangen.

Wenn ich halbwegs zu schreiben gelernt habe, so liegt das daran, daß ich mit grausamer Klarheit alle meine Fehler sehe. Kein Satz entrinnt dem jemals. Sie ist nicht verkehrt, meine alte Formel: Aufs Schreiben verstehe ich mich nicht, nur aufs Korrigieren.

*

Der Gaullismus in knappster Zusammenfassung?

Eine Gruppe von »Privatleuten« (es handelte sich um Privatleute) kämpft außerhalb des besiegten Frankreichs, das seine Substanz zu retten hat. Und das ist nur recht. Frankreich darf bei dem Kampf nicht fehlen.

Und der General einer solchen Fremdenlegion hätte mich auf seiner Seite gehabt. Doch jene Gruppe von »Privatpersonen« hält sich für Frankreich selbst. (Tréfouël oder Didi, das ist Frankreich.*)

Sie will aus einem Opfer, das an das jener Menschen nicht heran-

* Didi: Saint-Exupérys Schwester Gabrielle d'Agay; Tréfouël: s. Fußnote auf S. 302.

reicht, Nutzen schlagen (wahres Opfer liegt nur da vor, wo kein Nutzen ins Spiel kommt).

Daß sie außerhalb Frankreichs an dem Kampf teilnimmt, daß sie eine denkbar normale »Fremdenlegion« darstellt, betrachtet sie als Anspruch darauf, das Frankreich von morgen zu leiten!

Das ist absurd, denn *das Wesen* des Opfers besteht darin, daß man mit ihm keinerlei Recht erwirbt. Dies ist ganz grundlegend.

Das ist absurd, denn das Frankreich von morgen muß aus seiner eigenen Substanz wiedererstehen (wenn es denn eine Wiedergeburt gibt). Aus jener Substanz, die die Gefangenen, die Geiseln, die verhungerten Kinder gestellt hat. Auch das ist grundlegend.

Ihre Versammlung? Sie spielen das sehr gut. Nur das Stück, das sie spielen, ist lächerlich.

Sie halten sich für »Frankreich«, wo sie sich »zu Frankreich gehörig« fühlen müßten, und das ist etwas völlig anderes!

*

Cot * nach seiner Rückkehr aus den Vereinigten Staaten vor dem Großen Mongolen:

»Sie haben unrecht, die Vereinigten Staaten sind von Gewicht... Dort hegt man tiefe Gefühle für Frankreich. Roosevelt ist mehr Franzose als alle Republikaner zusammengenommen. Das Interesse unseres Landes gebietet es, ihn zu unterstützen, und nicht, ihn anzuschwärzen. Es gilt, eine Politik der Freundschaft mit den Vereinigten Staaten einzuleiten... Es gilt im Interesse Frankreichs...«

»Nach dem, was die mir angetan haben!«

Er ist ermüdend.

Die Leute, die mit ihrem Denkmalsockel unter dem Arm herumlaufen, sind sehr ermüdend für den Betrachter.

*

Haben Sie mir geschrieben? Wenn ja, was haben Sie darin gesagt – ich habe keinerlei Antwort auf meinen Brief erhalten. Seien Sie vorsichtig, wenn Sie Briefe jemandem »anvertrauen«. Die Leute sind faul. Und einmal hier angekommen, geben sie die Briefe per

* Zu Cot s. Fußnote auf S. 304. Der »Große Mongole« ist de Gaulle.

Post auf, denn hier fehlt es an Wagen. Und das ist dann, als schlüge man ein Plakat an...

*

»Sehr nett, sehr nett, aber man wird ihn an die Wand stellen müssen...«

»Warum?«

»Er ist schuld daran, daß General de Gaulle in den Vereinigten Staaten nicht auf Anerkennung stieß...«

Tatsächlich? Wie schmeichelhaft! Wie stolz ich da auf mich bin!

Oh, diese Menschen...

*

S., dieser dumme Fettwanst.

»Man wollte Sie in Brasilien an die Wand stellen!«

»Ah ja?«

Dumm war er schon immer, neuerdings ist er auch dick geworden. »Disgrâce engraisse« (Ungnade macht dick). Das gäbe einen schönen Slogan ab.

Er vergißt zu sagen, dieser Schwachkopf, daß es seine Schuld war! Einer der Fälle, die mich damals in den Vereinigten Staaten in Rage brachten: In seinen Reden zitierte er *Flug nach Arras* falsch! Er erfand Argumente für seine windelweiche und törichte Politik hinzu. S., diese Schnecke, nicht viel nobler als Henry Haye*.... Man kann sagen, was man will – sogleich schlagen sich alle Strolche auf deine Seite und führen dich ins Feld. All diese Leute in Südamerika, die sich ihrer Dienstpflicht entzogen haben, und all die gescheiterten Existenzen dort waren Gaullisten. Das wertete sie auf. Die Schnecken von Kollaborateure beriefen sich auf *Flug nach Arras* (und entstellten dazu den Text)... So ist das!

Diese Menschen!

Sein salbungsvolles Diplomatengehabe, jetzt, da er arbeitslos ist, wirkt nur schleimig.

* Gaston Henry-Haye: Gefolgsmann Pétains, Befürworter der Kollaboration mit den Deutschen, 1940–42 Botschafter der Vichy-Regierung in den Vereinigten Staaten.

Wenn er mir sagt: »Sie waren unser Gewissen!«, widert mich das zutiefst an. Das Gewissen eines Sirups.

Der Haß. Alles steht im Zeichen des Hasses. Armes Land! Giraud, eine Vogelscheuche, die, wie es ihrer Natur entspricht, den Lärm nicht fürchtet. Darin besteht das Wesen soldatischen Mutes. Die aber, eben als Vogelscheuche, den Wind fürchtet.*

Und der andere, für den Gott selbst Gaullist ist.

Und die ganze Bande von Streithähnen, die nur zu hassen verstehen.

Ach, mein Land...!

*

Mein »Minister«, Le Troquer,** von seinen Mottenkugeln befreit, aus dem Wachsfigurenkabinett wieder hervorgezogen, und dem so sehr daran liegt, ernst genommen zu werden...

Ein gewisser General hat einmal gesagt: »Le Troquer? Wer ist das?«

Dreißig Tage Festungshaft.

Ein Kommandant sagte im Offizierskasino vor dem Porträt des Großen Mongolen:

»Ersetzt die fehlenden Reißnägel, dann noch ein Glas darüber und einen Rahmen außen herum, so daß es wenigstens nach etwas aussieht...«

»Wenigstens«... vierzehn Tage verschärfter Arrest für »wenigstens«...!

Ein Oberst ließ in einem Offizierskasino von Dakar die Bemerkung fallen:

»Es hat in der Armee in Tunesien mehr Verletzte gegeben, als de Gaulles Armee an Soldaten zählte...«

(Das stimmt übrigens.)

* General Giraud hat im November 1943 den Vorsitz des C.F.L.N., den er mit de Gaulle teilte, abgegeben, und bleibt nur noch Oberbefehlshaber; diese Position wird er im April 1944 ebenfalls räumen.

** Der für Militär und Luftfahrt zuständige Kommissar des Französischen Nationalen Befreiungskomitees. Als man daran dachte, Saint-Exupéry in die Vereinigten Staaten zu schicken, damit er sich um Flugzeugersatzteile etc. bemühe, hatte Le Troquer das abgelehnt (s. auch Fußnote auf S. 304).

Aus für den Oberst, recht geschieht ihm.

Man hat das Delikt der Majestätsbeleidigung und das Gesetz über Gotteslästerung neu erfunden.

Und das zu einer Zeit, da der Nazismus Triumphe feiert.

*

Wie soll ich hier durchhalten, sagen Sie mir, wie soll ich das schaffen?

*

»Ich habe solchen Kummer, daß mir die Luft wegbleibt…«

Ganz leise habe ich mir das gesagt, als wäre es poetisch; ich würde meinen Klagen gern ein wenig freien Lauf lassen. Es stimmt, was ich über Libyen geschrieben habe. Im letzten Morgengrauen, als die Fallschirme trocken waren* und ich glaubte, daß es ans Sterben ging, habe ich mich zehn Minuten lang, ohne mich zu rühren, mit einem einzigen Satz getröstet, der mir eine außerordentliche Ausstrahlungskraft zu besitzen schien: »Es gibt hier ein trockenes Herz… ein trockenes Herz… ein trockenes Herz, das keine Tränen mehr hat!«

Und so habe ich nun versucht, mich über die gegenwärtigen Zeitläufte hinwegzutrösten, indem ich mir ganz leise, in meinem Bett

* Als er zu verdursten drohte, hatte Saint-Exupéry auf dem Sand die Fallschirme ausgebreitet und wollte so den Tau auffangen. Er erzählt dieses Abenteuer in *Wind, Sand und Sterne*.

zusammengerollt, zum Einschlafen vorsagte: »... ich habe solchen Kummer, daß mir die Luft wegbleibt...«

Aber solche Sätze sind wie die chinesischen Zierfische. Außerhalb des Wassers wirken sie nicht. Genauso steht es außerhalb des Traums...

Und doch ist es wahr. Ich habe solchen Kummer, daß mir die Luft wegbleibt (...).

*

24.12.43

Am Weihnachtsabend...

In La Mole bei meinem Onkel Emmanuel gab es eine außergewöhnliche Krippe, mit Schafen, Pferden, einem Ochsen, Schäfern, einem Esel und Heiligen Drei Königen, dreimal so groß wie die Pferde. Und vor allem war da ein Wachsgeruch, in dem sich für mich das Wesen allen Festes konzentriert... ich war fünf Jahre alt.

Dankbarkeit der Welt für die Geburt eines kleinen Kindes, das ist etwas ganz und gar Erstaunliches. Zweitausend Jahre danach! Die Menschheit, die weiß, daß sie ihr Wunder vollbringen muß, so wie der Baum seine Frucht hervorbringt; alle im Kreis ringsum versammelt, was für ein schönes, poetisches Bild!

Die Heiligen Drei Könige... Ist das Legende oder Geschichte?

Wie hübsch das ist!

*

Es ist sehr merkwürdig. Ich habe ans Gefängnis gedacht. Ich lag da und hing meinen Gedanken nach. Ich stellte mir vor, wie mir dank irgendeines Kartentricks die Flucht gelänge. Man macht dies und dann das... und die Sache ist perfekt.

Doch wenn ich das Pech haben sollte, tatsächlich im Gefängnis zu landen, dann werde ich sicher nicht ausbrechen. Ich werde den Antrieb dazu nicht verspüren, zumindest habe ich diesen Eindruck. Dieser »Kelch« muß bis zur Neige geleert werden. Ein Entflohener hat sich aus seinem Schicksal davongeschlichen und existiert nirgends mehr. Einer solchen Haltung mangelt es an Ernst.

*

Corniglion-Molinier* schlägt mir vor, mit ihm im Januar oder Februar nach Rußland aufzubrechen. Ich willige ein. Irgendwo muß ich ja sein, und dort wird wenigstens mein Alter für den Einsatz im Krieg keine Rolle spielen. Aber was wird sich bis dahin auf dem algerischen Müllhaufen hier noch alles ereignen?

*

Mein Rücken schmerzt immer mehr. Ich verweigere nach wie vor die »ultra-durchdringende« Bestrahlung, die mein Gastgeber will. Wegen eines gebrochenen Knochens so eine Bestrahlung, das regt mich auf.

Ich bin nun freilich nicht mehr für die Infanterie geeignet. Aber ich bin noch nie sonderlich gern zu Fuß gegangen. Ich war immer schwer, schwer, schwer.

Als ich fünfundzwanzig war, diese vier Jahre Rheuma. Und dann Guatemala. Und der Rest.

Vielleicht war für mich das Flugzeug ein eigenartiger Ersatz (...).

*

Arbeiten, selbstverständlich! Aber wo? Aber wie? Und wozu, wenn ich die Ergebnisse all meiner Anstrengung verbrennen muß?

Möglicherweise geschieht gar nichts – doch ich täusche mich nicht. Seit Sie nun dort wohnen, dürften Sie etwas von dem Haß mitbekommen haben, über den Sie früher lächelten, wenn ich davon sprach. Diese Leute wägen ab, ob das in Amerika gegen sie verwendet werden könnte oder nicht. Das ist alles. Ginge es nicht darum...

Kommt solcher Haß von seiten eines Laugier, ist er nur natürlich. Er haßt mich nicht mehr, als ich ihn verachte. Diese Denkweise, diese intrigante Haltung gegenüber den Mitmenschen, diese falsche Wissenschaftlichkeit, die nichts begreift, aber für alles eine Lösung parat hat, dieses seelenruhige Sich-Einrichten in Dummheit und Niedertracht, all das ekelt mich in jeder Beziehung an. Der soll mal ein Kind gewesen sein? Unmöglich. Er ist schon mit Kneifer auf der Nase zur Welt gekommen.

* Französischer Luftwaffengeneral, der sich de Gaulle angeschlossen hatte.

Doch kommt solcher Haß von seiten eines überhitzten, aber anständigen Kerls, dann demoralisiert mich das. Wie ein Mißverständnis unter Liebenden. Die Ohnmacht der Sprache ist immer unerträglich. Ich verliere dann jegliches Vertrauen in etwas, das ich nicht auszudrücken vermag.

Ich war immer der Meinung, daß es sich mit der Sprache wie mit der Liebe bei den Schildkröten verhält. Noch nicht so ganz das Wahre. In dreißig Millionen Jahren wird sich das erweisen. Bis dahin werden letztere ein wenig an Anmut hinzugewonnen haben. Und man wird sich auf die kleinste Andeutung hin verstehen.

Diese Leute brauchen zwei Lager, um sich zurechtzufinden. Und S. steht auf meiner Seite, weil ich kein Gaullist bin. Schade. Ich für meinen Teil stehe nicht auf der Seite von S. Früher habe ich ihn nicht ganz durchschaut, diesen windelweichen Erzbischof. Diese laue Schnecke. Alles Laue ist mir zuwider. Seiner Haltung in Brasilien ging alle Größe ab. Eine Siruplache, die alles mit ihrer Klebrigkeit überzog. Er hat mich dort als seinesgleichen ausgegeben: Gott sei's geklagt! Aber so etwas läßt sich nicht verhindern. Immer hat man das Ungeziefer auf dem Hals.

*

Die Sorgen, die ich mir um andere mache, treffen mich jedesmal wie Dolchstiche. Die Soundso taucht plötzlich vor mir auf, einer speziell ihr drohenden Gefahr ausgesetzt, ihr, »mit ihren vier lachhaften Stacheln, um sich gegen die Welt zu verteidigen«*. Sie oder jemand anderes. Aber ich kann nicht zu allen Notrufen auf einmal hinschwimmen. Mir ist es überhaupt unmöglich zu schwimmen. Doch das Gefängnis, das gleicht zweifelsohne dem Kloster. Vielleicht kann ich meinen Frieden finden, wenn ich der Unglücklichste bin. Deshalb geht von meinen Wirbelschmerzen, so seltsam es klingt, etwas Beruhigendes aus. Und ich weiß genau, wenn ich sehr starke Schmerzen hätte, würde ich vollends den Frieden finden.

Und ich weiß genau, läge ich im Sterben, so hätte ich den Eindruck, daß man mich umsorgt. Das steigt aus der Kindheit herauf.

* Im *Kleinen Prinzen* (Ende von Kap. XXVI) hat Saint-Exupéry dasselbe Bild gebraucht.

Man kommt herbei, um einen in die Arme zu nehmen und in den Schlaf zu wiegen.

Doch da ist noch etwas anderes. Mit einem Mal sind diese oder jene, dieser oder jener »ein und dasselbe«. Wie alle Menschen, wie Tugend und Sünde, Geburt und Tod, von Solesmes* aus gesehen. In gewisser Weise bedeutet Sterben Sich-Vermählen. In meiner letzten Nacht in Libyen war alles, was ich liebte, »greifbar«.

Das ist sehr eigenartig.

*

Mir ist zu Ohren gekommen, jemand sucht mich, um mir einen Brief von Ihnen zu übergeben. Ich versuche den Boten ausfindig zu machen.

Ich habe an verschiedenes gedacht. Es ist doch eine ganz außerordentliche Sache – vom Sirius aus gesehen –, daß ein Brief die innere Atmosphäre verändert. Es liegt hier eine vollständige Analogie zur Musik vor. Man vertieft sich in ein Stück von Johann Sebastian Bach, und unser Verhalten erfährt eine Veränderung. Selbst unser Tod – wenn er uns in diesem Augenblick ereilen sollte – gewinnt einen anderen Stellenwert. Oder unser Handeln. Oder unser Elend.

Außerordentlicher Wert der »Zeugenschaft«. Das ist sehr seltsam. Im Grunde werde ich von Johann Sebastian Bach »wiedererkannt«, wenn er zu mir spricht. Neulich habe ich einen Brief erhalten, der mich berührt hat. Ich war »wiedererkannt« worden von der Person, die ihn mir geschrieben hatte. Dieser Brief wäre stärker gewesen als jedes Gefängnis. Seine Strahlkraft hätte das Gefängnis verschwinden lassen. Dennoch handelte es sich dabei nicht um jemanden, für den ich zu sterben bereit wäre, aber diese Person nahm eine Art allumfassende Bedeutung an.

(...) Bach wäre gelungen, was diesem Brief gelungen ist. Das sind nicht völlig verschiedene Sachen. Und freilich kommt es mir vor, als könnte ich ohne die Soundso, die mir geschrieben hat, nicht leben. Aber schriebe mir eine andere, könnte ich ohne sie genausowenig leben. Ich sage mir sogleich: »Danach dürstet mich«, weil eben dies meinen Durst löscht; wäre das aber Bach oder irgendein

* Das von Saint-Exupéry schon mehrfach erwähnte Benediktinerkloster.

altes Lied aus dem 15. Jahrhundert, würde ich gleichfalls sagen: »Danach dürstet mich...« Letzten Endes zielt mein Durst durch sie alle und durch alle Bachs hindurch auf einen wesentlichen gemeinsamen Nenner, der sich meinem Zugriff entzieht.

*

Alles, was es in Amerika an Büchern gibt, trifft hier ein. Die meinen ausgenommen. Sie sind IN NORDAFRIKA VERBOTEN.

*

Ich gebe ein gutes Belegstück ab, da ich mit ungeminderter Schärfe leide. Besorgnis oder Mißverständnisse tun mir schlagartig weh, gleich einem Messerstich. – Gewisse Worte besänftigen mich schlagartig.

Ich glaube natürlich, daß es dabei jeweils um die betreffenden Personen geht. Ich habe die Illusion zu lieben (ich kann ebenso die Illusion haben zu hassen; jemanden, der nicht begreift oder schlechte Musik verbreitet wie L., hasse ich auf der Stelle – und jedesmal geht mir das wieder so). Doch die Illusion besteht darin, diese Liebe oder diesen Haß an einer bestimmten Person festzumachen. Mit wachsender Lebenserfahrung verstehe ich mehr und mehr, scheint mir, daß die Illusion nicht die Liebe, sondern deren Gegenstand betrifft. Es gibt nichts als Wege. Alle, die einen bestimmten einschlagen, sind sich in staunenswerter Weise gleich. Mit der Person als bloßem Individuum langweile ich mich auf der Stelle. Jeder ist eine Kirche, in der es zu beten gilt, aber nicht den ganzen Tag. Der Gott ist dort nicht ständig zugegen.

Das Individuum – Stunde des Gebets. (Aber wenige unter ihnen.)

*

Ich bin erstaunlich allein, abgesehen von diesen kurzen Augenblicken.

*

Dies einzige, was mich auf der Welt interessiert, erscheint mir nur in kurzen Schlaglichtern, und ich verstehe es nicht einzufangen. Die sengende Flamme der Musik, der Malerei, oder der Liebe. Darum denke ich so sehr an das Fest, das den Sinn des Jahres ausmacht. Und ich »weiß sehr gut«, daß das Jahr leer erscheinen »muß«. Sinn bekommt es nur »in Hinblick auf« das Fest. Und mit den bloßen Bausteinen vor Augen kann ich kein Urteil fällen.

Deshalb langweilen sie mich, wenn sie in den Kieselsteinen des Weges lesen. In dieser Geste, jener Handlung und jenem Wort. Ich finde alle Gesten, alle Handlungen, alle Wörter häßlich.

Die werfen mir vor, ich würde »das« nicht verurteilen – aber selbstverständlich verurteile ich es. Doch das Gegenteil ebenso. Und sie nicht weniger! Darlan, gewiß doch! Aber wie denn nicht auch Laugier! Und ich weigere mich absolut, den einen hervorzustreichen, um dem anderen zu dienen. Sie gehören in dieselbe Schublade, sind sie doch beide von niedriger Gesinnung.

Mittels ihrer, wer immer sie seien und ohne daß sie es wissen, vollzieht sich ein bestimmtes Schicksal. Ist es meine Schuld, wenn die Menschheit in jeder ihrer Regungen niederträchtig wird, sobald sie sich auf die Ebene des Fiskus oder der Polizei begibt? Wenn alle Götter von Ungeziefer befallen sind? Wenn die Kathedrale auf die gleichen Steine gegründet ist wie das Bordell? Es ist mir egal, was für Gründe ein Laugier hat, die anderen zu hassen. Ebenso wie die Gründe eines Peyrouton, Laugier zu hassen. Was entziffern sie denn von dem, was sich vielleicht durch ihre Erbärmlichkeit hindurch auf dem Vormarsch befindet? Ihre Streitereien sind mir völlig gleichgültig. Meine Leidenschaft gilt allein dem, was unsichtbar heraufkommt. Das heißt nicht, daß ich zum Geburtshelfer taugte. Das bedeutet schlicht und einfach, das mich ihre Ebene ankotzt.

*

J. ist hier vorbeigekommen und hat mich beeindruckt, wenngleich ich diesen Schurken nicht ausstehen kann, genausowenig wie seine Frau. Und all diese Helden des Drogen- und Kriminellenmilieus und des Schwarzmarkts. Doch der Erfolg, den Diffamierung, Vereinfachung und Verleumdung für sich verbuchen können, ist stets sehr beeindruckend.

Wie könnte ich, wie sollte ich überhaupt Lust dazu haben, ihm zu erklären, daß ich das Vichy, von dem er spricht, haßte, weit mehr, als er es haßte. Weit tiefer. Und weit nachhaltiger. (...)

Ich verstehe, daß alle geistigen Menschen während ihres Prozesses geschwiegen haben, ehe man sie dann verbrannt, enthauptet oder gekreuzigt hat. Der Geist bringt stets die Leidenschaft gegen sich auf, da ihm die Sprache fehlt.

Ich mag zwar bereits hinter den Kieseln die Kathedrale erblicken, doch wie könnte ich auf sie zeigen, ehe sie wirklich steht?

Im Grunde habe ich nicht einmal Lust zu töten. Ich zucke mit den Achseln, und ich habe Kummer.

1944

BRIEF AN X...

[Algier, 10. Januar 1944]

Die Frau wiedergesehen, die mir die Briefe überbringt. Seltsam. Ich wüßte gern, wie ihre Handschrift aussieht. »Ich, ich, ich«, das ist ermüdend. Die gräßlichste Form von »ich« übrigens: »Ich habe zu ihm gesagt...«. Dem Präsidenten, dem König, dem Polizisten, dem Oberst, dem Feuerwehrmann, dem Straßenkehrer, jedem hat sie es gegeben.

Mutig. Solche unter Spannung stehenden Leute haben im allgemeinen Mut. Mut aus Lust an der Herausforderung. Sie fordert den König heraus, den Präsidenten, den Polizisten, den Oberst, den Feuerwehrmann, den Straßenkehrer. Algier findet sie unmöglich. Da hat sie nicht unrecht. Aber unmöglich sind in ihren Augen auch die Amerikaner, die Japaner, die Monegassen, die Leute aus dem Berry, die Neger, die Inder, die Hindus, die Russen, die Deutschen, die Marsmenschen und die Kanaken. Sie hat sie sich übrigens alle vorgeknöpft, die sind dann ganz kleinlaut geworden. Gott, was kann sie einem auf den Wecker fallen!

Sie hat der Résistance zweifelsohne enorme Dienste erwiesen. Diese Art von Leuten trägt Kurzwellensender angriffslustig vor den Augen der Gestapo vorbei. Solchen Frauen ist der Mut eines Mannes gegeben. Was sie tut, mag sich auszahlen, aber nichts von dem, was sie erzählt, ist von Interesse. Mit Bitterkeit hat sie sich lange über die Beleidigung ausgelassen, die man ihr antat, als man ihren Informationen keine Beachtung schenkte. Sie informierte England über Bombardierungen von Brücken. Doch auf sie hat man nicht gehört. Nur die fanden Gehör, die übertrieben, um gut dazustehen, die von vollständiger Zerstörung sprachen, wo nichts in die Brüche gegangen war. Sie kann dafür Beweise erbringen... hundert törichte Beweise. Es gibt etwas, das nennt sich Luftaufnahme. Nach jeder Bombardierung werden Luftaufnahmen gemacht, und auf diesen Bildern kann man beinahe die Bolzen zählen, die an einer Brücke fehlen. Sie sind von unerbittlicher Präzision. Sie liefern bessere Informationen als ein Ortstermin zu Fuß, und schneller geht es auch! Weder auf sie noch auf ihre Rivalen hörte man, man erstellte anhand der Luftaufnahmen in aller Ruhe stereoskopische Montagen.

Ein wackeres Mädchen? Zweifelsohne, im Grunde. Das schon – aber strapaziös. Absolut nichts zu machen.

Heute abend in heller Wut. Morgen jedoch wird sich das in Traurigkeit verwandeln. Wütend heute abend, weil all meine Arbeit des vergangenen Monats, ganz wie ich es voraussah, ergebnislos verpuffte. General d'Astier de la Vigerie hatte sich zu meinem Anwalt gemacht. Bouscat* (der kein Held ist) hatte sich noch einmal bereiterklärt, die Frage meiner Verwendung in England unter einem neuen Blickwinkel anzugehen. Das zog sich geheimnisvoll in die Länge. Aber immerhin! Das war ja so einfach, klar und nutzenversprechend.

Aber heute abend ruft mich Oberst Escarra** an, der Leiter der Auslandsmissionen:

* General René Bouscat hatte 1943 die Führung der französischen Luftwaffe übernommen. Er plante, Saint-Exupéry bei der Luftwaffenabteilung der französischen Militärmission in den Vereinigten Staaten einzusetzen; doch General de Gaulle sah das als »inopportun« an (Mitte Dezember 1943). Da dachte General d'Astier de la Vigerie daran, für Saint-Exupéry in England eine Verwendung zu finden; doch schließlich schien ihm das ebenfalls nicht »opportun«, und er unterbreitete de Gaulle den Fall gar nicht (Anfang Januar 1944).

** Ein Freund Saint-Exupérys, der Résistance-Führer Pierre Dalloz, hatte Escarra gebeten, bei de Gaulles Kabinettschef ein Wort für Saint-Exupéry einzulegen.

»Sehen Sie... vielleicht ein andermal, unter einem anderen Aspekt... womöglich...«

»Wie, klappt das etwa nicht?«

»Der Chef...«

»Gut, habe verstanden. Veto?«

Ich laufe gegen eine Mauer. (...)

Übrigens ist mein Vergehen immer das gleiche: Ich habe in den Vereinigten Staaten bewiesen, daß man guter Franzose, Feind der Deutschen und Nazigegner sein konnte, ohne indes die Entscheidung über die zukünftige Regierung Frankreichs in die Hände der gaullistischen Partei zu legen. Und diese Frage ist in der Tat von Bedeutung. Hier eine Entscheidung zu treffen, steht allein Frankreich zu. Man kann Frankreich vom Ausland aus dienen, nicht aber führen. Der Gaullismus hätte eine Waffe im Kampf, im Dienste Frankreichs zu sein. Aber sie fühlten sich beleidigt, wenn man ihnen dies sagte. Seit drei Jahren höre ich sie von nichts anderem sprechen als von der Regierung Frankreichs. Ich jedoch werde niemals »meine Substanz« verraten. Frankreich ist nicht Vichy, und Frankreich ist nicht Algier. Frankreich, das sitzt jetzt in den Kellern. Wenn ihm danach ist, mag es sich ja die Männer von Algier zu seinen Führern erwählen. »Diese können aber keinerlei Anspruch darauf erheben.«

Ich bin mir übrigens völlig sicher, daß Frankreich sie wählen wird. Aus Haß auf das schmutzige Vichy. Und aus Unwissenheit über deren Wesen. Da liegt das Elend einer Zeit, der es so gänzlich an Licht mangelt. Der Terror wird sich nicht vermeiden lassen. Und dieser Terror wird im Namen unausgesprochener Dogmen, der schlimmsten von allen, zu Hinrichtungen schreiten.

Doch den (ihnen zufolge) »gewaltigen« Vertrauensvorschuß, den man mir entgegenbrachte, habe ich nicht in ihren Dienst gestellt. Ich bin »hauptverantwortlich« dafür, daß sie in den Vereinigten Staaten nicht ankamen! »Ich bin schuld daran, daß sie noch nicht an der Regierung sind!« Das ist ein außerordentlicher Witz!

Schöne Ausgeburt politischer Leidenschaft! Wie mir das schmeichelt...!

Doch wie gut taugt das nicht dazu, die Aktenordner zu füllen, die auf meinem Kopf lasten. Was für einen schönen Fund haben sie da gemacht! Es ist zum Kotzen.

Hier ist eine große Bücherlieferung aus den Vereinigten Staaten eingetroffen. Nur meine werden nicht angeboten. Ich bin ein Aussätziger... na denn, mir soll es gleich sein.

Während die Alliierten im Januar 1944 ihre Angriffe an der italienischen Front südlich von Rom verstärken, ist Saint-Exupéry nach wie vor von allen Einsätzen ausgeschlossen. Er arbeitet in dieser Zeit an Stadt in der Wüste.

Im Februar wird sein Brief an einen Ausgelieferten *in der ersten Nummer der in Algier erscheinenden Zeitschrift* L'Arche *veröffentlicht.*

BRIEF AN G. PÉLISSIER

eines Nachts unter der Tür durchgeschoben

[1944]

Lieber, alter Freund, ich gehe spät ins Bett, weil ich immer nur nachts arbeiten konnte und im Durchschnitt ungefähr 7 Stunden Schlaf brauche, aber es macht mir überhaupt nichts aus, wenn ich um 4, 5, 6, 7, 8, 9 Uhr aufstehen soll oder man mich weckt, wie spät oder früh es auch sein mag. Zumal ich sofort wieder einschlafe, wenn sich am Telephon nichts Dringendes ergeben hat.

Bei dem idiotischen Lebenswandel, den Le Troquer* mir aufzwingt, ziehe ich es freilich vor, nachts zu schreiben (bei den Störungen untertags kann ich nicht schreiben) und morgens zu schlafen, anstatt den Morgen mit Nichtstun zu verbringen. Aber ich stehe, zu welcher Stunde auch immer, auf der Stelle jedem zur Verfügung, der mich braucht, und es ist mir höchst unangenehm, wenn man herumerzählt, ich wünschte morgens nicht gestört zu werden.

* Der für die Luftwaffe zuständige Regierungskommissar Le Troquer steht hier stellvertretend für die französische Exilregierung, die sich gegen Saint-Exupérys Verwendung bei der alliierten Luftwaffe einsetzte.

Das ist heute passiert, weil sie freundschaftlich meinen Schlaf schützen wollten. Ich bitte Sie jedoch inständig, sich niemals darum zu kümmern, daß ich schlafe. (Genau wie Sie für das Krankenhaus immer zu sprechen sind.) Sollten Sie noch nicht auf sein, gehe ich ins Büro oder ins Wohnzimmer hinüber, und so störe ich Sie nicht im geringsten. Sehen Sie, mir ist es tausendmal lieber, sechs Nächte hintereinander nicht zu schlafen, als irgendjemandem Grund zu der Annahme zu geben (vor allem wenn es um meine Aufgaben hier geht), ich ließe mich ungern vor zehn Uhr morgens stören. In meinen Augen sieht das nach »feinem Fräulein« aus, und ich komme mir lächerlich vor. Stören Sie mich jederzeit, ohne die geringsten Skrupel, selbst wenn ich mich eben erst hingelegt haben sollte. Daß ich nachts arbeite, braucht die Leute, die mich sprechen wollen, nicht zu interessieren. Danke.

ENTWURF EINES BRIEFES
ohne Angabe eines Adressaten

[1944]

Lieber Herr.....,

der Abend, den wir neulich zusammen verbrachten, hat bei mir ein ungutes Gefühl hinterlassen. Sie sind plötzlich mitten in unserer Diskussion verstummt, und ich hatte den Eindruck, daß ich mich entweder unfreundlich verhalten haben muß – ich weiß, wie schlecht ich diskutiere und daß ich, wenn man mir widerspricht, in Zorn zu geraten scheine – oder daß ich mich sehr mangelhaft ausgedrückt haben muß und Ihr Interesse erlahmen ließ.

Ich habe ein krankhaftes Bedürfnis, immer klarzustellen, was ich sagen wollte; ich leide, wenn ich Vagheiten und Unklarheiten hinter mir zurücklasse. Nehmen Sie es mir übel, wenn ich diesem Bedürfnis, das Ihnen vielleicht lästig erscheinen mag, nachgebe, und unsere Diskussion nicht zu lösen, aber zumindest noch einmal aufzugreifen versuche?

Sie sagten zu mir:

Es gibt drei Arten von Erkenntnis; als Musterbeispiele dafür lassen sich nennen:

1. Erkenntnis durch Offenbarung;
2. Erkenntnis durch Intuition;
3. analytische oder kartesianische Erkenntnis.

Darauf aufbauend, schienen Sie mir zu sagen – oder zumindest habe ich es so interpretiert: Trotz ihrer praktischen Folgen ist die kartesianische Erkenntnis die niedrigste Form von den dreien. Die erste schenkt dem Menschen großen inneren Reichtum, »beseelt« ihn; die zweite formt einen Menschen, der sich sicher ist in dem, was er tut, der die Menschen und ihre Handlungen zu beurteilen versteht, diese sogar vorhersehen kann und im Extremfall imstande ist, bestimmte Ereignisse auf Wegen vorherzusehen, die zwar unseren kartesianischen Verfahren fremd, darum aber nicht weniger sicher sind.

Im weiteren Fortgang, scheint mir, haben Sie die außerordentliche Einfachheit der Denkschritte, aufgrund deren Paracelsus darauf kam, daß Natron- und Quecksilber-Salicylat zur Behandlung von Rheuma und Syphilis taugt, den Tausenden von systematischen Experimenten gegenübergestellt, die wir durchführen müssen, um herauszufinden, welches Arsenderivat gegen die Schlafkrankheit helfen könnte.

Und Ihres Erachtens, wenn ich das richtig sehe, – und ich überspitze dabei den Gedanken, den ich bei Ihnen zu erkennen glaubte und der nicht solchen systematischen Anstrich hatte –, führt die kartesianische Erkenntnis zum dummen Ingenieur, der sich mit seiner Maschine auskennt, aber nicht mehr weiß, was Liebe ist, und der ein bißchen weniger als früher – und nicht ein bißchen mehr – mit dem Universellen in Verbindung steht, will sagen: mit Gott, oder mit seinem Nächsten, oder mit den Naturgewalten.

All das erschien mir zweifelsohne richtig, mit dem Vorbehalt jedoch, daß Paracelsus weder die Verwendung von Radium für die Behandlung von Krebs noch die Seren gegen Pest oder Dyphterie entdeckt hat, die auf ihrem Gebiet nicht weniger leisten als das Quecksilber auf dem seinen. Ich meine damit, so verführerisch diese Methode auch sein mochte, sie war nicht unerschöpflich, und was die Menschheit nach hundert- oder zweihunderttausend Jahren des Experimentierens erreicht hatte, hätte keinen sehr umfangreichen Band mit brauchbaren medizinischen Rezepten ergeben.

Der Großteil der brauchbaren Rezepte war überdies entweder dem Zufall geschuldet oder aber, wie im Falle des Hippokrates oder des Galen, Denkmethoden, die erheblich weniger intuitiv waren als die des Paracelsus.

Außerdem – und dies ist schwerwiegender – kenne ich keine alte Rezeptsammlung, in der nicht Richtiges und Falsches unentwirrbar miteinander verquickt wäre. Es kommt uns unendlich naiv vor, daß man die Behandlung mit Quecksilber und die Behandlung mit Beschwörungsformeln auf die gleiche Ebene stellt und ihnen das gleiche Maß an Glaubwürdigkeit zuspricht. Es ist nicht sehr wahrscheinlich, daß die Menschheit plötzlich ihre Naivität verloren hätte. Der Mensch ändert sich nicht in so kurzer Zeit. Und doch hat sich etwas geändert. Liegt dies nicht daran, daß wir über eine neue Methode verfügen, um das Wahre vom Falschen zu scheiden, um das Gegensätzliche auseinanderzuhalten? Selbst wenn wir behaupten wollten – was bereits paradox wäre –, unsere heutige Wissenschaft setze uns kaum besser in Stand, Wahrheiten zu entdecken, könnten wir nicht ernsthaft vertreten, daß sie uns nicht besser vor dem Irrtum schützt. Es hat keinen Sinn, hier irgendwelche Paradoxien zu bemühen: Ein Handbuch der Chemie aus dem Jahr 1935 läßt sich benutzen, welche Kenntnisse im einzelnen darin auch immer erfaßt sein mögen. Die chemischen Reaktionen werden wie vorgesehen eintreten. Ein Handbuch aus der Zeit vor Descartes läßt sich nicht benutzen. Selbst einmal angenommen, es enthalte mehr Wahrheiten, so werden sie jedoch auf derselben Ebene dargeboten wie die Irrtümer, als hätte der Mensch über kein Instrument verfügt, um sie auseinanderzuhalten.

Schließlich geht es auch nicht an, dem indischen Weisen oder dem ägyptischen Hohepriester die Figur des Ingenieurs gegenüberzustellen, sondern man müßte dazu einen Poincaré, einen Eddington, Maxwell oder Leibniz wählen – und das Vorwort zu *Der Wert der Wissenschaft** scheint mir persönlich von mindestens ebenso hohem Wert wie jede beliebige heilige Schrift. Poincarés Bemerkungen über »das Gesetz« zeugen meines Erachtens nicht weniger

* 1905 veröffentlichtes Werk des französischen Mathematikers, Physikers und Wissenschaftstheoretikers Henri Poincaré.

von der Würde des Menschen als irgendjemandes Bemerkungen über das Gute. Der Ingenieur ist nur der Handwerker, der die Kenntnisse, die seine Zivilisation zu bieten hat, seinen Mitbürgern zur Verfügung stellt, sie also dem Wohle der Menschen unterstellt. Doch der ägyptische Landvermesser tat nichts anderes, als er den Boden vermaß. Und der erweckt nicht unser Interesse.

Ich will Ihrem Urteil also nicht widersprechen, wenngleich es diskutabel und vielleicht kritisierbar ist, wenngleich Sie dabei von Ihrem eigenen, vorgefaßten Standpunkt aus urteilen. Doch das erscheint mir, und erschien mir auch an jenem Abend, relativ unfruchtbar. Die Problemstellung selbst erscheint mir unfruchtbar. Ganz wie mir eine Problemstellung unfruchtbar erschiene, die aufs Geratewohl die Erkenntnisse, zu denen die Liebe und zu denen die Wissenschaft führt, miteinander in Verbindung setzte. Bei der Frage »Ist Liebe wertvoller als Wissenschaft?« fiele es mir schwer, die Bedeutung von »wertvoller sein« hier zu bestimmen. Und selbst wenn ich das bestimmen könnte, fiele es mir schwer zu bestimmen, inwiefern das eine in Widerspruch zum anderen stehen sollte, und wenn beide nebeneinander bestehen können, hätte die Frage keinen Sinn mehr.

(*unvollendet*)

Im Februar tritt John Phillips, ein Reporter der amerikanischen Zeitschrift Life, *an Saint-Exupéry mit der Bitte um einen Artikel heran. Dieser verlangt als Gegenleistung, daß ihn Phillips bei seinen Bemühungen unterstützt, wieder in die Gruppe 2/33 aufgenommen zu werden.*

Im Frühjahr 1944 schließlich steht Saint-Exupérys Wiedereintritt in den aktiven Dienst unmittelbar bevor: Er wird einer Bomberstaffel auf Sardinien zugeteilt. Doch er gibt die Hoffnung nicht auf, wieder zu seiner alten Gruppe stoßen zu können, die seit Januar 1944 (bis Mai) in Neapel stationiert ist. Er reist am 23. und 24. April dorthin, um bei dem Befehlshaber der amerikanischen Luftwaffe im Mittelmeerraum vorzusprechen. Dies gelingt ihm zwar nicht, aber er findet so die Gelegenheit, seine Freunde von der Gruppe 2/33 wiederzusehen. Jean Leleu, der ebenfalls in dieser Gruppe diente, erinnert sich an Saint-Exupérys Aufenthalt in Neapel.

Er ging förmlich über vor Freude, daß er bald wieder zu seiner Gruppe zurückkehren dürfte, und im Verlauf der paar Tage, die er mit uns verbrachte, hatte ich Gelegenheit, ihn von einer Seite kennenzulernen, die mir bisher unbekannt geblieben war; ein sorgloser und fröhlicher Saint-Ex, der seine tiefe Freude durch eine überströmende Vitalität bekundete, die seine Umgebung zugleich verwirrte und für ihn einnahm. Er hatte mich eines Tages in die Wohnung in Vomero, oberhalb von Neapel, eingeladen, wo er untergekommen war. Die Tür stand offen, und ich trat ein, aber ich konnte niemanden sehen. Ich ging an ein Fenster, von dem man auf einen Innenhof hinaus blickte. Und was für eine Überraschung erlebte ich da! Eine Unmenge weißen Papiers segelte durch den Hof, und auf den Balkons, die um den Häuserblock liefen, klatschte ein Publikum entzückter Kinder Beifall. Ich trat in das Zimmer nebenan: Der Fußboden war mit Papierschnitzeln übersät. Auf dem Balkon verfolgte Saint-Ex in Begleitung einiger Freunde begeistert den Flug eines seiner »Hubschrauber«, den er dem lauen Abendwind übergeben hatte und der bald über die Dächer davonwirbelte. Saint-Ex freute sich nicht weniger als die Kinder, die ihm zusahen, und vor mir fand ich den Saint-Ex, der mit soviel Frische den *Kleinen Prinzen* geschrieben hatte.

Auch einige Persönlichkeiten der französischen Résistance verwenden sich für Saint-Exupéry. Henri Frenay, der damals beim Comité Français de Libération Nationale (Französisches Nationales Befreiungskomitee) für das Ressort »Gefangene, Deportierte und Flüchtlinge« verantwortlich war, berichtet von einem gemeinsamen Abendessen.

ERINNERUNGEN VON HENRI FRENAY

Wir sehen uns häufig, manchmal im Hause von Doktor Pélissier, bei dem er wohnt, manchmal bei mir in Hussein-Dey, wenn er zum

Essen kommt. Zueinandergeführt hat uns zweifelsohne die Ungnade, in die er ungerechterweise gefallen ist, sowie die Bewunderung, die ich ihm als Schriftsteller entgegenbringe.

Er hört es gerne, wenn ich von dem Leben im Untergrund erzähle, das er nicht kennengelernt hat, sondern sich nur vorzustellen versuchte. In Bann geschlagen wie ein Kind, das zum ersten Mal einen Christbaum sieht, hört er zu. Aus der Kindheit hat er sich übrigens auch eine lebhafte Unschuld bewahrt, die in seinen Äußerungen, seinem Lachen und seinen Spielereien zutage tritt. (...)

Die Spielereien, denen er sich mit großem Vergnügen hingibt, können nicht verschleiern, wie traurig es ihn stimmt, daß ihm kein Platz in der großen Schlacht zugedacht ist, die sich anbahnt und von der das Schicksal Frankreichs abhängt. So lade ich ihn Anfang Mai zusammen mit Bénouville* und dem Kommunisten Fernand Grenier, dem soeben das Luftfahrtministerium anvertraut worden war, zum Essen ein.

Während des Essens sprachen wir von nichts anderem als der Résistance, von den letzten Festnahmen, den ungleichen Kämpfen, die die Männer und Frauen des Widerstands auszufechten haben, den Foltern der Gestapo, aber vor allem von der engen Bindung, die die Prüfungen und die Gefahren unter diesen Männern und Frauen gestiftet haben, so daß sich unter ihnen ein brüderlicher Gemeinschaftssinn herausgebildet hat, der unzerstörbar scheint und für die Zukunft des Landes Großes verheißt.

»Alle unsere Kameraden«, sagt Bénouville, »haben über alle Unterschiede hinsichtlich ihrer Herkunft, ihrer Stellung oder ihrer Meinungen hinweg entdeckt, daß sie durch die grundlegende Identität ihres Wesens und durch eine Brüderlichkeit von unabschätzbarem Wert miteinander verschweißt sind.«

Genau dies hatte Saint-Exupéry wohl aus der Ferne vorausgeahnt oder sich zumindest erhofft, und in seinem *Brief an einen Ausgelieferten* hatte er das zum Ausdruck gebracht. So laufen ihm vor Freude und Bewegung die Tränen über die Wangen, und wir haben große Mühe, unsere zurückzuhalten.

* Pierre Guillain de Bénouville, Gründer der »Vereinigten Widerstandsbewegungen«, die später zur »Nationalen Befreiungsbewegung« wurden, und einer der Führer der Résistance.

Auf mein mündliches und dann auch schriftliches Ersuchen hin wird Grenier bei dem Kommandanten der alliierten Luftstreitkräfte im Mittelmeerraum vorstellig; man macht für Saint-Exupéry eine Ausnahme, und gegen die allgemein geltenden Vorschriften erhält er die Erlaubnis, seine Flüge wieder aufzunehmen. Gegen Mitte Mai stößt er zu seiner Gruppe, die in Korsika, unweit von Bastia, stationiert ist.

Unsere Freundschaft hat sich vertieft. Zwischen zwei Aufklärungsflügen über Frankreich kommt er nach Algier und bringt mir jedesmal einige Langusten mit; er erzählt mir, wie es ihn stets von neuem bewegt, in 8000 Metern Höhe über die scheinbar so friedlichen Landgebiete Frankreichs zu fliegen. Er ist vollkommen glücklich.

ERINNERUNGEN VON ROBERT ARON

Eines Abends hatte ich bei mir ein paar Freunde und auch einen Minister eingeladen, und zu vorgerückter Stunde gab es dann Tanz. Gegen Mitternacht traf Saint-Exupéry mit zwei oder drei ziemlich betrunkenen Polen ein; sie waren in geräuschvoll-aufgeräumter Stimmung. In jenen Tagen eben (wir werden gleich darauf zurückkommen) hatte er, nachdem ihm das Recht bestritten worden war, in der französischen Armee zu dienen, endlich einen Platz in der amerikanischen Armee erhalten. In freundschaftlichen Scherzen ließ er seiner Freude freie Bahn. »Der arme Aron«, rief er bei Betreten des Salons mit lauter Stimme, »ich habe mir gedacht, ohne mich wird sein kleiner Empfang nicht recht in Schwung kommen. Da bin ich hergefahren, um für ein bißchen Stimmung zu sorgen. Na, ist das nicht nett?« Und in vertraulichem Tonfall: »Finden Sie nicht, daß ich jünger geworden bin? ... Ich bin wieder zwanzig. Sehen Sie, ein Haar nach dem anderen wächst mir vom Nacken bis zum Kopf hinauf wieder nach... man hat mich nämlich gerade mit einer Aufgabe betraut, wie sie einem jungen Mann angemessen ist... Schließlich steckt in mir das Herz eines Zwanzigjährigen!« Vielleicht klang in seiner Freude eine Herausforderung gegenüber der Gefahr mit, der er sein Leben aussetzte und der er zum Opfer fallen sollte. An jenem Abend jedenfalls stieß seine Freude nicht bei allen auf den Widerhall, den er sich gewünscht hätte. Mir steht noch vor Augen, mit welch finsterer Miene ein Rundfunkbeamter, der im Juni 1940, ohne Risiko und ohne eigenes Verdienst, von dem glücklichen Umstand profitieren konnte, daß er sich gerade im Ausland aufhielt, diesen Geächteten ansah, der sich herausnahm, fröhlich zu sein. Den ganzen Abend über tat er so, als würde er ihn nicht kennen. Erst um drei oder vier Uhr morgens, als fast alle bereits gegangen waren, kam er zögernd näher, wie ein frommer Ehegatte, der sich an einem verrufenen Ort herumdrückt, jeden Schritt abwägend, stets bereit kehrtzumachen, sobald Satan sich zeigen sollte, bis er schließlich zu dem Kreis von Freunden und Bewunderern trat, der sich um Saint-Exupéry versammelt hatte. Und vielleicht ist er nun sogar so weit gegangen, ihm die Hand zu reichen.

Solche Ablehnung machte Saint-Exupéry wütend. Hatte man sich nicht einem Treffen zwischen ihm und General de Gaulle widersetzt? Hatte man ihm nicht schon einmal ein Visum für Tunesien oder Marokko verweigert? Hatten es gewisse Leute nicht als einen unangebrachten Vorstoß betrachtet, daß eine Zeitschrift seinen *Brief an einen Ausgelieferten* veröffentlichte? Und vor allem, hat man ihn nicht trotz seines fliegerischen Könnens und seiner legendären Kühnheit in seiner Uniform versauern lassen, ohne ihm einen Kommandoposten in der französischen Armee zu übertragen, wie es ihm zugestanden hätte? An dem Tag des Jahres 1944, als die Amerikaner seinem Drängen endlich nachgaben und ihm entgegen den elementarsten Vorsichtsmaßnahmen eine ultramoderne, ultraschnelle Maschine anvertrauten, deren Geschwindigkeit einen Piloten mit dem Herzen eines ganz jungen Mannes verlangte, da tat er nichts anderes als seine Pflicht, wie er sie angesichts der Lage Frankreichs, der ganz konkreten und physischen Realität Frankreichs begriff. Zu den riskantesten Einsätzen bereit, hatte er sich von den Alliierten nur eines ausbedungen: daß er nie französischen Boden zu bombardieren habe.

Dank der Unterstützung seiner Freunde wird Saint-Exupéry wieder seiner alten Staffel zugeteilt. Der Kommandeur der Staffel, René Gavoille, hat dies festgehalten:

16. Mai 1944. – Alghero auf Sardinien. Antoine de Saint-Exupéry ist wieder bei uns, begleitet von einem Kriegsberichterstatter der Zeitschrift *Life*, John Phillips; er hatte Phillips einen Artikel versprochen, falls es dieser zuwege brächte, daß er wieder zu meiner Staffel kommt.

28. Mai 1944. Saint-Exupéry, der wieder mit dem Training begonnen hat, lädt uns zu einem gigantischen sardischen Hammelessen ein.

Am 29. werden beim Abendessen in der einzigen Villa der Bucht von Alghero, in der meine Offiziere untergebracht sind, ein paar Flaschen Spumante aufgemacht, um den Abschied von John Phillips zu feiern, der am nächsten Morgen aufbricht, seinen Artikel aber immer noch nicht bekommen hat.

Doch Saint-Exupéry war ein Mann von Wort, und vor den Augen von Phillips, der ziemlich erledigt war, machte er sich in dieser letzten Nacht ans Schreiben; dies wurde der *Brief an einen Amerikaner*, den mir Phillips am frühen Morgen reichte (…).

BRIEF AN EINEN AMERIKANER

Ich habe die Vereinigten Staaten im April 1943 verlassen, um mich in Nordafrika meinen Kriegskameraden anzuschließen, von denen ich in *Flug nach Arras* sprach. Ich machte die Reise an Bord eines amerikanischen Schiffes. Es gehörte zu einem Konvoi von dreißig Schiffen, die fünfzigtausend eurer Soldaten aus den Vereinigten Staaten nach Nordafrika überführten. Als ich mich nach dem Aufstehen auf der Brücke umsah, befand ich mich inmitten dieser sich voranbewegenden Stadt. Die dreißig Schiffe lasteten mit wuchtiger Schwere auf dem Meer. Doch der Eindruck, der sich mir dabei vermittelte, war nicht einfach der von Macht. Für mich strahlte dieser Konvoi das freudige Hochgefühl eines Kreuzzugs aus.

Meine amerikanischen Freunde, ich möchte euch volle Gerechtigkeit widerfahren lassen. Eines Tages wird es vielleicht zwischen euch und uns zu mehr oder minder schwerwiegenden Zwistigkeiten kommen. Jede Nation ist egoistisch. Jede Nation sieht ihren eigenen Egoismus als etwas Heiliges an. Mag sein, daß euch das Gefühl eurer materiellen Macht heute oder morgen dazu treibt, euch Vorteile zu sichern, die uns als ungerechtfertigte Schädigung unserer Interessen erscheinen könnten. Mag sein, daß zwischen euch und uns eines Tages mehr oder minder tiefgreifende Diskussionen aufkommen. Wenn ein Krieg stets von den ihrer Sache gläubig Ergebenen gewonnen wird, so werden indes die Friedensverträge mitunter von Geschäftsleuten diktiert. Nun, selbst wenn sich gegen die Beschlüsse dieser Leute eines Tages in meinem Herzen irgendwelche Vorwürfe regen mögen, werden mich solche Vorwürfe niemals vergessen lassen, welch hohe Kriegsziele euer Volk verfolgt hat. Über den Wert eurer innersten Substanz werde ich stets das gleiche Zeugnis geben. Nicht um materieller Interessen willen haben die Mütter der Vereinigten Staaten ihre Söhne auf den Weg geschickt. Nicht um materieller Interessen willen haben diese jungen Männer das Risiko auf sich genommen, den Tod zu finden. Ich weiß, und ich werde es später in meinem Lande sagen, welcher geistige Kreuzzug jedem von euch vor Augen stand, als ihr in den Krieg zogt.

Zwei Erinnerungen kann ich, neben anderen, als Beweis dafür anführen. Das erste Beweisstück ist folgendes:

Während dieser Überfahrt im Konvoi lebte ich ja mitten unter euren Soldaten, und da konnte es nicht ausbleiben, daß ich Zeuge der Kriegspropaganda wurde, die für sie bestimmt war. Nun ist jede Propaganda ein amoralisches Ungeheuer, das um der Wirkung willen jede beliebige Art von Gefühl, sei es edel, gewöhnlich oder niedrig, für sich ausschlachtet. Wären eure Soldaten nur zur Verteidigung der amerikanischen Interessen in den Krieg gezogen, hätte sich die Propaganda vornehmlich darauf konzentriert, daß eure Öltürme, eure Kautschukpflanzungen und eure Handelsmärkte bedroht sind. Solche Themen kamen jedoch nur ganz am Rande vor. Wenn also von etwas anderem die Rede war, heißt das, daß eure jungen Männer etwas anderes hören wollten. Und wovon sprach man nun, um ihnen etwas zu bieten, das in ihren eigenen Augen ein hinreichender Grund sein könnte, ihr Leben zu opfern? Man sprach zu ihnen von den in Polen gehenkten Geiseln. Man sprach zu ihnen von den Geiseln, die in Frankreich erschossen wurden. Man erzählte ihnen, welche neue Form von Sklaverei einen Teil der Menschheit zu ersticken drohte. Man sprach zu ihnen nicht von ihnen selbst, sondern von anderen. Man ließ sie mit allen Menschen des Erdballs solidarisch werden. Die fünfzigtausend Soldaten meines Konvois zogen in den Krieg, nicht um den Bürger der Vereinigten Staaten, sondern um den Menschen selbst zu retten, die Achtung vor dem Menschen, die Freiheit des Menschen, die Größe des Menschen. Der Edelmut eures Volkes verpflichtete die Propaganda auf den gleichen Edelmut. Und falls eines Tages eure Friedenstechniker im Namen politischer und materieller Interessen in irgendeiner Weise Frankreich schädigen sollten, dann werden sie damit auch eurem wahren Gesicht untreu werden. Wie könnte ich vergessen, für welch große Sache das Volk der Vereinigten Staaten gekämpft hat?

Dieser Glauben, den ich in euch setze, hat in Tunis seine Bestätigung erfahren; dort flog ich im Juli 1943 an der Seite eurer Soldaten auf Lightning-Maschinen meine Einsätze. Dies ist mein zweites Beweisstück. Eines Abends hat ein amerikanischer Pilot von zwanzig Jahren meine Kameraden und mich zum Abendessen eingeladen. Es quälte ihn ein moralisches Problem, das ihm sehr wichtig erschien. Doch er war schüchtern und konnte sich nicht dazu entschließen, uns seinen heimlichen Gewissenskonflikt darzulegen. Wir mußten ihn erst ein wenig zum Trinken animieren, damit er Mut faßte. Schließlich rückte er mit der Sprache heraus, und die Röte schoß ihm dabei ins Gesicht.

»Ich habe heute morgen meinen fünfundzwanzigsten Kriegseinsatz geflogen. Das war über Triest. Einen Augenblick lang hatte ich mit einigen Messerschmitt 109 zu kämpfen. Morgen wird es weitergehen, und möglicherweise werde ich abgeschossen. Ihr, ihr wißt, warum ihr in den Krieg zieht: Ihr habt euer Land zu retten. Aber ich habe mit euren europäischen Problemen nichts zu schaffen. Unsere Interessen liegen im Pazifik. Wenn ich nun also das Risiko auf mich nehme, hier begraben zu werden, dann tue ich das für meine Begriffe, damit ihr euer Land wieder zurückbekommt. Jeder Mensch hat ein Recht darauf, in Freiheit in seinem Land zu leben. Und ich fühle mich mit allen Menschen solidarisch. Wenn aber meine Landsleute und ich euch geholfen haben, euer Haus und Heim zu befreien....., werdet ihr uns dann eurerseits im Pazifik helfen?«

Umarmen hätten wir diesen jungen Kameraden wollen! In der Stunde der Gefahr hatte er das Bedürfnis, durch alle seinen tiefen Glauben an die Solidarität der Menschen bestätigt zu bekommen. Gewiß ist mir klar, daß der Krieg ein unteilbares Ganzes ist und ein Einsatz über Triest indirekt auch den amerikanischen Interessen im Pazifik dient. Doch er verstand nichts von diesen Komplikationen. Und er war bereit, am nächsten Tag die Risiken des Krieges auf sich zu nehmen, »damit wir unser Haus und Heim wieder zurückbekommen.« Wie könnte ich solch ein Zeugnis vergessen? Heute noch bin ich von dieser Erinnerung bewegt, und wie könnte es auch anders sein?

Seht, meine amerikanischen Freunde, mir scheint, etwas Neues ist auf unserem Planeten im Entstehen begriffen. Die materiellen Fortschritte der modernen Zeiten haben zwar die Menschen durch eine Art regelrechtes Nervensystem miteinander verbunden. Unzählig sind die Verbindungen, und in einem Augenblick ist die Kommunikation hergestellt. Materiell gesehen haben wir eine Einheit erreicht, wie sie die Zellen ein und desselben Körpers auszeichnet. Doch dieser Körper hat noch keine Seele. Dieser Organismus hat noch kein Bewußtsein seiner selbst erlangt. Die Hand weiß nicht, daß sie zu demselben Ganzen gehört wie das Auge. Solches Bewußtsein einer zukünftigen Einheit war es jedoch, was dem jungen, zwanzigjährigen Piloten dunkel zu schaffen machte, was durch ihn hindurch Form anzunehmen begann...

Eure jungen Männer sterben in einem Krieg, der zum ersten Mal in der Weltgeschichte, trotz all seiner Schrecken, eine vag empfundene Liebeserfahrung für sie darstellt. Begeht nicht Verrat an ihnen! Ihnen soll es zukommen, den Frieden zu diktieren, wenn es einmal soweit ist! Auf daß der Frieden ihnen ähnle! Dieser Krieg ist von edler Größe, möge ihr Glauben an das Geistige dem Frieden die gleiche edle Größe sichern! ...

Ich fühle mich glücklich unter meinen französischen Kameraden und unter ihnen. Nach meinen ersten Missionen auf der Lightning war man hinter mein Alter gekommen. Dreiundvierzig Jahre alt! Das war ein Skandal. Eure amerikanischen Vorschriften sind unmenschlich. Mit dreiundvierzig Jahren steuert man kein so schnelles Flugzeug wie die Lightning! Da verwickeln sich ja die langen weißen Bärte in den Steuerhebeln und verursachen Unfälle. Einige Monate lang war ich also arbeitslos...

Aber wie kann man über Frankreich nachdenken, wenn man nicht einen Teil des Risikos auf sich nimmt? Dort wird gelitten. Dort wird hart ums Überleben gekämpft. Dort stirbt man. Wie kann man von irgendeinem Propagandabüro aus über Leute urteilen – und seien es die schlimmsten –, die das Drama dort am eigenen Fleisch erleben? Und den Besten unter ihnen, wie könnte man ihnen so seine Liebe bezeugen? Lieben heißt teilhaben, heißt teilen. Einem Wunder, einer großzügigen Entscheidung von General Eaker habe ich es schließlich zu verdanken, daß ich meinen weißen Bart verlor und auf meine Lightning zurückdurfte...

Ich kehrte wieder zu Gavoille zurück, ebendem Gavoille aus *Flug nach Arras*, der in eurer Aufklärungsgruppe unsere französische Staffel leitet. Auch Hochedé aus *Flug nach Arras* habe ich da wiedergesehen, über den ich einst sagte, er sei ein Kriegsheiliger, und der auf seiner Lightning dieses Mal dem Krieg zum Opfer gefallen ist. Ich habe all jene wiedergesehen, von denen ich sagte, unter dem Stiefel des Aggressors seien sie nicht zu Besiegten, sondern in das Schweigen der Erde getriebene Samenkörner geworden. Nach dem langen Winter des Waffenstillstands hat der Samen zu keimen begonnen. Meine einstige Staffel ist gleich einem Baum von neuem aufgeblüht. Mir wird die Freude zuteil, wieder bei jenen Tauchgängen dabei zu sein, die die Einsätze in großen Höhen sind. Mit einem barbarischen Instrumentarium als Anzug, von Völkerschaften von Meßanzeigen umgeben, taucht man in verbotene Gefilde ein. Man atmet über seiner eigenen Heimat Sauerstoff, der in den Vereinigten Staaten hergestellt wurde. Luft aus New York am Himmel über Frankreich, ist das nicht erstaunlich? Man steuert dieses leichtgewichtige Ungeheuer von Lightning P 38, an deren Bord man nicht den Eindruck hat, als würde man sich fortbewegen, sondern als wäre man an allen Punkten des Kontinents zur gleichen Zeit. Man bringt photographische Aufnahmen mit zurück, die der stereoskopischen Analyse unterzogen werden wie Deckgläser mit Nährlösung unter dem Mikroskop. Die Bildauswerter betreiben die Arbeit eines Bakteriologen. Sie suchen auf Frankreichs bedrohtem Körper nach den Spuren des Virus, von dem es befallen ist. Die feindlichen

Festungen, die feindlichen Depots, die feindlichen Konvois erscheinen wie winzige Bazillen unter der Linse. Man kann an ihnen sterben…

…Und dann die peinigenden Gedanken während der Stunden, die man über Frankreich dahinfliegt, so nah und doch so fern! Es ist, als trennten einen Jahrhunderte von diesem Boden. Alle Zärtlichkeit, alle Erinnerungen, alle Gründe, für die es sich zu leben lohnt, liegen dort unten, fünfunddreißigtausend Fuß tiefer im hellen Licht der Sonne, vor unseren Augen ausgebreitet, und doch sind sie unerreichbarer als die Schätze der Pharaonen hinter der Vitrine in einem Museum…

Antoine de Saint-Exupéry

BRIEF AN YVONNE DE ROSE

[im Mai 1944]

Ich danke Ihnen, liebe Yvonne, für allerhand Dinge.

Ich kann nicht sagen, wofür genau (die Dinge, die zählen, sind unsichtbar…), aber ich habe sicher recht, da mir so danach ist, Ihnen zu danken.

Es ist im übrigen auch gar nicht genau das. Man bedankt sich nicht bei einem Garten. Und ich habe die Menschheit immer in zwei Teile geschieden. Es gibt die Garten-Wesen, und es gibt die Hof-Wesen. Letztere tragen ständig ihren Hof mit sich herum und rauben einem die Luft zum Atmen mit ihren vier Wänden. Und man fühlt sich genötigt, mit ihnen zu sprechen, um ein bißchen Lärm zu machen. Das Schweigen ist in einem Hof schwer zu ertragen.

In den Gärten hingegen geht man spazieren. Man kann schweigen und atmen. Man fühlt sich wohl. Und die freudigen Überraschungen kommen einem ganz von selbst entgegen. Man braucht nichts zu suchen. Ein Schmetterling, ein Käfer, ein Glühwürmchen zeigen sich. Man weiß nichts über die Zivilisation des Glühwürmchens. Man träumt. Der Käfer wirkt, als wüßte er, wo er hinläuft. Er hat es sehr eilig. Das ist erstaunlich, und man gerät wieder ins Träumen. Dann der Schmetterling. Wenn er sich auf einer ausladenden

Blume niederläßt, sagt man sich: Für ihn ist das, als ließe er sich auf einer babylonischen Terrasse nieder, in einem hängenden Garten, der leicht schaukelt... Dann verstummt man wegen drei oder vier Sternen.

Nein, ich danke Ihnen überhaupt nicht. Sie sind, wie Sie sind. Ich habe nur einfach Lust, noch länger bei Ihnen spazierenzugehen.

Auch an etwas anderes habe ich gedacht. Es gibt Leute vom Typ Hauptverkehrsstraße und Leute vom Typ Fußpfad. Die Leute vom Typ Hauptverkehrsstraße langweilen mich. Ich langweile mich auf dem Asphalt zwischen den Kilometersteinen. Diese Leute gehen auf etwas ganz Bestimmtes zu. Einen Gewinn, eine Ambition. Entlang der Pfade stehen statt Kilometersteinen Haselsträucher. Und man flaniert dahin, um Haselnüsse zu knacken. Man ist da, um da zu sein. Bei jedem Schritt ist man da, um da und nirgends anders zu sein. Kilometersteine hingegen geben rein gar nichts her...

Yvonne, liebe Yvonne, die Menschen unserer heutigen Zeit sind auf dem Holzweg. Die Zivilisation des Telephons ist unerträglich. Eine Karikatur des Beieinanderseins ersetzt das wirkliche Beieinandersein. Von einem geht man weiter zum nächsten, wie man durch eine Drehung des Knopfs am Radio binnen einer Sekunde von Johann Sebastian Bach zum neuesten Schlager wechselt. Man schließt sich in nichts mehr ein, man ist nirgends mehr. Ich hasse diese sich bis zur Auflösung verdünnende Menschheit. Wo ich bin, dort bin ich, als wäre es für die Ewigkeit. Setze ich mich auf eine Bank, dann will ich mich für alle Ewigkeit darauf setzen, ich habe ein Recht auf fünf Minuten Ewigkeit, dort auf meiner Bank.

Freilich, Sie sehen viel zu viele Leute. Und das geht an die Nerven. Und diese Leute plündern Sie aus. Abends sind Sie dann zweifelsohne sehr niedergeschlagen. Zumindest würden Sie sich so fühlen, wenn das Telephon Sie nicht ständig mit Beschlag belegte und davon abhielte, daran zu denken. Und doch hat man merkwürdigerweise Zeit, sobald man sich in Ihrer Gesellschaft befindet. Ist es nur für eine Sekunde, so »hat man« für eine Sekunde lang »Zeit«. Sie sind gegenwärtig, wenn Sie einem die Hand geben, jemanden grüßen oder jemanden verabschieden. In Eile sind Sie nur in der Sphäre der Dinge. Im Grunde Ihres Herzens haben Sie den langsamen Schritt eines Garten-Menschen. Dieser Ihr wahrhafter Gang ist in meinen Augen etwas Kostbares.

Sie gehören ohne Zweifel nicht zu den Menschen, die ausdünnen und sich auflösen. Aber geben Sie trotzdem gut acht! Es nutzt ab, wenn man zu viel an den Radioknöpfen herumdreht, selbst wenn man denkbar wenig dazu neigt, sich auflösen zu lassen. Selbst wenn man sich in eine Sekunde von Bach auf ewig vertiefen kann. Dummköpfe können sehr gefährlich werden. Und intelligente Leute ebenfalls, wenn sie geballt auftreten. Ein Mensch von Intelligenz ist ein Weg. Hundert Wege auf ein Mal, und man befindet sich auf einem öffentlichen Platz. Das ergibt keinen Sinn mehr. Das treibt einen zur Verzweiflung.

Ich werde langsam ein alter Mann mit weißem Bart und wackelndem Kopf. Als dächte ich wehmütig an eine auf Ochsenkarren zugebrachte Jugend zurück. Ich muß früher einmal Merowingerkönig gewesen sein. Und doch bin ich mein ganzes Leben hindurch gelaufen. Aber ich bin es ein wenig müde zu laufen. Heute erst begreife ich jenes chinesische Sprichwort: »Drei Dinge sind der Erhebung des Geistes abträglich. Erstens das Reisen...« Und auch jenen Spruch, den ich zwanzigmal aus Derains Mund gehört habe: »Ich habe nur drei wirklich große Männer kennengelernt. Alle drei waren ungebildet. Einen Schäfer aus Savoyen, einen Fischer und einen Bettler. Sie hatten nie einen Schritt über ihre Heimat hinausgetan. Das waren die einzigen drei Männer, die mir in meinem ganzen Leben jemals Achtung abnötigten...«

Und dann dieser entzückende Ausspruch der armen José Laval, die nach ihrer Rückkehr aus den Vereinigten Staaten zu mir sagte: »Ich freue mich, daß ich wieder zurück bin. Neben Wolkenkratzer passe ich nicht so recht, ich passe besser neben Esel...«

Und all die Kilometersteine liegen mir schwer im Magen. Auch führt das zu nichts. Es wäre doch einmal an der Zeit, zum Leben zu erwachen...

Bis ich die Berufung verspüre, nach Solesmes (gregorianische Choräle sind etwas Schönes) oder in ein tibetanisches Kloster zu gehen oder Gärtner zu werden, ziehe ich weiterhin an Gashebeln und rase mit sechshundert Stundenkilometern ins Nirgendwo...

Deshalb, Yvonne, liebe Yvonne, wollte ich mir mit diesem Brief einen gemächlichen Spaziergang gönnen; er hat keine große Bedeutung und ist wohl ziemlich unleserlich (ich bin zu alt, um meine Schrift zu verbessern). Aber das ist überhaupt nicht wichtig. Ich wollte mich einfach zu Ihnen setzen, um fünf Minuten Ewigkeit lang die Freundschaft zu genießen.

Saint-Exupéry

Es hat kaum Sinn, mir zu antworten, denn ich glaube, in dieser Gegend am Ende der Welt erreichen mich die Briefe nie, aber ich komme bald in Algier vorbei. Ich werde anrufen. Ein Flugzeug startet: Ich vertraue ihm diese paar Zeilen an.

Am 3. Juni wird das Französische Nationale Befreiungskomitee (C.F.L.N.) zur provisorischen Regierung der Republik erklärt. Am 4. stehen die Alliierten in Rom, am 6. landen sie in der Normandie.

Am 14. Juni fliegt Saint-Exupéry zum ersten Mal seit seiner Rückkehr zur Staffel wieder über französisches Gebiet (über die Gegend von Rodez).

ERINNERUNGEN VON JEAN LELEU

Ich war der Operationsoffizier, und Saint-Ex kam oft mit der Bitte zu mir, ihm bei den Aufklärungsflügen den Vortritt zu lassen. »Für euch alle«, sagte er zu mir, »spielt es keine Rolle, ob ihr einen Auftrag mehr oder weniger habt. Ich aber bin ohnehin schon im Rückstand, für mich ist das lebenswichtig, verstehen Sie? Ich brauche das, ich brauche das sowohl körperlich als auch moralisch...«

Doch ich verweigerte jede Vorzugsbehandlung, als wäre Saint-Ex ein Pilot »wie alle anderen« gewesen. In Wahrheit spürten wir alle, daß ihn als Menschen zu verlieren unendlich schwerer wiegen würde als sein Verlust als Flieger, und uns war bange vor seinem Schicksal. So manches Mal hatte er bereits auf seinen Flügen sein Glück herausgefordert, und wir Flieger, die wir immer ein bißchen fatalistisch eingestellt sind, machten uns Sorgen.

Er bat darum, die Einsätze, die die Gegend um Annecy betrafen, ihm vorzubehalten, denn diese Gegend weckte in ihm Erinnerungen an einen glücklichen Teil seiner Jugend. Der Zufall wollte es – und auf einen abergläubischeren Geist als den seinen hätte das sicher Eindruck gemacht –, daß ihn dieser Wunsch jedesmal in Gefahr brachte, ehe er ihn in sein letztes Abenteuer stürzte. Einmal wurde er von zwei Jagdflugzeugen überrascht, und es gelang ihm gerade noch, ihnen zu entkommen. Ein andermal* begann sein Atemgerät Sauerstoff zu verlieren, als er sich in 9000 Meter Höhe über dem See von Annecy befand. Der Druck fiel, und Saint-Ex mußte heruntergehen, um in eine Zone zu gelangen, in der er wieder atmen konnte. Nun war es der P 38, die mit keinerlei Waffen ausgerüstet war, nur dank der großen Flughöhe möglich, sich so weit nach Frankreich hineinzuwagen, da das Flugzeug allein dort oben seine Höchstgeschwindigkeit erreichte. Ohne Sauerstoff war Saint-Ex also verletzbar, und der lange Rückflug setzte ihn dem erstbesten Abfangjäger aus, der seinen Weg kreuzte; dieses Mal schaffte er es jedoch noch zurück. Einige Zeit darauf widerfuhr ihm ein gefährlicheres Abenteuer: Er befand sich wieder in demselben Gebiet, als sein linker Motor aussetzte. Um nicht so leicht aufzufallen, beschloß Saint-Ex, über das Alpenmassiv zurückzufliegen; er stieg unter die Höhe der Gipfel hinab und machte sich auf den Weg, nur von seinem rechten Motor angetrieben. Doch bald irrte er sich im Tal und kam in geringer Flughöhe unweit von Turin heraus. Er mußte nun ein Gebiet überfliegen, in dem der Feind zahlreiche Stellungen hatte, und wurde zur leichten Zielscheibe für die Gegenseite. »Einmal«, so gestand er uns, »sah ich ein Flugzeug in meinem Rückspiegel. Es gab nur die Alternative: entweder befand es sich zufällig da und sah mich vielleicht nicht – oder es war mir auf den Fersen. Jedenfalls konnte ich ohnehin nichts machen und betrachtete es als unnütz, es weiter im Auge zu behalten.«

Er gestand übrigens ein, daß er sich nie sonderlich um feindliche Flugzeuge kümmerte: »Mit der Steuerung des Flugzeugs, der Navigation, der Funkverbindung und meinen Photoaufnahmen bin ich schon genug eingespannt. Ich werde doch meine Zeit nicht damit vergeuden, nach den Deutschen Ausschau zu halten.« Solche Un-

* Am 29. Juni 1944.

bekümmertheit beunruhigte uns, und wir versuchten, ihn zur Vernunft zu bringen: Er sagte nichts, aber wir waren überzeugt, daß er nicht daran dachte, sein Verhalten zu ändern (...).

Er sprach mit mir oft über Kafka und Rilke. Kafka war neu für ihn, und da ich eben *Das Schloß* gelesen hatte, bereitete es mir ein schelmisches Vergnügen, daran herumzukritteln, daß ihm dieses so beeindruckende Werk gefiel.

ERINNERUNGEN VON ALAIN JOURDAN

War er ein guter Militärpilot? Schwer zu sagen: Er war ein alter Pilot, und das ist schon eine Leistung, lernt man in der Pilotenausbildung.

Glück, Ruhe, Mut – aber auch Kühnheit mit allen Risiken, die sie mit sich bringt. Sprichwörtlich seine Zerstreutheit, mitunter auch während des Flugs, wie etwa am 24. Juni in Alghero.

Nachdem er kurz nach dem Start die Benzinzufuhr der beiden Motoren auf den jeweiligen Abwurftank umgestellt hatte, beendete er seinen Flug mit einer hervorragenden Landung; er hatte das befriedigende Gefühl, seine Pflicht erfüllt zu haben, und hatte überdies die feste Überzeugung gewonnen, eine sehr gute zweimotorige Maschine geflogen zu haben, als er beim Ausrollen plötzlich feststellte, daß einer der Propeller sich nicht mehr drehte. In der Tat hatte das Flugzeug, so räumte er ein, während des Flugs eine gewisse Tendenz, nach links zu ziehen, selbst nachdem er alle verfügbare Trimmung zum Einsatz gebracht hatte und trotz der Servosteuerung. Die Erklärung dafür war schnell gefunden: Nur einer der beiden Abwurftanks war auf die Maschine montiert worden; der Propeller hatte sich also im Wind weitergedreht, die Ansaugdruckanzeige zeigte lediglich den natürlichen Luftdruck an. Der Motor war mangels Benzinzufuhr selbstredend gleich zu Anfang stehengeblieben.

Algier [den 3. Juli 1944]

Lieber General,

Flug nach Arras ist bei mir wieder eingetroffen, ich danke Ihnen für die Rücksendung des einzigen Exemplars, das ich davon besitze. Ich weiß nicht, zu welchen Überlegungen die Lektüre Sie angeregt haben mag, und auch nicht, ob sie die Reaktionen Ihres Majors beeinflussen konnte, dessen Namen mir entfallen ist und der mich bei Tisch auf so heftige und so symphatische Weise angegriffen hatte.* Weniger seine Angriffslust machte auf mich Eindruck als sein von Herzen aufrechtes Wesen, und es war mir sehr wichtig, daß er dieses schmale Buch noch einmal liest.

Da Sie mir nichts von einer neuen Reaktion mitteilen, nehme ich an, nicht verstanden worden zu sein. Und ich finde es sehr seltsam, daß eine bestimmte polemisch aufgeladene Atmosphäre einen so einfachen Text in den Augen eines so geradlinigen Menschen verfälschen kann. Es ist mir völlig gleichgültig, wenn die Leute in Algier, die nicht am Krieg teilnehmen, über meine geheimen Hintergedanken grübeln und mauscheln. Was sie mir unterstellen, sieht mir so ähnlich wie ich Greta Garbo. Auf deren Meinung gebe ich keinen Pfennig. Und sollte es auch dazu führen, daß mein Buch in Nord-

* General Chambe gibt dazu im August 1977 folgende Erläuterung: »Diese Diskussion mit einem Offizier aus Girauds Führungsstab ist mir lebhaft in Erinnerung geblieben. Zweimal hatte ich Saint-Exupéry zu einem Essen in den Sommerpalast einladen lassen, einmal davon zum Frühstück – das unveränderlich auf 8.30 Uhr festgesetzt war –, wo wir in erheblich vertraulicherer Atmosphäre mit Giraud reden konnten als beim Mittagessen um 13.30 Uhr inmitten zahlreicher, oft amerikanischer oder britischer Gäste.

Bei diesem Frühstück ist es zu jener – sehr höflichen – Diskussion gekommen, in deren Verlauf der Major Saint-Ex ungerechtfertigterweise vorgeworfen hatte, er habe geschrieben, die Franzosen seien die Hauptverantwortlichen für die Niederlage von 1940 gewesen, und zwar aufgrund einer moralischen Schlaffheit, die sich aus ihrem Wunsch ergeben habe, wieder die Annehmlichkeiten der Friedenszeiten zu genießen. Saint-Exupéry bestritt nicht, daß die Franzosen ihren Teil Schuld an der 1940 konstatierbaren Erschlaffung trugen, sprach aber den Amerikanern weit mehr Verantwortung an der Niederlage zu. Meines Erachtens ging er dabei zu weit. Und ich hatte das Saint-Ex im Laufe der Diskussion auch gesagt.« (Brief Chambes an den Verlag Gallimard.)

afrika verboten wird. Ich treibe keinen Handel mit Büchern. Die widersinnige Interpretation hingegen, die Ihrem Freund unterläuft, ist mir seltsamerweise unerträglich. Wahrscheinlich, weil ich ihn schätze. Für ihn beziehungsweise Menschen wie ihn hatte ich das Wort ergriffen, nicht für die Politiker. Warum hat er meine paar Seiten im falschen Licht einer politischen These gelesen? Angenommen, ich bin Montaigne und veröffentliche die *Essais* in einer algerischen Zeitschrift, und man wollte sie nun unbedingt aus dem Problem des Waffenstillstands heraus erklären, was würde man da nicht für machiavellistische Schachzüge in meinem Text entdecken?

Ja, ich habe von Verantwortung gesprochen. Aber, Himmelherrgott, ich habe mich doch klar und deutlich ausgedrückt! Keine Zeile habe ich zu der ungeheuerlichen These geschrieben, die Franzosen seien für die Niederlage verantwortlich. Ich hatte den Amerikanern klar und deutlich gesagt: »Die Verantwortung für die Niederlage tragt ihr. Wir waren vierzig Millionen Bauern im Kampf gegen achtzig Millionen Industrielle. Ein Mann gegen zwei, eine Maschine in den Fabriken gegen fünf. Selbst wenn ein Daladier das französische Volk zu Arbeitssklaven gemacht hätte, hätte er nicht von jedem einzelnen einen Arbeitstag von hundert Stunden einfordern können. Der Tag hat nun einmal nur vierundzwanzig Stunden. Wie immer man auch Frankreich geführt hätte, der Rüstungswettlauf hätte stets damit geendet, daß ein Mann zweien gegenübersteht und daß auf eine Kanone fünf des Gegners kommen. Wir waren bereit, uns einer gegen zwei zu messen, es war uns recht, dafür in den Tod zu ziehen. Aber damit unser Tod einen Sinn ergäbe, hätten wir von euch die vier Panzer, die vier Kanonen, die vier Flugzeuge erhalten müssen, die uns fehlten. Ihr habt von uns erwartet, daß wir euch vor der nazistischen Bedrohung retten, aber ihr habt ausschließlich Packards und Kühlschränke für euer Wochenendvergnügen gebaut. Das ist der einzige Grund für unsere Niederlage. Aber unsere Niederlage wird letztlich noch die Welt retten. Der vernichtende Schlag, den wir auf uns nahmen, wird der Anstoß zum Widerstand gegen den Nazismus sein.« Ich sagte zu ihnen (sie hatten damals noch nicht in den Krieg eingegriffen): »Eines Tages wird aus unserem Opfer, wie aus einem Samenkorn, der Baum des Widerstands erwachsen!« Wo, zum Teufel, will Ihr Freund in dieser ersten Schicht meines Buches irgend etwas finden, um auf Distanz zu mir zu gehen? Es war ein Wunder, daß die Amerikaner es lasen und es zu einem Bestseller machten. Es war ein Wunder, daß es zu Hunderten von Artikeln Anlaß gegeben hat, in denen die Amerikaner selbst sagten: »Saint-Ex hat recht, wir dürfen die Schuld nicht Frankreich aufladen. Wir sind zum Teil für seine Niederlage mitverantwortlich.« Wenn die Franzosen in den Vereinigten Staaten mir ein wenig gefolgt wären und nicht ständig alles mit der Verkommenheit Frankreichs erklärt hätten, sähen unsere Beziehungen zu den Vereinigten Staaten heute anders aus. Und das wird mir keiner jemals ausreden können.

Aber es gibt in meinem Buch noch eine andere, allgemeinere Schicht, und darin sage ich in der Tat: »Wir sind verantwortlich.« Doch hierbei handelt es sich nicht um die Niederlage. Es handelt sich um das Phänomen des Faschismus beziehungsweise des Nazismus. Ich habe gesagt (und wie kann es da Mißverständnisse geben, wo ich mir so viel Mühe gegeben habe, mich klar auszudrücken!), ich habe gesagt: Die christliche Kultur des Westens ist verantwortlich für die Drohung, die über ihr schwebt. Was hat sie denn die letzten achtzig Jahre getan, um ihren Werten in den Herzen der Menschen neues Leben zu geben? Guizots »Bereichert euch!« oder den amerikanischen Komfort hat man als neue Ethik vorgeschlagen. Wofür hätte sich ein junger Mensch der Jahre nach 1918 begeistern können? Meine Generation spielte an der Börse, diskutierte über Autos und Karosserien in den Kneipen oder machte schmutzige Geschäfte mit Lagerbeständen. Einer mönchischen Lebenserfahrung, wie ich sie während meiner Zeit bei den Fluglinien machte, standen auf der anderen Seite so viele Leute gegenüber, die bei Skat und Schnaps versumpften, wenn sie der einen Gruppe angehörten, oder bei Bridge und Cocktails, wenn sie zur anderen zählten! Zwanzig Jahre meines Lebens lang waren mir die Stücke Herrn Bernsteins (dieses großen Patrioten) oder die Erbärmlichkeit eines Louis Verneuil* ein Greuel. Vor allem aber all

* Louis Verneuil (1893–1952), französischer Dramatiker, Autor leichtgewichtiger Komödien. Auch Henry Bernstein (1876–1953) war ein vielgespielter französischer Theaterautor. Er ergriff während des Zweiten Weltkrieges im amerikanischen Exil für die Gaullisten Partei.

die Isolationsbestrebungen auf der Welt. Jeder für sich wie die Made im Speck. Mit Leidenschaft habe ich *Wind, Sand und Sterne* geschrieben, um meiner Generation zu sagen: »Ihr seid Bewohner desselben Planeten, Passagiere desselben Schiffes!« Inwiefern wären sie Hüter der westlichen, christlichen Zivilisation, ihres Kults des Universellen gewesen, diese steinreichen Prälaten – die übrigens heute mit den Deutschen kollaborieren – oder die Herren im Staatsrat? In Ihnen hingegen brannte ein Durst, den nichts auf dem Kontinent zu löschen vermochte. Sie werden mir wohl glauben, daß die tiefe Freundschaft, die ich für Sie empfinde, zunächst daher rührt, daß ich in Ihnen einen Menschen meines Schlages erkannt habe. Es war zum Umkommen vor Durst. Und jenen Durst konnte man geheimnisvollerweise nur in der Wüste löschen. Oder während der schwierigen Stunden in den Linienflugzeugen, wenn man Beistand gegen die Nacht fand. Ich konnte die Lektüre des *Canard Enchaîné* oder von *Paris-Soir* nicht ertragen, genausowenig wie Sie. Ich konnte Louis Verneuil nicht ertragen. Warum hat mir Ihr Buch so ins Herz gesprochen? Ich brauche diesen Ton. Ich liebe jene, die mir zu trinken geben. Mir ist ein Greuel, was Louis-Philippe, Guizot und Hoover* aus dem Menschen gemacht haben. Wenn sich diese Leute, die Betstuhlvermietern in einer Kathedrale gleichen, dem Einfall der Barbaren ausgesetzt sahen, bei wem liegt dann als erstes die Schuld? Das ist die ewig gleiche Geschichte zwischen den Seßhaften und den Nomaden. Eine Zivilisation muß unablässig gerettet werden. In jenem Paraguay, das Sie kennen, spitzt der Urwald zwischen den Pflastersteinen der Hauptstadt hervor. Das ist nicht größer als ein Grasbüschel, und doch würde es eine ganze Stadt verschlingen. Unablässig muß der Urwald unter die Erde zurückverbannt werden.

Was konnte Ihr Freund, den ich zu kennen glaube, an der Ethik der Vorkriegszeit finden, das ihn zufriedenstellte? Und wenn er,

* Louis-Philippe, der sogenannte »Bürgerkönig«, regierte Frankreich von 1830–1848. Er verfolgte eine liberal-konservative Politik, die vor allem dem finanzkräftigen Großbürgertum zugutekam. Sein Minister François Guizot war der Hauptvertreter dieser Politik. Herbert Hoover war von 1929–1933 Präsident der Vereinigten Staaten.

wie wir, vor Durst umzukommen glaubte, warum, in Gottes Namen, entrüstet er sich dann, wenn ich diesem Zeitalter vorwerfe, daß ihm das Geistige abgeht? Warum liest er mein Buch im Lichte einer sinnwidrigen Interpretation, die sich nicht auf mich berufen kann? Wenn ich sage, jeder sei für alle verantwortlich, stehe ich in der großen Tradition des Heiligen Augustinus. Und Ihr Freund ebenfalls, sobald er im Krieg kämpft. In seinem Einsatz steht die bretonische Bäuerin, steht der Landbriefträger aus Montauban im Krieg. Wenn das Land ein menschliches Wesen ist, dann ist er die Faust des Landes. Über ihn vermittelt, nimmt der Landbriefträger am Krieg teil. Und er wiederum dient, über die Person des Landbriefträgers vermittelt, auf eine andere Weise der Gemeinschaft. Das Wesen ist unteilbar in seinem Sein.

Was soll denn der von mir behandelte Gegenstand mit dümmlichen Wehklagen über die Politik Léon Blums zu tun haben? Welche Zeile meines Buches gibt Anlaß zu glauben, das »Ich bin verantwortlich« habe auch nur im geringsten etwas mit einem schmählichen *mea culpa* zu tun? Es sollte die stolze Devise eines jeden Menschen sein. Es ist Glaube an den Wert des Handelns. Es ist nichts weniger als die Grundlage des Selbstgefühls des Menschen. Wenn die Schreibtischfritzen dieses Buch unter dem Blickwinkel politischer Absichten lesen, kann ich nur lächeln, ich, der ich jede Woche in Frankreich kämpfte, trotz meiner vierundvierzig Jahre, allein an Bord einer Lightning P 38, der ich vor acht Tagen eben beim Rückflug die Jäger im Nacken hatte, dem vor gerade vier Tagen über Annecy ein Motor ausgefallen ist! Die können mir gestohlen bleiben. Doch Ihrem Freund bestreite ich, im Namen seiner Würde, jedes Recht zu einer solchen Interpretation. Ich spreche »für« ihn. Ihm verleihe ich Ausdruck. Soll er nur mein Buch in zehn Jahren wiederlesen, wenn es heutzutage denn wirklich unmöglich ist, sich nicht einmal Menschen reinen Herzens verständlich zu machen.

ERINNERUNGEN VON ANNE HEURGON-DESJARDINS

Zu der Zeit, als sich beide in Algerien aufhielten, bedauerte ich es oftmals, daß Gide sich zunehmend von ihm entfernte; im Vergleich dazu hatte der Einfluß, den Jean Amrouche* auf Gides Denken ausübte, deutlich das Übergewicht. Letzterem folgend hielt sich Gide für einen Gaullisten oder wollte als solcher angesehen werden; so konnte er an den oft sehr geistreichen Seitenhieben Saint-Exupérys gegen den General gar kein Gefallen finden. Unter Beweis gestellt wurde mir dies einmal, als Antoine zum Essen gekommen war und, ehe sie zu ihrer Schachpartie übergingen, seine Spötteleien auf die Spitze getrieben hatte. Gide schwieg, und Antoine spürte, daß er verärgert war. Am nächsten Tag rief er mich an: »Sagen Sie, ich fürchte, ich habe Gide gestern verletzt?« – »Aber nein, wo denken Sie hin!« Während unser Gespräch weiterging, hörte Gide, der das Zimmer betreten hatte, mit mißbilligendem Gesichtsausdruck zu, bis er den Hörer ergriff: »Ja, Tonio, wieso sollte ich es Ihnen verbergen, Sie haben mich gestern verletzt!« Aus Diskretion schloß ich hinter mir die Tür, aber ich nahm es Gide übel, daß er diesem großen Kind, das ihn sehr gern mochte, Kummer bereitete.

Der zweite Grund, der Gide unmerklich von Saint-Exupéry entfernte, waren dessen Erfolge bei den Frauen. (...) Und schließlich war Saint-Exupéry gerade mit der Korrektur von *Stadt in der Wüste* beschäftigt, das in Gides Augen ein hochtrabendes und hoffnungslos mißratenes Werk war.

ERINNERUNGEN VON ANDRÉ GIDE

1945

Ein glückliches Zusammentreffen von Umständen erlaubte es mir, ihn in der letzten Zeit seines Lebens recht häufig zu sehen. Er machte oft in Algier Station, und jedesmal nahm er seine erste Mahlzeit bei den Heurgons ein, meinen Gästen, die bald seine Freunde geworden waren. Er kündigte sich aus heiterem Himmel telephonisch an: »Bereitet schon einmal den Sud und die Mayonnaise vor. Ich komme aus Sardinien mit sieben Langusten, in einer

* Herausgeber der in Algier erscheinenden Monatszeitschrift *L'Arche,* in deren erster Nummer Saint-Exupérys *Brief an einen Ausgelieferten* abgedruckt wurde.

Stunde bin ich bei euch.« Überall, wo er Halt machte, kehrte mit ihm Freude ein.

Ich glaube jedoch, daß sein heiterer Überschwang nur eine tiefe Schwermut überdecken sollte. Die wenigen engen Freunde, die er besaß, ließen sich davon nicht täuschen. Ihnen gegenüber sprach er mit allem Nachdruck davon, wie tiefgreifend unzufrieden er war angesichts der Ereignisse und der handelnden Personen des Dramas, das wir durchleben. In bestimmten Punkten, oder genauer gesagt: hinsichtlich einer bestimmten Person, konnten wir uns nicht einig werden; und unablässig, mit der Hartnäckigkeit eines verstockten Kindes, kam er darauf zurück. (...) Das war der einzige strittige Punkt zwischen uns.

BRIEF AN G. PÉLISSIER

[aus Tunis, 9.–10. Juli 1944]

Lieber Freund,

ich bin für zwei Tage hier. Mein Flugzeug hat einen Schaden. »Die Elektrik ist durcheinandergekommen, und alles ist durchgebrannt: Starter, Funk undsoweiter....« Doch wenn der Brief Sie erreicht, werde ich sicher wieder in meinen Taubenschlag zurückgekehrt sein.

Ich habe durch Zufall erfahren, daß die Verbindungen zwischen Algerien und diesem Taubenschlag so gut wie unterbrochen waren. Schicken Sie mir meine Briefe nicht nach, selbst wenn ich längere Zeit nicht zurückkommen sollte. Sie würden nur verloren gehen. Bei Telegrammen hingegen bitte ich Sie, es weiterhin mit einer Zweitschrift zu versuchen.

Haben Sie tausend Dank dafür.

Ich breche also morgen wieder auf. Ich betreibe ein merkwürdiges Metier für mein Alter. Der Älteste nach mir ist sechs Jahre jünger. Gewiß, das Leben hier, das Frühstück um sieben Uhr morgens, die Offiziersmesse, das Zelt oder das weißgekalkte Zimmer, dann die zehntausend Höhenmeter, dort oben in einem verbotenen Universum, das ist mir lieber als das schreckliche Nichtstun in Algier. In der Ungewißheit eines provisorischen Daseins ist es mir unmöglich, mich zu sammeln und an meinen eigenen Sachen zu arbeiten. Mir ging dort das Gemeinschaftsgefühl ab. Aber ich habe den extremsten Verschleiß gewählt, und da man seinen Entscheidungen stets bis zum Äußersten die Treue halten soll, werde ich davon nicht ablassen. Ich wünsche mir, daß dieser unheilvolle Krieg ein Ende nimmt, ehe ich wie eine Kerze unter dem Sengen des Sauerstoffs vollends dahingeschmolzen bin. Ich habe später noch eine andere Arbeit zu verrichten.

Natürlich finde ich sie großartig, meine wackeren Staffelkameraden. Und doch leide ich schrecklich darunter, daß ich so gar keine menschlichen Kontakte habe. Denn Geist, das ist schon etwas, worauf es ankommt. Und während der Mahlzeiten in der Offiziersmesse drängt sich mir der bittere Eindruck auf, daß ich hier gründlich meine Zeit verliere. Ich kann mich in jede beliebige Gruppe einfügen (...). Und keiner kann sich vorstellen, daß mir auch nur irgend etwas abgeht – außer vielleicht das Kino und die Frauen –, wie es ihnen abgeht. Und doch hülle ich den größten Teil meiner selbst in Schweigen. Und alles geht mir ab. (...)

Am 14. Juli fällt auf einem Flug die Sauerstoffzufuhr aus; Saint-Exupéry erleidet einen Schwindelanfall.

Am 16. Juli verläßt die Gruppe 2/33 Sardinien; sie wird nach Korsika, in die Nähe von Borgo, verlegt. In diesem Monat kommt Saint-Exupéry auch einige Male kurz nach Tunis und Algier.

Man beabsichtigt, ihn über die bevorstehende Landung in der Provence zu unterrichten, dann würden ihm nämlich aus Sicherheitsgründen alle weiteren Kriegseinsätze untersagt, und man hätte somit einen unabweisbaren Grund, ihn von diesen gefährlichen Aufgaben zu entbinden. Er weigert sich jedoch hartnäckig, ins Vertrauen gezogen zu werden.

In den drei Monaten seit seiner Rückkehr zur Staffel hat er acht Aufklärungsflüge unternommen, während seine Kameraden innerhalb eines ganzen Jahres nicht mehr Einsätze flogen. Alle Bestrebungen von Freunden, ihn auf einen weniger gefährlichen Posten versetzen zu lassen, weist Saint-Exupéry stets zurück. Er will bis zum Ende, bis zur Befreiung Frankreichs an der Seite seiner Kameraden kämpfen.

BRIEF AN PIERRE DALLOZ

[30. oder 31. Juli 1944]
Feldpostnummer 99027

Lieber, lieber Dalloz, wie sehr war ich doch über Ihre kurze Nachricht betrübt!* Sie sind wohl der einzige Mensch, den ich auf diesem Kontinent als einen solchen betrachten kann. Ich hätte gerne gewußt, wie Sie über die heutigen Zeiten denken. Mir für meinen Teil ist nach Verzweiflung zumute.

Ich kann mir vorstellen, Sie denken, daß ich in jeder Hinsicht, auf allen Ebenen recht hatte. Aber was! Gebe der Himmel, daß Sie mir widersprechen! Wie würde ich mich freuen, Ihre Ansicht zu hören!

Ich widme mich, so intensiv es nur irgend geht, meinem Kriegsdienst. Sicherlich bin ich der älteste Kampfflieger der Welt. Für den einsitzigen Jagdflugzeug-Typ, auf dem ich fliege, liegt die Altersgrenze bei dreißig Jahren. Und neulich hatte ich in zehntausend Meter Höhe über Annecy einen Motorschaden, gerade zu der Stunde als ich... vierundvierzig Jahre alt wurde! Während ich mit Schildkrötengeschwindigkeit über die Alpen ruderte, hilflos den deutschen Abfangjägern ausgeliefert, konnte ich mir bei dem Gedanken an die Superpatrioten, die in Nordafrika meine Bücher verbieten, ein leichtes Lachen nicht verkneifen. Das ist schon komisch.

Seit meiner Rückkehr zur Staffel (diese Rückkehr ist ein Wunder) habe ich alles Mögliche erlebt. Motorschaden, eine Ohnmacht, weil der Sauerstoff ausfiel, die Verfolgung durch Abfangjäger und auch einen Brand während des Fluges. Ich halte mich für nicht allzu geizig und fühle mich wie ein rechtschaffener Zimmermann. Das ist meine einzige Befriedigung! Dazu kommt noch die, stundenlang allein, und weit und breit kein anderes Flugzeug, über Frankreich

* Curtis Cate erklärt in seiner Biographie, Saint-Exupéry habe zu spät erfahren, daß sich sein Freund, der Résistance-Führer Dalloz, in Algier aufhielt, und so sei ein mögliches Treffen nicht zustande gekommen.

dahinzufliegen, um Aufnahmen zu machen. Das ist ein eigenartiges Gefühl.

Hier ist man fern von dem allgegenwärtigen Haß, aber obgleich meine Staffelkameraden nett sind, ist es menschlich gesehen doch ein ziemliches Elend. Ich habe nie jemanden, mit dem ich sprechen könnte. Wenn man Menschen hat, mit denen es sich leben läßt, ist das schon etwas. Aber welche geistige Einsamkeit!

Sollte ich abgeschossen werden, werde ich nicht das geringste Bedauern empfinden. Mir graut vor dem Termitenhaufen der Zukunft. Und ihre Robotertugend ist mir verhaßt. Ich war zum Gärtner geschaffen.

Seien Sie umarmt.
Saint-Ex.

BRIEF AN X...

[30. Juli 1944]

(...) Viermal wäre es fast aus mit mir gewesen. Das ist mir so schwindelerregend gleichgültig.

Diese Fabrik, die Haß und Mißachtung hervorbringt und die sie »Wiedererstarken des Landes« nennen (...), das interessiert mich keinen Deut. Die können mich mal. Ich bin den blankesten, den denkbar eindeutigsten Kriegsgefahren ausgesetzt. Absolut rein. Neulich wurde ich von Abfangjägern überrascht. Ich bin gerade noch davongekommen. Ich fand das durch und durch wohltuend. Nicht aus sportlichem oder kriegerischem Rausch heraus, solchen empfinde ich nicht. Sondern weil ich nichts, absolut nichts anderes verstehe als die Qualität der Substanz. Ihre Phrasen gehen mir auf die Nerven, ihr pompöses Getue, ihre Polemik gehen mir auf die Nerven, und ihre Tugend ist mir unbegreiflich (...).

Den geistigen Besitz Frankreichs zu retten, indem man Konservator der Bibliothek von Carpentras bleibt, das ist Tugend. Oder nackt in seinem Flugzeug am Himmel dahinzuziehen, den Kindern lesen beizubringen oder die Bereitschaft, als einfacher Zimmermann den Tod zu finden. Sie sind das Land... nicht ich. Ich gehöre zum Land.

Armes Land! (...) Feldpostnummer 99027.

Diese beiden Briefe hat Saint-Exupéry auf seinem Tisch liegengelassen, ehe er am 31. Juli um 8 Uhr 45 zu einem Flug startet, der ihn über die Gegend von Annecy führen soll.

AUS DEM KRIEGSTAGEBUCH DER GRUPPE 2/33

Montag, den 31. Juli
Bastia-Borgo

Erste Luftbildaufklärung in großer Höhe über dem Süden Frankreichs. Flieger nicht zurückgekehrt.

Ein sehr trauriger Zwischenfall trübt die Freude, die wir alle empfinden, je näher der Sieg rückt. Major Saint-Exupéry ist nicht zurückgekehrt. Um 9 Uhr war er auf der 223 nach Savoyen gestartet, um 13 Uhr war er immer noch nicht zurück. Die Funkrufe blieben ohne Antwort, und die benachrichtigten Radarstationen suchten vergebens nach ihm. Um 14 Uhr 30 bestand keine Hoffnung mehr, daß er noch in der Luft sein könnte.

Wir verlieren mit ihm nicht nur unseren teuersten Kameraden, sondern auch jemanden, der uns allen in seiner Ergebenheit für die gemeinsame Sache ein großes Beispiel war. Wenn er trotz seines Alters gekommen war, mit uns die Gefahr zu teilen, tat er dies nicht, um der großartigen Laufbahn, die er bereits hinter sich hatte, eitlen Ruhm hinzuzufügen, sondern weil er selbst das Bedürfnis danach verspürte. Saint-Exupéry gehörte zu jenen Menschen, die sich als groß erweisen, weil sie sich selbst zu achten wissen.

Natürlich hegen wir alle die größte Hoffnung, ihn bald wiederzusehen; so schnell übermannt das Schicksal einen Mann nicht, der mit der Erfahrung von 7000 Flugstunden gewappnet ist und so vielen harten Schlägen widerstanden hat. Vielleicht ist er in der Schweiz gelandet oder hält sich irgendwo in Savoyen versteckt; selbst wenn er in Gefangenschaft geraten sein sollte, wird dies nicht mehr für lange Zeit sein. Doch wir müssen alle daran denken, daß ihm die Freude versagt bleiben wird, mit uns gemeinsam in ein befreites Frankreich heimzukehren.

Er erlebte als Pilot Frankreichs Niederlage, und er möchte nun als Pilot an seinem Sieg mitwirken... Am 24. Juli sind der General Mast, seine Frau und Freunde, die seine Freude bezeugen können, zur Taufe meines Sohnes in La Marsa; wir sind der Meinung, daß es angebracht wäre, ihn nicht länger fliegen zu lassen. Es gibt eine Möglichkeit: In unserem Kriegstagebuch steht unter dem Datum des 21. Juli zu lesen: »Hauptmann Leleu und Oberleutnant Henry erfahren, daß ihnen alle weiteren Flüge untersagt wurden, da sie über die bevorstehenden Operationen zu gut unterrichtet sind. Sie nützen das aus... und lassen sich von ihren Kameraden jeden Wunsch erfüllen, indem sie ihnen drohen, sie ins Vertrauen zu ziehen und damit das gleiche Verbot auf sie herabzubeschwören.«

Das ließe sich also leicht machen, und im befreiten Frankreich dann werden Saint-Exupéry andere Genugtuungen zuteil werden.

Er kommt am 26. aus Tunis zurück. Am 30. übernehme ich einen Einsatz, der ursprünglich nicht für mich vorgesehen war, und auf dem Rückflug wird unser amerikanischer Kamerad Oberleutnant Meredith, kurz nachdem wir uns 60 Meilen nordöstlich von Calvi getrennt hatten, abgeschossen.

Ich sollte Saint-Exupéry nicht wiedersehen. Am Nachmittag jenes 30. Juli ist er in Bastia, wo er mit Oberst Rockwell und Freunden zusammentrifft. Er bedauert, daß er nicht bei ihnen bleiben kann, und lädt sie für den Abend darauf in unser Offizierskasino ein, da er am Abend des 30. Juli bereits eine Verabredung in einem Restaurant einige Kilometer außerhalb von Erbalunga hat – dies wird ein sehr fröhliches Abendessen, wie sich einige Gäste erinnern.

Und am 31. Juli trifft Saint-Exupéry entgegen seinen Gewohnheiten sehr früh ein. Hatte er es in der Nacht vor dem Flug Paris-Saigon nicht genauso gehalten? Er bricht mit Oberleutnant Duriez, dem stellvertretenden Operationsoffizier, zum Flugplatz auf, und zum elften Mal in dem Zeitraum 1943/44 bereitet er sich auf einen Aufklärungsflug vor: Es handelt sich um den Auftrag 33 S 176, Luftaufnahmen von dem Raum östlich von Lyon. Duriez, Roussel, Potier, Cotton, Suty sind da, die anderen Mechaniker arbeiten an ihren Flugzeugen. Er startet um 8 Uhr 45 auf der P 38 F5B Nr. 223, wie ich bei meiner Ankunft am Flugplatz gegen Ende des Vormittags erfahre. Alle können sich an meine Reaktion erinnern. Um 13 Uhr ist er immer noch nicht zurück. Um 14 Uhr 30 besteht keine Hoffnung mehr, daß er noch in der Luft ist, um 15 Uhr 30 unterzeichnet unser amerikanischer Offizier Robinson den *Interrogation Report*, nachdem er notiert hat: *Pilot did not return and is presumed lost.*

Ich war immer dabei, wenn er seine Fliegermontur anlegte, seine Motoren angelassen wurden, sein Cockpit überprüft und geschlossen wurde, wenn man die Bremsklötze entfernte und er auf die Startbahn rollte; doch als er zu seinem letzten Flug startete, war ich zum ersten Mal nicht zugegen.

In seinem Zimmer, wo ich mit Hauptmann Leleu seine Sachen zusammenstelle, ist das Bett unbenutzt, er hatte sich also nicht schlafen gelegt; auf dem Tisch zwei Briefe, die an Freunde gerichtet sind, der eine davon an Pierre Dalloz (er hatte sie am Tag zuvor morgens geschrieben).

Oberst Rockwell, ein großer Freund Frankreichs, der damals auf der *La Fayette* diente, und Kameraden treffen ein, Oberst Barales, Major Martin, Hauptmann Lachelier: Saint-Exupéry hatte sie am Tag zuvor zum Abendessen in unser Offizierskasino eingeladen. Sie erfahren die traurige Nachricht. Alle sind zutiefst bewegt. Wir halten uns an die Traditionen der Luftwaffe, und bevor sie wieder aufbrechen, übergebe ich die beiden Briefe Oberst Rockwell...

Ganze Romane hat man über Saint-Exupérys Verschwinden geschrieben. Wir unsererseits wissen, was am 31. Juli geschehen beziehungsweise nicht geschehen ist. Unsere amerikanischen und französischen, Tag für Tag geführten Kriegstagebücher geben darüber genaue Auskunft: Aus den Radarmeldungen geht hervor, daß das Flugzeug von Saint-Exupéry die Südküste Frankreichs nicht in Rückkehrrichtung überflogen hat und daß über dem Meer kein Kampf stattgefunden hat. Wir geben die Hoffnung nicht auf, ihn bald wiederzusehen. Doch trotz unserer Nachforschungen wird diese Hoffnung nach und nach immer mehr schwinden.

Es wurde später viel darüber spekuliert, wo genau und unter welchen Umständen Saint-Exupéry den Tod gefunden hat. Im folgenden seien die wichtigsten Zeugnisse dazu erwähnt.

Pierre Chevrier berichtet 1949 in seiner Saint-Exupéry-Biographie von den Aussagen eines jungen deutschen Offiziers:

In Malcesine am Gardasee sitzt Hermann Korth, Offizier beim deutschen Luftflottenkommando 2, jeden Tag von sechs Uhr morgens bis Mitternacht an seinen Telephonen; er hat den Auftrag, einen von Belgrad bis Avignon sich erstreckenden Sektor zu überwachen. An diesem Morgen sind eine Messerschmitt 109 und eine F. W. 190 von Frankreich aus zu einem Aufklärungsflug über das Gebiet von Ajaccio gestartet. Um 17 Uhr ruft Korth »Tribun« (das Zeichen für Avignon), doch Tribun antwortet nicht. Die Verbindung ist unterbrochen. Eine halbe Stunde nach Mitternacht stellt der Offizier seinen Tagesbericht fertig. Er ist gerade am Weggehen, als das Telephon klingelt. »Tribun« meldet die Rückkehr der nach Ajaccio gestarteten Flugzeuge, die zu der in Istres* stationierten Nahaufklärungsgruppe 2 gehören. Korth notiert die Meldung in sein persönliches Notizbuch unter dem Datum des 31. Juli 1944:

Anr(uf) Tribun K(ommandantur?) Abschuss 1 Aufkl(ärungsflugzeug) brennend über See. Aufkl(ärungsflug) Ajacc(io) unverändert.**

Handelte es sich dabei wirklich um das Flugzeug Saint-Exupérys? Jean Leleu bemerkt dazu folgendes:

Es sieht ganz danach aus, als handele es sich dabei um unseren amerikanischen Freund Meredith, der am Vortag auf dem gleichen Flugzeugtyp abgeschossen wurde. Hermann Korth muß die entsprechende Meldung in der Nacht vom 30. auf den 31. Juli erhalten

* Militärflugplatz am Ufer des Etang de Berre bei Marseille.

** P. Chevrier, *Antoine de Saint-Exupéry*, Paris, 1949, S. 280–283; hier leicht gekürzt.

haben. So ist es möglicherweise zu einer Verwechslung gekommen. Korth berichtet nämlich, er habe die Meldung vom Abschuß eines feindlichen Flugzeugs erhalten, als er bereits im Bett lag, und er habe sie in sein Notizbuch auf dem Nachttisch notiert, um sie am folgenden Tag in die offiziellen Akten einzutragen. Es ist also durchaus wahrscheinlich, daß er die Meldung beim Übertrag unter das Datum des 31. Juli setzte, zumal er während dieser beiden Tage nur einen einzigen Flugzeugabschuß verzeichnet hat, und über den Abschuß von Meredith bestehen keinerlei Zweifel (der Ärmste hatte über Funk um Hilfe ersucht).*

*Der Oberfähnrich Robert Heichele, der bei der deutschen Luftwaffe in Südfrankreich diente, schreibt am 1. August 1944** an einen Freund:*

Gestern habe ich – ohne schriftlichen Befähigungsnachweis für Jagdflieger (!) – im Luftkampf eine Lightning abgeschossen. Und das ohne Treffer in der eigenen Mühle.

Im Gefechtsbericht schildert er diesen Abschuß folgendermaßen:

Am 31. 7. 1944 startete ich mit dem Unteroffizier Högel um 11.02 Uhr mit dem Auftrag, die Lufttätigkeit feindlicher Verbände zwischen Marseille, Menton und dem Hinterland zu erkunden. Wir führten den Auftrag befehlsgemäß aus und stießen, als wir in einer Schleife über Castellane zum Rückflug ansetzten, auf eine Lightning P-38. Es handelte sich wahrscheinlich um einen einzeln fliegenden Aufklärer des Gegners. Da der Gegner etwa tausend Meter höher flog, sahen wir keine Möglichkeit, denselben zu stellen. Zu

* *Icare*, Nr. 96, 1981, S. 139. Auch Curtis Cate hatte 1970 in seiner Saint-Exupéry-Biographie bereits diese Ansicht vertreten.
** Heichele ist wenig später bei einem amerikanischen Angriff ums Leben gekommen.

meiner Überraschung drehte der Gegner auf uns ein und griff aus Überhöhung mit Fahrtüberschuß an.*

Wir blockten durch eine Steigspirale den ersten Angriff des Gegners ab und pendelten dann mit Notleistungsschub den Vorteil der Lightning aus.

Im Verlauf des sich entwickelnden Luftkampfes kam ich hinter der Lightning in Schußposition, die Entfernung betrug zwischen 150 und 200 Meter. Ich schoß, aber die Garbe strich hinter der P-38 durch. Im Verlaufe der anschließenden Kurbelei kam ich wieder in Schußposition. Die Distanz betrug etwa 300 Meter. Die Geschoßgarbe lag dicht vor dem Feindflugzeug. Um vermutlich den Geschoßgarben auszuweichen, ging der Pilot in Geradeausflug über und drückte nach unten weg.

Ich setzte nach, näherte mich auf 60 bis 40 Meter und schoß mit meinen Bordwaffen. Daraufhin beobachtete ich, wie die Lightning mit weißer Fahne wegstürzte. Ich folgte mit Abstand. Die P-38 fing in Höhe der Küste ab und flog im Tiefflug aufs offene Meer hinaus. Ich verfolgte die Ligthning. Plötzlich schlugen aus dem rechten Motor Flammen. Die rechte Tragfläche neigte sich, pflügte das Meer. Das Flugzeug überschlug sich mehrfach und versank im Meer. Der Absturz erfolgte um 12.05 Uhr etwa zehn Kilometer südlich von St. Raphaël im Planquadrat AT.

Wir kehrten ohne weitere Feindberührung zurück.**

* Diese Angaben sind wohl auf ein Mißverständnis zurückzuführen: Entweder will der deutsche Pilot, der ja nach eigener Aussage keinen »schriftlichen Befähigungsnachweis für Jagdflieger« besitzt, betonen, daß er zu dem Luftkampf gezwungen war, oder aber der Pilot der Lightning P 38 hat absichtlich an Höhe verloren, weil es ihm an Sauerstoff mangelte (die Sauerstoffzufuhr fiel mitunter aus), und er übersah dabei die deutschen Flugzeuge, die vermutlich in Tarnfarbe gestrichen waren.

** Zitiert nach Hans Martin, »Die zweite Invasion«, in *Der Landser*, Nr. 725, Rastatt, 1972, S. 33–34. Die beiden vorher zitierten Sätze aus einem Brief Heicheles entstammen derselben Quelle.

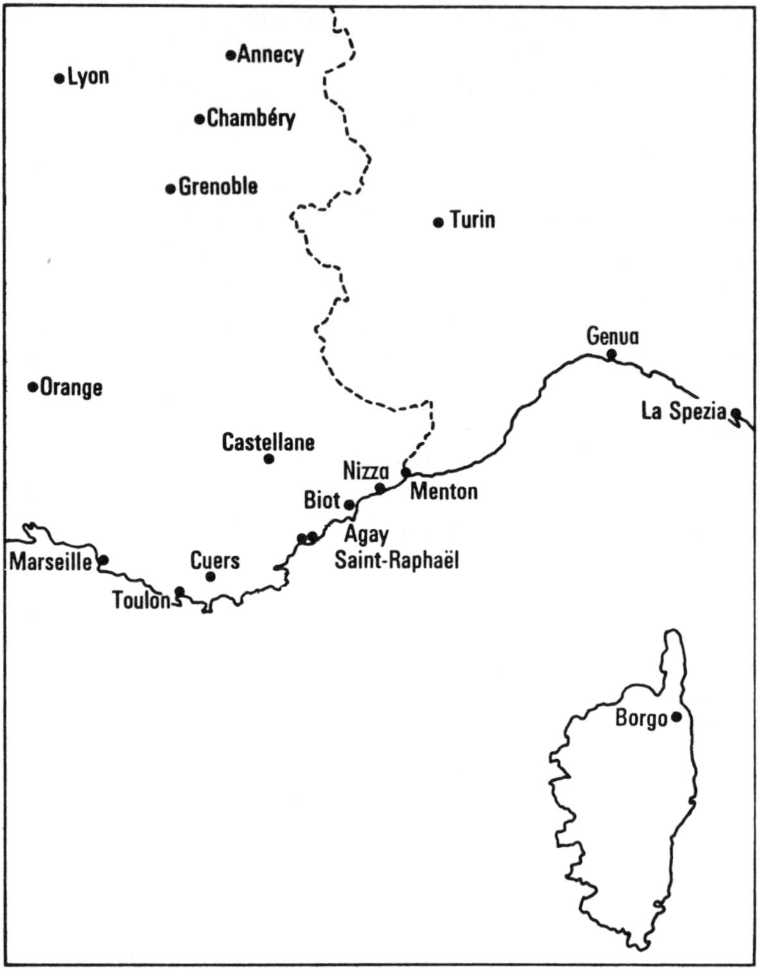
Annecy
Lyon
Chambéry
Grenoble
Turin
Genua
La Spezia
Orange
Castellane
Nizza
Menton
Biot
Agay
Saint-Raphaël
Marseille
Cuers
Toulon
Borgo

Ein anderer Augenzeugenbericht scheint diese Angaben in vielen Punkten zu bestätigen; nur hinsichtlich des Ortes, an dem das Flugzeug im Meer verschwand, weicht er ab. Da unwahrscheinlich ist, daß die deutsche Luftwaffe zwei Lightning P 38 zur selben Stunde im selben Sektor abgeschossen hat, dürften sich beide Berichte auf denselben Vorfall beziehen.

ERINNERUNGEN VON CLAUDE-ALAIN JAEGER

Im Juli 1944 war ich ein junger Oberschüler von siebzehneinhalb Jahren und wohnte in Biot, im Departement Alpes-Maritimes. Ich hatte die Gewohnheit, Tag für Tag verschiedene Beobachtungen meist militärischer Natur aufzuzeichnen, und zwar machte ich das genau in dem Zeitraum vom 1.1.1944 bis zum 24.8.1944, dem Tag der Befreiung Frankreichs.

Am Montag, den 31. Juli, hatte ich nun folgendes festgehalten: »Flugzeuge 11 Uhr – Kondensstreifen 3000 Meter... 12 Uhr Überflug in sehr geringer Höhe, starkes Flak-Feuer.« Dies hatte ich mir in einen Schülertaschenkalender notiert.

Beschreibung des Vorfalls: Rhythmisches Bodengeschützfeuer, das aus dem Gebiet westlich des Dorfes, von La Valmasque her kam (vermutlich von einem 20 mm-Flakgeschütz), hatte mich aufmerken lassen; ich schaute sofort aus den Fenstern der Wohnung meiner Eltern in Biot. Von diesen Fenstern aus sieht man in Richtung Nizza. Sie bieten ein großes Blickfeld; links der Courmette-Gipfel oberhalb von Grasse und rechts das Meer (Bahnhof von Biot). Das Dorf Biot liegt auf einem Felsen in einer Höhe von 80 Metern. Den Fenstern gegenüber eine tiefe, rund 400 Meter breite Talsenke.

Ich habe ganz deutlich, aus Richtung Grasse kommend, eine vollkommen silberne Maschine mit doppeltem Leitwerk ausmachen können. Das Flugzeug raste mit hoher Geschwindigkeit auf das Meer zu, das 3,8 Kilometer von hier entfernt ist. Es flog knapp über den Dächern dahin. Besonders ist mir aufgefallen, daß es auf einem Flügel den amerikanischen Stern trug und seitlich die Kokarde mit den drei französischen Farben. Kein Tragflügeltank. Am

Steuer ein Pilot in dunkler Montur. Dauer der Beobachtung: mehrere Sekunden (die Zeit der Düsenjäger war noch nicht angebrochen). Keinerlei Rauch hinter der Maschine, keine Motorstörungen und keine Spur von Flakfeuer.

Kommentar: Die Identifizierung fiel nicht schwer, denn ich hatte die Silhouette der Lightning P 38 in *Science et Vie* und verschiedenen anderen Zeitschriften gesehen, etwa in der französischen Ausgabe der deutschen Wochenzeitschrift *Der Adler*. Meine Mutter, die 76 Jahre alt ist, erinnert sich ebenfalls an den Vorbeiflug dieser Maschine, da sie gleichzeitig mit mir aus dem Fenster sah. Wir sagten uns damals: »Was für ein schönes Flugzeug, diese amerikanische Maschine, aber was hat die französische Kokarde darauf zu suchen?«

Weitere Augenzeugen aus Biot haben es gesehen, haben aber weder Tag noch Stunde festgehalten. Es handelt sich um Marcel Camatte, derzeit Bürgermeister von Biot, und um Roger Léone.

Warum ich nicht bereits früher von meiner Beobachtung etwas gesagt habe? Zunächst einmal hatte ich mein Notizbuch nicht mehr finden können, erst 1976 bin ich wieder darauf gestoßen. Ferner hatte ich sie nie mit dem Verschwinden Saint-Exupérys in Verbindung gebracht. 1977 schrieb ich dann an General Gavoille, weil ich einen Artikel von ihm in einer Militärzeitschrift gelesen hatte. Der General ließ sich auf einen Briefwechsel ein, es wurden Nachforschungen angestellt, mit dem Ergebnis, daß dies die einzige P 38 war, die an jenem Tag in dieser Zone in Aktion war.

General Gavoille hat seither einen weiteren Bericht eines Augenzeugen erhalten, der damals neuneinhalb Jahre alt war und in dem Viertel La Fontonne von Antibes wohnte, ganz nahe beim Bahnhof von Biot. Dieser Zeuge hat, wie er sagt, Ende Juli zuerst eine einzelne Maschine gesehen, zu der dann zwei weitere Flugzeuge hinzugekommen seien. Das zuerst bemerkte Flugzeug sei vor Cagnes-sur-Mer oder vor Saint-Laurent-du-Var abgeschossen worden.

Kapitän Cousteau oder die nationale Marine könnten womöglich die genaue Absturzstelle einkreisen.

Es war ein prächtiger, wolkenloser Tag. Die Sonne strahlte in ihrem hellsten Licht. Zu schön, um zu sterben ...

Laut diesem Bericht ist das Flugzeug also sehr tief geflogen; das würde erklären, warum die Radarstationen nichts feststellen konnten. Unklar bleiben der Weg, den das beschädigte Flugzeug genommen hat, und der Punkt, an dem es schließlich abgestürzt ist. Möglicherweise hat Saint-Exupéry Biot überflogen und steuerte dann mit einer Rechtskurve auf das Meer südlich von Saint-Raphaël zu; das würde mit dem Bericht von Robert Heichele übereinstimmen. Oder er ist Richtung Menton/Monte-Carlo weitergeflogen, wie es der folgende Augenzeugenbericht des deutschen Kommandeurs Leopold Böhm nahelegt:

Der Juli 1944 ging seinem Ende zu... Ich befehligte die Kompanie, die für die Verteidigung des Gebietes von Villefranche bis nach Monte-Carlo zuständig war. Ich war in einer Villa am sogenannten Tête de Chien (Hundskopf)* einquartiert... Da ich verwundet war, ließ ich mir mein Bett auf der Veranda richten, um besser Beobachtungen anstellen zu können, und an Schauspielen sollte es mir nicht mangeln. Ich besaß ein Fernrohr der Marke Hensold, mit dem man zuweilen die Brecher erkennen konnte, die an Korsikas Küsten spülten. An jenem Tag sah ich am Horizont drei Punkte auftauchen... drei Flugzeuge, die in Richtung Monte-Carlo flogen. Diese drei Maschinen rasten knapp über den Wellen dahin... sie kamen geradewegs auf meine Befehlsstelle zu. Die beiden, die sich über der dritten Maschine befanden, zwangen letztere zu einer unsanften Wasserung, gewannen wieder an Höhe und verschwanden.**

*Als Heicheles Bericht 1981 in Frankreich veröffentlicht wird und Aufsehen erregt, antwortet darauf ein anonym bleibender deutscher Offizier, der im Zweiten Weltkrieg bei der deutschen Luftwaffe in Südfrankreich diente.*** Er vertritt die Ansicht, daß Saint-Exupéry nicht von den Deutschen abgeschossen worden sei. Zwei Tage nach der Meldung von dessen Verschwinden habe er den Auf-*

* Befestigte Stellung hoch über Monaco.
** Zitiert bei R. Gavoille, »D'Alghero à Borgo«, in *Icare*, Nr. 96, 1981, S. 101.
*** Vgl. *Bild am Sonntag* vom 21. Juni 1981.

trag erhalten nachzuforschen, ob ein deutsches Jagdflugzeug für den Abschuß verantwortlich sei. Er habe keinerlei Bestätigung dafür finden können. Doch wirklich stichhaltige Einwände gegen Heicheles Bericht vermag dieser Offizier letztlich nicht zu bieten. Mithin dürfte für die Aussagen von Claude-Alain Jaeger, Leopold Böhm und Robert Heichele am meisten sprechen.

BIBLIOGRAPHISCHE HINWEISE

Den Texten dieses Bandes zugrundeliegende französische Ausgaben:

Antoine de Saint-Exupéry, *Ecrits de guerre, 1939–1944* (Avec la *Lettre à un otage* et des témoignages et documents), Paris: Gallimard, 1982.

Antoine de Saint-Exupéry, *Lettre à André Breton*, in: *Cahiers Saint-Exupéry* 3, Paris: Gallimard, 1989, S. 9–21.

Werke Saint-Exupérys:

Im folgenden sei auf die wichtigsten Texte Saint-Exupérys in deutscher Übersetzung hingewiesen:

Gesammelte Schriften, erstmals Düsseldorf: Rauch, 1959 (dann auch München: dtv, 1978).

Band 1: *Südkurier, Nachtflug, Wind, Sand und Sterne, Flug nach Arras, Der Kleine Prinz.**

Band 2: *Die Stadt in der Wüste.*

Band 3: *Essays und Briefe.*

Dem Leben einen Sinn geben, aus dem Französischen übersetzt von Oswald von Nostitz, erstmals Düsseldorf: Rauch, 1959 (dann auch München: dtv, 1978).

Carnets, aus dem Französischen übersetzt von Oswald von Nostitz, erstmals Düsseldorf: Rauch, 1958.

* Diese Werke sind auch in Einzelausgaben verschiedener Verlage erhältlich.

Zur weiteren Information:

Die Zeitschrift *Icare, revue de l'aviation française*, die von dem »Syndicat national des pilotes de ligne« herausgegeben wird, hat Saint-Exupéry eine Reihe gewidmet. Bisher erschienene Nummern: Nr. 69, 1974; Nr. 71, 1974/75; Nr. 75, 1975/76; Nr. 78, 1976; Nr. 84, 1978; Nr. 96, 1981; Nr. 108, 1984.
Wie *Icare* veröffentlichen auch die von der »Association des amis d'Antoine de Saint-Exupéry« herausgegebenen *Cahiers Saint-Exupéry* Texte von und über Saint-Exupéry; außerdem findet sich in ihnen jeweils eine Aufstellung der neuesten Arbeiten über Saint-Exupéry. Bislang sind drei Nummern erschienen: Nr. 1, 1980; Nr. 2, 1981; Nr. 3, 1989; alle Paris: Gallimard.

Umfassende Monographien bieten beispielsweise die Arbeiten von Curtis Cate und Luc Estang:

Curtis Cate, *Antoine de Saint-Exupéry, His Life and Times*, New York: Putnam, 1970. Deutsche Übersetzung: *Antoine de Saint-Exupéry, Sein Leben und seine Zeit*, aus dem Englischen übersetzt von Walter Hasenclever, Zug: Ingse, 1973.

Luc Estang, *Saint-Exupéry par lui-même*, Paris: Seuil, 1956. Deutsche Übersetzung: *Antoine de Saint-Exupéry*, aus dem Französischen übersetzt von Lilly Sauter, Hamburg: Rowohlt, 1958.

Während es Cate in erster Linie darum geht, das Leben Saint-Exupérys nachzuzeichnen, legt Luc Estang auf die Interpretation des Werks den Schwerpunkt.

TEXTNACHWEISE

Bis auf den BRIEF AN ANDRÉ BRETON entstammen alle Texte dem französischen Sammelband *Écrits de guerre*, Paris: Gallimard, 1982.
Im folgenden werden, so weit möglich, jeweils die Erstveröffentlichungen der Texte genannt. Nicht eigens nachgewiesene Zeugnisse bzw. Texte Saint-Exupérys wurden erstmals in *Écrits de guerre* veröffentlicht.
Die ERINNERUNGEN VON LEWIS GALANTIÈRE sind dessen Essay »Antoine de Saint-Exupéry« entnommen, der ursprünglich in der Zeitschrift *The Atlantic Monthly* (Boston, April 1947) erschienen ist.

S. 12 ERINNERUNGEN VON H. DELGOVE – H. Delgove, »Saint-Ex intime. Histoire d'une préface«, in *La Vie mancelle*, Dez. 1971.

S. 23 BRIEF AN SEINE MUTTER – A. de Saint-Exupéry, *Lettres à sa mère*, Paris, 1955. In anderer deutscher Übersetzung bereits in *Briefe an seine Mutter*, Düsseldorf, 1956.

S. 24 BRIEF AN X – einige Ausschnitte daraus sind in anderer deutscher Übersetzung bereits in Band 3 der *Gesammelten Schriften* (s. Bibliographische Hinweise) enthalten.

S. 35 EINE ETHIK DER INNEREN SCHWERKRAFT – in *Écrits de guerre* unter dem Titel »La Morale de la pente« veröffentlicht; Ausschnitte aus dem Text waren bereits in *Le Nouveau Candide* vom 3. August 1961, in *Le Monde* vom 19. Oktober 1968 und in den *Cahiers Saint-Exupéry*, Nr. 2, 1981 erschienen.

S. 92 ERINNERUNGEN VON L. WERTH – Vorwort zu dem Katalog der Saint-Exupéry-Ausstellung in der Bibliothèque Nationale, Paris, 1954.

S. 93 BRIEF AN X (aus Laon) – in anderer deutscher Übersetzung bereits in Band 3 der *Gesammelten Schriften*.

S. 100 ERINNERUNGEN VON M. GELÉE – M. Gelée, »Participer d'abord«, in *Icare*, Nr. 78, 1976.

S. 102 BRIEF AN L. WERTH – erstmals in *Icare*, Nr. 78, 1976.

S. 103 BRIEF AN SEINE MUTTER – *Lettres à sa mère*, a. a. O. In anderer deutscher Übersetzung bereits in *Briefe an seine Mutter*, a. a. O.

S. 116 BRIEF AN X – abgedruckt in Pierre Chevriers Biographie *Antoine de Saint-Exupéry*, Paris, 1949, S. 230.

S. 125 AUS DEM TAGEBUCH VON L. WERTH – L. Werth, *Déposition, Journal 1940–1944*, Paris, 1946.

S. 131 ERINNERUNGEN VON L. GALANTIÈRE – a. a. O.

S. 132 AUS DEM TAGEBUCH VON R. DE ROUSSY DE SALES – R. de Roussy de Sales, *L'Amérique entre en guerre*, Paris, 1948 (ursprüngliche englische Fassung: *The Making of Yesterday*, New York, 1947).

S. 135 ERINNERUNGEN VON H. CLAUDEL – H. Claudel, »Il fallait vivre« in *Icare*, Nr. 84, 1978.

S. 135 AUS DEM TAGEBUCH VON R. DE ROUSSY DE SALES – a. a. O.

S. 141 BRIEF AN A. BRETON – erstmals vollständig in *Cahiers Saint-Exupéry*, Nr. 3, Paris: Gallimard, 1989.

S. 152 ERINNERUNGEN VON L. WENCÉLIUS – Auszüge aus dem ersten Kapitel (»La noblesse de Saint-Exupéry«) einer unveröffentlichten Studie von L. Wencélius.

S. 154 ERINNERUNGEN VON L. GALANTIÈRE – a. a. O.

S. 168 BÜCHER, DIE MIR IN ERINNERUNG GEBLIEBEN SIND – englischer Originaltitel: »Books I Remember«.

S. 172 ERINNERUNGEN VON L. GALANTIÈRE – a. a. O.

S. 174 ERINNERUNGEN VON L. GALANTIÈRE – a. a. O.

S. 175 BRIEF AN X – in anderer deutscher Übersetzung bereits in Band 3 der *Gesammelten Schriften*.

S. 182 ERINNERUNGEN VON L. CASTEX – L. Castex, *L'Amérique devant le conflit*, Reutlingen, 1941, S. 73–75.

S. 185 ERINNERUNGEN VON J.-G. FLEURY – J.-G. Fleury, »La présence d'un ami«, in *Icare*, Nr. 84, 1978.

S. 186 ERINNERUNGEN VON L. GALANTIÈRE – a. a. O.

S. 187 BOTSCHAFT AN DIE JUNGEN AMERIKANER – Die englische Übersetzung der Rede wurde am 25. Mai 1942 in *The Sentier Scholastic*, t. 40, S. 17–18, veröffentlicht; in französischer Sprache erstmals bei P. Aelberts in Liège erschienen, dann auch in *Icare*, Nr. 84, 1978, S. 118–119. Für die Veröffentlichung in *Écrits de guerre* mit einer Kopie des Originalmanuskripts verglichen; die Passage auf S. 188 f. von »Die Buckligen können die Sekte …« bis »… unter den

Kult des Menschen« wurde handschriftlich von Lewis Galantière eingefügt, der den Text ins Englische übersetzte.

S. 206 ERINNERUNGEN VON P. DE LANUX – P. de Lanux, »Saint-Exupéry en Amérique«, in *Confluences*, VII. Jahrgang, 1947, S. 109–121.

S. 219 ERINNERUNGEN VON B. VALIQUETTE – B. Valiquette, »Histoire de l'édition au Québec«, in *Le Nouveau Journal*, 28. April 1962.

S. 219 ERINNERUNGEN VON A. DORÉ – A. Doré, »Rencontres avec Saint-Exupéry«, in *L'Action universitaire*, Montreal, Januar 1944.

S. 223 AUS DEM TAGEBUCH VON D. DE ROUGEMONT – zitiert nach D. de Rougemont, *Journal d'une époque*, Paris, 1968, und ders., »La qualité des choses que j'aime», in *Icare*, Nr. 96, 1981.

S. 225 FRANKREICH ZUERST – Die in *Le Canada* veröffentlichte Fassung wurde später unter dem Titel *Brief an die Franzosen* in den Sammelband *Dem Leben einen Sinn geben* aufgenommen. Für die vorliegende Ausgabe neu übersetzt.

S. 232 BRIEF AN EINEN UNBEKANNTEN EMPFÄNGER – abgedruckt in Georges Pélissier, *Les cinq visages de Saint-Exupéry*, Paris, 1951, S. 73.

S. 246 AUS DEM TAGEBUCH VON D. DE ROUGEMONT – a. a. O.

S. 248 AUS DEM TAGEBUCH VON D. DE ROUGEMONT – a. a. O.

S. 249 BRIEF AN SEINE FRAU CONSUELO – zitiert nach D. de Rougemont, »La qualité des choses que j'aime«, in *Icare*, Nr. 96, 1981.

S. 251 ERINNERUNGEN VON R. ARON – zitiert nach einem Artikel R. Arons in *Réforme*, 27. Juli 1946.

S. 253 ERINNERUNGEN VON J. ROY – aus J. Roy, *Passion de Saint-Exupéry*, Paris, 1951. Deutsche Übersetzung: *Passion und Tod Saint-Exupérys*, aus dem Französischen übersetzt von Oswald von Nostitz, Köln, 1965.
Für die vorliegende Ausgabe neu übersetzt.

S. 267 BRIEF AN G. PÉLISSIER – abgedruckt in G. Pélissier, a. a. O., S. 40.

S. 268 (NICHT ABGESCHICKTER) BRIEF AN GENERAL CHAMBE (?) – erstmals in *Le Figaro littéraire*, 10. April 1948.

S. 277 BRIEF AN DEN AMERIKANISCHEN REGIERUNGSBERATER ROBERT MURPHY – abgedruckt in G. Pélissier, a. a. O., S. 42–44.

S. 288 EINE LEKTÜRE DES MANUSKRIPTS VON »STADT IN DER WÜSTE« – aus Pierre Chevrier, a. a. O., S. 264–265.

S. 289 BRIEF AN X – ebd.

S. 290 (NICHT ABGESCHICKTER) BRIEF AN OBERLEUTNANT DIOMÈDE CATROUX – auszugsweise veröffentlicht in *Le Monde* vom 29. Juli 1950 und in *Le Courrier de l'Ouest* vom 15. Januar 1950.

S. 303 BRIEF AN DR. H. COMTE – H. Comte, »Histoire d'une lettre« (mit dem Faksimile des Briefes), in *Icare*, Nr. 96, 1981, S. 59–61.

S. 317 AN SEINE FRAU CONSUELO – zitiert nach D. de Rougemont, »La qualité des choses que j'aime«, in *Icare*, Nr. 96, 1981.

S. 344 BRIEF AN G. PÉLISSIER – abgedruckt in G. Pélissier, a. a. O., S. 152.

S. 349 ERINNERUNGEN VON J. LELEU – J. Leleu, »Pilote au 2/33«, in *Confluences*, VII. Jahrgang, 1947, S. 173.

S. 349 ERINNERUNGEN VON H. FRENAY – H. Frenay, *La nuit finira*, Paris, 1973, S. 425–426.

S. 351 ERINNERUNGEN VON R. ARON – a. a. O.

S. 353 BRIEF AN EINEN AMERIKANER (und die einleitenden Bemerkungen von René Gavoille) – nach der Saint-Exupéry-Sondernummer der Zeitschrift *Air France Toujours*, Nr. 1, 1973, die die Übersetzung eines Saint-Exupéry gewidmeten Kapitels aus dem Buch *Old World* von John Phillips (New York, 1959) und das Faksimile des Saint-Exupéry-Textes enthält. Eine gekürzte Fassung des »Briefes« in englischer Sprache wurde am 21. April 1945 in einer CBS-Rundfunksendung ausgestrahlt; Sprecher war der Schauspieler Charles Boyer. Am folgenden Tag erschien dieser englische Text in der *New York Times*. Er wurde dann auch in dieser gekürzten Fassung in die Sammlung *Dem Leben einen Sinn geben* aufgenommen. Für die vorliegende Ausgabe neu übersetzt.

S. 361 ERINNERUNGEN VON J. LELEU – a. a. O., S. 177–179.

S. 363 ERINNERUNGEN VON A. JOURDAN – A. Jourdan, »Un pilote comme les autres«, in *Icare*, Nr. 96, 1981.

S. 364 BRIEF AN GENERAL CHAMBE – P. Chevrier hat 1949 in seiner Biographie *Antoine de Saint-Exupéry* bereits Auszüge daraus veröffentlicht.

S. 368 ERINNERUNGEN VON A. HEURGON-DESJARDINS – A. Heurgon-Desjardins, Vorwort zu *Entretiens sur André Gide* (Centre Culturel de Cerisy-la-Salle), Paris, 1967.

S. 369 ERINNERUNGEN VON A. GIDE – A. Gide, *Et la voix de Saint-Ex*, Liège, 1951.

S. 370 BRIEF AN G. PÉLISSIER – abgedruckt in G. Pélissier, a. a. O., S. 47–48.

S. 372 BRIEF AN P. DALLOZ – abgedruckt in P. Dalloz, *Vérités sur le drame du Vercors*, Paris, 1978, S. 272–274. Auszugsweise bereits von Pierre Chevrier in seinem Buch *Saint-Exupéry* (Paris, 1958) veröffentlicht. In anderer deutscher Übersetzung auch in Band 3 der *Gesammelten Schriften*.

S. 373 BRIEF AN X – Auszüge daraus hat P. Chevrier 1949 in seiner Biographie wiedergegeben.

S. 375 ERINNERUNGEN VON R. GAVOILLE – R. Gavoille, »D'Alghero à Borgo«, in *Icare*, Nr. 96, 1981.

S. 381 ERINNERUNGEN VON J.-C. JAEGER – veröffentlicht in *Cahiers Saint-Exupéry*, 1980, S. 62–64.

NACHWORT

Als Kind soll sich Antoine de Saint-Exupéry gewünscht haben, einmal als großer Flieger bewundert zu werden. Das ist ihm gelungen. Die Aura, die ihn als Schriftsteller umgibt, rührt daher, daß er lebte, was er schrieb – sowohl die Abenteuer als auch die Moral, die er aus ihnen zog. Man solle sich mit anderem beschäftigen als sich selbst, verlangte der Kleine Prinz. Saint-Exupéry hat sich sehr handfesten Problemen gestellt; nicht nur seine Pionierflüge, seine Tätigkeit für eine Fluggesellschaft zeigen das, sondern auch sein Interesse für die Naturwissenschaften, die Patente, die er für seine Erfindungen erwarb. Wolle man »seinen Herzschlag fühlen«, gelte es, die Welt als Herausforderung zu begreifen, gleichsam zu Eroberungen auszuziehen. Zu Beginn von *Wind, Sand und Sterne* spricht er von den müden Beamtengesichtern im verregneten Morgengrauen von Toulouse; sie sind für ihn das Bild eines verkümmerten Lebens, dem eine wirkliche Auseinandersetzung mit der Welt, ein für die Entfaltung des Menschen unabdingbares Kräftemessen fehle. Das Abenteuer in Saint-Exupérys Sinne öffnet den Weg ins Freie, ist ein Hinausziehen, um die Weite und den Widerstand der Welt zu spüren. Aber inmitten dieser Sphäre des Handelns tut sich ihm ein Bereich der Kontemplation auf, und eben durch solche Versenkung – die am Steuerknüppel eines Flugzeugs gefährlich werden kann – scheint er einen tiefen Frieden zu finden. Daraus nährt sich Saint-Exupérys schriftstellerisches Werk. Das Abenteuer wird in ein geistiges Erlebnis überführt und verwandelt sich in moralische Reflexion.

Saint-Exupéry hatte eine Neigung zum Mönchischen, wie er selbst gerne erklärte. Doch wo gewöhnlich Gott bemüht wird, wendet er den Blick auf die Erde zurück. In *Wind, Sand und Sterne*, seinem eindringlichsten Buch, schildert er, wie er, in der Wüste verunglückt, sich angesichts des nächtlichen Sternenhimmels in der Grenzenlosigkeit des Alls verloren fühlt; zugleich ist ihm, als könne er die Schwerkraft spüren, die ihn auf der Erde festhält, und die Gedanken, die ihn in der Leere der Wüste bestürmen, führen ihm vor Augen, wodurch er an der Fülle der Welt teilhat: es sind die Beziehungen zu »seinesgleichen«, zu den anderen Menschen.

Luft zum Atmen, Weite soll das Abenteuer schenken, aber im selben Zug ist es für Saint-Exupéry ein Bestreben, sich in der Welt zu verwurzeln. Solche Wurzeln werden durch die Bindungen geschaffen, als deren Knotenpunkt er den einzelnen Menschen sieht. Das Abenteuer zeige die wesentlichen Bindungen auf und schaffe seinerseits wiederum Bindungen. Zu seiner Quintessenz gelangt dieses Bewußtsein in der Erfahrung, verantwortlich zu sein. Sie lasse den Menschen ernst und souverän werden, und er finde zu innerer Ruhe, da er als Verantwortlicher einer Aufgabe verpflichtet ist, die seinem Tun Sinn verleiht. Darauf gründet die Befriedigung, die Saint-Exupéry dem Dienst für ein höheres Ziel zuspricht: Das Individuum gewinnt das Gefühl der Notwendigkeit, wiegt schwerer auf dem Erdboden. Im Grunde bedarf das Individuum in Saint-Exupérys Augen einer Rechtfertigung. Es findet sie im Heroismus. Indem es sich zum Opfer für eine Sache bereit zeigt, ganz in ihr aufgeht, vollendet es seine Einbindung, und allein daraus ziehe es seine Erfüllung.

Welchem Ziel solcher Opfermut gilt, ist zunächst gar nicht so wichtig. Sind die Geschäftsbriefe, die der Pilot in waghalsigem Flug über die Anden transportiert, den Einsatz seines Lebens wert? fragt der Autor selbst, der die Tat dieses Piloten verherrlicht. Wohl nicht, doch die Haltung, die darin zum Ausdruck kommt, den Menschen, den solches Handeln formt, bewundert er. Saint-Exupérys Heldentum wirkt, als stiftete es einen höheren Sinn aus sich selbst: Da man sich opfert, muß es diesen Sinn geben. Letzten Endes scheint dieser Heroismus darauf zu zielen, im Menschen ein transzendentes Streben zu eröffnen, um ihm die Einbindung in ein Höheres zu gestatten, das ihn tragen soll.

Saint-Exupéry war sich durchaus bewußt, daß seine Suche nach einer Einheit in einer gemeinsamen höheren Aufgabe, daß das Über-Sich-Hinauswachsen des Menschen, das er fordert, religiöser Natur war. Doch an die Existenz eines Gottes kann er nicht glauben. Seine Religion ist ein im christlichen Erbe verankerter Menschheitskult. Das trennt ihn vom Faschismus, dessen Wertschätzung des Opfertums er in mancher Hinsicht teilt – Saint-Exupéry freilich predigt Opfergeist im Namen eines Menschenbildes, das die Achtung vor der Person verlangt und nichts Ausschließendes hat. Dem Faschismus wirft er vor, die Opferbereitschaft zu nicht universalisierbaren, die Menschheit spaltenden und daher zerstörerischen Zielen zu mißbrauchen.

Wenn Saint-Exupéry das Opfer, die Einbindung in ein übergeordnetes Ganzes preist, gelangt er dazu nicht aufgrund von ordnungspolitischen Überlegungen. Gemeinhin werden Opfer im Interesse gesellschaftlicher höherer Werte wie Staat, Kirche oder Nation gefordert. Einzuwenden hat Saint-Exupéry dagegen nichts – daß die Größe der Nation etwas Erhebendes sei, ist ihm selbstverständlich. Doch am Ursprung seines Denkens steht ein anderer Gesichtspunkt, der des Individuums: Diesem selbst sei das Opfer ein tiefes Bedürfnis, nur in solcher Hingabe erlange es alle Lebensfülle. Das ist Saint-Exupérys Dogma. Bei seiner Tätigkeit als Flieger und Flughafenleiter, die er so liebte, habe er diese Erfahrung gemacht. Was für ihn faszinierendes Abenteuer war, weitet er zur großen gesellschaftlichen Perspektive aus. Die Menschen »dürsteten«, wie er sich auszudrücken pflegt, im Grunde nach einer höheren Aufgabe. Biete man ihnen keine, dürfe es nicht wundernehmen, wenn das konkurrierende Angebot der Faschisten verfange. Eine Autorität, starke Führung sei nötig, die den Menschen eine solche Aufgabe überzeugend zu weisen versteht; dann würden die Massen aus ihrer Lethargie erwachen und sich enthusiastisch dem übergeordneten Ziel weihen. Und falls sie sich doch nicht für das Opfer begeistern sollten? Wenn Saint-Exupéry auch kaum die Höhenlage moralischer Weltsicht verläßt und es ausdrücklich ablehnt, die profane Politik ins Auge zu fassen, verleugnet er nicht umstandslos die Härten seines Anspruchs; allerdings erscheinen sie sogleich in idealisierter Gestalt. Er betrachtet die gesellschaftlichen »Bindungen«, von der mittelalterlichen Dorfgemeinschaft über Familie, Nation und Staat bis hin zum Militär, als Instrumente der Sinnstiftung. Insofern sie die Individuen zu Gliedern einer höheren Einheit werden lassen, befindet er diese »Gemeinschaften« für wünschenswert. Was solche Bande gewöhnlich an Zwang und Beschränkung für die Individuen bedeuten, wird, wenn nicht übergangen, zu einer Stütze verklärt, an der der Mensch wachsen kann. Der Kritik verfallen diese »Einheiten«, wenn sie die Formierung der Gesellschaft nicht mehr zu leisten vermögen oder wenn sie dem großen Menschheitsideal die Gefolgschaft verweigern. In *Stadt in der Wüste,* seinem unvollendeten, letzten Werk, gelangt er dahin, eine ständische Ordnung zu preisen, deren religiöse Fundierung den den Einzelnen auferlegten Funktionen die höhere Weihe verleiht und den Menschen dadurch Befriedigung schenkt. Die Sinnsuche, der Saint-Exupéry alles unterordnet, mündet in eine Idealisierung der Beschränkung. Nicht umsonst ist seine Religion des Menschen eine weltliche Tochter christlichen Opfergeistes.

In seinen späten Werken, im letzten Teil von *Flug nach Arras,* im *Brief an einen Ausgelieferten* und in den in biblisch-pathetischem Stil vorgetragenen Betrachtungen von *Stadt in der Wüste,* ordnet sich das Erzählerische ganz der moralischen Botschaft unter. Gewiß, Saint-Exupéry will auf diese Weise zum Kampf gegen das nazistische Deutschland aufrufen, zugleich gelangt damit aber die Grundtendenz seines Werks zur vollen Entwicklung. Je wichtiger ihm nun die moralische Aussage wird, desto stärkere Betonung legt er auf den Wert der »Bindungen«. In seinem Leben indes schwinden die Bindungen mehr und mehr: Er lebt im Exil, hat Schwierigkeiten mit seiner Frau, viele seiner besten Freunde sind tot, er wird von nicht wenigen Exilfranzosen angefeindet und begegnet den zeitgenössischen Entwicklungen der Gesellschaft mit stetig wachsender Ablehnung; in Nordafrika dann wird er alle Mühe haben, überhaupt am Kampf teilnehmen zu dürfen. Zudem quälen ihn die gegensätzlichen Fronten unter den Franzosen, und er sagt Frankreich wie der ganzen Welt selbst nach einem Sieg über die Deutschen eine düstere Zukunft voraus. Doch es ist ihm unerträglich, im Schutz des amerikanischen Exils zu bleiben, während die französische Bevölkerung unter der Not des Kriegs und der deutschen Besatzung leidet. Angesichts der nazistischen Bedrohung identifiziert er sich rückhaltlos mit der französischen Nation, die ihm zum Inbegriff einer humanen Gesellschaft wird: Im Kampf für die Befreiung Frankreichs verkörpert sich für ihn die menschliche Solidarität schlechthin. Sein Mitleiden nimmt mitunter geradezu mystische Züge, etwas Märtyrerhaftes an. Das Gefühl der Reinheit, das er auf seinen Kriegseinsätzen empfand, entspringt diesem gleichsam religiösen Charakter seines Engagements.

Die Umstände seines Todes machten Antoine de Saint-Exupéry vollends zu einer legendären Gestalt. Davon zeugt nicht zuletzt der ungeheure Erfolg seines Werks. Sein moralisierender Idealismus, der denkbar strikte staatsbürgerliche Tugenden humanistisch überhöht, war dem sicher nicht abträglich. In der Intensität seiner Schriften aber findet sich die Ausstrahlung dieses Mannes wieder: in seine Gedanken vertieft, generös, voller Sehnsucht nach einem unverkümmerten Leben und stets bereit, mit Leib und Seele für seine Überzeugungen einzustehen.

Reinhard Schmidt

REGISTER

I. Reden, Aufsätze, Interviews Saint-Exupérys

II. Adressaten der Briefe Saint-Exupérys (soweit hier namentlich genannt)

III. Zeugnisse über Saint-Exupéry (nach Autoren geordnet)

IV. Namenregister